Müller · Müller

Geheimnisse der Pflanzenwelt

Gerd K. Müller · Christa Müller

Geheimnisse der Pflanzenwelt

Manuscriptum

ISBN 3-933497-89-2

Einbandgestaltung: Achim Schmidt, Bochum

Inhalt

Vorwort zur Neuauflage

Ohne grüne Pflanzen ist das Leben des Menschen auf der Erde undenkbar. Sie produzieren das Lebenselixier, den Sauerstoff, sie liefern unsere unmittelbare Nahrung und das Futter für die Tiere, ihre Substanz beschäftigt ein Heer von Bakterien und Pilzen, die sie wieder in anorganische Stoffe umwandeln. Sie dienen als Baustoffe, als Brennstoffe, als Arzneimittel und – nicht zuletzt – sie verschönen unser Leben in der Natur, im Garten, in der Wohnung.

Der Nutzen, der von ihnen ausgeht, hat schon früh dazu angeregt, sich ihrem Wesen zu widmen. Aus dem griechischen botáne, dem Wort für Futter- oder Nutzpflanze, entstand der Name für die Wissenschaft von den Pflanzen, die Botanik.

Das vorliegende Buch soll in allgemeinverständlicher Form vertraut machen mit dem »Wunder« Pflanze, ihrer Vielgestaltigkeit, ihrem Artenreichtum, ihrer Entwicklung, ihren Lebensäußerungen, ihren Anpassungen und ihrer Verbreitung. Weil wir die grüne Pflanze in den Mittelpunkt unserer Betrachtung stellen, verzichten wir absichtlich auf Bakterien und Pilze, die heute eigenen Reichen zugeordnet werden.

Es war unser Anliegen, bei der Darstellung bestimmter Gesetzmäßigkeiten möglichst viele Beispiele für sich sprechen zu lassen. Deshalb ist das Register sehr umfangreich geworden; das ermöglicht es aber auch, das Buch zusätzlich als Nachschlagewerk zu verwenden.

Das Buch war bereits relativ kurze Zeit nach seinem Erscheinen vergriffen und danach längere Zeit nicht mehr lieferbar. Da sich seither Nachfragen bei uns häuften, sind wir der Manuscriptum-Verlagsbuchhandlung zu besonderem Dank verpflichtet, daß sie sich nunmehr des Werkes angenommen hat, um es einem breiten Interessentenkreis wieder zugänglich zu machen.

Die Verfasser

Farben

Grün – Die Farbe des Lebens

Es gibt viele Dinge auf der Erde, die grün sind, vom kostbaren Edelstein, dem Smaragd, bis zum profanen grüngestrichenen Gartenzaun. Wenn vom Grün die Rede ist, dann verbindet sich aber bei den meisten die Vorstellung einer von grünen Pflanzen geprägten Natur. Sei es der Gedanke an grüne Wälder, grüne Wiesen und Felder, an den eigenen Garten oder vielleicht auch nur an die Kräuter am Wegesrand. Das Grün der Pflanzen ist dominierend auf dem größten Teil des rund 150 Millionen km^2 großen Festlandes unseres Planeten, und auch in den rund 500 Millionen km^2 umfassenden Weltmeeren gibt es grüne Pflanzen, nämlich grüne Algen.

Der Stoff, der den Pflanzen die grüne Farbe verleiht ist das Blattgrün oder Chlorophyll, eine chemische Substanz, ohne die das heutige Leben in seiner ganzen Mannigfaltigkeit auf der Erde undenkbar wäre. Es stellt die wesentliche Voraussetzung dar, daß der wichtigste Lebensprozeß, den wir Photosynthese nennen, d.h. der Aufbau organischer Stoffe aus anorganischen, mit Hilfe des Sonnenlichtes ablaufen kann. Das Licht, das nicht nur Wellen- sondern auch korpuskulären Charakter hat und aus Photonen besteht, dient hierbei als Energiequelle.

Alle Lebewesen ohne Chlorophyll, die Tiere und der Mensch, die Pilze und die meisten Bakterien, sind ausschließlich unmittelbar oder mittelbar auf die organischen Stoffe angewiesen, die von den grünen Pflanzen gebildet wurden. Im Gegensatz zu den Pflanzen, die diese Stoffe erzeugen und als autotroph bezeichnet werden, nennt man jene heterotroph.

Die ersten Lebewesen der Erde, die mutmaßlich vor etwa 4 Milliarden Jahren auftraten, waren wahrscheinlich ganz einfach organisierte Mikroorganismen, die ihren zum Leben notwendigen Stoffwechsel auf der Grundlage von Gärungsprozessen betrieben und damals vorhandene organische Stoffe nur verbrauchten, nicht aber produzierten. Ein Ende der Reserve an organischen Molekülen wäre aber auch das Ende dieser »Urorganismen« und damit das Ende des damals möglichen Lebens auf der Erde überhaupt gewesen, wenn nicht im Laufe der Zeit Lebewesen entstanden wären, die Substanzen entwickelt hätten, mit deren Hilfe sie die reichlich vorhandene Strahlungsenergie der Sonne in die zum Aufbau organischer Moleküle notwendige chemische Energie umwandeln konnten. Von all diesen möglichen Stoffen hat sich das Chlorophyll als der beste erwiesen, Chlorophyll ist heute auf der Erde die einzige Substanz, welche die Fähigkeit zu dieser Energieumwandlung be-

sitzt. Grün – exakt Blattgrün – ist also der Farbstoff des Lebens!
Natürlich müssen den Pflanzen für den Aufbau der lebenswichtigen organischen Substanzen außer Chlorophyll und Licht noch bestimmte Grundstoffe zur Verfügung stehen, in erster Linie Kohlenstoff und Wasserstoff, die Bausteine der Kohlenhydrate. Als Kohlenhydrate, zu denen z.B. Zucker und Stärke gehören, werden diese Verbindungen deshalb bezeichnet, weil bei fast allen jeweils ein Kohlenstoffatom pro Wassermolekül vorhanden ist.
Kohlenstoff ist als Kohlendioxid in der die Erde umgebenden Luftschicht überall vorrätig und wird von den Pflanzen auch in dieser Form genutzt. Wasserstoff dagegen muß stets dem Wasser entnommen werden, das daneben noch weitere, meist in ihm gelöste Elemente liefert. Licht, Luft und Wasser sind also die Grundbedingungen dafür, daß die Pflanzen mit Hilfe des Blattgrüns in ihren Zellen die Photosynthese in Gang setzen können, einen Prozeß, den keine chemische Fabrik der Erde nachvollziehen kann, der aber alles Leben auf der Erde bedingt. Wir werden diesen komplizierten Vorgang noch ausführlich behandeln.
Doch sehen wir uns zuerst an, wie das Chlorophyll eigentlich beschaffen ist. Es stellt eine lipophile chemische Verbindung dar, deren Grundstruktur erst in diesem Jahrhundert, im Jahre 1913, vom deutschen Chemiker Richard Willstätter und seinen Mitarbeitern aufgeklärt wurde. Sie wiesen zugleich die Verwandtschaft des Chlorophylls mit dem roten Blutfarbstoff Hämoglobin nach, denn sowohl Hämoglobin als auch Chlorophyll sind Metallproteine, d.h. Eiweiße mit komplex gebundenen Metallen. Beim Hämoglobin ist dieses Metall Eisen, beim Chlorophyll Magnesium. Dabei fungiert im Hämoglobin das Häm als eine an das Eiweiß Globin angehängte Nichteiweißkomponente, als sogenannte prosthetische

Grün beherrscht Natur- und Kulturlandschaften

Gruppe. Häm mit zweiwertigem Eisen oder Hämin mit dreiwertigem Eisen spielen in Verbindungen mit Eiweißen als Hämoproteine bei vielen physiologischen Vorgängen in den Pflanzen, vor allem als Enzyme, eine große Rolle. Sie sind aber auch u. a. im Myoglobin, dem roten Farbstoff der Muskeln, enthalten.
Das chemische Grundgerüst des Chlorophylls und des Häms ist ein Porphyrinkern aus vier Pyrrolringen, bei dem die Metallatome in der Mitte komplex an die Stickstoffatome gebunden sind. Isoliertes Pyrrol ist eine farblose Flüssigkeit, deren Name sich vom griechischen pyrrhos = Feuer herleitet, da ihre Dämpfe einen mit Salzsäure benetzten Fichtenspan feuerrot färben. Vier dieser Pyrrolringe bilden also immer einen Porphyrinkern. Beim Chlorophyll sind an diesen hydrophilen, Mg^2-haltigen Porphyrinkern noch ein Fünfring (Cyclopentanon) sowie eine mit Methanol und eine mit einem Diterpenalkohol veresterte Carboxylgruppe angefügt. Dieser aus 20 Kohlenstoffatomen bestehende Alkohol, das Phytol, ist lipophil. Er bedingt z.B. die wachsartige Beschaffenheit des Chlorophylls und dient zur Verankerung der Chlorophyllmoleküle in bestimmten Membranen.
Dabei gibt es aber nicht nur ein Chlorophyll, sondern es sind z. Z. insgesamt fünf Chlorophylle bei pflanzlichen Organismen bekannt. Sie alle unterscheiden sich in ihrer chemischen Grundstruktur nur wenig, lediglich die Seitengruppen des Porphyrinringsystems weisen bestimmte Änderungen auf. Zum Teil wesentliche Unterschiede gibt es aber in Bezug auf ihre Absorptionsspektren, also in ihrer Aufnahme von Licht bestimmter Wellenlängenbereiche (s. Abb. S. 12). Die Bestimmung der Lage ihrer Absorptionsmaxima kann zur Unterscheidung der einzelnen Chlorophylle dienen. Alle Chlorophylle absorbieren im roten und blauen Spektralbereich. Die Ursache für die unterschiedliche Lichtabsorption liegt, außer in der Verschiedenheit der Seitengruppen, vor allem in der unterschiedlichen Bindung der Chlorophylle an bestimmte Eiweiße. Chlorophyll existiert nämlich in den Pflanzen niemals als reine Substanz, sondern immer nur als Chlorophyll-Protein-Komplex.
Die Chlorophylle werden zu ihrer Unterscheidung mit Kleinbuchstaben in alphabetischer Reihenfolge bezeichnet, also mit a, b, c, d und e. Chlorophyll ist umfassend verbreitet, es kommt in allen Photosynthese betreibenden Pflanzen vor und ist das Hauptpigment unter den Photosynthesepigmenten. Aber nur etwa 1 % der gesamten Chlorophyll-a-Menge ist in der Lage, die absorbierten Lichtquanten in chemische Energie umzusetzen, die restlichen 99 % üben, genau wie die anderen Chlorophylle, nur Hilfsfunktionen aus. Sie werden deshalb auch als akzessorische Pigmente, als Pigmente mit Nebenfunktionen bezeichnet. Chlorophyll b, das bei Grünalgen und Euglenen sowie bei Moosen, Farnen und Samenpflanzen neben dem Chlorophyll a in etwa dreifach geringerer Menge vorkommt, fungiert genauso nur als Hilfspigment wie das bei den braungefärbten Algen an Stelle des Chlorophyll b vorhandene Chlorophyll c, das als einziges Chlorophyll nicht mit Phytol verestert und deshalb wasserlöslich ist. Über die Wirkungsweise des ausschließlich bei Rotalgen existierenden Chlorophyll d ist noch nichts Genaues bekannt, und Chlorophyll e wurde bis jetzt lediglich bei einer bestimmten Gelbgrünalge *(Tribonema bombycinum)* nachgewiesen und stellt eventuell nur ein Abbauprodukt dar (s. Tabelle S. 12).
Die Chlorophyllmenge in den Pflanzen hängt von verschiedenen Faktoren ab: von der Art der Pflanzen, von ihrem Entwicklungszustand – und dieser wieder von einer Anzahl äußerer Bedingungen. Sie beträgt im Durchschnitt in pflanzlicher Trockenmasse 0,5 bis 2 % der Gesamtmenge.
Eine künstliche Herstellung des Chlorophylls gelang erst im Jahre 1960, und zwar fast gleichzeitig in Deutschland und den USA. Da Chlorophyll desodorierend und fördernd bei der Gewebebildung wirkt, wird es u. a. in der kosmetischen und pharmazeutischen Industrie zur Herstellung verschiedener Präparate wie Zahnpasta, grüner Seife und zahlreicher Medikamente verwendet. Es dient auch als Lebensmittelfarbstoff.

Verbreitung der Chlorophylle

Chlorophylle:	a	b	c	d	e
Samenpflanzen, Farne, Moose	+	+	–	–	–
Algen:					
Grünalgen	+	+	–	–	–
Augenalgen	+	+	–	–	–
Gelbgrünalgen	+	–	+	–	(+)*
Schlundgeißler	+	–	+	–	–
Panzergeißler	+	–	+	–	–
Kalkalgen	+	–	+	–	–
Goldalgen	+	–	+	–	–
Kieselalgen	+	–	+	–	–
Braunalgen	+	–	+	–	–
Rotalgen	+	–	–	+	–
Blaualgen	+	–	–	–	–

* nur bei *Tribonema bombycinum* gefunden

Neben den Chlorophyllen spielen beim »Einfangen« der Strahlungsenergie noch andere Farbstoffe eine Rolle. Es sind die in allen Algen und höheren Pflanzen vorkommenden Carotinoide und die nur bei Blau-, Schlund- und Rotalgen zusätzlich auftretenden Phycobiliproteide. Da sie gleichsam als »Antennen« für die Absorption bestimmter Wellenlängen des Lichtes fungieren, bezeichnet man sie auch als Antennenpigmente. Sie führen das Licht dem photochemisch aktiven Chlorophyll-a-Anteil, dem sogenannten Reaktionszentrumschlorophyll zu. Jedes dieser aktiven Chlorophyllmoleküle ist von etwa 300 und mehr solcher lichtsammelnder Pigmente umgeben.

Die fettlöslichen Carotinoide sind einerseits ständige Begleitfarbstoffe der Chlorophylle, andererseits aber auch in Zellen heterotropher Organismen zu finden, wohin sie stets über pflanzliche Nahrung gelangen. Tierische Organismen können diese aufgenommenen Carotinoide zwar in für sie wichtige Substanzen (z.B. Vitamin A) umwandeln, sie sind aber nicht in der Lage, sie selbst zu synthetisieren.

Von den fast 400 bekannten Carotinoiden unterscheidet man zwei Gruppen: einmal die meist gelb- bis orangefarbenen Carotine, die nur aus Kohlenstoff- und Wasserstoffatomen bestehen, und zum anderen die gelbbräunlichen bis braunen Xanthophylle, die

Absorptionsspektren von Photosynthesepigmenten (nach Libbert).

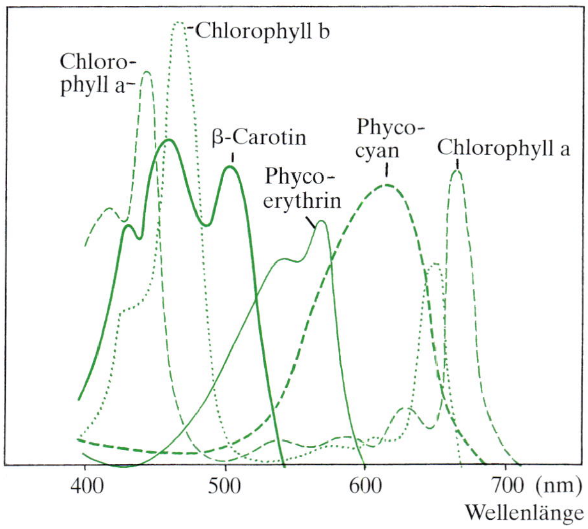

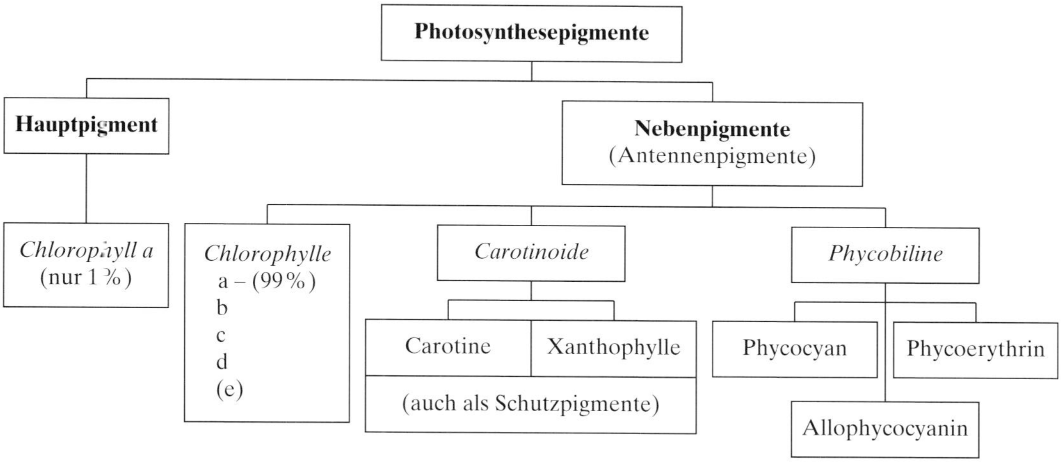

außer Kohlenstoff und Wasserstoff noch Sauerstoff in ihren Molekülen aufweisen.
Chemisch sind die Carotinoide Isoprenabkömmlinge aus der Gruppe der Tetraterpene. Ihre Moleküle haben also stets 40 Kohlenstoffatome, was acht Isopreneinheiten entspricht. Ihre Farbigkeit beruht auf dem System mehrerer Doppelbindungen, durch die – je nach Anzahl und Lage – Licht von Wellenlängen bis über 500 nm meist mit mehreren Maxima absorbiert wird, und zwar im Blau- und im Ultraviolettbereich des Spektrums. Sie nutzen noch andere Wellenlängen der angebotenen Energie aus.
Zum ersten Mal wurde ein Carotin 1831 von H. F. Wackenrode in Form roter Kristalle aus Möhren *(Daucus carota)* isoliert und bekam daher seinen Namen. Erst 100 Jahre später konnten die Chemiker R. Kuhn und E. Lederer von dem ursprünglich als einheitlichen Stoff angesehenen Carotin drei Isomeren nachweisen, die α-, β- und γ-Carotin genannt wurden. Ihre Häufigkeit im Pflanzenreich ist unterschiedlich. An erster Stelle steht das β-Carotin, das in fast allen grünen, aber auch in nichtgrünen Pflanzenteilen, wie Wurzeln, Früchten, Holz, vereinzelt auch in Blütenblättern vorkommt.
Auch Xanthophylle sind in allen photosynthetisch aktiven Zellen höherer Pflanzen und in Früchten, Blütenblättern usw. existent. Vor allem das Lutein ist sehr weit verbreitet. Wir finden es zusammen mit β-Carotin z. B. stets in Laubblättern. Besonders auffällig ist das Vorkommen verschiedener Xanthophylle in bestimmten Algengruppen. Dort können sie durch ihre hohe Konzentration farbgebend wirken. Sie überdecken das grüne Chlorophyll, so daß die Algen gelblich bis tiefbraun aussehen. Zu diesen Algengruppen gehören neben den mikroskopisch kleinen Gold-, Kalk- und Kieselalgen die eigentlichen Braunalgen mit Riesenformen, die auch als Tange bezeichnet werden. Nach einem solchen Tang, dem in nördlichen Meeren verbreiteten Blasentang *(Fucus vesiculosus)*, wurde das bei allen Braunalgen vorkommende Hauptxanthophyll, das Fucoxanthin, benannt.
Es gibt auch eine große Anzahl von Xanthophyllen, die sich, z. T. in Abhängigkeit vom Licht, reversibel ineinander umwandeln können, ein Vorgang, der noch keine restlose Erklärung gefunden hat und zu Differenzen in der Charakterisierung der Algen durch diese Stoffe führen kann.
Außer den genannten Aufgaben als »Lichtsammler« haben die Carotinoide noch eine Schutzfunktion. Sie gehören in den Zellen zu den wichtigsten Schutzpigmenten und verhindern z. B. die Oxidation des Chlorophylls. Weiterhin leiten sie überschüssige Lichtenergie durch Umwandlung in Wärme ab.
Die zweite Gruppe der Begleitfarbstoffe des Chlorophylls sind die wasserlöslichen Phycobiliproteide, deren Farbstoffkomponenten, die stets eine sehr feste Bindung mit Proteinen eingehen, Phycobiline genannt wer-

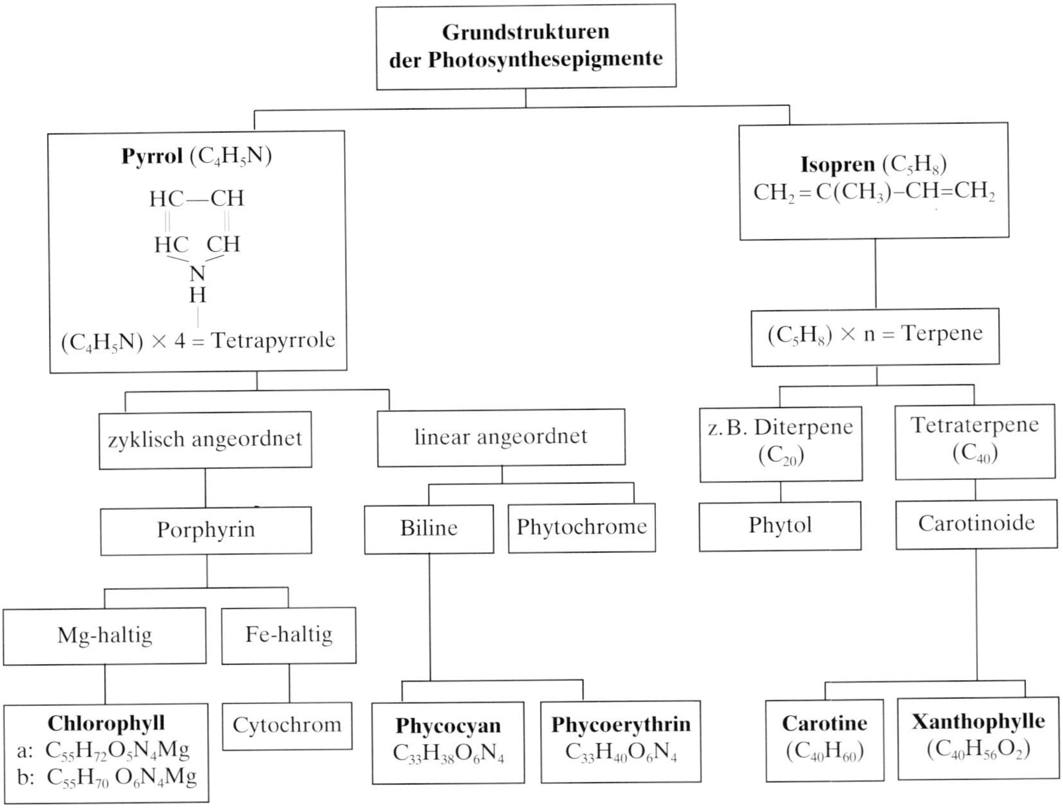

den. Sie sind nur bei Blau-, Schlund- und Rotalgen nachgewiesen und kommen dort neben bestimmten Carotinoiden vor. Ihren Namen verdanken sie ihrer strukturellen Verwandtschaft mit den Gallenfarbstoffen (griechisch bilis = Galle). Chemisch sind sie wie alle Biline dadurch gekennzeichnet, daß bei ihnen vier Pyrrolringe über Kohlenstoffbrücken zu einer offenen Kette verknüpft sind, also ein metallfreies lineares Tetrapyrrolsystem bilden.

Es lassen sich drei Hauptgruppen von Phycobilinen unterscheiden: das blaue Phycocyan, das rote Phycoerythrin und das rötliche Allophycocyanin. Alle drei sind in unterschiedlichem Mischungsverhältnis in den genannten Algen vorhanden, wobei der eine oder andere Farbstoff auch fehlen kann. Sie führen mit den Chlorophyllen und den Carotinoiden, in Abhängigkeit von den Lichtverhältnissen und anderen Standortfaktoren, zu einer hohen Farbvariabilität. Man kann bei den Organismen, die Phycobiline enthalten, vor allem bei den Blaualgen, eine sogenannte chromatische Adaption, eine Farbangleichung, feststellen, d.h., sie sind in der Lage, durch Änderung des Mengenverhältnisses ihrer Farbstoffe, sich der spektralen Zusammensetzung des vorhandenen Lichtes komplementär anzupassen. Dabei bewirkt rotes Licht eine stärkere Bildung von Phycocyan, grünes Licht eine stärkere Bildung von Phycoerythrin.

Die Chlorophylle und ihre Begleitfarbstoffe sind in den Zellen der pflanzlichen Organismen nicht diffus verteilt, sondern auf geschlossenen, sackartigen Doppelmembranen angeordnet, die als Thylakoide bezeichnet werden. Bei Blaualgen und Bakterien, also bei den Kernlosen, sind diese Thylakoide noch frei im Plasma der Zellen lokalisiert, während sie bei allen kernhaltigen Pflanzen in abgegrenzten, von einer Doppelmembran umgebenen Zellorganellen eingeschlossen werden. Diese Zellorganellen, die Plastiden oder Chromatophoren,

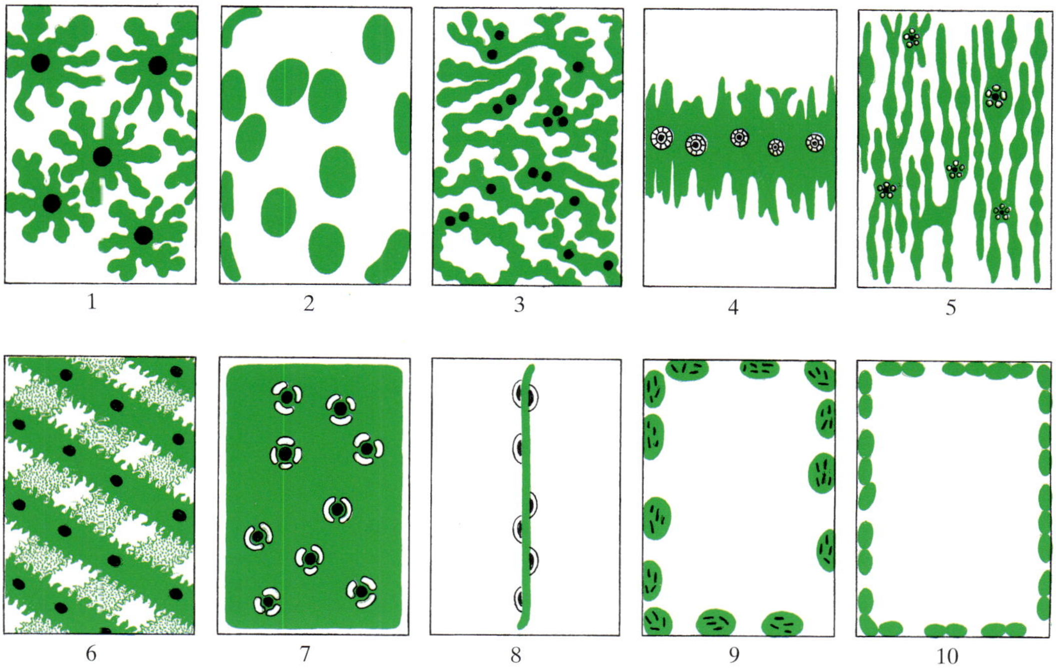

Chromatophoren-Typen
1 *Rhodochorton floridulum* (Rotalge), 2 *Pylaiella varia* (Braunalge), 3 *Ectocarpus arctus* (Braunalge), 4 *Draparnaldia glomerata* (Grünalge), 5 *Oedogonium spec.* (Grünalge), 6 *Spirogyra spec.* (Grünalge), 7 *Mougeotia scalaris* (Grünalge) in Flächenstellung, 8 *Mougeotia scalaris* (Grünalge) in Profilstellung, 9 *Mnium spec.* (Moos), 10 *Elodea canadensis* (Samenpflanze)

kann man in die photosynthetisch aktiven Chloroplasten (gr. chloros = grün), die Phaeoplasten (gr. phaeos = braun) und die Rhodoplasten (gr. rhodos = rot) sowie die photosynthetisch inaktiven Chromoplasten und Leukoplasten (gr. leucos = weiß) gliedern (s. Übersicht S. 16).
Die Struktur der Thylakoide konnte erst mit Hilfe des Elektronenmikroskops sichtbar gemacht werden: Eine Lipiddoppelschicht bildet das Grundgerüst, auf dem die verschiedenen Komponenten – stets als Protein-Komplexe – spezifisch eingelagert sind, und zwar unterschiedlich auf der Außen- und Innenseite der Membranen. Die Chlorophyll-Proteinkomplexe sind mit dem lipophilen Phytol in der Membran verankert, während der hydrophile Porphyrinkern in den Raum ragt. Ein Thylakoid enthält etwa 100 000 (10^5) Pigmentmoleküle.
Die Anordnung der Thylakoide in den Chloroplasten ist unterschiedlich. Immer sind sie allerdings in die eiweißreiche Grundsubstanz, das Stroma der Chloroplasten, eingefügt. Dabei gibt es zwei Möglichkeiten: Entweder die Thylakoide durchziehen in voller Länge einheitlich die Plastiden und bleiben lichtmikroskopisch unsichtbar, wie das bei allen Algen außer den Grünalgen die Regel ist, oder es sind außer den einzeln liegenden Stromathylakoiden noch kurze, zu kleinen Paketen gestapelte Thylakoide vorhanden, wie bei den Grünalgen und allen höheren Pflanzen. Diese Thylakoidstapel sieht man im Lichtmikroskop bei stärkster Vergrößerung als dunkelgrüne Körnchen. Sie werden als Grana bezeichnet und danach diese Chloroplasten als granulär. Die erstgenannten dagegen erscheinen im Lichtmikroskop ohne innere Struktur, sie werden homogene Chloroplasten genannt (s. Abb. S. 16).
Es ist bemerkenswert, daß alle homogenen Chloroplasten (mit Ausnahme der von *Euglena*) kein Chlorophyll b enthalten und die Assimilationsprodukte außerhalb dieser

Plastiden
(Übersicht)

- **Farbstoffe enthaltend** (Chromatophoren)
  - photosynthetisch aktiv
    - **Chloroplasten**
      grün
      mit Chlorophyllen und Carotinoiden

      Sonderformen:
      - *Phaeoplasten* – braun in braungefärbten Algen
      - *Rhodoplasten* – rot in Rotalgen
      - *Gerontoplasten* – gelblich in alternden Geweben
  - photosynthetisch inaktiv
    - **Chromoplasten**
      gelb-orange-rot
      mit versch.
      Carotinoiden
- **ohne Farbstoffe**
  - photosynthetisch inaktiv
    - **Leukoplasten**
      mit Speicherfunktion als
      - **Amylo-** (Stärke)
      - **Elaio-** (Öl)
      - **Proteinoplasten** (Eiweiße)

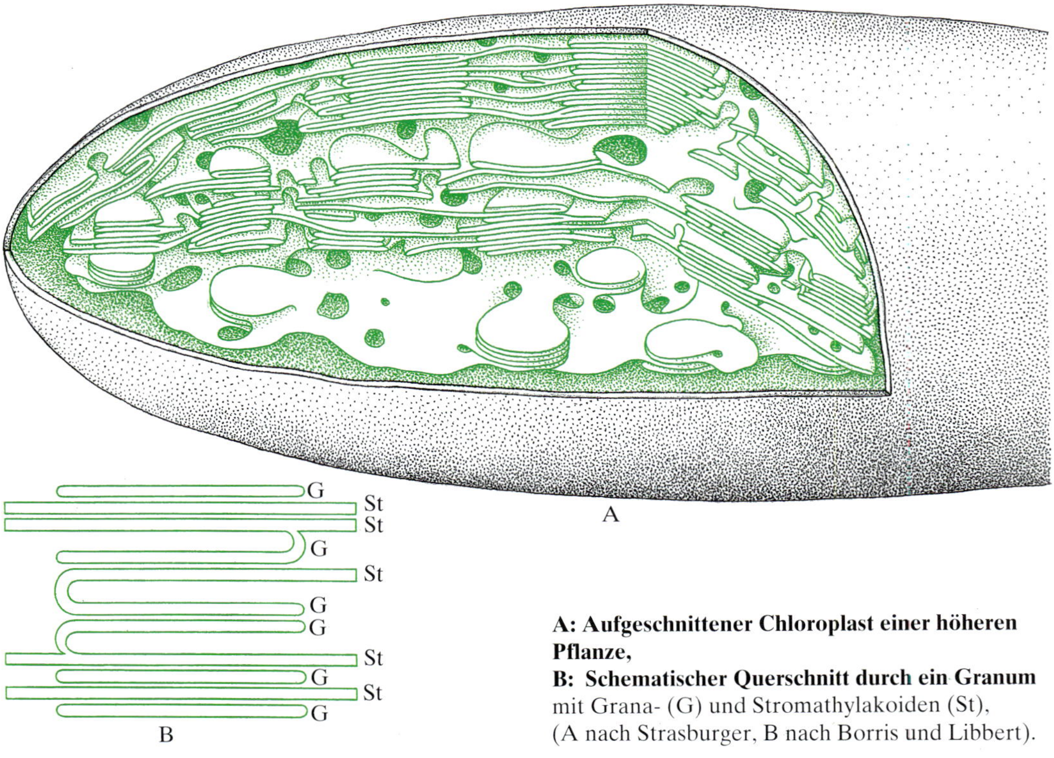

A: Aufgeschnittener Chloroplast einer höheren Pflanze,
B: Schematischer Querschnitt durch ein Granum mit Grana- (G) und Stromathylakoiden (St), (A nach Strasburger, B nach Borris und Libbert).

Größe von Chloroplasten einiger Pflanzen (nach Flindt, gekürzt)

Art	Größe in µm
Ahorn (*Acer* spec.)	6
Vaucheria (Gelbgrünalge)	5
Aronstab *(Arum maculatum)*	5–7
Eibe *(Taxus baccata)*	3–5
Erdbeere *(Fragaria vesca)*	4–5
Runkelrübe *(Beta vulgaris)*	7–10
Sternmiere *(Stellaria holostea)*	7–10

Zellorganellen ablagern können, während die granulären, die stets Chlorophyll b enthalten, ihre Assimilate in ihrem Inneren ablagern. Beide Typen unterscheiden sich also nicht nur strukturell, sondern auch physiologisch voneinander.

Die Chloroplasten sind in den Zellen der pflanzlichen Organismen in unterschiedlicher Zahl und Größe ausgebildet (s. Abb. S. 15). Bei den Algen ist oft nur ein sehr großer Chloroplast pro Zelle vorhanden, was als ursprünglich angesehen wird.

Die Zellen der höheren Pflanzen enthalten in der Regel mehrere linsenförmig abgeflachte bis kuglige Chloroplasten. Meist sind es zwischen 10 und 50 (z. T. bis 200) pro Zelle, deren Größe von etwa 4 bis 10 µm mal 2 bis 5 µm differiert. Ein Laubblatt kann pro mm² durchschnittlich 400 000 Chloroplasten enthalten, ein Baum mittlerer Größe etwa 100 Billionen (10^{14}).

Eine Ausnahme finden wir bei den Moosen. Dort haben die als primitiv anzusehenden Hornmoose in ihren Zellen nur je einen schüsselförmigen Chloroplasten. Er besitzt zudem noch sogenannte Pyrenoide oder Stärkeherde, die sonst nur bei den Algen auftreten. Sie werden als Zentren der Stärke- und Fettbildung angesehen und sind im Lichtmikroskop durch ihr helles Aufleuchten gut zu erkennen.

Chloroplasten entstehen, wie schon der Botaniker A. F. W. Schimper 1893 feststellte, sui generis, das heißt, sie können immer nur aus ihresgleichen hervorgehen. Sie besitzen eine eigene genetische Information, die im Gegensatz zum Genom der Kerne als Plastom bezeichnet wird. Träger dieser genetischen Information ist die Plastiden-Desoxiribonukleinsäure (DNS, jetzt meist englisch abgekürzt DNA, von acid = Säure). Sie ist im Gegensatz zur linear angeordneten Kern-DNA ringförmig. Chloroplasten können sich also wie die Kerne, Mitochondrien und die übrigen Plastiden selbst reproduzieren, d. h. durch Teilung vermehren. Diese Teilung nehmen bei Algen und Moosen auch ausgewachsene Chloroplasten vor, bei den Farnen und Samenpflanzen meist nur Jugendformen. Dabei geht allen Teilungen eine Synthese und Verteilung der DNA voraus, damit die Weitergabe der genetischen Information an die Tochterchloroplasten gewährleistet wird. Allerdings ist bei der Synthese der Proteine der Chloroplasten auch das Zellplasma beteiligt, da das Plastom

Chloroplastenentwicklung

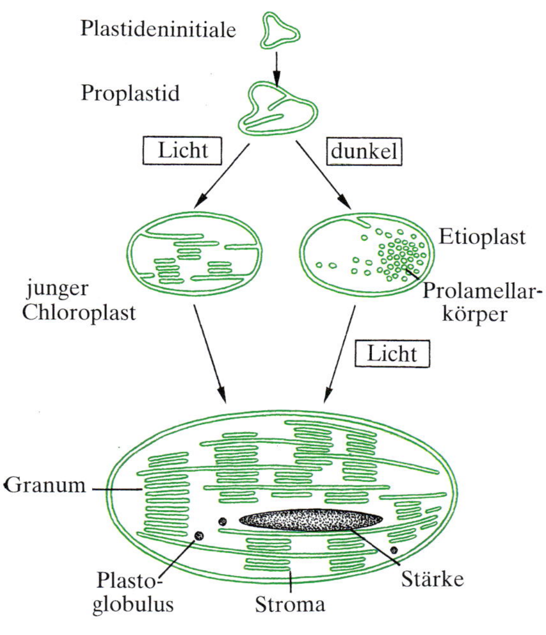

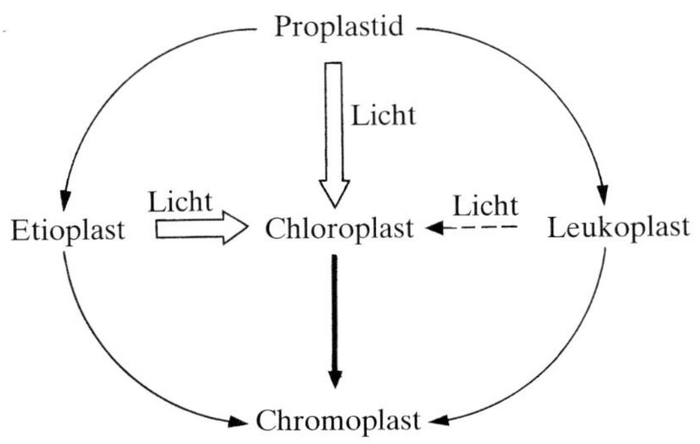

Plastidenumwandlung

nicht ausreicht, um alle Prozesse der Eiweißsynthese in den Chloroplasten zu lenken, oder – wie es wissenschaftlich heißt – zu codieren. Bei der Individualentwicklung einer höheren Pflanze entstehen in den jungen Sproß- und Blattzellen erst einmal kleine, thylakoidfreie, noch ungefärbte Körperchen, die Proplastiden. Aus diesen werden dann unter Einwirkung von Licht die Chloroplasten gebildet. Fehlt das Licht, entstehen anstelle der Chloroplasten sogenannte Etioplasten, Hemmformen, die noch kein Chlorophyll, sondern nur wenig Protochlorophyllid enthalten. Dieses wandelt sich bei ausreichenden Lichtgaben sofort in Chlorophyll um. Aus den Etioplasten entstehen Chloroplasten, und die Pflanzen ergrünen (s. Abb. S. 17).

Bei Algen, Moosen, Farnen und einigen Nadelhölzern bilden sich die Chloroplasten auch ohne Licht sofort aus den Proplastiden. Diese Pflanzen können also auch im Dunkeln ergrünen, aber dann natürlich nicht weiterexistieren, da sie ohne Licht nicht in der Lage sind, die lebensnotwendige Photosynthese zu betreiben.

Sehen wir uns nun den »allerwichtigsten Prozeß« der grünen Pflanzen an, den nur sie – neben einigen Bakterienarten – mit Hilfe ihres grünen Farbstoffes vollziehen können: die Photosynthese. Sie ist der Grundprozeß des Lebens, bei dem Strahlungsenergie in chemische Energie überführt und damit der Aufbau der gesamten Biomasse ermöglicht wird (vgl. Abb. S. 20).

Vereinfacht dargestellt, verläuft die Umsetzung nach der Formel:

$$6\,CO_2 + 6\,H_2O \xrightarrow{\text{Licht}} C_6H_{12}O_6 + 6\,O_2$$

(Kohlendioxid + Wasser = Kohlenhydrate + Sauerstoff)

Die Organismen produzieren also aus Kohlendioxid und Wasser Kohlenhydrate, und aus diesen dann unter Verwendung weiterer Elemente, wie Stickstoff, Schwefel, Phosphor, aber auch Natrium, Kalium, Kalzium, Eisen und Magnesium, die anderen lebensnotwendigen Substanzen.

Die Photosynthese an sich und ihre Bedeutung für die Natur ist erst verhältnismäßig spät erkannt worden. Vom Altertum bis weit in das 18. Jahrhundert hinein nahm man an, daß sich die Pflanzen allein von Erde und Wasser ernähren. Erst 1774 machte der englische Naturforscher Joseph Priestley (1733–1804) bei seinen Arbeiten über Sauerstoff und andere Gase die Entdeckung, daß die in einem geschlossenen Raum durch eine brennende Kerze verbrauchte Luft durch Pflanzen wieder regenerierbar ist. Er beobachtete, daß nach einiger Zeit eine Kerze in einem Raum mit Pflanzen wieder brennen kann, also Sauerstoff erneut vorhanden ist. Ein Zeitgenosse Priestleys, der holländische Arzt Jan Ingenhousz (1730–1799), wiederholte dessen Experimente und kam 1779 zu der Erkenntnis, daß der Sauerstoff der Luft nur durch belichtete grüne Teile von Pflanzen wieder gewonnen werden kann. Er gilt als der Entdecker der Photosynthese. Doch nahm er noch an, daß der als Gas freigesetzte Sauerstoff durch Spaltung des Kohlendioxids in Kohlenstoff und Sauerstoff entsteht. Erst als es mit Hilfe von »schwerem« Sauerstoff möglich wurde, den Weg dieses Gases aus dem Wasser bis zu seiner Freisetzung zu markieren, konnte bewiesen werden, daß der in die Atmosphäre entweichende Sauerstoff aus dem Wasser und nicht aus dem Kohlendioxid stammt.

Doch sehen wir uns die Vorgänge bei der Photosynthese im einzelnen an.

Birke *(Betula pendula)* im Maiaustrieb – ein Symbol der photosynthetisch aktiven autotrophen Pflanze

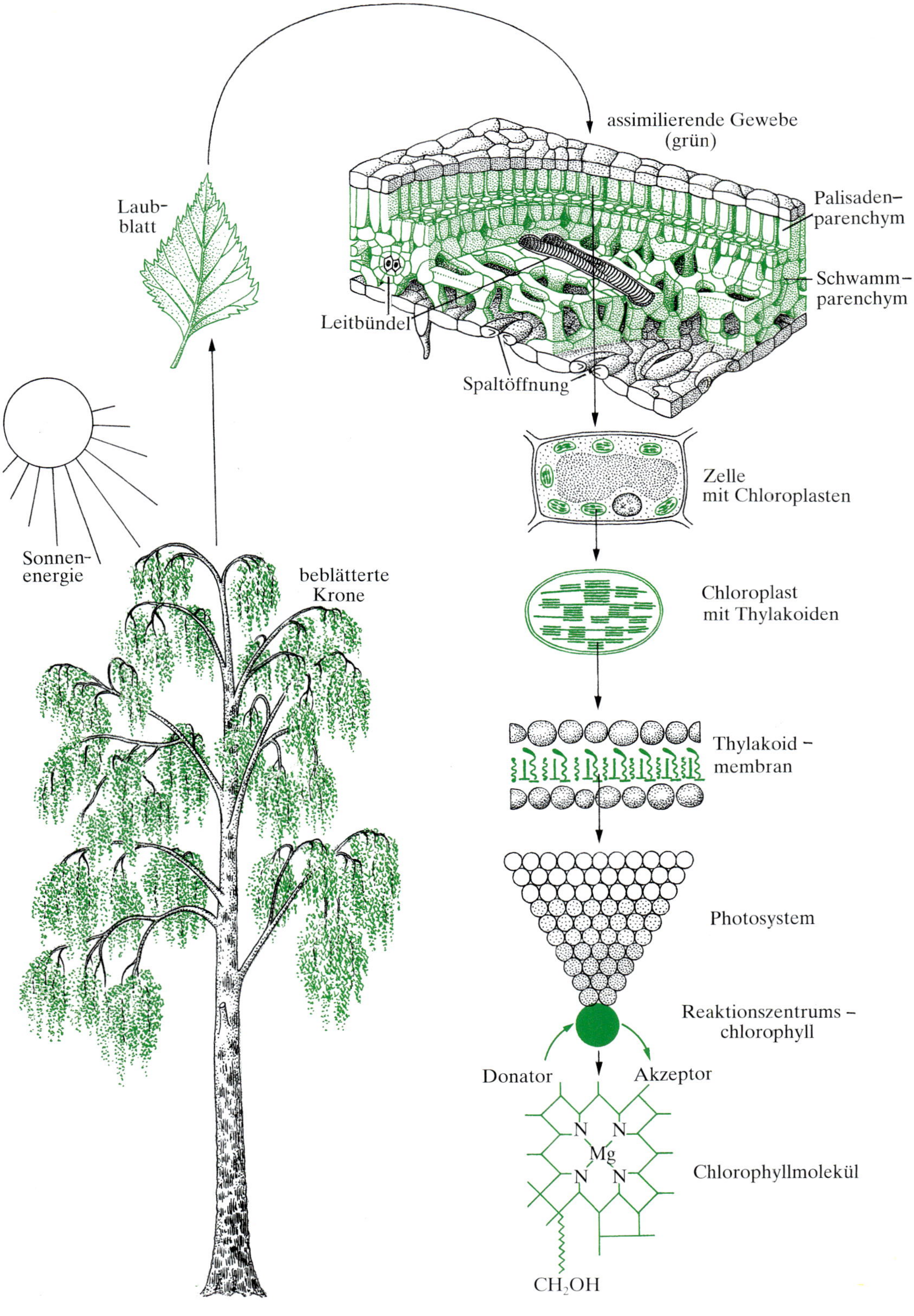
assimilierende Gewebe
(grün)
Laub-
blatt
Palisaden-
parenchym
Schwamm-
parenchym
Leitbündel
Spaltöffnung
Zelle
mit Chloroplasten
Sonnen-
energie
beblätterte
Krone
Chloroplast
mit Thylakoiden
Thylakoid-
membran
Photosystem
Reaktionszentrums-
chlorophyll
Donator
Akzeptor
N
N
Mg
N
N
Chlorophyllmolekül
CH2OH

Photosyntheseapparat einer Birke

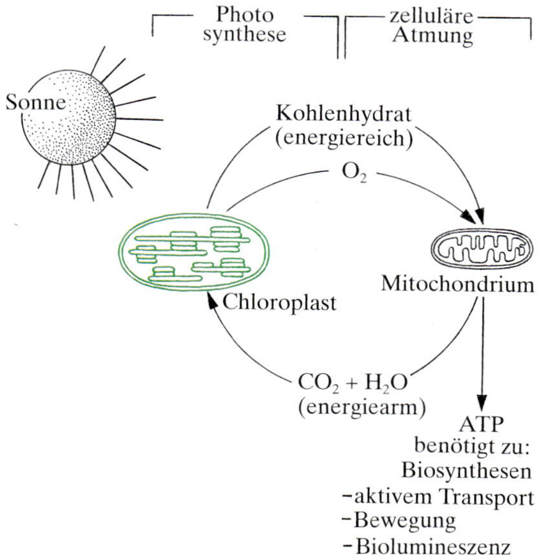

Beispiel für Energiefluß in biologischen Systemen

Wir wollen von einem Baum ausgehen, z. B. einer Birke, die normale Standortbedingungen hat, der also Licht, Luft und Wasser ausreichend zur Verfügung stehen.
Alle grünen Teile der Birke bezeichnet man als ihren Photosyntheseapparat, ein Begriff, der für sämtliche Strukturen angewandt wird, die zur Photosynthese benötigt werden. Bei der Birke und den meisten anderen Pflanzen sind dies vorwiegend die Laubblätter mit ihrem assimilierenden Gewebe, dessen Zellen die Chloroplasten enthalten. Von ihnen gehören speziell die Thylakoide mit den Photosynthesepigmenten sowie das Stroma, die Grundsubstanz der Chloroplasten, zu diesem Apparat.
Werden die Blätter der Birke von ausreichend Licht getroffen, kann die Photosynthese beginnen. Sie verläuft, wie wir seit den Veröffentlichungen des englischen Pflanzenphysiologen F. F. Blackman (1905) wissen, in zwei Teilabschnitten: als Licht- und als Dunkelreaktion.
Die zuerst einsetzende Lichtreaktion ist an die Thylakoide gebunden und fängt mit der Absorption von Photonen durch die Photosynthesepigmente an. Dabei sind bei allen Pflanzen – auch bei unserer Birke – nur zwei bestimmte Chlorophyll a-Anteile die eigentlichen Energiesammler. Diese beiden Anteile, nach ihren Absorptionsmaxima als Chlorophyll a 700 = P(igment) 700 bzw. Chlorophyll a 680 = P(igment)680 bezeichnet, verteilen sich auf zwei Photosysteme und werden dort in spezifischer Weise von Antennenpigmenten umgeben. Im Photosystem I ist P 700 das Reaktionszentrum, das von anderen Chlorophyll a-Molekülen mit kurzwelligeren Absorptionsmaxima und Carotinen umschlossen ist. Das Photosystem II enthält P 680 als eigentliches Reaktionszentrum zusammen mit Chlorophyll b und Xanthophyllen bzw. bei bestimmten Algengruppen zusätzlich Phycobiline. Beide Photosysteme bilden zusammen jeweils eine photosynthetische Einheit, die sich insgesamt aus etwa 200 Chlorophyll a-, 70 Chlorophyll b-, 50 Carotinoid- und natürlich einer größeren Zahl Eiweiß- und anderer Moleküle zusammensetzt. Die Zahl der angegebenen Moleküle schwankt zwischen 300 und 5 000 je Photosystem.
Das durch die Lichtenergie »angeregte«, d. h. in einen energiereicheren Zustand versetzte Reaktionschlorophyll P 680 im Photosystem II setzt Elektronen frei, die von einem primären, chemisch noch nicht eindeutig identifizierten Elektronenakzeptor aufgenommen werden. Die nun entstandene Lücke wird durch Elektronen aufgefüllt, die aus der unter Strahlungsenergie vollzogenen Spaltung – der Photolyse – des Wassers stammen. Dabei werden außerdem Protonen und Sauerstoff freigesetzt. Vom primären Elektronenakzeptor, der nun als Spender (Donator) dient, gelangen die Elektronen dann mittels einer Elektronentransportkette auf ein geringeres Energieniveau zum Zentrum des Photosystems I, dem P 700. Dabei entsteht Adenosintriphosphat (ATP), eine Substanz, die als der wichtigste biologische Energieüberträger bei vielen energieverbrauchenden Prozessen fungiert, denn dessen Energie kann durch hydrolytische Spaltung unter Bildung von Adenosindiphosphat (ADP), freigesetzt werden.

P 700 absorbiert nun ebenfalls Lichtquanten, die ebenso ein noch nicht eindeutig definierter Akzeptor aufnimmt, der die Elektronen über weitere Elektronentransportmoleküle an eine Substanz, das Nicotinsäureamid**a**denindinucleotidphosphat (NADP) weitergibt. Das NADP wird mit Hilfe dieser Elektronen und den aus dem Wasser stammenden Wasserstoffionen zu $NADPH_2$ reduziert. Dieser Vorgang dauert nur Bruchteile einer Sekunde (2×10^{-8} Sekunden).

Außer diesem linearen Elektronentransport gibt es noch einen zyklischen, an dem nur das Photosystem I beteiligt ist und der allein zur zusätzlichen ATP-Bildung dient. Die Elektronen werden hier zum Akzeptor und von diesem wieder zum P 700 zurückgeleitet, wobei ATP aus ADP gebildet wird, aber kein Sauerstoff und kein $NADPH_2$ entsteht. Da bei einigen Prokaryoten anscheinend nur diese Form der Lichtreaktion vorkommt, nimmt man an, daß es sich hier um den ursprünglicheren Photosynthesemechanismus handelt.

Um zwei Moleküle $NADPH_2$ zu bilden, müssen acht Photonen absorbiert werden. ATP und $NADPH_2$ stellen als Energiepotential und Reduktionskraft besondere Moleküle zur Umwandlung von Lichtenergie in chemische Energie dar, die sich aber nicht zur Energiespeicherung eignen. Deshalb setzt die Pflanze diese Produkte der Lichtreaktion im zweiten Abschnitt der Photosynthese ein, um Kohlendioxid zu fixieren und Kohlenhydrate – also Speicherstoffe – zu bilden.

Bei den meisten Landpflanzen – wie auch unserer Birke – gelangt das Kohlendioxid der Luft durch die Spaltöffnungen zu den photosynthetisch aktiven Zellen. Wasserpflanzen nehmen das im Wasser gelöste Kohlendioxid auf.

Weil die folgende Reaktion lichtunabhängig ist, wird sie als Dunkelreaktion bezeichnet. Sie kann aber ebenso im Licht stattfinden, dabei benötigt sie auch laufend die Produkte der Lichtreaktion. Die einzelnen Abschnitte der Dunkelreaktion werden durch Enzyme reguliert und sind wie diese ebenfalls temperaturabhängig: Ihre Reaktionsgeschwindigkeit nimmt bis zu einer Temperatur von maximal 30 °C zu, danach ab.

Dunkelreaktionen finden außerhalb der Thylakoide im Stroma der Chloroplasten statt und verlaufen immer viel langsamer als die Lichtreaktionen.

Bei den meisten höheren Pflanzen – wie unserer Birke – wird das Kohlendioxid zuerst in eine aus 5 Kohlenstoffatomen und 2 Phosphatresten bestehende, sehr energiereiche Verbindung inkorporiert, das Ribulose-1,5-diphosphat (RudP). Das dabei entstehende Produkt ist sehr labil und zerfällt augenblicklich in zwei Moleküle 3-Phosphoglycerinsäure (PGS). Jedes dieser Moleküle enthält also drei Kohlenstoffatome. Deshalb wird dieser Weg der Kohlendioxidfixierung auch C_3-Weg genannt, und die Pflanzen, die ihn benutzen, bezeichnet man als C_3-Pflanzen. Nun schließt sich ein Kreisprozeß an, wobei aus der PGS Glycerinaldehyd-3-phosphat gebildet wird, von dem schließlich ein Teil in Glucose und ein anderer wieder in RudP zurückverwandelt wird.

Entdeckt hat diesen Zyklus 1957 der nordamerikanische Pflanzenphysiologe Melvin Calvin, der mit Grünalgen der Gattung *Chlorella* arbeitete. Er bekam dafür den Nobelpreis. Man nennt den Zyklus nach ihm Calvin-Zyklus.

Die Energie, die den Calvin-Zyklus antreibt, stammt aus dem ATP und dem $NADPH_2$, das die Lichtreaktionen bereitstellen. Die Kohlendioxidfixierung wird enzymatisch durch RudP-Carboxylase gesteuert, die in den Chloroplasten reichlich vorhanden ist. Dieses Enzym umfaßt mehr als 15 % des Chloroplasteneiweißes. Es kann als die häufigste Eiweißverbindung der Welt angesehen werden. In den Calvin-Zyklus müssen 6 Moleküle Kohlendioxid eintreten, bevor ein Zuckermolekül als Nettogewinn aus dem Kreislauf austritt. Dabei wird Fructose zu Glucose und diese dann zu Stärke bzw. in geringem Maße auch zu Zellulose verarbeitet. Im Licht speichern die Pflanzen kurzzeitig Stärke im Stroma der Chloroplasten als sogenannte Assimilationsstärke, aber im Dunkeln wird sie in den besser zu transportie-

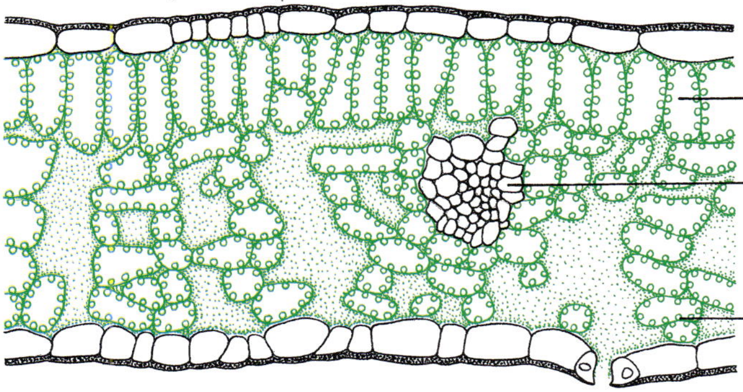

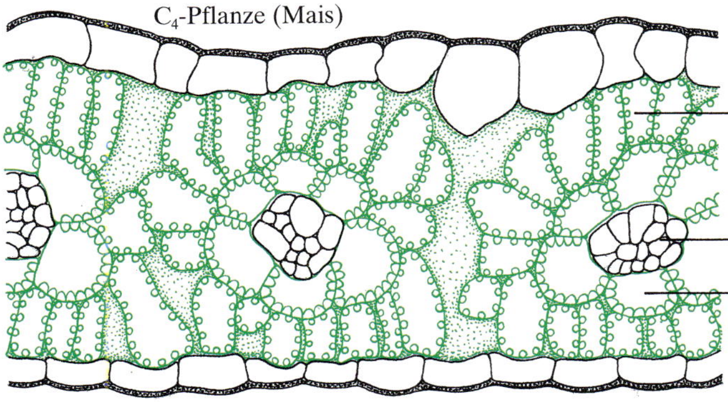

Blattaufbau von C_3- und C_4-Pflanzen

renden Rohrzucker (Saccharose) umgebaut. Dieser gelangt über die Siebröhren zu den nichtgrünen Pflanzenteilen, wo er sich als Reservestärke ablagert. Nur in den »Zuckerpflanzen«, wie z. B. dem Zuckerrohr oder den Zuckerrüben, wird die Saccharose als Reservestoff gespeichert.

Bei unserer Birke finden wir die Reservestärke vor allem in den Wurzeln, dem Stamm und den Zweigen.

Nun wird der Calvin-Zyklus in der Regel von einem Vorgang begleitet, der die Effektivität der Kohlenstoffixierung stark herabsetzen kann. Es ist die Lichtatmung oder Photorespiration, bei der Kohlenhydrate unter Verbrauch von Sauerstoff und unter Freisetzung von Kohlendioxid abgebaut werden. Dies kann bis zu 50 % des fixierten Kohlenstoffs betreffen.

Dieser Kohlenstoffverschwendung begegnen einige Pflanzenarten, indem sie durch eine »Vorfixierung« des Kohlendioxids die Kohlenstoffausnutzung und damit die Effektivität des sich anschließenden Calvin-Zyklus erhöhen. Derartige Pflanzen sind u. a. durch ihren abweichenden Blattaufbau gekennzeichnet. Besitzen sie doch kein normales, von Leitbündeln durchzogenes Palisaden- und Schwammparenchym, sondern eine aus zwei konzentrisch um die Leitbündel angeordnete Zellagen bestehende Leitbündelscheide und darum noch einen lockeren Kranz von Mesophyllzellen. Man spricht deshalb von der Kranzanatomie dieser Blätter. Auch die Chloroplasten der beiden Systeme unterscheiden sich. Diejenigen der Leitbündelscheide sind fast granafrei, also atypisch für höhere Pflanzen, die der Mesophyllzellen enthalten dagegen die typischen Grana. Die Vorfixierung des Kohlendioxids erfolgt im Bereich der Mesophyllzellen. Es wird zuerst an Verbindungen, die nur 3 Kohlenstoffatome besitzen, angefügt, so daß primär Produkte mit 4 Kohlenstoffatomen entstehen. Diese Pflanzen werden deshalb

als C_4-Pflanzen, der Weg als C_4-Weg bezeichnet.
Ein Stoff mit vier Kohlenstoffatomen ist die Oxalessigsäure (Oxalacetat), die entweder zu Apfelsäure (Malat) reduziert oder durch den Einbau einer Aminogruppe in Asparaginsäure (Aspartat) umgewandelt wird. Die Säuren gelangen zu den Bündelscheiden, und hier wird das aus ihnen freigesetzte Kohlendioxid wieder dem Calvin-Zyklus zugeführt. Das dabei durch Photorespiration freiwerdende Kohlendioid wird in den Mesophyllzellen fixiert, kann also nicht aus dem Blatt entweichen und geht nicht verloren. Allerdings müssen die C_4-Pflanzen, die auf diesem Weg selbst geringste Kohlendioxidmengen »verarbeiten« können, einen höheren Energieaufwand betreiben. Sie benötigen für die Fixierung eines Kohlendioxidmoleküls 5 ATP-Moleküle, während die C_3-Pflanzen nur 3 brauchen. Ihre Photosyntheseausbeute kann aber zwei- bis dreimal so hoch sein wie bei den C_3-Pflanzen.
Man kennt inzwischen über 100 Pflanzenarten aus mindestens 18 Familien, die den C_4-Weg benutzen. In etwa 19 Gattungen hat man sowohl C_3- als auch C_4-Pflanzen festgestellt (z. B. bei der Gattung *Atriplex,* Melde). Die meisten dieser C_4-Pflanzen wachsen bzw. haben ihren Ursprung in tropischen oder subtropischen Gebieten, wie z. B. die wichtigen Nutzgräser Mais, Hirse und Zuckerrohr. Da bei starker Belichtung der Pflanzen das Kohlendioxidangebot begrenzend für die Photosynthese wirkt, muß der C_4-Weg mit einer optimalen Ausnutzung des Kohlendioxids vor allem als Anpassung an sonniges, warmes Klima angesehen werden. Er ist sicher im Laufe der Evolution mehrfach parallel entstanden.
Nun gibt es noch eine andere Variante des C_4-Weges, die sich vor allem bei sukkulenten Pflanzen, die sowohl Chloroplasten als auch wasserspeichernde Vakuolen in einer Zelle

Ein Beispiel für die Produktivkraft der C_4-Pflanzen in den Tropen: Zuckerrohrkultur in Südamerika

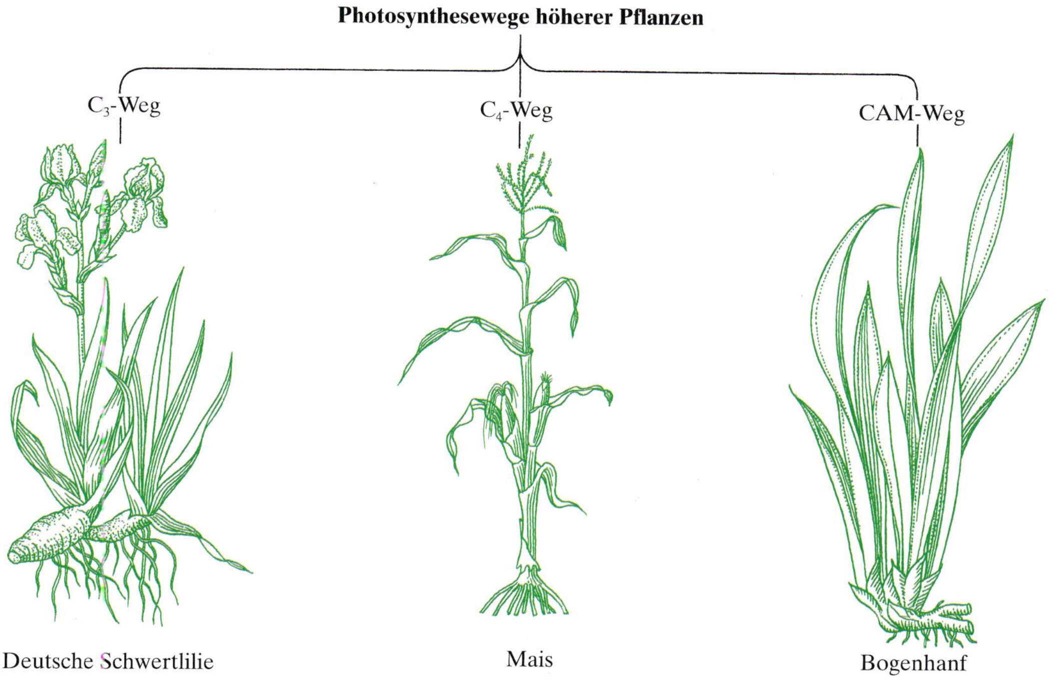

besitzen, herausgebildet hat. Diese Pflanzen wachsen meist auf sehr trockenen Standorten und müssen mit dem Wasser extrem haushalten. Sie fixieren das Kohlendioxid nachts, wenn die Spaltöffnungen geöffnet sind und ein Gasaustausch stattfinden kann und speichern die entstehende Apfelsäure in den Vakuolen. Wenn wegen der großen Hitze am Tag die Spaltöffnungen geschlossen bleiben, um vor allem die Wasserverdunstung auf ein Mindestmaß herabzusetzen, läuft der Calvin-Zyklus ab. Beide Vorgänge finden in derselben Zelle statt und sind nicht räumlich, wie bei den anderen C_4-Pflanzen, sondern nur zeitlich getrennt. Da sich unter den Pflanzenarten, die diesen Weg der Dunkelreaktion benutzen, viele Dickblattgewächse (Crassulaceae) befinden, hat man ihn nach der englischen Bezeichnung **C**rassulaceen-**A**cid-**M**etabolism (Crassulaceen-Säure-Stoffwechsel), abgekürzt CAM-Weg genannt (s. Abb.).

Inzwischen kennt man CAM-Pflanzen schon aus 25 verschiedenen Pflanzenfamilien, darunter beispielsweise so häufige Zimmerpflanzen wie die Wachsblume *(Hoya carnosa)* aus der Familie der Schwalbenwurzgewächse und der Bogenhanf *(Sansevieria hyacinthoides),* ein Agavengewächs. Aber auch die Ananaspflanze *(Ananas comosus)* und viele weitere Vertreter aus der Familie der Bromeliaceen, ja sogar die urtümliche *Welwitschia mirabilis* (s. Abb. S. 161) gehören zu den CAM-Pflanzen.

Die Photosyntheseintensität der Organismen ist von vielen Faktoren abhängig; so z. B. von der allgemeinen Entwicklung und dem Alter der Pflanzen, dem Öffnungszustand der Spaltöffnungen bei den Landpflanzen, der Lichtstärke, Temperatur, Kohlendioxid-, Wasser- und Mineralsalzversorgung und vielen anderen.

Wir nannten eingangs drei Hauptfaktoren als unabdingbare Voraussetzung für die grünen Pflanzen zum Betreiben der Photosynthese: Licht, Luft und Wasser. Sehen wir uns diese Faktoren noch einmal kurz an.

Das Licht, die Strahlungsenergie, stammt von der Sonne. Die tägliche Energiemenge, die die Erde aufnimmt, entspricht etwa der Energie einer Million Atombomben von der Stärke der Hiroshima-Bombe. Das ist eine

Ein Vertreter der CAM-Pflanzen ist diese als »Flammendes Käthchen« bekannte Zierpflanze (*Kalanchoe*-Hybride) aus der Familie der Crassulaceen.

beinahe unvorstellbare Energiemenge. 40 % davon wird wieder in den Weltraum zurückgestrahlt oder von der Atmosphäre absorbiert. Trotzdem ist die die Erdoberfläche erreichende Energiemenge 7 000mal größer als der Weltenergieverbrauch in der Gegenwart. Nur weniger als 1 % verbrauchen die Pflanzen zur Photosynthese. Trotzdem ergibt sich daraus eine Menge an chemischer Energie, die etwa 10mal größer als der gegenwärtige Weltenergieverbrauch ist.

Von dem in der Luft vorhandenen Kohlendioxid (0,03 Vol.% = 0,5 bis 0,6 Gramm CO_2/m^3) nutzen die Pflanzen etwa 5 % für die Photosynthese. Jährlich werden etwa 275 Milliarden Tonnen Kohlendioxid festgelegt und gleichzeitig etwa 200 Milliarden Tonnen Sauerstoff freigesetzt. Man hat ausgerechnet, daß ohne die Rückführung von Kohlendioxid in die Atmosphäre durch den Abbau organischer Moleküle in verschiedenster Form der Vorrat an Kohlendioxid nur etwa 20 Jahre reichen würde. Dem entgegen wirken aber die in der Natur vorhandenen Kreisläufe, also die Freisetzung von Kohlendioxid durch Atmung sowie bei den Prozessen der Gärung, Fäulnis, Verwesung usw. So halten sich Kohlendioxid-Fixierung und Kohlendioxid-Freisetzung etwa die Waage. Seit einigen Jahrzehnten steigt allerdings der Kohlendioxid-Gehalt der Luft an, was auf verstärkte industrielle Verbrennung fossiler Photosyntheseprodukte, wie Kohle und Erdöl, zurückzuführen ist. Dabei nimmt der Sauerstoffgehalt ab, ein alarmierender Zustand!

Der Wasservorrat auf der Erde ist dagegen sehr groß, er beträgt etwa $1{,}5 \times 10^{18}$ Tonnen und würde für die Pflanzen bei stetigem Verbrauch etwa 6,5 Millionen Jahre reichen. Inwieweit dieser sich gigantisch anhörende Wasservorrat aber durch die Einleitung von Schadstoffen unbrauchbar gemacht wurde und wird, sei dahingestellt. Auf alle Fälle wäre im Laufe der vor etwa 400 Millionen Jahren

Zucker- und Stärkebildung während der Photosynthese (nach Flindt, ergänzt) (Werte unter optimalen Bedingungen pro 1 m² Blattfläche und Stunde)

Art	Zucker	Stärke
Ampfer (*Rumex* spec.)		2,215 g
Aronstab (*Arum maculatum*)	1,004 g	
Birke (*Betula pendula*)	1,000 g	
Herbstzeitlose (*Colchicum autumnale*)	1,217 g	
Lauch (*Allium* spec.)	1,193 g	
Seerose (*Nymphaea* spec.)		2,273 g
Sonnenblume (*Helianthus annuus*)		1,823 g
Tabak (*Nicotiana* spec.)		1,378 g
Tulpe (*Tulipa* spec.)	1,267 g	

Jährliche Photosyntheseleistung auf der Erde
(nach Flindt, verändert)

	Fläche in 10^6 km²	Nettoprimärproduktion von 10^{12} kg pro Jahr
Erde insgesamt	510	165–(200)
Ozeane	361	55
Land insgesamt	149	110
davon:		
Flüsse und Seen	2,0	1,0
Sümpfe, Moore, Marschen	2,0	4,0
Tropische Wälder	20,0	40,0
Wälder gemäßigter Zonen	18,0	23,4
Taiga	12,0	9,6
Buschland	7,0	4,2
Tropische Savanne	15,0	10,5
Grasland gemäßigter Zonen	9,0	4,5
Tundren	8,0	1,1
Wüsten	18,0	1,3
Felsen, Eis	24,0	0,07
Kulturland	14,0	9,7

begonnenen Entwicklung der Landpflanzen nach dieser Rechnung jedes Wassermolekül bereits 60mal gespalten und wieder zusammengefügt worden. Hoffen wir, daß die Wassermoleküle die nächsten 400 Millionen Jahre auch noch schadlos überstehen.
Unsere Birke ist unter normalen Umständen – wie die anderen Landpflanzen auch – in der Lage mit einem Quadratmeter ihrer grünen Blattfläche in einer Stunde durchschnittlich 1 Gramm Zucker (Glucose) zu produzieren (siehe Tabelle). Sie verbraucht dabei die Kohlendioxidmenge aus etwa 3 m³ Luft und setzt ebensoviel Sauerstoff frei.
Die jährliche, weltweite, tatsächliche Produktion der Photosynthese (Nettoproduktion = Bruttoproduktion minus Atmung) entspricht einer Menge von 16,5 bis 20×10^{10} = 165 bis 200 Milliarden Tonnen Biomasse-Trockensubstanz bzw. einer Energiemenge von 3×10^{21} Joule. Diese Biomasse kommt etwa dem Gewicht einer Herde von 50 Milliarden Elefanten gleich! Den größten Anteil an dieser Produktion haben auf dem Land die tropischen Regenwälder und die Wälder der gemäßigten Zonen (siehe Tabelle).
Dabei werden 200 Milliarden Tonnen Sauerstoff freigesetzt sowie 275 Milliarden Tonnen Kohlendioxid und 225 Milliarden Tonnen Wasser verbraucht. Eine phantastische Leistung der grünen Pflanzen, die es zu erhalten gilt!

Quittengelb und Veilchenblau

Wen beeindrucken nicht die herrlichen Farben blühender Dahlien, das wunderschöne Rot der Rosen, Tulpen oder Nelken, das leuchtende Gelb der Forsythienblüten oder das tiefe Blau der Enziane. Wer freut sich nicht an rotbackigen Äpfeln, blauen Weinbeeren oder sattgelben Kürbissen. Aber wer weiß schon, wie diese Farben zustandekommen, welche Inhaltsstoffe vorhanden sein müssen, damit sich diese Pracht entfalten kann.
Natürlich sind die Farben der Blüten und Früchte nicht für uns Menschen entstanden. Wenn der Mensch auch durch sein züchteri-

Strahlend gelb sind die Blüten von *Opuntia compressa*. Für diese Farbe ist ein Betaxanthin verantwortlich.

Das Delphinidin, ein Anthocyan, ist der blaue Farbstoff der Gartenrittersporne (*Delphinium*-Hybriden).

sches Eingreifen schon seit langem diese oder jene Farbe bewußt gefördert hat (z. B. bei den Blüten der Zierpflanzen), so haben die Farben der Blüten nur einen Zweck: Bestäuber anzulocken und sie als Überträger des Pollens in den Dienst der geschlechtlichen Fortpflanzung zu stellen. Bei den Früchten ist es ähnlich, zumindest bei denen, deren Samen die Passage durch einen Tierdarm unbeschadet überstehen, wieder ausgeschieden und so verbreitet werden. Sie locken mit ihren Farben Tiere und damit die Verbreiter an. Zum Teil dienen grelle Fruchtfarben aber auch dazu, potentielle Verzehrer abzuschrecken.

Gekoppelt ist dies alles meist noch mit anderen Faktoren: bei Blüten mit bestimmten Duftstoffen, bei Früchten mit saftigem, süßschmeckendem Fruchtfleisch oder aber auch mit giftigen Inhaltsstoffen, die vor dem Gefressenwerden schützen sollen. Aber welche Farbstoffe verleihen den Blüten und Früchten ihr auffallendes Aussehen? Man kennt inzwischen eine ganze Palette, von denen die wichtigsten hier vorgestellt werden sollen. Grundsätzlich sind zwei Hauptgruppen zu unterscheiden: zum einen die fettlöslichen, meist membrangebundenen Pigmente der Chromatophoren und zum ande-

Pflanzenfarbstoffe in Blüten und Früchten
(Übersicht)

- **Lipochrome** – fettlösliche Farbstoffe in Chromatophoren
  - **Chlorophylle** – grün
  - **Carotinoide** – gelb-orange-rot
    - z. B.
    - Carotin – Möhre
    - Lycopin – Tomate, Vogelbeere
    - Capsanthin – Paprika
    - Violaxanthin – Stiefmütterchen, Arnika, Narzissen
    - Bixin – Bixa orellana
    - Zeaxanthin – Maiskörner
- **Chymochrome** – wasserlösliche Farbstoffe im Zellsaft gelöst
  - mit Flavan-Grundbausteinen **Flavonoide (Anthocyanidine)**
    - **Anthocyane** – blau-violett-purpurrot
      - z. B.
      - Pelargonidin – Petunien, Dahlien
      - Cyanidin – Rotkohl, Rosen
      - Paeonidin – Pfingstrosen
      - Delphinidin – Rittersporn
      - Petunidin – Petunien
      - Önidin – Fruchtschalen der Weinbeeren
      - Malvidin – Malven
    - **Flavone u. Flavonole** – gelb
      - z. B.
      - Quercetin – Zwiebelschale, Quitten
      - Luteolin – Färber-Resede, Färber-Ginster
  - mit Betalaminsäure-Grundbausteinen **(Betalaine)**
    - **Betacyane** – rotviolett
      - z. B.
      - Betanin – Rote Rübe
      - Amaranthin – Fuchsschwanz
      - Bougainvillin – Bougainvillea
    - **Betaxanthine** – gelb
      - z. B.
      - Indicoxanthin – Feigenkaktus

ren, die wasserlöslichen, im Zellsaft bzw. im Protoplasma gelösten Pigmente, die auch als Vakuolenfarbstoffe bezeichnet werden.

Zur ersten Gruppe gehören neben dem Chlorophyll die Carotinoide, die nicht nur – wie bereits beschrieben – als akzessorische Pigmente zusammen mit dem Chlorophyll in den Chloroplasten photosynthetisch aktiver Pflanzenteile vorkommen, sondern auch in photosynthetisch inaktiven Teilen, wie Blütenblättern oder Früchten und Samen, aber auch in Wurzeln u. a. auftreten. Hier sind sie stets in den Chromoplasten lokalisiert, diesen vielgestaltigen, z. B. kugligen, linsen- oder kristallförmigen Plastiden, die durch die Carotinoide eine rote, orange oder gelbliche Farbe haben.

Die Chromoplasten entstehen in den Zellen entweder direkt aus Proplastiden oder durch Umwandlung junger Chloroplasten bzw. aus Leukoplasten. Dabei findet stets eine Neusynthese von Carotinoiden statt. Wenn z. B. aus unreifen grünen Tomaten, reife, rote Tomaten heranwachsen, so wandeln sich durch Abbau von Chlorophyll und Synthese von Carotinoiden die chlorophyllhaltigen Chloroplasten in chlorophyllfreie Chromoplasten um, bei denen die gebildeten Carotinoide dann farbgebend wirken. Man kennt inzischen mehr als 70 verschiedene Carotinoide, die jeweils einzeln oder in Mischung die roten, orangefarbenen oder gelben Tönungen verursachen. Ein spezifisches Carotinoid ist z. B. der rote Farbstoff der Tomaten, das Lycopin (Gattungsname der Tomate: *Lycopersicon*). Beim Paprika ist es das Capsanthin (Gattungsname vom Paprika: *Capsicum*). Die Lycopinbildung in Tomaten hängt vom Licht und der Temperatur ab (Minimum 10 °C, Optimum 20 bis 22 °C), über 30 °C setzt die Lycopinbildung aus. Lycopin findet sich in vielen roten Früchten, z.B. den Vogelbeeren (den Früchten von *Sorbus aucuparia*) und verschiedenen Pilzen. Auch Bixin, der rote Farbstoff der Samenschale von *Bixa orellana,* dem Orleansbaum aus dem tropischen Südamerika, gehört zu den Carotinoiden. Der Orleansbaum ist der einzige Vertreter der Familie der Bixaceen und eine seit langem in den Tropen kultivierte Pflanze (s. Abb. S. 32). Dient doch Bixin zum Färben von Textilien, Lebensmitteln sowie kosmetischen Erzeugnissen. Der gelbe Farbstoff des Safrans, der aus den Narben des Safrankrokus *(Crocus sativus)* gewonnen wird, ist das Carotinoid Crocin. Carotinoide sind es auch, die den Blüten der Sumpfdotterblumen, Trollblumen, Forsythien, Trompetennarzissen, Stiefmütterchen oder der Kapuzinerkresse die gelbe bzw. orangerote Farbe verleihen.

Aber nicht alle gelben Blüten und Früchte unserer Erde verdanken ihre Farbe den Carotinoiden. Auch in der Gruppe der Vakuolenfarbstoffe kennt man eine Reihe gelblicher bis bräunlicher Pigmente. So ist von den in der Natur in den verschiedensten Varianten auftretenden gelben Anthoxanthinen das Quercetin am bekanntesten, das wahrscheinlich in den meisten höheren Pflanzen vorkommt und überall dort nachgewiesen werden konnte, wo Pflanzen daraufhin analysiert wurden. Quercetin bedingt z. B. die bräunliche Farbe der Küchenzwiebelschalen oder die gelbe Farbe der Quittenfrüchte, jeweils in Gemeinschaft mit einer Reihe anderer Farbstoffe. Fast immer sind solche Begleit- oder Copigmente in den Pflanzen vorhanden, so daß sich je nach Mischungsverhältnis die unterschiedlichsten Farbabstufungen ergeben und man nur durch genaue Analysen Aufschluß über die exakte Zusammensetzung der Farbstoffe erhalten kann. Einfach nachzuweisen sind die gelben Anthoxanthine mit Hilfe von Ammoniakdämpfen, z. B. mit Zigarettenrauch, durch den sie sich dunkler verfärben.

Die Anthoxanthine und die weit verbreiteten etwa 100 Anthocyane bestehen stets aus dem zuckerfreien Anthocyanidin und einer Zuckerkomponente, auf der die Wasserlöslichkeit dieser Verbindungen beruht.

Lycopin ist der Farbstoff vieler roter Früchte, z. B. der Kirschmyrte *(Eugenia uniflora)* aus Brasilien.

Spezifische Carotinoide färben die Früchte vom Paprika *(Capsicum annuum)*.

Der Orleansbaum *(Bixa orellana)* im Regenwald des Amazonasgebiets. Sein roter Farbstoff, das Carotinoid Bixin, wird von den Indianern zur Körperbemalung genutzt und dient zu vielerlei Zwecken.

Anthocyane rufen u. a. in dem überwiegenden Teil der auf der Erde vorkommenden Pflanzen vorwiegend die roten, blauen und violetten Farbtöne hervor, wobei nicht nur das Zusammenwirken der einzelnen Farbstoffe, sondern z. B. auch der pH-Wert des Zellsaftes die Farbausprägungen mitbestimmt. In sauren Zellsäften überwiegt die rote Farbe, in alkalischen die violette und blaue. Bei einer Veränderung des pH-Wertes von sauer zu alkalisch bzw. einer Änderung der Zahl der an das Anthocyanidin gebundenen Zuckermoleküle, z. B. in der Folge des Aufblühens, Blühens und Verwelkens von Blüten des Echten Lungenkrautes *(Pulmonaria officinalis)*, verschiedener Vergißmeinnichtarten (*Myosotis* spec.) oder der Frühlingsplatterbse *(Lathyrus vernus)*, kann man einen Farbumschlag von Rosa bzw. Rot nach Blau beobachten. Darüber hinaus bilden verschiedene Anthocyane mit dreiwertigen Metallionen (Eisen, Aluminium, Magnesium) Komplexverbindungen, sogenannte Chelate, die dann ebenfalls Farbänderungen ergeben. So ist z. B. das Anthocyanidin Cyanidin normalerweise rot – ein Strauß roter Rosen beweist es – in Form eines Eisen-Aluminium-Komplexes aber, z. B. bei der Kornblume *(Centaurea cyanus)*, blau. Wenn dieser Komplex nicht gebildet wird, dann kann es auch rosarote Kornblumen geben, wie man das ab und zu in unseren Getreidefeldern beobachtet. In der Zierpflanzenzüchtung hat man sich das zunutze gemacht. So findet man blaue und rosa Kornblumen in den Sommerblumenmischungen nebeneinander. Bei der Hortensie können umgekehrt durch reichliche Düngung mit Aluminiumsalzen rosarot blühende Sorten in blaublühende verwandelt werden. Voraussetzung für die Aufnahme der Salze ist eine saure Bodenreaktion.

Nur wenig verbreitet sind bei den Samenpflanzen dagegen die Betalaine, stickstoffhaltige, glykosidische, also ebenfalls mit einer Zuckerkomponente ausgestattete Farbstoffe, die entweder rotviolett (als Betacyane) oder gelb (als Betaxanthine) auftreten. Sie kommen nur bei einer Ordnung, den Nelkenartigen (Caryophyllales), vor. Die Familien dieser Ordnung lassen sich in zwei Gruppen einteilen: die noch Anthocyane besitzenden ursprünglichen, in den Tropen und Subtropen vorkommenden Molluginaceen und die abgeleiteten Nelkengewächse (Caryophyllaceae) sowie die Betalaine enthaltenden Kermesbeerengewächse (Phytolaccaceae), Portulakgewächse (Por-

Mittagsblumengewächse aus Südafrika mit gelben *(Lapidaria margaretae)* und roten *(Astridia rubra)* Blüten.
Sie entwickeln Betacyane oder Betaxanthine als Blütenfarbstoffe.

tulacaceae), Mittagsblumengewächse (Aizoaceae), Kakteengewächse (Cactaceae), Wunderblumengewächse (Nyctaginaceae), Gänsefußgewächse (Chenopodiaceae), Fuchsschwanzgewächse (Amaranthaceae) und einige weitere kleine Familien.

Das rotviolette Betacyan kommt in vielen Teilen der Nelkenartigen vor. Bekanntestes Beispiel ist die Rote Rübe (Rote Beete), aus der der Farbstoff zum ersten Mal isoliert wurde. Der Name wurde vom Gattungsnamen *Beta* abgeleitet, zu der die Rote Rübe gehört. Bei der Kermesbeere *(Phytolacca americana)* kommt der Farbstoff in den Früchten vor, die früher zum Nachfärben von Rotwein benutzt wurden. Auch die rotvioletten eßbaren Früchte des Feigenkaktus *(Opuntia ficus-indica)* enthalten ihn. Bei vielen Pflanzen sind die Blüten durch diesen Farbstoff rotviolett, so z. B. bei den Mittagsblumen-, Wunderblumen-, Kakteen- und Fuchsschwanzgewächsen. Die überall in den Tropen an den Hauswänden angepflanzte Strauchliane *Bougainvillea* – ein Wunderblumengewächs – besitzt meist intensiv rotviolette Hochblätter.

Betaxanthine sind hingegen für die gelben Pflanzenteile der Nelkenartigen charakteristisch. Die enge Verwandtschaft beider

Stoffe kommt dadurch zum Ausdruck, daß nicht nur in denselben Gattungen verschiedene Arten mit gelben oder rotvioletten Blüten anzutreffen sind, wie z.B. bei den Opuntien, sondern auch innerhalb einer Art beide Formen auftreten. Das ist z.B. bei dem zu den Amaranthgewächsen gehörenden Hahnenkamm *(Celosia argentea)* oder bei der Wunderblume *(Mirabilis jalapa)* sowie dem Großblütigen Portulak *(Portulaca grandiflora)* der Fall.
Erwähnt werden muß auch das Vorkommen einer dritten Gruppe von Betalainen bei Pilzen, die erst 1971 aufgefunden wurden. Als sogenannte Amanita-Betalaine (Muscaaurin, Muscarubin, Muscapurpurin) sind sie in der Huthaut des Fliegenpilzes *(Amanita muscaria)* enthalten.
Die oft besungenen »Weißen Rosen« besitzen wie die vielen in der Natur bei den verschiedensten Pflanzensippen anzutreffenden weißen Blüten (z.B. bei *Helleborus niger,* der Schnee- oder Christrose) und weißen Früchten (z.B. bei *Symphoricarpos albus,* der Schneebeere oder Knallerbse) in ihren Zellen entweder farblose Pigmente, die sogenannten Leucoanthocyanide, eine Abwandlung der Anthocyane, oder sie sind in den meisten Fällen völlig pigmentlos. Das Weiß entsteht dann durch eine hundertprozentige Reflexion des auftreffenden Lichtes durch die Zellwände und andere innere Flächen, genau wie bei allen weiß erscheinenden toten Gegenständen, denken wir nur an Schnee oder Watte. Fast bei allen Blütenpflanzen können neben den farbig blühenden »normalen« Vertretern auch weißblühende Individuen vorkommen. So lassen sich z.B. jedes Frühjahr in den mitteleuropäischen Auwäldern zwischen den rötlichen Blüten des zur Familie der Erdrauchgewächse gehörenden Hohlen Lerchensporns *(Corydalis cava)* auch solche der gleichen Art in reinem Weiß finden.

Die Christrose *(Helleborus niger)* hat ihren Namen durch ihre Blüte zur Weihnachtszeit erhalten.

Stamm einer Birke *(Betula pendula)* mit dem weißen Farbstoff Betulin

Allerdings gibt es auch weiße Farbstoffe: Die weiße Rinde unserer Birken-Arten (*Betula* spec.) enthält das nach dieser Gattung benannte Pigment Betulin. Es wurde außerdem in ganz geringen Mengen in der Rinde der eng mit den Birken verwandten Haselnuß *(Corylus avellana)* und der Hainbuche *(Carpinus betulus),* aber auch in Hagebutten, also den Früchten verschiedener Wildrosen-Arten, nachgewiesen.

Bunt sind schon die Wälder ...

Einem poetischen Menschen wäre dieser bekannte Liedtext wohl nie im immergrünen tropischen Regenwald in den Sinn gekommen. Das ist nur dort möglich, wo sich in den gemäßigten Breiten die sommergrünen Wälder im Herbst durch ihre z.T. prächtige Verfärbung der Blätter präsentieren. Wie herrlich kann ein mitteleuropäischer Laubmischwald aussehen, wenn sich das Grün der Blätter bei Buchen, Birken, Ahornen (s. Abb. S.36) und Ulmen in Gelbtöne und das der Vogelkirschen, Ebereschen, Pfaffenhütchen und Hartriegel von Orange bis Dunkelrot wandelt, wobei die Strahlen der Sonne in der klaren Luft der Herbsttage die Farben so richtig zum Leuchten bringen.

Geradezu enthusiastisch sind die Beschreibungen der Herbstfärbungen von Laubmischwäldern des östlichen Nordamerikas und Ostasiens, deren Artenreichtum eine noch wesentlich größere Farbenpalette als bei uns in Mitteleuropa hervorbringt.

In unseren Parkanlagen angepflanzte Gehölze aus diesen Gebieten vermitteln einen Eindruck dieser Farbenpracht, wie z.B. die nordamerikanischen Roteichen *(Quercus rubra),* Tulpen- *(Liriodendron tulipifera)* und Amberbäume *(Liquidambar styraciflua);* aus Ostasien sind es z.B. Fächerahorne *(Acer palmatum),* Blasenbäume *(Koelreuteria paniculata),* Katsurabäume *(Cercidiphyllum japonicum)* und Ginkgobäume *(Ginkgo biloba).*

Wie kommt es zu diesem Farbwechsel in den Blättern, der von Art zu Art verschieden sein kann und meist in einem düsteren Braun oder Schwarz endet, wenn die Blätter durch die Einwirkung der ersten Fröste abfallen? Warum werden die Blätter der Gehölze dieser sommergrünen Laubwälder überhaupt abgeworfen?

Dies ist notwendig, weil im Winter bei Frost der Wassernachschub nicht gewährleistet wäre und die Laubblätter bei der riesigen transpirierenden Oberfläche eines Baumes oder Strauches vertrocknen würden. So ist dieser Rhythmus des Abwerfens und Wiederaustreibens entstanden.

Aber der Verlust der Blätter bedeutet zugleich auch einen beträchtlichen Verlust der im Laufe des Jahres gebildeten Stoffe, die in den Blättern deponiert wurden. Die Pflanze muß aber mit den einmal gebildeten, für sie

Spitzahorn *(Acer platanoides)* in Herbstfärbung

wichtigen Substanzen ökonomisch umgehen. Deshalb wird vieles, was noch zu verwenden ist, ab- oder umgebaut und in den verbleibenden Pflanzenteilen gespeichert. Die Verfärbung ist weiter nichts als der sichtbare Ausdruck der Ab- und Umbauprozesse in den Blättern. Das Grün verschwindet langsam, weil zuerst das stickstoffhaltige Chlorophyll abgebaut und wie alle wertvollen Stickstoff enthaltenden Verbindungen in die überwinternden Dauerorgane der Pflanzen gebracht wird. Die weniger wertvollen, stickstofffreien Carotinoide bleiben in den jetzt noch lebenden Blättern zurück und verursachen deren Gelb- oder Orangefärbung. Die Chloroplasten wandeln sich dabei in eine Spezialform der Chromoplasten, in die nur in älteren Blättern auftretenden Gerontoplasten um.

Parallel mit diesem Prozeß kann eine Synthese von Anthocyanen im Zellsaft stattfinden, aus deren Anreicherung meist die Rotfärbung der auch jetzt noch lebenden Blätter resultiert.

Auffällig ist, daß die intensive Gelbfärbung der Blätter durch die zurückbleibenden Carotinoide nur bei ausgesprochenen Sonnenpflanzen, also den meisten Bäumen auftritt, während bei vielen Schattenpflanzen – den unter den Bäumen wachsenden Sträuchern, wie z. B. dem Schwarzen Holunder *(Sambucus nigra)*, die Blätter nicht gelb, sondern weißlich bleich werden. Bei diesen Pflanzen ist wegen der aus Lichtmangel vermindert stattfindenden Photosynthese auch Kohlenstoff knapp, so daß hier auch die Kohlenstoff enthaltenden Carotinoide und Fettsäuren abgebaut und abtransportiert werden. Die Braun- bis Schwarzfärbung schließlich, das letzte Stadium, verursachen entweder bestimmte Abbauprodukte des Chlorophylls (Phaeophytine u.a.), oder es werden Gerbstoffe frei, deren Oxidationsprodukte (Phlobaphene) sich in das Membransystem der Blätter einlagern und die Färbung der nun toten Blätter hervorrufen. Beschleunigt wird der Alterungsprozeß und schließlich das Abwerfen der Blätter (die Abscission) vor allem durch ein Phytohormon, die Abscissinsäure.

Aber nicht alle vom Grün abweichenden Farben der Blätter sind herbstlich bedingt. Jeder weiß, daß die »Blutformen« der Blätter bestimmter Laubbäume, wie Blutbuche, Bluthasel oder Blutahorn, über die ganze Vegetationsperiode entwickelt sind. Hier wird in den Epidermiszellen verstärkt Anthocyan gebildet und angereichert, so daß die mit normalem Chlorophyll ausgestatteten Blätter braun- bis dunkelrot erscheinen.

Auch mangelhafte Chlorophyllbildung und dadurch bedingtes Sichtbarwerden der Carotinoide führt zu Farbvarianten in den Blättern. Schließlich können Chlorophyll und andere Blattfarbstoffe nur an bestimmten Stellen der Blätter ausgebildet werden, andere Stellen bleiben frei. Die dadurch auftretende Weiß- oder Gelb-Grünscheckung wird als Panaschierung bezeichnet. Sie ist genetisch bedingt, kann aber auch durch Befall mit Viren hervorgerufen werden.

Verschiedene Varianten der »Buntblättrigkeit« treten besonders bei Bodenpflanzen des tropischen Regenwaldes auf. Häufig sind es vor allem rote Blattunterseiten, z. B. bei der Taschenpflanze *(Rhoeo spathacea)*, weißliche oder rötliche Fleckung der Blätter, beispielsweise beim Buntblatt *(Caladium bicolor)* und der Dieffenbachie (*Dieffenbachia* div. spec.), rot- bis purpurbraune Blätter bei der Buntnessel (*Coleus blumei* – Hybriden) sowie weiße, gelbe oder rote Streifen auf der Blattfläche beim Glanzkölbchen *(Aphelandra squarrosa)*, der Sanchezie *(Sanchezia nobilis)* oder der Fittonie *(Fittonia verschaffeltii)*.

Über die Bedeutung dieser »Buntblättrigkeit« gibt es verschiedene Meinungen. Offensichtlich ist es den Pflanzen durch sie aber möglich, bestimmte Wellenlängen des Lichtes, das lediglich in geringer Menge durch das dichte Blätterdach der tropischen Regenwaldbäume dringt, auszunutzen. Eine Reihe dieser bunten Pflanzen hat sich bei

Laubschüttung beim Kakaobaum *(Theobroma cacao)*

Seite 38: Sanchezie *(Sanchezia nobilis)* im tropischen Regenwald mit gelbnervigen Blättern

uns als Zierpflanzen eingebürgert, denken wir nur an die Blattbegonien, Peperomien, Maranten und Calatheen. Dabei hat die Züchtung die natürliche Mannigfaltigkeit noch um ein Vielfaches vermehrt.

In der sonst meist eintönig grünen Baum- und Strauchschicht der tropischen Regenwälder treten durch das sogenannte Laubschütten häufig weiße, gelbliche oder rote Farbtupfer auf. Bei der ständig hohen Luftfeuchtigkeit werden die neuen Triebe und Blätter sehr rasch ausgebildet, gewissermaßen ausgeschüttet. Die Blätter hängen dann schlaff herunter, denn das Festigungsgewebe wird erst später angelegt. Auch das Chlorophyll bildet sich meist langsamer, so daß die Blätter vorerst weißlich oder durch Anthocyan rötlich aussehen (s. Abb.).

Form und Gestalt

Anfang im Wasser: Algen

Wie beeindruckend ist doch ein Blick durch das Mikroskop, wenn man die »wunderbare Welt im Wassertropfen« entdecken will! In einer Probe aus einem Waldtümpel kann man wahre Wunderdinge sehen. Da huschen schnell rotierend einzellige Geißelalgen vorüber, und schiffchenförmige gelbbraune Kieselalgen schieben sich langsam durchs Gesichtsfeld, ohne daß man ihre Antriebskräfte bemerkt. Fädige Blaualgen schwingen hin und her, und beim weiteren Durchmustern der Probe findet man eigenartige Gestalten grüner Halbmonde und Sterne oder Zellfäden mit Chloroplasten, die wie spiralförmige Bänder die Zelle auskleiden.

Je nachdem, woher der Wassertropfen stammt, ob aus klaren Bächen, verunreinigten Flüssen, schlammigen Teichen, sauberen Seen oder dem Meer: Immer wieder ist Neues zu entdecken. Die Vielfalt der Formen scheint keine Grenzen zu kennen! Sie beschränkt sich auch nicht auf den mikroskopischen Bereich. Bei manchen Algen kann man die Formenmannigfaltigkeit mit dem bloßen Auge beobachten, so bei den großen Meeresalgen, die – als Tange bezeichnet – häufig bei Sturm am Strand angespült werden. An unseren Küsten ist es z. B. der Braune Blasentang *(Fucus vesiculosus)*, der Grüne Darmtang *(Enteromorpha intestinalis)* und der Rote Seeampfer *(Delesseria sanguinea)*.

Geradezu gewaltige Ausmaße erreichen die Tange in den großen Ozeanen. So wird der südhemisphärische Birnentang *(Macrocystis pyrifera)* bis zu 60 m lang. Noch größer ist *Nereocystis luetkeana*, dessen Einzelpflanzen eine Länge von 100 m erreichen können.

Algen eines Waldtümpels
1 *Chlamydomonas*, 2 *Euglena*, 3 *Pediastrum*, 4 *Scenedesmus*, 5 *Closterium*, 6 *Spirogyra*, 7 *Pinnularia*, 8 *Phacus*

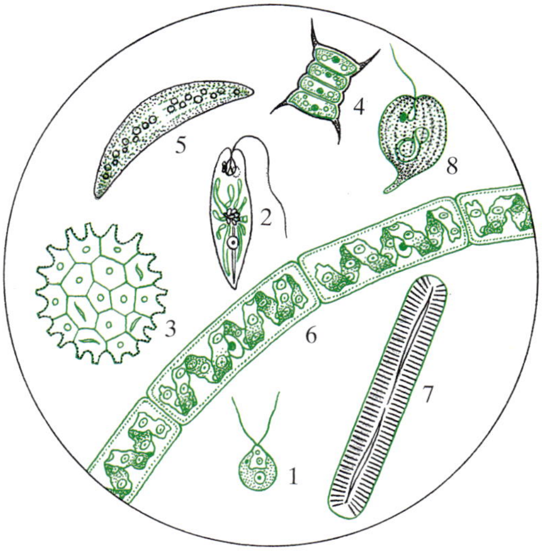

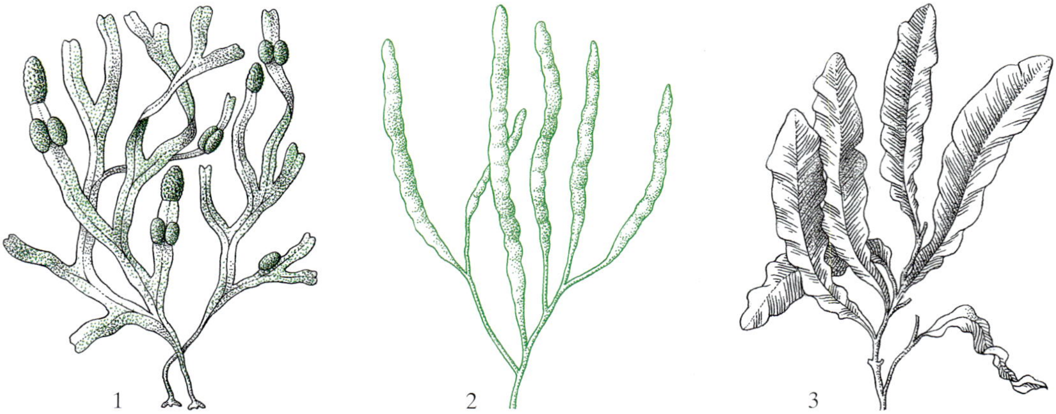

Tange des Ostseestrandes
1 Blasentang *(Fucus vesiculosus)*, 2 Darmtang *(Enteromorpha intestinalis)*, 3 Seeampfer *(Delesseria sanguinea)*

Imposante Gestalten sind auch die ebenfalls auf der Südhalbkugel vorkommenden *Lessonia*-Arten, die wie unterseeische Bäumchen aussehen, sowie die an der pazifischen Küste auftretende *Postelsia palmaeformis.* Sie wird wegen ihres palmenähnlichen Wuchses Meerespalme genannt.
Bereits an diesen wenigen Beispielen wird die große Formenfülle der »Algen« deutlich. Von den noch zu den Procaryota gehörenden Blaualgen (Cyanophyta), die heute wegen ihrer Verwandtschaft mit den Bakterien als Cyanobakterien bezeichnet werden, bis zu den riesigen, schon echtes Gewebe besitzenden Brauntangen faßt man alle im Wasser oder feuchten Milieu lebenden autotrophen Pflanzen, die entweder einzellig sind oder einen relativ wenig gegliederten Vegetationskörper besitzen, als »Algen« zusammen. Ihren vielzelligen Vegetationskörper, der im Gegensatz zu den höheren Pflanzen nicht in Sproßachse, Blätter und Wurzeln differenziert und häufig unregelmäßig-flächig ausgebildet ist, nennt man Thallus, Mehrzahl Thalli. Die Pflanzen, die einen solchen Thallus besitzen, heißen Thallophyten oder Lagerpflanzen.

Brauntange des Pazifiks
1 *Macrocystis,* 2 *Lessonia,* 3 *Postelsia,* 4 *Nereocystis*

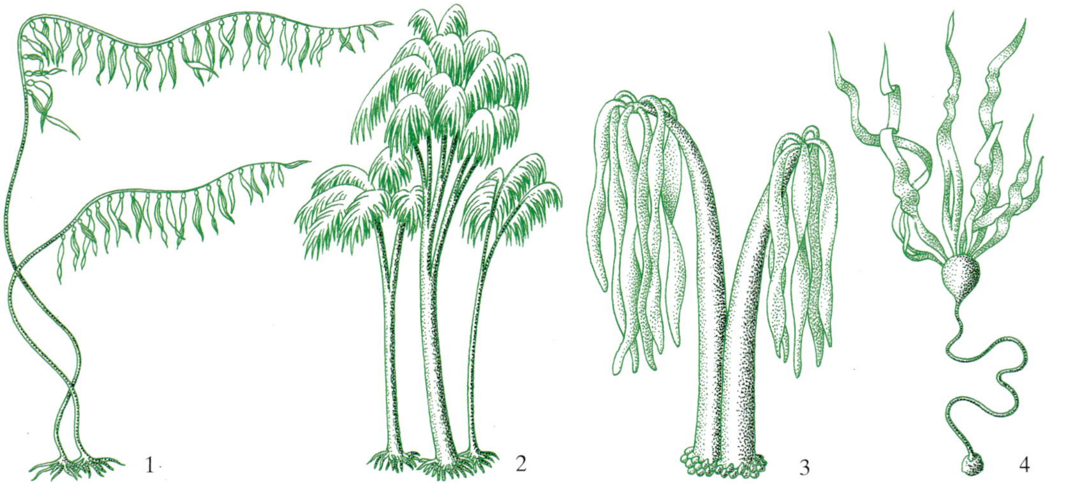

Die Entstehung des Thallus kann auf zweierlei Weise vor sich gehen. Entweder lagern sich freie Einzelzellen zu einem Zellverband zusammen und bilden sogenannte Aggregationsverbände, z.B. bei der als Zackenrädchen bekannten Grünalge *Pediastrum*, oder es findet nach der Zellteilung keine Trennung der Tochterzellen statt, so daß echte vielzellige Vegetationskörper daraus hervorgehen. Die Evolution verläuft dann in Form von verschiedenen, aufeinanderfolgenden Elementarprozessen. Dazu gehört z.B. die Herausbildung einer konstanten Zellachse, ihre polare Differenzierung und ihre Drehung. Weitere Möglichkeiten der Thallusentwicklung sind die Verflechtung der Fadensysteme zur Bildung von Flechtgeweben (Plectenchymen) bei den Rotalgen und die Ausbildung echter Gewebe durch Scheitelzellenwachstum und seitliche Verzweigung der abgeschnürten Segmente. Bei den höchstentwickelten Tangen kommt es schon zur Ausbildung blattähnlicher Assimilationsorgane (Phylloide), stengelähnlicher Träger (Cauloide) und wurzelähnlicher Haftorgane (Rhizoide).

Die Entwicklung vom Einzeller zum Gewebethallus ist aus den verschiedenen Organisationsstufen wie folgt abzulesen:

1. die **monadale** Stufe bei begeißelten Einzellern (z.B. *Euglena*)
2. die **amöboide** Stufe bei nackten Einzellern, die mit beweglichen Zellfortsätzen (Pseudopodien, Rhizopodien) feste Nahrungsteilchen aufnehmen (z.B. *Rhizochrys*)
3. die **capsale** Stufe bei unbegeißelten Einzellern, die von gallertigen Zellwänden umgeben sind (z.B. *Hydrurus*)
4. die **coccale** Stufe bei unbegeißelten Einzellern und Aggregationsverbänden mit fester Zellwand (z.B. *Chlorella, Scenedesmus*)
5. die **trichale** Stufe bei unverzweigten oder verzweigten Fäden mit einkernigen Zellen (z.B. *Ulothrix*)
6. die **siphonocladiale** Stufe bei unverzweigten oder verzweigten Fäden mit mehrkernigen Zellen (z.B. *Cladophora*)
7. die **siphonale** Stufe bei vielkernigen, großen, kugel- oder röhrenförmigen Einzellern (z.B. *Vaucheria, Botrydium*)
8. die **plectenchymatische** Stufe bei miteinander dicht verflochtenen Zellfäden (z.B. verschiedene Rotalgen)
9. die **Gewebethallus**-Stufe mit echten, von Scheitelzellen gebildeten Geweben (z.B. verschiedene Braunalgen).

Diese Organisationsstufen sind aber nicht bestimmten taxonomischen Kategorien gleichzusetzen.

So umfaßt der Begriff »Algen« also pflanzliche Lebewesen, die aufgrund ihrer Organisationshöhe und ihrer Lebensweise landläufig so bezeichnet werden. Der Name leitet sich vom lateinischen algae ab, einem Volksnamen für alle im Wasser lebenden Gewächse. Allein die unterschiedlichen Komponenten ihrer Assimilationsfarbstoffe deuten darauf hin, daß es sich bei den Algen nicht um einander nahe stehende taxonomische Einheiten handelt. In den modernen phylogenetischen Systemen kommt das auch klar zum Ausdruck.

Aus der Übersicht S. 43 ersehen wir, daß es bei den kernhaltigen, eukaryotischen Pflanzen zumindest drei große Entwicklungsrichtungen gibt: die Rhodobionta, die Chromobionta und die Chlorobionta. Die Vertreter dieser drei Gruppen sind untereinander verwandtschaftlich viel weiter entfernt als z.B. eine einzellige Grünalge von einer Samenpflanze, die beide durch das Chlorophyll a und b sowie die gleichen Carotinoide (α- und β-Carotin) und Xanthophylle (Lutein, Zeaxanthin) ihre Verwandtschaft zum Ausdruck bringen.

Die tiefste Kluft im System der Lebewesen besteht nicht – wie man früher allgemein annahm – zwischen Pflanzen und Tieren, sondern zwischen den Procaryota und den Eucaryota. Die Zelle der Procaryota, die sogenannte Procyte, besitzt keinen echten Zellkern, sondern nur einen ringförmigen DNA-Doppelstrang, der nicht durch eine Membran gegenüber dem Plasma der Zelle abgegrenzt wird. Weiterhin entbehrt sie der Plastiden und Mitochondrien, des Endoplasmatischen Retikulums und der Zellsaft-

Organisationsstufen der eukaryotischen Algen

Organisations-stufen						
Gewebethalli			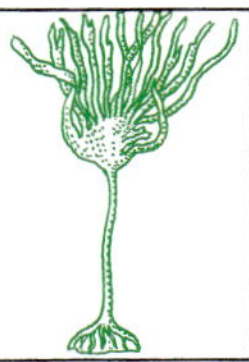			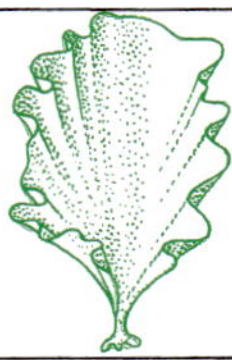
plekten-chymatisch			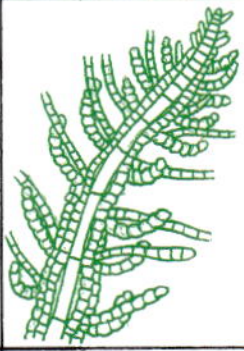			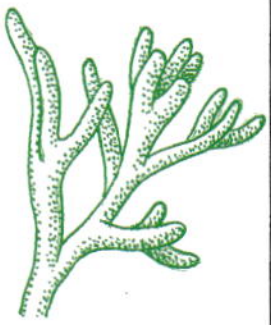
siphonal			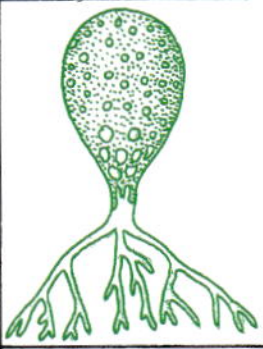			
siphonokladial						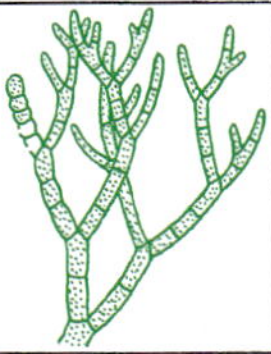
trichal	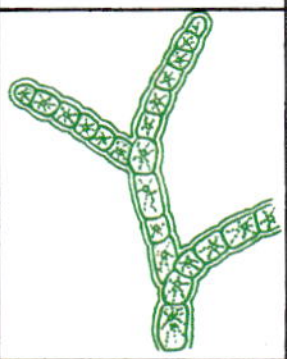					
kokkal (kapsal)						
monadal		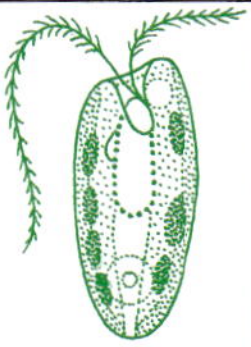	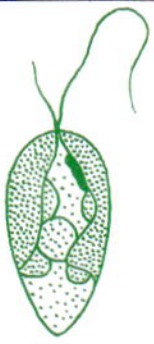	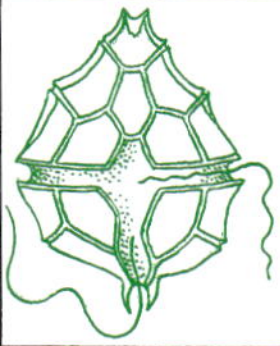	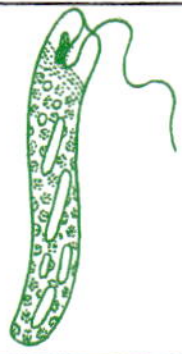	
	Rhodophyta	Cryptophyta	Chromophyta	Dinophyta	Euglenophyta	Chlorophyta

vakuolen, d. h. sie ist nicht so deutlich wie die Eucyte, die Zelle der Eucaryota, in unterschiedliche Reaktionsräume untergliedert. Anstelle der Plastiden und Mitochondrien sind nur äquivalente Membranstrukturen, die Thylakoide (s. S. 14) ausgebildet.

Einordnung der verschiedenen Algengruppen in das System der Pflanzen

Kategorie	Taxa	Artenzahl
Reich:	Procaryota – Kernlose Organismen	
Unterreich:	Bacteriobionta – Bakterien und Blaualgen	
Abteilung:	Cyanobacteria – Blaualgen	2000
Abteilung:	Prochlorobacteria	10
Reich:	Eucaryota – Kernhaltige Organismen	
Unterreich:	Rhodobionta	
Abteilung:	Rhodophyta – Rotalgen	4000
Unterreich:	Chromobionta	
Abteilung:	Cryptophyta – Schlundgeißler	65
Abteilung:	Dinophyta – Panzergeißler	1000
Abteilung:	Chromophyta	
Klasse:	Chrysophyceae – Goldalgen	1000
Klasse:	Haptophyceae – Kalkalgen	250
Klasse:	Xanthophyceae – Gelbgrünalgen	500
Klasse:	Bacillariophyceae – Kieselalgen	10000
Klasse:	Phaeophyceae – Braunalgen	2000
Unterreich:	Chlorobionta	
Abteilung:	Euglenophyta – Augenalgen	800
Abteilung:	Chlorophyta	
Klasse:	Chlorophyceae – Grünalgen	8000
Klasse:	Conjugatophyceae – Jochalgen	5000
Klasse:	Charophyceae – Armleuchteralgen	300

Grundsätzliche Gegensätze bestehen auch im Bau der Zellwand. Bei den Procaryoten ist sie aus heteropolymeren Substanzen aufgebaut, die niemals in der Zellwand der Eucaryoten auftreten. Sie bilden meist ein in sich vernetztes Riesenmolekül, das wie eine Hülle die Zelle umschließt. Nach der Hauptsubstanz dieser Hülle, dem Murein, nennt man sie Murein-Sacculus (lat. sacculus = kleiner Sack). Das Murein ist aus N-Acetylmuraminsäure und N-Acetylglucosamin zusammengesetzt, die zu Polyglykansträngen geformt und mit kurzen Peptiden verknüpft sind.

Die Eucyte hat entweder eine Proteinhülle, die unmittelbar an die äußere Plasmahaut, das Plasmalemma, grenzt und als Pellicula (= lat. Häutchen) bezeichnet wird, oder die Zellwand besteht in der Hauptsache aus Zellulosefibrillen, die in eine pektinartige Substanz eingelagert sind.

Auch die Geißeln der Procaryota sind im Aufbau grundsätzlich von denen der Eucaryota verschieden. Bei den Procaryoten bestehen sie aus mehreren untereinander verdrillten Filamenten, die aus Proteinketten gebildet werden. Die Geißeln der Eucaryota, von den einfachsten einzelligen Flagellaten bis zu den Spermatozoiden der Samenpflanzen, sind dagegen so bemerkenswert einheitlich gebaut, daß man mit Gewißheit eine gemeinsame Abstammung aller begeißelte Stadien aufweisenden Eucaryota annehmen kann.

Die Geißeln setzen sich stets aus zwei zentralen einfachen und neun peripheren Doppelfibrillen zusammen.

Die bemerkenswerte Kluft zwischen Procyte und Eucyte ist ein schwer zu erklärendes Phänomen in der Evolutionsgeschichte der Pflanzen. Nach der klassischen Differenzierungshypothese sollen sich Zellkern, Plastiden und Mitochondrien der Eucyte allmählich aus Zellkernäquivalenten, Thylakoidstapeln und Membrankörpern der Procyte entwickelt haben. Die Übergangsformen dieser Entwicklung müßten dann wieder ausgestorben sein.

Neuerdings gewinnt die Symbiontenhypothese an Bedeutung, die schon 1883 durch

A. F. W. Schimper vertreten wurde. Sie erklärt die Entstehung der Plastiden und Mitochondrien aus ursprünglich selbständigen Procaryoten, die von heterotrophen, sich tierisch ernährenden Organismen in die Zelle einverleibt, aber nicht verdaut wurden. Die Wirtszelle bildete entsprechende Membranen um diese »Eindringlinge«, und sie lebten als Symbionten weiter. Die moderne Symbiontenhypothese besitzt gewichtige Argumente, die für diesen Weg der Evolution sprechen. Dazu zählen z. B.

- die Selbstvermehrung von Plastiden und Mitochondrien
- die grundsätzlichen strukturellen und chemischen Unterschiede der in den Plastiden und Mitochondrien enthaltenen Ribosomen gegenüber denen der übrigen Zelle
- die Übereinstimmung der in den Plastiden und Mitochondrien vorhandenen DNA mit derjenigen der Procaryoten
- chemische Unterschiede zwischen äußerer und innerer Membran der Plastiden und Mitochondrien, z. B. das bei den Procaryoten als Membrankomponente vorhandene Cardiolipin allein in den inneren Membranen.

Obwohl diese Argumente sehr plausibel erscheinen, Beweise stellen sie nicht dar, so daß die Frage der Entstehung der Eucyte noch offen bleiben muß.

Der Motor der Evolution der eucaryotischen Lebewesen – das kommt bereits bei den Algen zur Geltung – ist die Sexualität. Während bei den Procaryoten nur in einigen Fällen der Austausch von Teilen des Genmaterials nachgewiesen ist – man spricht von sogenannten parasexuellen Vorgängen – wird bei den Eucaryoten erstmals die Neukombination des gesamten genetischen Materials wirksam. Wie in einem Skatspiel jeweils wieder neu gemischt wird und von einem Null ouvert bis zum Grand alle Möglichkeiten der Variation gegeben sind, existieren auch bei der Neukombination des genetischen Materials unzählige Varianten, die der Selektion entweder unmittelbar oder – bei der Verteilung rezessiver Allele – auch erst später ausgesetzt werden. Der eigentliche Sexualvorgang besteht in der Ausbildung verschiedengeschlechtlicher Gameten, die nach der Kopulation zu einer Zygote verschmelzen. Der dabei verdoppelte Chromosomensatz muß dann vor dem nächsten Sexualvorgang wieder reduziert werden. So findet ein ständiger Wechsel zwischen Haplo- und Diplophase, ein Kernphasenwechsel, statt, der meist mit einem Generationswechsel verbunden ist.

Dabei lassen sich grundsätzlich zwei verschiedene Tendenzen feststellen, die für die Evolution entscheidend sind. Das ist erstens die entstehende Ungleichheit der Gameten. Während sie anfangs gleich groß und beide beweglich sind, wird der später als weiblich bezeichnete, bei der Kopulation passive Gamet größer, um sich schließlich zur unbeweglichen Eizelle zu entwickeln. Man spricht bei der Kopulation gleichgroßer Gameten von Isogamie, bei ungleich großen, begeißelten Gameten von Anisogamie und beim Auftreten von Eizellen von Oogamie. Wenn die Eizelle in einem Behälter (Oogonium) befruchtet wird, nennt man es Oogoniogamie. Sonderformen sind die Cystogamie, die Verschmelzung zweier unbeweglicher Geschlechtszellen, wie bei den Rotalgen, und die Zygogamie, die Verschmelzung von zu Gameten umgewandelten amöboid beweglichen Zellinhalten. Diese Art der Befruchtung, die mit einer Konjugation, einem Aneinanderlagern von verschiedengeschlechtlichen Zellen verbunden ist, kommt bei den Jochalgen (Conjugatophyceae) vor.

Es besteht zweitens eine Tendenz der Verlegung der Reduktionsteilung von der Keimung der Zygote auf den Ort der Sporenbildung. Mit dem Kernphasenwechsel geht ein Generationswechsel einher, d. h. es wechselt eine haploide Gametophyten-Generation mit einer diploiden Sporophyten-Generation ab. Dabei können beide Generationen völlig gleich aussehen und sich nur in der Kernphase unterscheiden, wie z. B. beim Meersalat *(Ulva lactuca),* oder sie sind so verschieden, daß man beide Generationen einer Pflanze früher als ganz verschiedene Arten beschrieben hat. Die erste Form

des Generationswechsels nennt man isomorph, die zweite heteromorph. Ein bemerkenswertes Beispiel für den heteromorphen Generationswechsel ist die im Mittelmeer lebende Braunalge *Cutleria adspersa,* deren Gametophyt bandförmig gelappt ist. Der Sporophyt hingegen stellt einen krustenförmigen, fächerartigen Thallus dar, der wegen seiner völlig andersartigen Gestalt zuerst unter dem Namen *Aglaomorpha melanoides* als selbständige Art angesehen wurde.
Diese Form des Wechsels von zwei Generationen mit unterschiedlichen Kernphasen nennt man den Intermediären Kernphasenwechsel. Dabei kann entweder der haploide Gametophyt stärker entwickelt sein, wie bei *Cutleria,* beide Generationen sind gleich, wie bei *Ulva,* oder der diploide Sporophyt ist die Hauptgeneration. Das ist z.B. bei dem Zuckertang *(Laminaria saccharina)* der Fall, dessen Sporophyt als ein ansehnlicher Gewebethallus entwickelt ist, der sich in Phylloide, Cauloide und Rhizoide gliedert, während der Gametophyt einen wenigzelligen, fädigen, nur mikroskopisch sichtbaren Vegetationskörper darstellt.
Der Zygotische Kernphasenwechsel, bei dem die Reduktionsteilung bei der Keimung der Zygote auftritt, so daß die Diplophase nur auf diese beschränkt ist, wird als die ursprünglichste Form angesehen und kommt bei vielen Grünalgen, Euglenen, Gold- und Gelbgrünalgen vor. Ein bekanntes Beispiel dafür sind die Armleuchteralgen (Charophyceae) mit ihrem kompliziert aufgebauten, haploiden Vegetationskörper. Da die Neukombinationen genetischen Materials bei diesem Typ sofort nach ihrer Entstehung der Selektion ausgesetzt werden, bringt diese Form der Entwicklung im Gegensatz zum Intermediären Kernphasenwechsel keine Vorteile.
Eine dritte Möglichkeit ist der Gametische Kernphasenwechsel, wo die Reduktionsteilung bei der Gametenbildung stattfindet. Hier ist der Vegetationskörper diploid, nur die Gameten sind haploid. Beispiele dafür stellen die Kieselalgen *(Bacillariophyceae)* und einige Braunalgen, wie der Blasentang *(Fucus vesiculosus),* dar.

An Land: Moose und Farnpflanzen

Beim Übergang des pflanzlichen Lebens auf das Land mußten Bedingungen erfüllt werden, die vordem – als die Pflanzen im Wasser lebten – für sie ohne Bedeutung waren. Die Medien Luft und Boden erforderten neue Einrichtungen zur Wasser- und Nährstoffaufnahme, zur Weiterleitung in der Pflanze und zu einer möglichst regelbaren Wasserabgabe. Der Gasaustausch für die Assimilation und Atmung mußte auf andere Art als bisher gewährleistet werden, und die Pflanze brauchte Festigungselemente, um der neuen Situation nach Wegfall der tragenden Kraft des Wasser gewachsen zu sein. Kurzum, es war ein völlig neuer Typ des Vegetationskörpers zu entwickeln! Diesen Typ bezeichnet man als Kormus, die Pflanzen, die ihn besitzen, als Kormophyten. Sein wichtigstes Merkmal ist die Gliederung in Sproßachse, Blätter und Wurzeln: Die Sproßachse als Stütze und zentrales Element der Stoffleitung, die Blätter als Organe des Gasaustauschs, der Photosynthese und Wasserabgabe (Transpiration, Guttation), die Wurzeln als Organe der Wasser- und Nährstoffaufnahme sowie zur Verankerung im Boden. Weitere Anpassungen an das Landleben sind bei den Kormophyten die Ausbildung einer die Transpiration herabsetzenden Abschlußschicht oberhalb der Epidermis, der sogenannten Cuticula, die vor allem aus Cutin, Suberin und Wachsen gebildet wird und als logische Konsequenz die Anlage von Spaltöffnungen (Stomata). Dies sind regelbare Zellkomplexe in der Epidermis, mit deren Hilfe der Gasaustausch und die Transpiration gesteuert werden.
Die Eroberung des Landes war sicher über verschiedene Wege möglich, und die Entstehung der echten Kormuspflanzen ist als ein langer Prozeß anzusehen. Das Auftreten von thallösen Pflanzen an bestimmten, meist dauerfeuchten Standorten, z.B. von »Luftalgen« und vor allem von Moosen beweist noch heute, daß sich auch ein modifizierter Thallus an bestimmte Lebensbedingungen auf dem Land anpassen konnte.

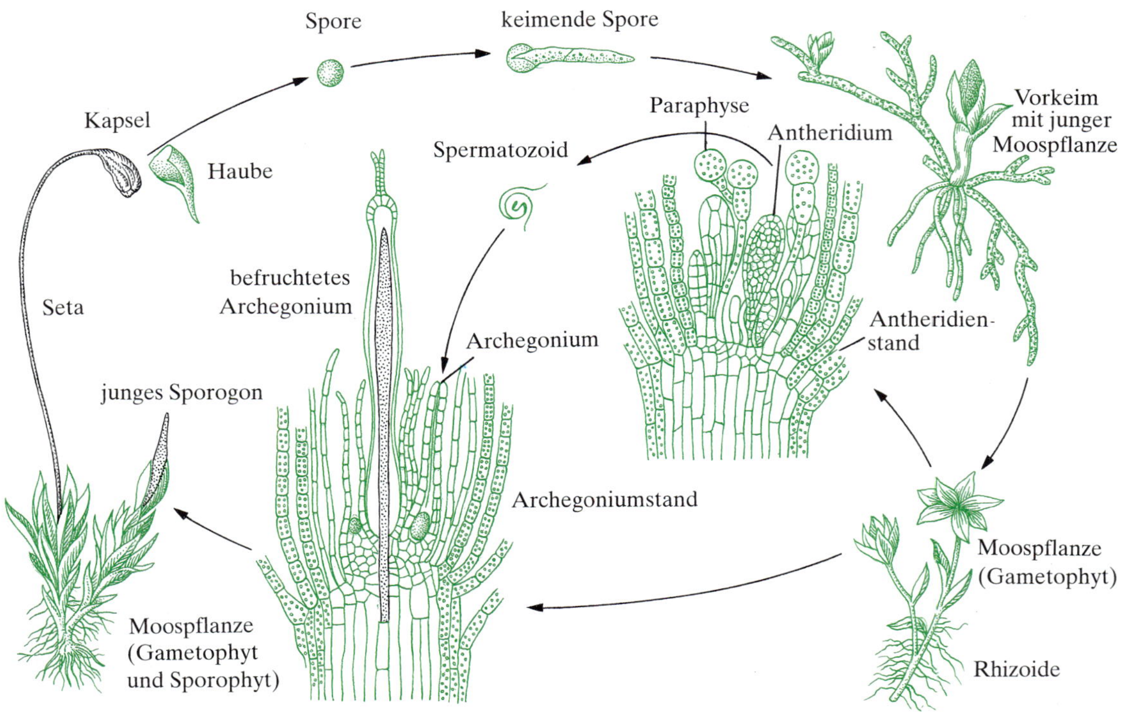

Entwicklung eines Laubmooses (nach Weymar)

Dabei ist die Vielfalt bei den Moosen besonders ausgeprägt. Hier wird der Übergang von einfach gebauten, flächigen Thalli bis zu deutlich in Stengel und Blätter gegliederten Pflanzen, die aber noch der echten Wurzeln entbehren, sofort augenfällig. Dazu kommt, daß bei ihnen der Gametophyt die Hauptgeneration ist.

Bei den Moosen bildet sich nach der Keimung der haploiden Sporen zuerst ein Vorkeim, das Protonema. Es ist entweder wie eine fädige Grünalge oder seltener thallösflächig entwickelt. Aus diesem entsteht dann die grüne Moospflanze, der Gametophyt, mit den Fortpflanzungsorganen. Es sind die keulen- oder kopfförmigen Antheridien, in denen die männlichen Keimzellen, die Spermatozoiden, gebildet werden und die flaschen- oder beutelförmigen Archegonien mit der Eizelle im unteren Teil. Die Befruchtung kann nur bei Anwesenheit von Wasser erfolgen. Bei Regenwetter befindet sich z.B. ein dünner Wasserfilm über der Pflanze, in dem dann die Spermatozoiden zum Archegonium gelangen. Aus der befruchteten Eizelle, der Zygote, entsteht der Sporophyt, der nicht als selbständige Generation existiert, sondern gewissermaßen auf dem Gametophyten parasitiert. Er setzt sich aus der Sporenkapsel, dem Kapselstiel und dem im Gewebe des Gametophyten verankerten Fuß zusammen.

Moose haben alle Regionen der Erde erobert. Am häufigsten sind sie an feuchten Standorten, ob im tropischen Regenwald oder in der Tundra; aber wir treffen sie auch an den Grenzen des Pflanzenlebens in der Arktis, der Antarktis und in den Gebirgen.

Man gliedert die Moose in drei Klassen: die Hornmoose *(Anthocerotatae)*, die Lebermoose *(Marchantiatae)* und die Laubmoose *(Bryatae)*. Ob sie monophyletischen Ursprungs sind, d.h. von einer gemeinsamen Urform abstammen, ist jedoch nicht sicher. So weisen z.B. die früher auf krumenfeuchten Stoppeläckern häufigen, gegenüber Herbiziden empfindlichen Hornmoose (*Anthoceros* div. spec.) Merkmale auf, nach denen

System der Moose und Farnpflanzen

Kategorie	Taxa	Artenzahl
Abteilung:	Bryophyta – Moose	~25000
Klasse:	Anthocerotatae – Hornmoose	~100
Klasse:	Marchantiatae – Lebermoose	~10000
Unterklasse:	Marchantiidae – Brunnenlebermoose	~400
Unterklasse:	Jungermaniidae – Jungermannien – Lebermoose	~9600
Klasse:	Bryatae – Laubmoose	~15000
Unterklasse:	Sphagnidae – Torfmoose	336
Unterklasse:	Andreaeidae – Klaffmoose	92
Unterklasse:	Bryidae – Laubmoose i.e.S.	~15000
Abteilung:	Pteridophyta – Farnpflanzen	~10700
Klasse:	Psilophytatae – Urfarne (ausgestorben)	
Klasse:	Lycopodiatae – Bärlappähnliche	~1250
Unterklasse:	Lycopodiidae – Bärlappe	~450
Unterklasse:	Selaginellidae – Moosfarne	~700
Unterklasse:	Lepidodendridae – Schuppenpflanzen (bis auf Ordnung Isoëtales – Brachsenkräuter ausgestorben)	~100
Klasse:	Psilotales – Nacktfarne	10
Klasse:	Equisetatae – Schachtelhalmähnliche	~30
Unterklasse:	Sphenophyllidae – Keilblattgewächse (ausgestorben)	
Unterklasse:	Equisetidae – Schachtelhalme	30
Klasse:	Filicatae – Farnähnliche	~9400
Unterklasse:	Primofilicidae – Erstfarne (ausgestorben)	
Unterklasse:	Ophioglossidae – Natternzungenfarne	~80
Unterklasse:	Marattiidae – Kapselfarne	~200
Unterklasse:	Osmundidae – Königsfarne	21
Unterklasse:	Polypodiidae – Tüpfelfarne	~9000
Unterklasse:	Marsileidae – Kleefarne	~80
Unterklasse:	Salviniidae – Schwimmfarne	~20

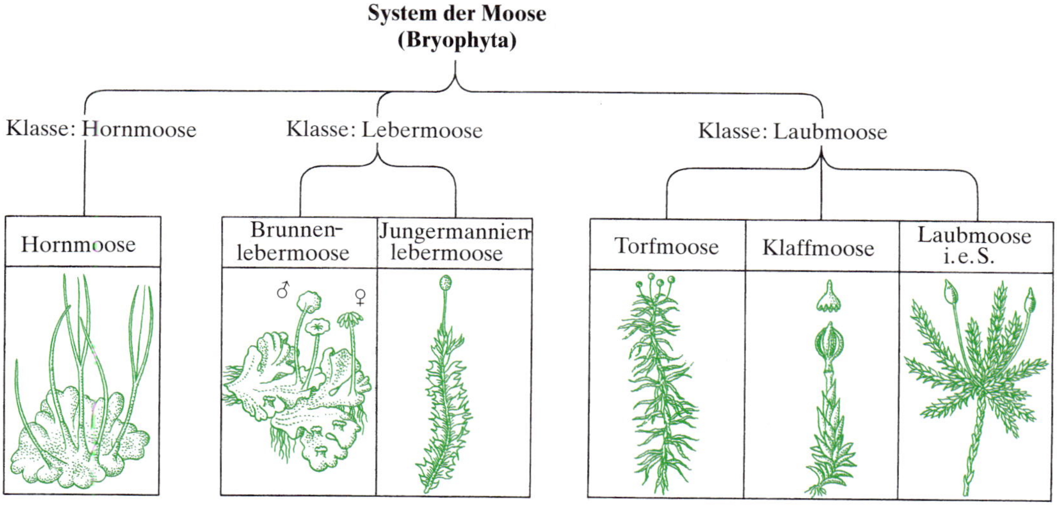

man sie als eine eigene Gruppe von den übrigen Moosen abtrennen und in die Nähe der Grünalgen stellen müßte. Sie besitzen einen flächigen, mit Rhizoiden am Boden befestigten Thallus, dessen Zellen – wie bei vielen Grünalgen – nur einen plattenförmigen

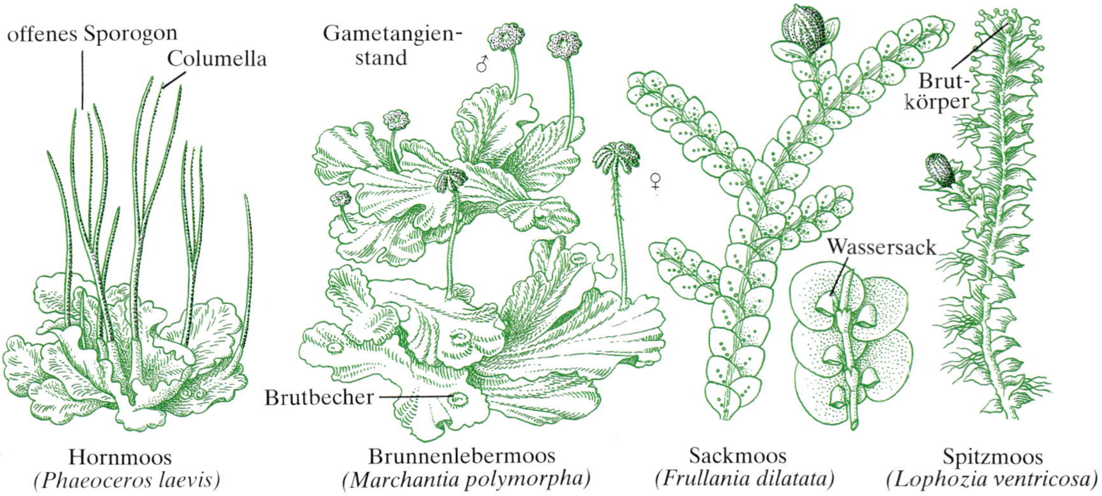

Hornmoose, thallose und foliose Lebermoose
(Gametophyt grün, Sporophyt schwarz)

Chloroplasten aufweisen, der mit einem Pyrenoid (Stärkeherd) versehen ist. Alle übrigen Moose und die höheren Pflanzen haben je Zelle viele Chloroplasten ohne Pyrenoide. Auch andere Merkmale unterscheiden die Hornmoose von den übrigen Moosen, so z.B. die im Thallus eingesenkten Gametangien, die vorhandenen Spaltöffnungen und der ungestielte Sporophyt. Wegen der Beziehungen zu den Grünalgen nehmen manche Wissenschaftler an, daß die Hornmoose zu den ältesten Landpflanzen gehören und einen ursprünglichen Typus dieser Pflanzen repräsentieren.

Ein völlig andersartiger, hoch differenzierter, flächenförmiger Thallus ist hingegen bei manchen Lebermoosen, z.B. bei dem kosmopolitisch in Brunnen, an feuchten Mauern oder Brandstellen vorkommenden Brunnenlebermoos *(Marchantia polymorpha)* ausgebildet. Hier handelt es sich um den am höchsten entwickelten Gametophyten des gesamten Pflanzenreiches. Grundsätzlich ist er in zwei Schichten geteilt, das obenauf befindliche Assimilations- und das darunter liegende Speichergewebe. Unter der Epidermis der Oberseite befinden sich – noch mit bloßem Auge erkennbar – große »Luftkammern«, die durch Zwischenwände getrennt sind und zahlreiche chloroplastenhaltige »opuntienartige« Assimilatoren enthalten. Jede dieser Kammern hat eine

Brunnenlebermoos:
Querschnitt durch den Thallus
(nach Mägdefrau aus Strasburger)

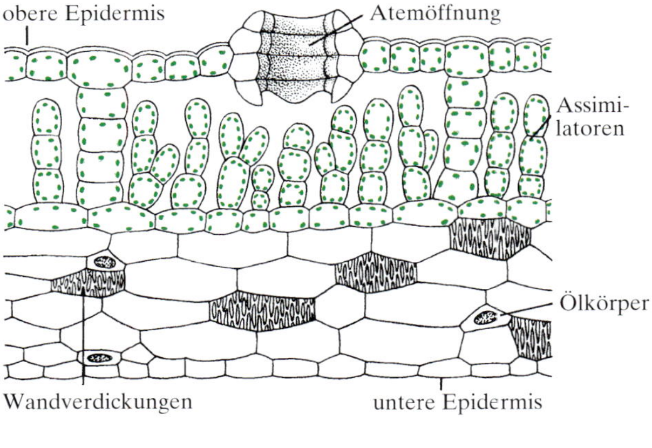

tonnenförmige »Atemöffnung«, die eine Verbindung mit der Außenluft herstellt. Das Speichergewebe ist ebenfalls differenziert in chlorophyllose Speicherzellen, Zellen mit Ölkörpern und Stützzellen mit Wandverdickungen. An der Thallusunterseite befinden sich noch mehrzellige, einschichtige Bauchschuppen und einzellige, fädige Rhizoide, die den Thallus im Boden verankern und der kapillaren Wasseraufnahme dienen.

Brunnenlebermoos: Längsschnitt durch männlichen (A) und weiblichen (B) Gametangienstand (nach Kny aus Strasburger)

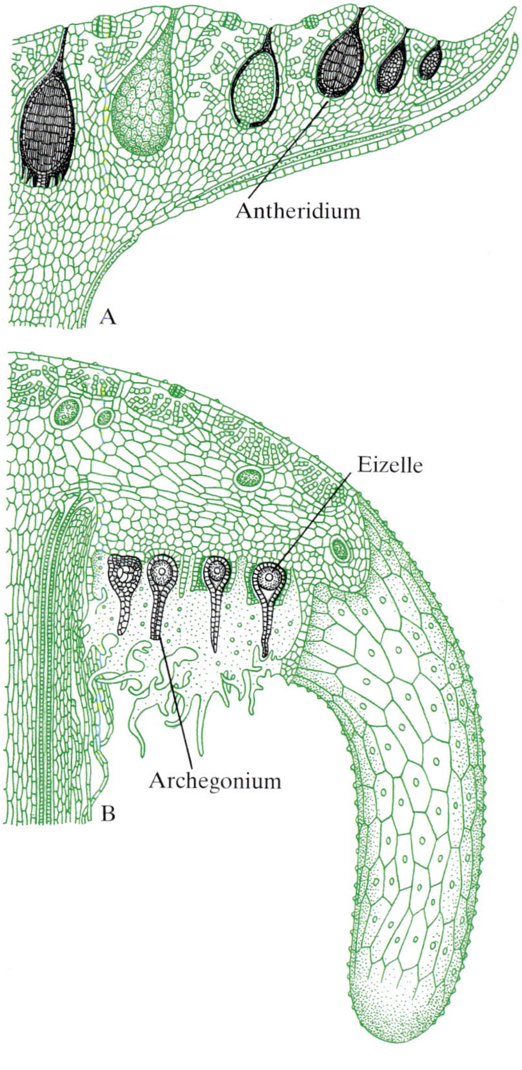

Auf der Thallusoberseite sieht man häufig kleine Becher, in denen winzige »Körnchen« liegen. Es handelt sich um Brutbecher, die in ihrem Inneren an kleinen Stielchen linsenförmige Brutkörperchen zur vegetativen Vermehrung bilden. Für die Gametangien werden besondere Trägerorgane, die Gametangienständer, ausgebildet. Sie sind beim männlichen Thallus scheibenförmig gelappt, beim weiblichen strahlenförmig gegliedert und stehen auf einem Stielteil, der einem zusammengerollten Thalluslappen entspricht. Die in der Höhlung des Stieles befindlichen Rhizoide können das Wasser wie ein Docht kapillar nach oben ziehen. Auf der Oberseite des männlichen Gametangienstandes sind die Antheridien in einen beutelförmigen Hohlraum eingesenkt. Die Archegonien hängen zwischen Hut- und Stielteil des weiblichen Gametangienstandes. Eine Befruchtung ist nur bei Regenwetter möglich. Durch die Ausscheidung bestimmter Proteine werden die Spermatozoiden wahrscheinlich zu den Archegonien hingeleitet.

Eine große Mannigfaltigkeit zeigen die sogenannten foliosen Lebermoose, die meist in verzweigte Stengel und daran zweizeilig, selten dreizeilig angeordnete, einschichtige Blätter ohne Mittelrippe gegliedert sind. Da gibt es z.B. becher- oder flaschenförmige »Wassersäcke«, beutelartige Behälter für die jungen Sporophyten und Brutsprosse, Brutblätter sowie Brutkörper zur vegetativen Vermehrung. Die foliosen Lebermoose kommen besonders zahlreich in tropischen Feuchtgebieten, häufig als Epiphyten oder Epiphylle, vor (s. S. 101).

Am höchsten entwickelt sind schließlich die Laubmoose. Der meist mit einem zentralen Leitgewebestrang versehene Stengel und die Blätter mit einer häufig mehrschichtigen Mittelrippe zeigen bereits Anklänge an den Vegetationskörper mancher Farne. Aber anstelle der dort vorhandenen Wurzeln sind hier nur mehrzellige, verzweigte Rhizoide ausgebildet. Im Gegensatz zu den foliosen Lebermoosen sitzen hier die Blätter schraubig um den Stengel.

Hierher gehören z.B. die Torfmoose (*Sphagnum* spec.). Die etwa 300 Arten kommen

meist an nassen Standorten, vor allem in Mooren vor, wo sie eine wichtige ökologische Funktion ausüben. Sie speichern mit ihren großen Zellen wie ein Schwamm das Wasser, das sie dann bei Trockenheit wieder langsam abgeben. Auch flaschenartige Zellen, die sogenannten Ampullen, sind bei manchen Torfmoosen vorhanden. Da sich die Pflanzen oberwärts verzweigen, immer weiter wachsen und nur an der Basis absterben, entwickeln sich die Torfmoose zu polsterartigen, halbrunden Kolonien. In Hochmooren spricht man von Bulten. Bei ständigem Wassernachschub wären die Pflanzen damit potentiell unsterblich.
Wasserspeicherung in den Zellen kommt noch bei weiteren Laubmoosen vor, so z.B. bei dem in den Fichtenforsten unserer Gebirge häufigen Weißmoos *(Leucobryum glaucum),* dessen Polster bei Regenwetter eine sattgrüne Farbe zeigen, bei trockenem Wetter aber hell werden (Weißmoos!). Diese Funktion der Moose, die Speicherung und allmähliche Abgabe des Wassers, gibt ihnen eine besondere Bedeutung im Haushalt der Natur.
Zu den am höchsten entwickelten Laubmoosen gehört das Frauenhaarmoos *(Polytrichum commune)* und seine nächsten Verwandten. Dieses auffällige Moos, das seinen deutschen Namen der perückenartigen Kapselhaube (Calyptra) verdankt, kommt in der ganzen Welt vor und ist relativ häufig. Der straffe Stengel enthält das am besten ausgebildete Leit- und Festigungsgewebe der Moose überhaupt. Besonders differenzierte Zellen des Zentralstranges dienen einer schnellen Wasser- und Assimilatleitung sowie der mechanischen Festigkeit. Die Photosyntheseleistung wird durch spezielle Lamellen auf der Oberseite der Blätter, die die assimilierende Fläche wesentlich vergrößern, stark erhöht. Gleichzeitig sind diese dicht stehenden Lamellen für die Leitung und Speicherung kapillaren Wassers an der Blattoberfläche von Bedeutung. Im Erdboden ist dieses Moos durch wurzelartige Rhizoidbüschel verankert. Aus ihnen können sich neue Moospflanzen entwickeln.
Einen anderen, erfolgreicheren Weg der Eroberung des festen Landes schlugen die Farnpflanzen (Pteridophyta) ein. Bei ihnen entwickelte sich nicht der Gametophyt, sondern der Sporophyt zur Hauptgeneration. Der Farnpflanzen-Gametophyt ist in der Regel – von der es allerdings mannigfaltige Abweichungen gibt – nur ein unscheinbares, einem thallosen Lebermoos vergleichbares Gebilde, das an seiner Unterseite die Gametangien trägt. Es wird als Prothallium bezeichnet. Die mit den Moosen übereinstimmende Struktur der Antheridien und Archegonien weist auf die enge Verwandtschaft beider Gruppen hin. Nach der Befruchtung der Eizelle durch begeißelte Spermatozoiden entsteht die diploide Zygote. Wie bei den Moosen ist der Befruchtungsvorgang vom Wasser abhängig und wird ebenfalls durch Anlockungsstoffe gesteuert. Aus der Zygote entwickelt sich der Sporophyt der Farnpflanzen, eine selbständige, ansehnliche, mehrjährige Kormuspflanze, die erstmals neben Stengeln und Blättern auch echte Wurzeln ausbildet. Die Behälter, in denen am Sporophyten die – nach der Reduktionsteilung – haploiden Sporen gebildet werden, bezeichnet man als Sporangien. Sie befinden sich teilweise an besonderen Blättern, den Sporophyllen, die von den assimilierenden Blättern, den Trophophyllen, zu unterscheiden sind.
Häufig werden einfacher gebaute Sporophylle an den Sproßspitzen zu besonderen Sporophyllständen vereinigt, z.B. bei den Bärlappen, Moosfarnen und Schachtelhalmen. Sie stellen damit bereits echte Vorläufer von Blüten dar, die aber erst bei den Samenpflanzen gemeinhin als solche bezeichnet werden. Der Generationswechsel ist wieder geschlossen, wenn aus den Sporen die haploiden Prothallien gebildet werden. Manche Prothallien sind zweihäusig (diözisch).
Diese Trennung der Geschlechter kann bei einigen Pteridophytengruppen schon bei den Sporen ausgeprägt sein: Es gibt größere, nährstoffreichere Megasporen und kleinere, nährstoffärmere Mikrosporen. Diese bilden entweder größere weibliche oder kleinere männliche Prothallien aus. Die Tendenz zur

Bildung unterschiedlicher Sporen tritt mehrmals in der Entwicklung der einzelnen Pteridophytenklassen auf. Man nennt dies Heterosporie – Verschiedensporigkeit – im Gegensatz zur ursprünglicheren Isosporie, der Gleichsporigkeit. Da die Farnpflanzen mit ihrer Hauptgeneration nicht mehr vom Wasser abhängig sind, haben sich auch große baumartige Formen entwickeln können. Teilweise sind sie bereits ausgestorben, wie die bis 30 m hohen Schuppenbäume und die fast 20 m hohen Riesenschachtelhalme, die in der Karbonzeit die Steinkohlenwälder bildeten. Aber auch unter den rezenten Farnen gibt es in den tropischen Bergregenwäldern Baumfarnarten, die bis zu 20 m Höhe erreichen können.

Die Pteridophyten werden in der Regel in fünf Klassen gegliedert:

1. die Urfarne (Psilophytatae)
2. die Bärlappähnlichen (Lycopodiatae)
3. die Nacktfarne (Psilotatae)
4. die Schachtelhalmähnlichen (Equisetatae) und
5. die Farnähnlichen (Filicatae).

Die Urfarne stellen die Ausgangsbasis für die Entstehung der vier übrigen Klassen dar. Sie traten erstmals an der Wende vom Silur zum Devon vor reichlich 400 Millionen Jahren auf und zeigen in einigen Sippen noch Anklänge an tangähnliche Vorfahren. Über ihre Entdeckungsgeschichte und bedeutsame Vertreter wird später noch berichtet (s. S. 260).

Der deutsche Evolutionsforscher Walter Zimmermann hat, ausgehend von den Urlandpflanzen, eine Theorie aufgestellt, die die Entwicklung der typischen Organe der Kormuspflanze erklären soll. Da man die Begriffe »Stengel«, »Blatt« und »Wurzel« noch nicht bei den Urfarnen anwenden kann, ist für den Vegetationskörper der Ur-

System der rezenten Farnpflanzen (Pteridophyta)

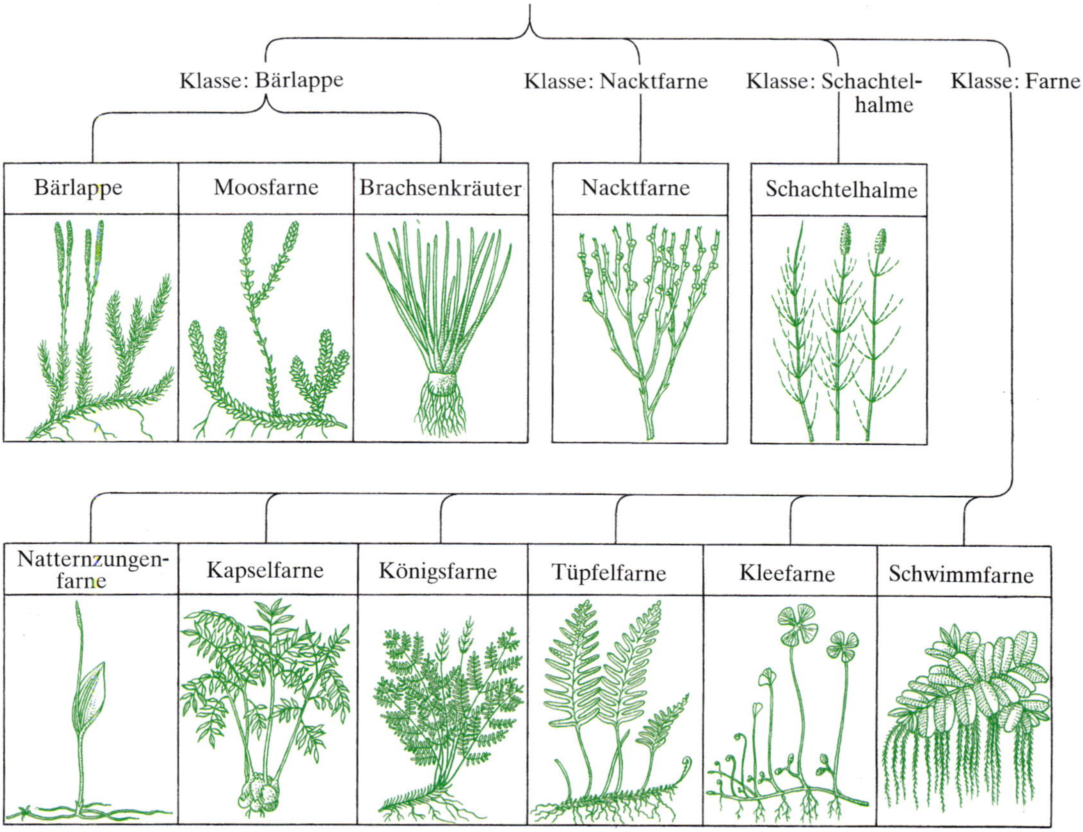

landpflanze ein neuer Begriff geschaffen worden: das Telom. Bei der sogenannten Telomtheorie geht man nun davon aus, daß die typischen Organe der Kormophyten durch fünf Elementarprozesse entstanden sein sollen:

- die **Übergipfelung,** die zu einer Differenzierung und Arbeitsteilung der zuerst gleichwertigen Telome führt,
- die **Planation,** die die geschaffenen Seitenäste in eine Ebene stellt,
- die **Verwachsung,** die die in eine Ebene gerückten Seitenäste miteinander verbindet (Blattbildung) oder mehrere Zentraltelome zu einem Stamm zusammenfügt,
- die **Reduktion,** die zu Vereinfachungen (der Wegfall von Verzweigungen der Telome) bis zur völligen Rückbildung führt,
- die **Einkrümmung,** die durch ungleiches Wachstum der gegenüberliegenden Seiten die Schutzfunktion für die Fortpflanzungsorgane erhöht.

Die heute lebenden Farnpflanzengruppen sind meist nur die Endglieder einer viele Millionen Jahre währenden Evolution, die im Laufe der Erdgeschichte seit dem Silur abgelaufen ist. Darüber wird auf Seite 260 ausführlich berichtet.

Von den Bärlappähnlichen sind noch Vertreter aller drei Unterklassen vorhanden: die Bärlappe, die Moosfarne und die Brachsenkräuter. Die Bärlappe sind isospor, die beiden anderen Gruppen heterospor.

Bärlappe kommen sowohl als Bodenpflanzen, Lianen und Epiphyten in tropischen Regenwäldern als auch im Unterwuchs in der sibirischen Taiga oder als Hochgebirgspflanzen am Rande der Schneegrenze vor. Die bei uns heimische Teufelsklaue *(Huperzia selago)* tritt z.B. ebenso in Felsspaltengesellschaften Grönlands, in der alpinen Stufe der

Die Teufelsklaue *(Huperzia selago)* gehört zu den Bärlappgewächsen. Hier wächst sie oberhalb der Baumgrenze im Riesengebirge.

mitteleuropäischen und nordamerikanischen Gebirge, aber auch in Zwergstrauchheiden Neuseelands oder der Falkland-Inseln auf. Ihre Wuchsformen sind sehr unterschiedlich. Von dem nur wenige Zentimeter großen heimischen Moorbärlapp *(Lycopodiella inundata)* bis zu den riesigen, etwa 20 m lang werdenden, an Bäumen kletternden tropischen Lianen, wie dem südasiatischen *Lycopodium casuarinoides,* gibt es alle Übergänge. Die kräftige epiphytische, häufig in botanischen Gärten gezogene *Huperzia squarrosa* hat dicht beblätterte, gegabelte, herabhängende Sprosse von bis zu 2,5 m Länge, und das in den Tropen überall häufige *Lycopodium cernuum* bildet bis zu einen halben Meter hohe, bäumchenartige Sprosse aus, die aus der Entfernung einem kleinen Nadelbäumchen täuschend ähnlich sehen. Alle heimischen Bärlappe (9 Arten) stehen in Deutschland unter Naturschutz.

Meist auf die Tropen beschränkt ist das Vorkommen der Moosfarne. Viele Arten gedeihen besonders an feuchten Stellen in der Krautschicht der tropischen Regenwälder. Es gibt auch spreizklimmende Lianen, wie die im tropischen Amerika etwa 20 m lange *Selaginella exaltata,* oder epiphytische Arten.

Einige haben sich auch an trockenere Standorte angepaßt. Dazu gehört die in Mexiko und den südlichen USA vorkommende »Auferstehungspflanze« *Selaginella lepidophylla,* die sich ausgesprochen hygroskopisch verhält (s. S. 182). Die beiden einheimischen Moosfarne, der Dornige Moosfarn *(Selaginella selaginoides)* und der Schweizer Moosfarn *(Selaginella helvetica)* sind nur wenige Zentimeter große, moosähnliche Vertreter, die in den Alpen und einigen Mittelgebirgen vorkommen.

Von den etwa 100 Brachsenkraut-*(Isoëtes-)* Arten leben die meisten als untergetauchte Wasserpflanzen in stehenden oder fließenden Gewässern. Die Gattung ist weltweit verbreitet, die meisten Arten kommen in den Hochgebirgsseen der Anden Südamerikas vor, wo auch die urtümlichste Art, *Isoëtes andicola (= Stylites andicola)* beheimatet ist (s. S. 273). Meist sind die heterosporen *Isoëtes*-Arten nur 10 bis 20 cm hoch. Ausnahmen stellen die in Bächen wachsenden Vertreter *Isoëtes malinverniana* aus dem Mittelmeergebiet mit bis zu 1 m langen und *Isoëtes martii* aus Brasilien mit bis zu 70 cm langen Blättern dar. Bei uns heimisch sind zwei inzwischen sehr selten gewordene Arten: Das Seebrachsenkraut *(Isoëtes lacustris)* und das Stachelsporige Brachsenkraut *(Isoëtes echinospora).* Beide kommen auf sandigem Boden oligotropher Seen vor.

Eine besonders isolierte Stellung unter den Pteridophyten nehmen die Nacktfarne oder Gabelblattgewächse (Psilotatae) ein. Sie umfassen nur zwei artenarme Gattungen *(Psilotum, Tmesipteris)* tropisch-subtropischer Epiphyten oder Petrophyten, die durch eine größere Zahl ursprünglicher Merkmale gekennzeichnet sind. Sie wurden deshalb z. T. als letzte Nachkommen der ausgestorbenen Psilophytatae angesehen. Andererseits wird auch die Meinung vertreten, daß es sich um abgeleitete Reduktionsformen handelt. Man bringt sie mit den Bärlappen oder selbst den Farnen in Verbindung.

Die bekannteste Art, *Psilotum nudum,* ist in jedem botanischen Garten zu sehen. Ihr Sporophyt stellt eine sparrige, mehrfach dichotom verzweigte, 30 bis 50 cm hohe Pflanze dar, deren Stengel in lockerer Form rippenlose, schuppenartige Blätter besitzen, sonst aber »nackt« sind. Anklänge an die Urfarne zeigt auch das blatt- und wurzellose Rhizom, das noch das ursprünglichste Leitsystem der Farnpflanzen, eine Protostele, aufweist. Die Sporangien stehen – je drei zu Synangien vereinigt – in der Achsel der kleinen Mikrophylle. Der im Erdboden lebende, chlorophyllose Gametophyt ernährt sich durch Mycorrhizapilze.

Die zweite Gattung, *Tmesipteris,* kommt nur in Australien, Neuseeland und Polynesien vor. Sie fällt durch ihre größeren gegabelten und dichter gestellten Blätter auf, hat aber sonst viele Gemeinsamkeiten mit der Gattung *Psilotum.*

Eine weltweite Verbreitung weisen die wenigen noch rezenten Schachtelhalme auf, die nur in Australien und Neuseeland ursprüng-

lich nicht vorhanden waren. Besonders große immergrüne Arten treffen wir in Südamerika an. So erreicht der dort an Flußufern und in Sümpfen vorkommende *Equisetum giganteum* Höhen von 5 bis 6 m, in Ausnahmefällen sogar bis zu 8 m. Ein Beispiel für die immergrünen Arten unserer Flora ist der meist unverzweigte Winterschachtelhalm *(Equisetum hyemale),* der an sickerfeuchten oder grundwassernahen Standorten auftritt. Unser größter heimischer Schachtelhalm, der an quelligen Standorten wachsende Riesenschachtelhalm *(Equisetum telmateia),* kann auch bis zu 2 m hoch werden. Er gehört zu einer Gruppe von Schachtelhalmen, die durch unterschiedliche fertile und sterile Triebe charakterisiert sind, d. h. im Frühjahr bleiche fertile Sprosse ausbilden, die nach der Sporenreife absterben und danach sterile grüne Sprosse entwickeln. Der als Ackerunkraut in Eurasien und Nordamerika verbreitete Ackerschachtelhalm *(Equisetum arvense)* ist der bekannteste Vertreter dieser Gruppe.

Baumfarne sind für die Bergregenwälder der Tropen typisch. In Queensland kommt *Sphaeropteris cooperi* vor, die auch häufig in botanischen Sammlungen zu sehen ist.

Der Waldschachtelhalm *(Equisetum silvaticum)* gehört zu jener Gruppe heimischer Schachtelhalme, die sofort ergrünende fertile Triebe ausbilden.

Eine kaum noch an Farne erinnernde Gestalt besitzen die Schwimmfarne der Gattung *Salvinia*. Abgebildet ist die im tropischen Amerika und in Westafrika vorkommende *Salvinia auriculata*.

Im Gegensatz zu den übrigen Klassen der Farnpflanzen, von denen nur relativ wenige Vertreter übrig geblieben sind, weist die Klasse der Farne (Filicatae) mit beinahe 10000 Arten eine erstaunliche Mannigfaltigkeit auf. Das Spektrum der Wuchs- und Lebensformen ist außerordentlich breit gefächert. Von winzigen moosähnlichen Hautfarnen (*Hymenophyllum* div. spec.), die ihre Ernährung und Wasserversorgung allein über das Blatt regeln und keine Wurzeln mehr ausbilden, bis zu stammbildenden, bis 15 m hohen Baumfarnen (Abb. S.55) findet man alle Übergänge. Viele tropische Farne sind Epiphyten, die Einrichtungen zur Wasser- und Nährstoffaufnahme entwickelt haben, wie z.B. der Vogelnestfarn *(Asplenium nidus)* oder die Geweihfarne (*Platycerium* div. spec.). An trockene Standorte angepaßte Farne kommen besonders in den tropischen Gebirgen vor, während Sumpffarne, wie der Mangrovefarn *(Acrostichum aureum)* sowie Wasserfarne direkt im Wasser wachsen können. Die Gestalt dieser Sumpf- und Wasserfarne läßt oft in diesen Pflanzen kaum noch Farne vermuten. Beispiele dafür sind der Pillenfarn *(Pilularia globulifera)* und der Kleefarn *(Marsilea quadrifolia)* als Schlammbewohner an Teichrändern sowie der Schwimmfarn *(Salvinia natans)* und der Algenfarn *(Azolla filiculoides)* als Schwimmpflanzen (Abb. S.54).

Die wedelähnlichen Blätter der Farne tragen auf der Unterseite charakteristische Anhäufungen der Sporangien. Beim abgebildeten Brasilianischen Rippenfarn *(Blechnum brasiliense)* befinden sie sich beiderseits der Mittelrippe.

Die systematische Gliederung der rezenten Farne stützte sich lange Zeit auf den Aufbau der Sporangien. Man unterschied die »Eusporangiatae«, deren Sporangienwand aus mehreren Zellschichten besteht, und die »Leptosporangiatae« mit nur einer Zellschicht um das reife Sporangium. Bei den Eusporangiatae entsteht das Sporangium aus mehreren Zellen, bei den Leptosporangiatae aus einer einzigen Epidermiszelle. Als dritte Gruppe trennte man noch die heterosporen »Hydropterides«, die Wasserfarne, ab.

Heute weiß man, daß es sich bei diesen Einheiten nur um Entwicklungsstufen handelt, und versucht anhand bestimmter Merkmalskomplexe des Sporophyten natürliche Abstammungsgemeinschaften zu bilden. Die in der Systemübersicht dargestellten Unterklassen bringen das zum Ausdruck. Sie spiegeln aber lediglich den gegenwärtigen Stand der Verwandtschaftsforschung wider.

Mannigfaltigkeit: Samenpflanzen

Wohin man auch blickt auf der Erde – ob es die tropischen Regenwälder des Amazonasgebietes oder die borealen Nadelwälder der sibirischen Taiga sind, die Savannen Afrikas oder die Steppen Osteuropas und Mittelasiens, die saftigen Alpenmatten oder die Vegetationsformationen tropischer Hochgebirge – überall beherrschen die Samenpflanzen mit ihren fast 300000 Arten die Vegetation unseres Planeten. Sie sind die bei weitem erfolgreichste Pflanzengruppe. Auch im Wasser von Seen, Teichen und Flüssen sind sie zuhause; nur in den Ozeanen ist ihr Vorkommen auf wenige randliche Standorte beschränkt.

Eine wesentliche Voraussetzung für ihren einzigartigen Siegeszug war die Entwicklung jener neuen Ausbreitungseinheit, die ihr den Namen gegeben hat: der Samen. Er enthält neben dem Embryo noch das Nährgewebe, das Endosperm, als günstiges »Startkapital« und wird von einer festen Samenschale, der Testa, umhüllt, die ihm eine längere Ruhephase bis zum günstigsten Zeitpunkt seiner Keimung ermöglicht. Dies ist im Verlauf der Evolution der Landpflanzen mehrfach geschehen, aber nie in der Vollkommenheit wie bei den Samenpflanzen (Spermatophyta).

Die Unterschiede zwischen Farn- und Samenpflanzen waren so augenscheinlich, daß man lange Zeit die Gemeinsamkeiten in ihrer Entwicklung nicht näher »unter die Lupe« nahm. Erst 1851 entdeckte der deutsche Botaniker Wilhelm Hofmeister den Generationswechsel auch bei den Samenpflanzen und dokumentierte damit die weitgehende Übereinstimmung mit vielen Entwicklungsabläufen der heterosporen Farnpflanzen.

In den Anfängen der Evolution der Samenpflanzen zeichnen sich folgende wesentliche Tendenzen ab:

1. Die Überwindung der Abhängigkeit vom Wasser bei der Befruchtung,
2. Die Vervollkommnung des Schutzes der Samenanlagen.

Im ersten Fall kommt das in der immer stärkeren Rückbildung des Gametophyten und im Übergang von der Befruchtung durch begeißelte Spermatozoiden zu unbegeißelten Spermakernen zum Ausdruck. Während die Spermatozoiden der heterosporen Farnpflanzen noch im Wasser zu den in den Megasporen befindlichen, in den Archegonien eingeschlossenen Eizellen schwimmen müssen, werden bei den Samenpflanzen fest umschlossene Pollenkörner (Mikrosporen) durch den Wind oder tierische Bestäuber zu den Samenanlagen befördert. Anklänge an die Farnpflanzen zeigen noch zwei Gruppen der Nacktsamer: die Farnpalmen (Cycadeen) und der Ginkgobaum. Diese lebenden Fossilien bilden in ihren Pollenkörnern zwei Spermatozoiden aus, die in eine Pollenkammer, einen Hohlraum oberhalb der Samenanlage, entlassen werden und in einer dort ausgeschiedenen Flüssigkeit zum Embryosack in den Archegonien gelangen können. Bei der in Kuba vorkommenden Farnpalme *Microcycas calosoma* werden sogar noch bis zu 20 Spermatozoiden ausgebildet, die übrigens die größten Spermatozoiden bei Pflanzen und Tieren sind, denn sie erreichen einen Durchmesser von 0,3 mm. Auch die Eizellen der Cycadeen weisen eine beträchtliche Größe auf und stellen mit 6 mm Länge die größten des Pflanzenreichs dar.

Bei den Koniferen und den Bedecktsamern wächst der Pollenschlauch hingegen direkt bis zum Embryosack, in den er die Spermakerne entläßt. Eine Pollenkammer ist nicht ausgebildet. Auch bei den Samenanlagen läßt sich eine allmähliche Rückbildung des Gametophyten feststellen. Bei den meisten Nacktsamern enthält der Embryosack noch ein vielzelliges Prothallium mit deutlich erkennbaren Archegonien, die aus der Eizelle, einer Bauchkanalzelle und 2 bis 8 Halswandzellen bestehen. Bei den Bedecktsamern sind in der Regel im Embryosack nur noch 8 Zellen vorhanden.

Die Zeitspanne, die zwischen Bestäubung und Befruchtung vergeht, ist sehr unterschiedlich. Bei den ursprünglichsten Nacktsamern findet die Befruchtung meist erst statt, wenn die vermeintlich reifen Samen schon am Boden liegen, und auch bei den Koniferen dauert die Samenreifung häufig ein Jahr und länger. Dagegen ist der Abstand zwischen Bestäubung und Befruchtung bei den Bedecktsamern auf Tage oder Stunden reduziert. Während die lange Zeitdauer bei den Nacktsamern noch an die Farnpflanzen mit dem eingeschobenen selbständigen Gametophytenstadium erinnert, ist bei den Bedecktsamern eine völlig neue Qualität ent-

standen, die der Ausgangspunkt für die revolutionäre Entwicklung dieser Pflanzengruppe war.
Was die Vervollkommnung des Schutzes der für die Fortpflanzung so wichtigen Samenanlagen betrifft, so waren schon bei den ursprünglichsten Samenpflanzen, den ausgestorbenen Samenfarnen, die Samenanlagen (Megasporangien) durch eine Umhüllung geschützt. Daraus ist wahrscheinlich das innere Integument der Samenanlage abzuleiten, während das äußere Integument aus einer Achsenwucherung entstanden sein könnte. Bei den Nacktsamern befinden sich die Samenanlagen »nackt« auf den Samen- oder Fruchtblättern (Sporophyll). Die Entwicklung eines geschlossenen Fruchtblattes und die Verwachsung mehrerer Fruchtblätter zu einem Fruchtknoten waren dann weitere wichtige Schritte zu einem verbesserten Schutz der Samenanlagen bei den Bedecktsamern. Um die Bestäubung bzw. die Befruchtung gewährleisten zu können, mußten neue Organe – Griffel und Narbe – gebildet werden. Während die Narbe zur Aufnahme des Pollens dient, hat der Griffel den Zweck, die Narbe in eine exponierte Lage zu bringen und in seinem Inneren den Pollenschlauch an die Samenanlagen heranzuführen. Dabei sind von manchen Pollenschläuchen Wege von 25 bis 30 cm zurückzulegen, um an die Samenanlagen zu gelangen. Das trifft auf verschiedene Herbstzeitlosen-*(Colchicum-)* und Krokus-*(Crocus-)*Arten zu, wo sich der Fruchtknoten am Grunde der langen Blütenröhre unterhalb der Erdoberfläche befindet. Diese Ausbildung des geschlossenen Fruchtknotens bei den Bedecktsamern erwies sich besonders für die Insektenbestäubung als vorteilhaft.
Wirksame Einrichtungen des Schutzes, insbesondere von jungen, heranwachsenden Staub- und Fruchtblättern, sind auch die aus der Blütenhülle gebildeten geschlossenen Knospen.
Die Unterteilung der Samenpflanzen in die beiden Gruppen der Nacktsamer und Bedecktsamer war früher auch ein Ausdruck ihrer verwandtschaftlichen Einheit. Heute weiß man durch genaue Untersuchungen, daß die Merkmale – Samenanlage »nackt« oder »bedeckt« – nur verschiedene Organisationsstufen repräsentieren und die Nacktsamer eine in sich heterogene, polyphyletische Gruppe darstellen. In den modernen Systemen werden die Nacktsamer deshalb in die beiden Unterabteilungen Coniferophytina (Nadel- und Gabelblättrige Nacktsamer) und Cycadophytina (Fiederblättrige

System der rezenten Nacktsamer (Coniferophytina und Cycadophytina)

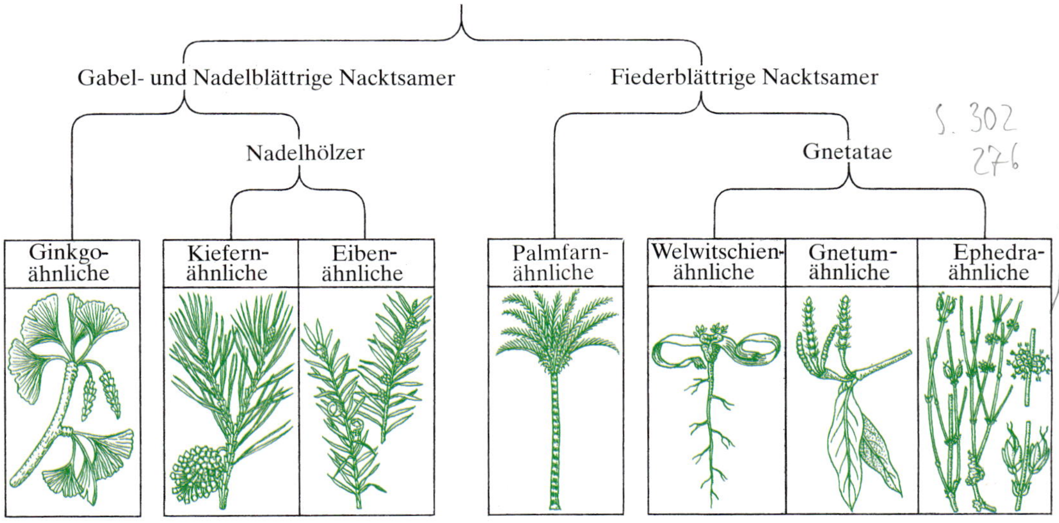

Nacktsamer) unterteilt. Die Ginkgo-Verwandten (Ginkgoatae) reiht man dabei als eine besondere Klasse in die Coniferophytina ein (s. Übersicht S. 58).
Als Ausgangsformen der Coniferophytina und Cycadophytina wird heute eine Gruppe heterosporer Pflanzen der Devonzeit angesehen. Sie werden als Progymnospermae bezeichnet. Auf der einen Seite führen sie zu den Basisgruppen der Nadelhölzer (Coniferophytina) einschließlich der Ginkgo-Verwandten, auf der anderen Seite zu denen der Farnpalmen (Cycadophytina) und über diese zu den Bedecktsamern (Magnoliophytina), die ihren Ursprung gemeinsam mit den heute noch lebenden Cycadophytina (Cycadatae, Gnetatae) aus den heterosporen Samenfarnen (Lyginopteridatae) herleiten.
Die Nadelhölzer oder nadelblättrigen Nacktsamer (Coniferophytina) sind durchweg normalstämmige (leptocaule) Holzpflanzen mit nadel- bis schuppenartig abgeleiteten Blättern und immer eingeschlechtigen Blüten.
Ein typisches Beispiel ist unsere heimische Fichte *(Picea abies)*, ein bis zu 40 m hoher Baum mit einem monopodialen Stamm, d. h. einer echten durchgehenden Hauptachse, an der wirtelig die Seitenachsen, die Äste, waagerecht abgehen. Die nadelartigen Blätter sind spiralig um die Zweige angeordnet und in Blattspreite und Blattgrund gegliedert. Bei der Fichte ist die eigentliche Nadel die Blattspreite, und der verholzende Blattgrund verbleibt als Stielchen an der Sproßachse. Die männlichen Blüten sind kätzchenartig und enthalten schraubig gestellte Staubblätter mit je zwei Pollensäcken. Sie stehen an den vorjährigen Trieben, die weiblichen Blütenstände aufrecht an den Sproßenden. Die Einzelblüten bestehen aus einer sterilen Deckschuppe und der mit ihr verwachsenen Samenschuppe, an deren Basis sich zwei Samenanlagen befinden. Viele solcher Einzelblüten setzen einen Blütenstand zusammen. Nach der Befruchtung wachsen die Samenschuppen zum Fichtenzapfen heran, der dann nach unten hängt und die geflügelten Samen entläßt, bevor er als Ganzes abfällt.
Die Fiederblättrigen Nacktsamer oder Palmfarne (Cycadophytina) sind normalstämmige oder dickstämmige Holzpflanzen mit meist zusammengesetzten, fiederig geteilten Blättern. Blüten werden erst im Laufe der Entwicklung gebildet. Ursprünglich befinden sich die Staubblätter, die aus mehreren Pollensackgruppen bestehen, und die eine Anzahl Samenanlagen enthaltenden Fruchtblätter an farnartigen Wedeln.
Die heute noch existierenden etwa 200 Vertreter dieser Unterabteilung sind kümmerliche Überbleibsel einer Pflanzengruppe, die im Erdmittelalter (Mesophyticum) zu den vegetationsbestimmenden Elementen gehörte.
Ihren Namen Palmfarne haben sie wegen der meist palmenartigen Gestalt erhalten. Das bekannteste Beispiel ist die viel kultivierte *Cycas revoluta* (S. 60) aus dem tropischen Südostasien, die einen kräftigen, unverzweigten Stamm besitzt, an dessen oberem Ende ein Schopf robuster farnartiger Blätter steht. Die anfangs eingerollten Wedelspitzen erinnern stark an Farne. Besonders urtümlich ist die weibliche »Blüte« entwickelt. Sie setzt sich aus laubblattartigen Fruchtblättern zusammen, an denen sich randständig im basalen Teil einige Samenanlagen befinden. Da die Blüte anstelle von normalen Laubblättern vom Vegetationspunkt gebildet wird, kann dieser nach der Samenreife darüber wieder Laubblätter bilden.
Beim Vergleich der verschiedenen *Cycas*-Arten und anderer Gattungen der Cycadeen läßt sich eine fast kontinuierliche Reduktionsreihe der Fruchtblätter aufstellen, die mit einer Verkleinerung des Blattanteils, der Verringerung der Zahl der Samenanlagen und der zapfenartigen Anordnung der Fruchtblätter einhergeht. Die männlichen Blüten sind generell zapfenförmig. Sie enthalten eine große Zahl von Pollensackgruppen auf der Unterseite der Staubblätter.
Den beiden Gruppen der Nacktsamer stehen die Bedecktsamer oder Magnoliophytina, auch als Angiospermae bezeichnet, gegenüber. Sie sind seit der Kreidezeit die erfolgreichste Pflanzengruppe gewesen, und das einleitend für die Samenpflanzen allge-

mein Gesagte trifft eigentlich fast ausnahmslos auf die Bedecktsamer zu. Nur in den großen borealen Nadelwaldzonen sind sie nicht zur formationsbeherrschenden Pflanzengruppe geworden.

Als wesentlicher Motor der Evolution der Bedecktsamer gilt die Entwicklung einer effektiven Tierbestäubung (Zoophilie). Bei den meisten Nacktsamern ist hingegen die Windbestäubung (Anemophilie) als eine noch ungerichtete Übertragung des Pollens auf die Samenanlagen ausgebildet. Sie entspricht der Sporenausbreitung bei den Farnpflanzen. Die »Ziellosigkeit« ist verbunden mit der Produktion großer Mengen an Pollen, die möglichst leicht sein müssen. Gleichzeitig scheidet die Samenanlage an der Eingangsstelle, der Mikropyle, einen Bestäubungstropfen aus, der die Pollen aufnimmt. Durch die meist exponierte Lage der Blüten an den Enden der Zweige wird die Trefferquote erhöht.

Der Übergang zur Tierbestäubung bei den Bedecktsamern führt zu einer zielgerichteten Bestäubung. Die gelegentliche Nutzung von Pollen und Bestäubungstropfen durch Insekten (Käfer) als Nahrung finden wir allerdings bereits bei verschiedenen Nacktsamern. Einige Cycadeen senden schon be-

Zapfen der Edeltanne *Abies procera* aus dem pazifischen Nordamerika. Während die Zapfen der Fichten hängen (vgl. S. 59), stehen die der Tannen aufrecht.

Cycas revoluta mit männlicher Blüte. Die Zapfenschuppen stellen die Staubblätter dar.

stimmte Pollendüfte aus, die Insekten anlocken können. Auch durch die Ausbildung von Zwitterblüten wird der Pollentransport zur Samenanlage beträchtlich erleichtert. Erste Zwitterblüten finden sich ebenfalls bei den Nacktsamern, den inzwischen ausgestorbenen Benettitatae. Aber eine große Bedeutung erlangen sie erst bei den Bedecktsamern, wo die Evolution ohne die Mitwirkung der Bestäuber gar nicht denkbar ist. Die Anpassungen der Blüten an ihre Bestäuber, ob verschiedene Insekten, wie Käfer, Bienen, Fliegen, Tag- oder Nachtschmetterlinge, oder Vögel bzw. Fledermäuse, sind auf Seite 200 ff. näher beschrieben.

Auch eine Rückkehr zur Windbestäubung ist bei den Bedecktsamern mehrfach erfolgt, wenn dadurch günstigere Bedingungen für die Bestäubung geschaffen werden konnten (sekundäre Anemophilie).

Von herausragender Bedeutung war die starke Reduktion des Gametophyten und die damit einhergehende Beschleunigung des Fortpflanzungsprozesses. Die auf Tage und Stunden geschrumpften Zeitabstände zwischen Bestäubung und Befruchtung bei den Bedecktsamern führten zu einer schnelleren Anpassung an eine sich verändernde Umwelt.

In diesem Zusammenhang ist auch die für alle Bedecktsamer typische sogenannte doppelte Befruchtung zu nennen. Ausgangspunkt dieses Vorgangs sind neben der Pollenschlauchzelle, die das Wachstum des Pollenschlauchs bewirkt, die in diesem enthal-

System der Samenpflanzen

Kategorie	Taxa	Artenzahl
Abteilung:	Spermatophyta – Samenpflanzen	
Unterabteilung:	Coniferophytina – Gabel- u. nadelblättrige Nacktsamer	~600
Klasse:	Ginkgoatae – Ginkgoähnliche	1
Klasse:	Pinatae – Nadelhölzer	~600
Unterklasse:	Cordaitidae – Cordaiten (ausgestorben)	
Unterklasse:	Pinidae – Kiefernähnliche	~580
Unterklasse:	Taxidae – Eibenähnliche	~20
Unterabteilung:	Cycadophytina – Fiederblättrige Nacktsamer (Palmfarne)	195
Klasse:	Lyginopteridatae – Farnsamer (ausgestorben)	
Klasse:	Cycadatae – Palmfarne	119
Klasse:	Benettitatae – Bennettiteen (ausgestorben)	
Klasse:	Gnetatae	76
Unterklasse:	Welwitschiidae – Welwitschienähnliche	1
Unterklasse:	Gnetidae – Gnetumähnliche	32
Unterklasse:	Ephedridae – Ephedraähnliche	43
Unterabteilung:	Magnoliophytina – Bedecktsamer	~290 000
Klasse:	Magnoliatae – Zweikeimblättler	~230 000
Unterklasse:	Magnoliidae – Magnolienähnliche	~14 000
Unterklasse:	Caryophyllidae – Nelkenähnliche	~13 000
Unterklasse:	Hamamelididae – Hamamelisähnliche	~5 000
Unterklasse:	Rosidae – Rosenähnliche	~69 000
Unterklasse:	Asteridae – Asternähnliche	~37 000
Unterklasse:	Dilleniidae – Dillenienähnliche	~39 000
Unterklasse:	Cornidae – Hartriegelähnliche	~23 000
Unterklasse:	Lamiidae – Taubnesselähnliche	~31 000
Klasse:	Liliatae – Einkeimblättler	~60 000
Unterklasse:	Alismatidae – Froschlöffelähnliche	~500
Unterklasse:	Liliidae – Lilienähnliche	~34 000
Unterklasse:	Zingiberidae – Ingwerähnliche	~3 500
Unterklasse:	Commelinidae – Commelinaähnliche	~15 500
Unterklasse:	Arecidae – Palmenähnliche	~6 500

tenen zwei Spermazellen. Sie entstanden durch Teilung aus der generativen Zelle und gelangen in den meist aus 8 Zellen bestehenden Embryosack. Dieser besteht aus der Eizelle, den beiden Synergiden, den zwei Polkernen und den drei Antipodenzellen. Eine der beiden Spermazellen vereinigt sich mit der Eizelle zur Zygote, aus der der Embryo gebildet wird; die andere Spermazelle verschmilzt mit dem inzwischen aus den beiden Polkernen entstandenen diploiden sekundären Embryosackkern zum triploiden Ausgangspunkt des Endosperms, des Nährgewebes im Samen. Auf die eminente Bedeutung dieses »Startkapitals« wurde schon hingewiesen.

Eine dritte bedeutsame Ursache des Erfolges der Bedecktsamer war ihre ungemein plastische Anpassungsfähigkeit im vegetativen Bereich, der es ihnen möglich machte, bereits besiedelte Räume noch effektiver zu nutzen und neue Siedlungsräume zu erschließen. Während die Nacktsamer ausschließlich Holzpflanzen sind, die nur wenige Lebensformen ausbilden, konnte sich bei den Bedecktsamern die gesamte Skala von hohen Bäumen, Sträuchern, Halbsträuchern, perennierenden und annuellen Kräutern entwickeln. Vom 100 m hohen Eukalyptusbaum bis zur winzigen Zwergwasserlinse *Wolffia arrhiza,* die nicht einmal stecknadelkopfgroß ist, gibt es alle Übergänge.

Die systematische Gliederung der Bedecktsamer (Magnoliophytina) bereitet trotz modernster Untersuchungsmethoden, die in den letzten Jahrzehnten beträchtliche Fortschritte erbrachten, immer noch Schwierigkeiten. Es gibt derzeit kein allgemein anerkanntes phylogenetisches System dieser sippenreichen Verwandtschaftsgruppe. Alles spricht aber dafür, daß es sich um eine monophyletische Gruppe handelt, d. h. alle exi-

System der Bedecktsamer (Magnoliophytina)

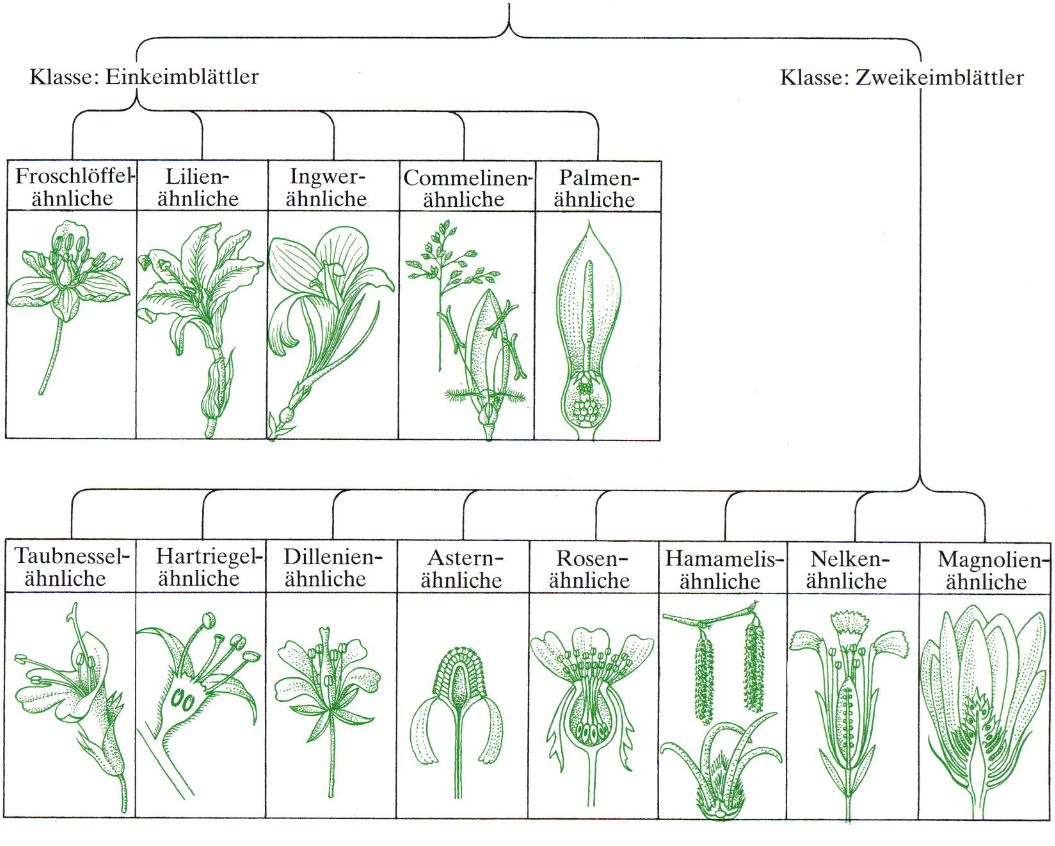

stierenden Bedecktsamer aus einer einzigen Wurzel stammen.
Dabei werden sie nochmals grundsätzlich in zwei deutlich unterscheidbare Klassen geteilt: die Zweikeimblättrigen Bedecktsamer oder Magnoliatae, auch als Dicotyledoneae bezeichnet, und die Einkeimblättrigen Bedecktsamer oder Liliatae, auch Monocotyledoneae genannt.
Diese Klassen differieren neben der bereits genannten unterschiedlichen Zahl der Keimblätter in einigen wichtigen Merkmalen. So haben die Zweikeimblättler eine meist langlebige Hauptwurzel, kreisförmig angeordnete Leitbündel im Sproß, netznervige und häufig gestielte Blätter sowie meist 5- oder 4zählige Blüten. Die Einkeimblättler besitzen dagegen eine kurzlebige Hauptwurzel, die bald durch sproßbürtige Wurzeln ersetzt wird, zerstreut angeordnete Leitbündel, streifennervige und meist ungestielte Blätter sowie vorwiegend 3zählige Blüten.
Die meisten der als ursprünglich angesehenen Merkmale der Bedecktsamer finden sich bei den Vertretern der Unterklasse der Magnoliidae, insbesondere bei den Magnoliengewächsen und ihrer unmittelbaren Verwandtschaft. Es sind Holzgewächse mit großen zwittrigen Einzelblüten an den

Beispiel einer Zweikeimblättrigen Pflanze: Die Kartoffelrose *(Rosa rugosa)* mit fünfzähligen Blüten und netznervigen Blättern

Beispiel einer Einkeimblättrigen Pflanze: Die Dreimasterblume (*Tradescantia*-Hybride) mit dreizähligen Blüten und streifennervigen Blättern

Sproßenden. Sie besitzen meist noch einen konischen Blütenboden mit zahlreichen spiralig angeordneten farbigen Perigonblättern, undifferenzierten Staubblättern und untereinander freien Fruchtblättern, die an der Bauchnaht verwachsen sind und deren Ränder als Narben fungieren. Ein Griffel ist meist nicht entwickelt. Die Früchte sind häufig Balgfrüchte mit fleischigen Samen.
Aus den Vorfahren der Magnoliidae dürfte die Mehrzahl der in der systematischen Übersicht ausgewiesenen Unterklassen der Bedecktsamer unmittelbar abzuleiten sein. Das betrifft z. B. bei den Zweikeimblättlern die Caryophyllidae mit den Nelkengewächsen, die Hamamelididae mit unseren wichtigsten Waldbäumen aus den Familien der Buchen- und Birkengewächse, die Rosidae mit den Familien der Rosengewächse und den Schmetterlingsblütlern sowie die Dilleniidae mit den Kreuzblütengewächsen. Nur die Asteridae mit den Korbblütengewächsen und die Cornidae mit den Heidekrautgewächsen sind direkt von den Rosidae abzuleiten. Die Lamiidae mit den Nachtschatten- und Lippenblütengewächsen entstammen hingegen wahrscheinlich den Cornidae.
Bei den Einkeimblättrigen Pflanzen existieren ebenfalls deutliche Beziehungen zu den Magnoliidae. Das trifft insbesondere auf die Alismatidae zu, eine Gruppe von Wasser- und Sumpfpflanzen, zu denen u. a. die Froschlöffelgewächse zu zählen sind. Auch die Liliidae mit den Liliengewächsen und den Orchideen sowie die Arecidae mit den Palmen und den Aronstabgewächsen sind getrennt voneinander aus der Magnoliidae-Verwandtschaft abzuleiten.
Nur die Familien Zingiberidae mit den Bananengewächsen und Commelinidae mit den windblütigen Gräsern weisen engere Beziehungen zu den ursprünglichen Liliidae auf.

Bedingungen und Anpassungen

Wechsel der Jahreszeiten

Wenn man als Mitteleuropäer einige Jahre in den Tropen gelebt hat, erlebt man einen echten Winter mit viel Schnee und Frost viel bewußter und sehnt sich nach dem wunderbaren Frühling der gemäßigten Breiten, in dem die Natur langsam erwacht und die Bäume sich wieder belauben. Sogar der Herbst, in dem die bunten Blätter fallen und die Natur ihre Winterruhe einleitet, ist ein Ereignis besonderer Schönheit. Ein seit seiner Kindheit in den Tropen Lebender kann sich schwerlich diesen reizvollen Rhythmus der Jahreszeiten vorstellen, aber genau so schwierig ist es umgekehrt für einen Europäer, sich in den Wechsel von Trocken- und Regenzeiten, wie sie in den Tropen gewöhnlich auftreten, einzufühlen.

Für die Pflanze bedeutet beides den Wechsel zwischen einer günstigen und einer ungünstigen Vegetationszeit. Sie muß ihren Lebensablauf danach einrichten. Man nennt Pflanzen, die Gebiete mit stark wechselnder Jahreszeitenrhythmik besiedeln und sich morphologisch und physiologisch an diese Verhältnisse angepaßt haben, wandlungsfähige Pflanzen oder Tropophyten. Sie überdauern die für sie ungünstige Jahreszeit in einer passiven Ruhephase und gehen danach wieder in eine aktive Phase über.

So vielgestaltig wie die Flora eines Gebietes, so unterschiedlich ist auch die Reaktion der Pflanzen auf die einwirkenden Umweltfaktoren. Der dänische Biologe C. Raunkiaer hat die Pflanzen nach der Art und Lage der Überdauerungsorgane in ein System gebracht, das einen Überblick über die verschiedenen Lebensformen gibt. Es werden unterschieden:

1. Die Phanerophyten oder Luftpflanzen, deren Erneuerungsknospen sich mehr als 50 cm über dem Erdboden befinden. Dazu gehören Bäume (Megaphanerophyten) und Sträucher (Nanophanerophyten).
2. Die Chamaephyten oder Zwergpflanzen, deren Erneuerungsknospen sich etwa 10 bis 50 cm über dem Erdboden befinden. Dazu gehören Halb- und Zwergsträucher, die für Gebirge und Trockengebiete typischen Polsterpflanzen und Blattsukkulente (z. B. Mauerpfeffer).
3. Die Hemikryptophyten oder Oberflächenpflanzen mit Erneuerungsknospen dicht an der Erdoberfläche. Dazu gehören Horstpflanzen, wie viele Gräser, Rosettenpflanzen, wie der Löwenzahn, Schaftpflanzen, wie die Brennessel, Stauden mit oberirdischen Ausläufern, wie die Erdbeere, Klimmstauden, wie die Wicke.

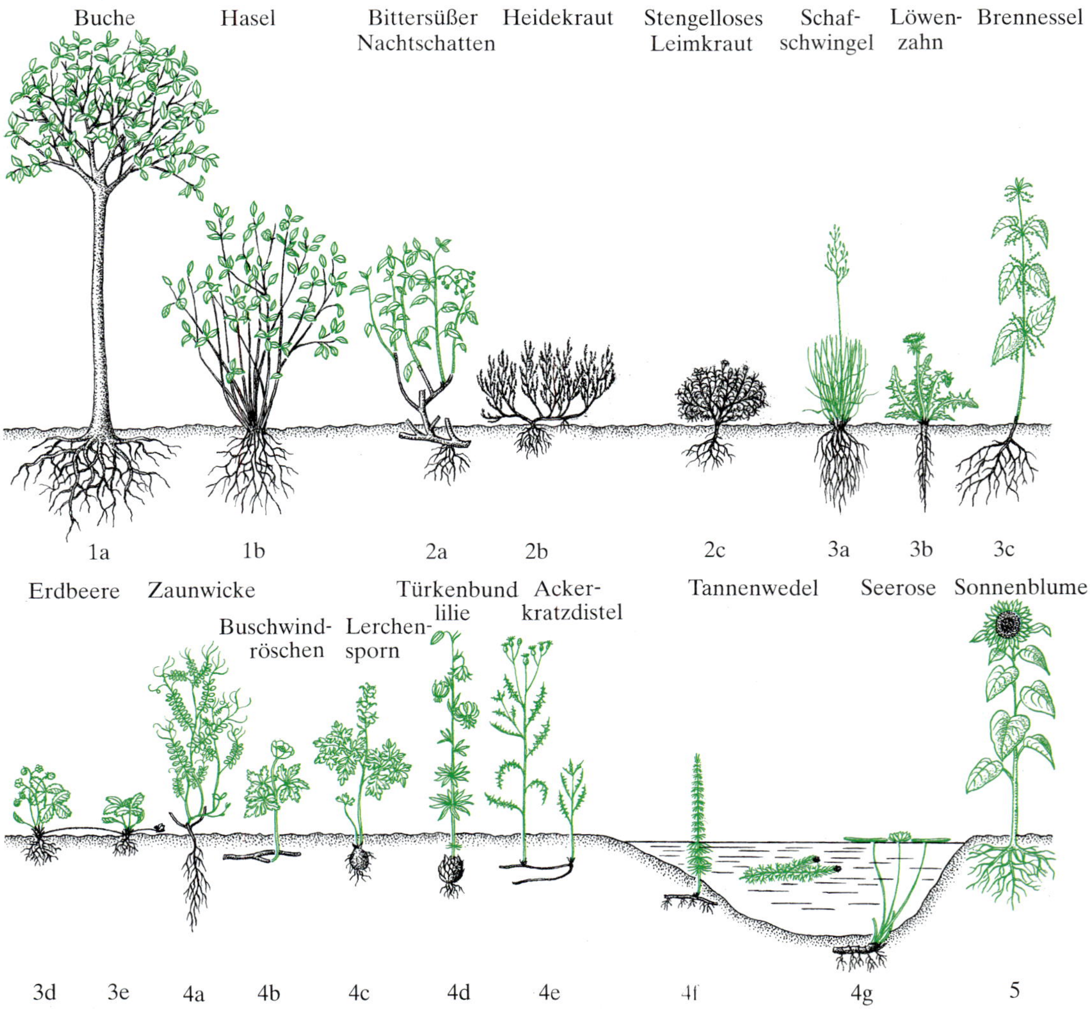

Lebensformentypen mitteleuropäischer Pflanzen
Schwarze Teile überwintern, grüne sterben im Winter ab.
1 Phanerophyten (1a Baum, 1b Strauch),
2 Chamaephyten (2a Halbstrauch, 2b Zwergstrauch, 2c Polsterpflanze), 3 Hemikryptophyten (3a Horstgras, 3b Rosettenpflanze, 3c Schaftpflanze, 3d Ausläuferstaude, 3e Windepflanze),
4 Kryptophyten (4a Rhizomgeophyt, 4b Knollengeophyt, 4c Zwiebelgeophyt, 4d Wurzelknospengeophyt, 4e Helophyt, Sumpfpflanze, 4f Winterknospen-Hydrophyt, 4g Schlammwurzler),
5 Therophyt, einjährige Pflanzen

4. Die Kryptophyten mit Erneuerungsknospen unter der Erdoberfläche, entweder im Boden als Geophyten (Bodenpflanzen), oder im Wasser als Helophyten (Sumpfpflanzen) bzw. Hydrophyten (Wasserpflanzen). Bei den Geophyten unterscheidet man Rhizomgeophyten, wie das Buschwindröschen, Knollengeophyten, wie den Lerchensporn, bzw. Zwiebelgeophyten, wie die Türkenbundlilie, und Wurzelgeophyten, wie die Ackerkratzdistel. Bei den Hydrophyten gibt es Wasserschwimmer, wie die Wasserlinsen oder das Hornblatt, und Wasserwurzler, wie die Seerose.

Lebensformen-spektren (in Prozent der Arten pro Flora)

Region	Phanero-phyten	Chamae-phyten	Hemi-krypto-phyten	Geo-phyten	Thero-phyten
Tropen (Seychellen)	**61**	6	12	5	16
Subtropen (Nordafrika)	9	14	19	8	**50**
Mediterrangebiet (Italien)	12	6	29	11	**42**
Gemäßigte Zone (Dänemark)	7	3	**50**	22	18
Arktische Zone (Spitzbergen)	1	22	**60**	15	2
Hochgebirge (Alpen)	–	25	**68**	4	3

5. Die Therophyten überdauern die ungünstige Vegetationszeit mit ihren widerstandsfähigen Samen. Es sind Pflanzen, die ihren Lebenszyklus in einer Vegetationsperiode abschließen, wie die Sonnenblume.

Diese Lebensformen sind über die Erde sehr ungleich verteilt. Während in den feuchtwarmen Tropen die Phanerophyten dominieren, nimmt in den Trockengebieten die Anzahl der Geophyten und Therophyten zu. Die Hemikryptophyten sind besonders für die gemäßigte Zone charakteristisch, wo sie oft über 50% der Flora dieser Region erreichen. Schließlich sind die Chamaephyten – bedingt durch die regelmäßige Schneebedeckung im Winter – in den arktischen Gebieten und den Hochgebirgen der Erde relativ häufig.

Nach dem Vorkommen der einzelnen Lebensformen kann man von den verschiedenen Florengebieten der Erde Lebensformspektren zusammenstellen, die einen Überblick über die klimatischen Bedingungen der betreffenden Gebiete geben.

Nicht zu verwechseln ist mit den Lebensformen die Lebensdauer, obwohl manche der Begriffe sich überschneiden. So nennt man Pflanzen mit einem einjährigen Lebenszyklus Annuelle. Manche hierher gehörige Pflanzen tragen diesen Hinweis in ihrem wissenschaftlichen Namen, wie die Sonnenblume *(Helianthus annuus).* Keimen diese einjährigen Pflanzen im Frühjahr und entwickeln sie sich im Sommer, dann spricht man von Sommerannuellen, keimen sie im Herbst und blühen im Frühjahr, wie unser Wintergetreide und seine Unkräuter, so bezeichnet man sie als Winterannuelle. Während die Sommerannuellen identisch mit den Therophyten sind, muß man die Winterannuellen aufgrund ihrer Überwinterungsart bei den Hemikryptophyten einordnen.

Wenn die Pflanzen zwei Jahre zur Blüh- und Fruchtreife benötigen, dann sprechen wir von biennen Pflanzen. Dazu gehören verschiedene wichtige Kulturpflanzen, z. B. Möhre, Petersilie, Sellerie, Futterrübe, Rettich und Kohl. Von der heimischen Wildflora sind es vor allem Pflanzen, die an nährstoffreichen Standorten vorkommen, wie Nachtkerzen *(Oenothera),* Königskerzen *(Verbascum),* Karden *(Dipsacus),* Kletten *(Arctium)* und verschiedene Disteln *(Carduus, Onopordum).*

Schließlich gibt es Pflanzen, die mehrere Jahre zur vegetativen Entwicklung benötigen, um dann nur ein einziges Mal zu blühen und zu fruchten. Man nennt sie plurienne Pflanzen. Sie speichern oft über Jahre, manchmal Jahrzehnte, Nährstoffe, um dann einen gewaltigen Blütenschaft hervorzubringen, wie das bei der in den Anden Perus und Boliviens vorkommenden, heute vom Aussterben bedrohten Bromelie *Puya raimondii* der Fall ist, deren Blütenstand bis 10 m hoch werden kann. Weitere Beispiele sind verschiedene Palmen, wie die oft in botanischen Gärten zu sehende indische Fischschwanzpalme *(Caryota urens),* und die Agaven, die z. T. mehrere Jahrzehnte bis zu den ersten und einzigen Blüten brauchen. So blühte 1975 im Leipziger Botanischen Garten eine *Agave americana,* die ein Alter von etwa 30 Jahren hatte. Der 8 m hohe Blütenstand wuchs im Sommer durch eine Dachluke des Gewächshauses ins Freie. Bevor die

riesige Pflanze abgestorben war, entwickelten sich mehr als 300 Jungpflanzen auf dem Fruchtstand.
Auch in unserer heimischen Flora gibt es mehrjährige Pflanzen, die nach der Blüte und der Ausbildung der Samen absterben. Beispiele sind die parasitischen Sommerwurz-*(Orobanche-)*Arten. Alle nur einmal blühenden und fruchtenden Pflanzen werden als Hapaxanthe bezeichnet. Sie sind von den ausdauernden oder perennierenden Gewächsen zu unterscheiden, die regelmäßig mehr- bis vielfach in ihrem Leben zum Blühen und Fruchten kommen und die man Pollakanthe nennt. Zu ihnen zählen nichtverholzende Stauden, nur am Grunde verholzende Halbsträucher, vollständig verholzende mehrstämmige Sträucher und einstämmige, kronenbildende Bäume. Die anschließende Übersicht weist auf die Symbole hin, mit denen in den Bestimmungsbüchern und in der gärtnerischen Literatur die verschiedene Lebensdauer der Pflanzen gekennzeichnet wird.

⊙	Sommerannuelle	♃	Staude
①	Winterannuelle	♄	Halbstrauch
⊙⊙	Bienne	♄	Strauch
⊚	mehrjährige Hapaxanthe	♄	Baum

Hitze und Kälte

Bestimmte Kenntnisse über die Temperaturansprüche der Pflanzen haben wir wohl fast alle. Denn wer würde schon auf den skurrilen Gedanken kommen, seinen das Wohnzimmer schmückenden Gummibaum im Hausgarten kultivieren zu wollen? Jeder Gartenbesitzer weiß, daß er kälteempfindliche Pflanzen, wie Dahlien, Knollenbegonien oder Gladiolen, im Keller überwintern muß, weil diese Pflanzen aus tropisch-subtropischen Herkunftsgebieten keinen länger anhaltenden Frösten ausgesetzt werden können. Wohl jeder hat auch eine bestimmte Vorstellung von verschiedenen Vegetationszonen auf der Erde, er weiß z. B., daß unsere heimische Birke nicht in den Tropen vorkommt und die Palmen, die hauptsächlich dort beheimatet sind, bei uns nicht im Freien gedeihen.
Diese Beispiele weisen darauf hin, daß die Pflanzen unterschiedliche Ansprüche an die Temperatur stellen. Besonders auffällig ist ihre spezielle Anpassung an extreme Werte, ihre Temperaturresistenz.
Wenn wir zuerst die Resistenz gegenüber tiefen Temperaturen betrachten, so können wir trotz aller Individualität drei verschiedene Gruppen unterscheiden:

1. Pflanzen, die schon bei Temperaturen über 0 °C abgetötet werden, z. B. Arten des tropischen Regenwaldes, wie viele unserer Zimmerpflanzen. Schäden erleiden bei diesen Temperaturen auch einige Kulturpflanzen tropischer Herkunft, wie Tomaten, Tabak, Paprika, Gurken, Kürbis und Bohnen.
2. Pflanzen, die beim Auftreten von Frostgraden geschädigt, d. h. deren wasserhaltige Teile durch Eisbildung in den Geweben abgetötet werden. Man kann diese als Eistod bezeichnete Erscheinung nach der ersten Frostnacht im Herbst im Garten feststellen, wenn Dahlien, Begonien oder Gladiolen oberirdisch absterben oder sich im Frühjahr nach einem plötzlich auftretenden Spätfrost diese Schäden an neu ausgebildeten, wasserreichen Trieben zeigen.
3. Pflanzen, die Frostgrade mit Eisbildung in den Geweben vertragen. Hier gibt es Arten, die eine erstaunliche Frostresistenz aufweisen. So überstehen in Sibirien einige Birken, Weiden, Zitterpappeln und Nadelhölzer Temperaturen bis zu –70 °C. Niedere Pflanzen, z. B. einige Algen und Flechten sowie bestimmte im Ruhestadium befindliche Gehölze, können sogar – wie Experimente gezeigt haben – kurzzeitig Temperaturen von nahezu –200 °C vertragen.

Die Ursachen für die unterschiedliche Käl-

Palmen sind typische Pflanzen der Tropen. Von den Kanarischen Inseln stammt die Kanarische Dattelpalme (*Phoenix canariensis*).

teresistenz sind noch nicht genau bekannt. Bei der ersten Gruppe, den tropischen Pflanzen, scheinen durch die tiefen Temperaturen irreversible Änderungen der Plasmastruktur hervorgerufen zu werden, die zum Zusammenbruch des lebensnotwendigen Stoffwechselgeschehens führen. Den Eistod verursacht entweder die durch Eisbildung in den Geweben erfolgte mechanische Zerstörung der Zellen oder der plötzliche Wasserentzug aus dem Protoplasma, wobei das in den Interzellularen und Zellwänden auskristallisierte Eis den Dampfdruck so erniedrigt, daß der Prozeß einer Austrocknung gleichkommt.

Die Frostresistenz ist sicherlich von verschiedenen Faktoren abhängig. Sie ist auch nicht im Verlauf eines Jahres gleichbleibend, sondern starken Schwankungen ausgesetzt.

Während des Sommers ist sie gering, nimmt im Herbst zu, um dann im Spätwinter wieder abzunehmen. Offensichtlich spielt der Wassergehalt der Zellen eine große Rolle, aber auch an spezielle Schutzstoffe, die die Membransysteme abschirmen, muß gedacht werden.
Gegenüber extrem hohen Temperaturen zeigen die Pflanzen ebenfalls unterschiedliche Resistenz. Die Mehrzahl der Landpflanzen wird bereits bei Temperaturen zwischen 30 und 40 °C geschädigt. Pflanzen sonniger Standorte ertragen kürzere Zeit auch 50 bis 60 °C. Nur in heißen Quellen lebende Bakterien und Blaualgen sind an noch höhere Temperaturen angepaßt (75 bis 90 °C).
Die Ursache für Hitzeschäden sind in erster Linie Stoffwechseldisproportionierungen, die bereits bei 30 °C auftreten. Bei höheren Temperaturen werden die Proteine zerstört. Sie verlieren ihre biologische Wirksamkeit. Welche Schutzfunktionen bei den thermophilen Bakterien und Blaualgen wirksam werden, damit die Eiweiße nicht denaturieren, ist aber noch nicht geklärt.
Neben der Fähigkeit der Pflanzen, bestimmte Extremwerte der Temperatur zu tolerieren, gibt es auch verschiedene Möglichkeiten, die Extremtemperaturen gar nicht zur Wirkung kommen zu lassen. Es sind spezielle Einrichtungen der Pflanzen, um diese Extremwerte abzuschwächen und ihre Auswirkung zu vermeiden. So können z. B. Hitzeeinwirkungen durch starke Reflexion der Strahlung an glatten, glänzenden Oberflächen vermindert werden, z. B. bei der Myrte *(Myrtus communis)*, einer typischen Pflanze der mediterranen Macchien-Vegetation, oder durch Profil- oder Vertikalstellung der Blätter, z. B. bei manchen *Eucalyptus*-Arten (s. S. 78). Auch die Kompaßpflanzen müssen hier erwähnt werden, wie der Kompaßlattich *(Lactuca serriola)*, den wir bei uns an Mauern und Zäunen, meist an sonnigen, trockenen Standorten finden. Er bringt seine Blattflächen durch Drehung des Blattstieles in eine Nord-Süd-Richtung. Damit wird eine starke Erwärmung der Blätter weitgehend vermieden. Ähnlich verhält sich in Südafrika das sukkulente Dickblattgewächs *Crassula falcata*. Man nennt diese Erscheinung auch Thermotropismus.
Weitere Möglichkeiten zur Verhinderung einer starken Erwärmung der lebenden Zellen sind Hüllen aus totem Material, z. B. Borkenbildung bei Gehölzen oder abgestorbene Blätter, die wie eine Folie die direkte Strahlung von den empfindlichen Teilen der Pflanzen fernhalten. Bei vielen Gräsern der Steppen- und Wüstengebiete finden wir diese Erscheinung, die natürlich gleichzeitig ein wirksamer Transpirationsschutz ist, wie überhaupt Temperatur- und Wasserfaktor häufig miteinander verknüpft sind.
Andererseits kann die Transpiration auch ein Schutz gegenüber zu starker Aufheizung der Pflanzenoberfläche sein. Bei relativ großblättrigen Wüstenpflanzen, die häufig Kontakt zum Grundwasser haben, und deshalb stark transpirieren können, hat die Transpiration eine Kühlwirkung, die eine Verminderung der Oberflächentemperatur bis zu 15 °C bewirkt.
Bei Frost ist eine Abschwächung der Wirkung durch Einhüllen der empfindlichen Teile in die Knospenschuppen möglich. Sie werden entweder von Nieder- oder Nebenblättern gebildet und sind durch Korkeinlagerungen und Haarüberzüge effektive Schutzorgane gegen Trockenheit und Kälte. Viele unserer Bäume besitzen auf diesen Knospenschuppen zusätzlich Leim- und Harzdrüsen, die Gummi und Harze abscheiden. Dadurch werden die Zwischenräume der Knospenschuppen noch zusätzlich verklebt und abgedichtet. Im Frühjahr kann man diese klebrigen Schichten z. B. sehr eindrucksvoll bei austreibenden Roßkastanien beobachten.
Bestimmte Wuchsformen, wie der Polsterwuchs oder die Ausbildung dichter Kronen bei Bäumen dienen ebenfalls der Minderung extrem tiefer Temperaturen. Schneebedeckung der empfindlichen Teile während des Winters ist ein weiterer zusätzlicher Schutz vor Kälteeinwirkung. So frieren z. B. unsere Heidelbeersträucher in kalten Wintern an ihren Spitzen, die aus der Schneedecke herausragen, zurück. Da in den Ge-

birgen die Schneedecke durchschnittlich höher ist als im Flachland, sind dort die Heidelbeersträucher wesentlich höher.
Die Anpassungen der Pflanzen an die Winterkälte bedeuten zugleich auch Anpassungen an die Trockenheit des im Winter gefrorenen Bodens, da die Pflanzen während dieser Zeit kein Wasser aufnehmen können. Wenn auch die Transpiration bei den in Winterruhe befindlichen Pflanzen sehr gering ist, sie findet dennoch statt. Bei langandauernder Kälte, vor allem bei sonniger Witterung, werden die Wasserverluste so gravierend, daß Trockenschäden auftreten. Man nennt diese Erscheinung Frosttrocknis. Sie läßt sich besonders gut an halbimmergrünen Pflanzen beobachten, z. B. an den Rosetten vom Roten Fingerhut *(Digitalis purpurea).* Wenn im Februar/März nochmals starker Frost ohne hohe Schneedecke herrscht, und dazu die Sonne scheint, dann werden zuerst die äußeren Blätter braun, bis zuletzt die ganze Rosette vertrocknen kann. Diese zumeist als Erfrieren gedeutete Erscheinung ist in Wirklichkeit ein Vertrocknen. Insofern haben im Schatten stehende Pflanzen größere Chancen, den Winter zu überdauern.
Manche Verbreitungsgrenze einer Pflanzenart läßt sich auf diese Weise erklären. So ist die Ostgrenze des Roten Fingerhuts sicherlich durch die größere Wahrscheinlichkeit der Frosttrocknis im kontinentalen Bereich bedingt. Auch die boreale Nadelwaldzone kann man durch dieses Phänomen interpretieren. Untersuchungen haben gezeigt, daß die immergrünen Nadelhölzer im Winter durch eine geringere Transpiration besser gegen Wasserverluste geschützt sind als die blattlosen, einjährigen Triebe der meisten Laubbäume.
Die enge Verknüpfung zwischen Temperatur- und Wasserfaktor äußert sich auch bei den Lebensformen (s. S. 65), deren Anpassungen sowohl an eine kalte als auch an eine trockene Jahreszeit gedeutet werden können.
Temperatur und Wasser beeinflussen alle Lebensvorgänge, d. h. alle Stoffwechsel-, Entwicklungs-, Wachstums- und Bewegungsprozesse. Die Minimal-, Optimal- und Maximalwerte sind dabei von Art zu Art verschieden. So kann man z. B. feststellen, daß das Temperaturminimum für das Wachstum bei manchen Kulturpflanzen bemerkenswert hoch ist. Der Mais beginnt erst ab 8 °C zu wachsen, die Gurken ab 12 °C, der Tabak ab 13 °C. Generell liegt das Minimum für das Wachstum bei höheren Pflanzen zwischen 5 und 15 °C. Allerdings gibt es auch Ausnahmen. So können alpine Polsterpflanzen noch bei Minusgraden unter der Schneedecke wachsen, und auch bestimmte arktisch-alpine Algen und Flechten haben Minima unter 0 °C.
Die Temperaturoptima liegen bei höheren Pflanzen meist zwischen 25 und 30 °C, die Maxima zwischen 45 und 55 °C. Allerdings können sich die Optima im Verlauf der Entwicklung der Pflanze ändern, d. h. sie sind in der Regel in der Jugend höher als später.
So weiß jeder Gärtner in einem botanischen Garten, daß die Wassertemperaturen von der Aussaat bis zur Bildung der ersten Blätter bei der Riesenseerose *Victoria amazonica* 30 bis 35 °C betragen müssen, später aber auf 25 bis 30 °C gesenkt werden können.
Das Optimum des Wurzelwachstums bei Baumwollpflanzen kurz nach der Keimung beträgt 33 °C, einige Tage später nur noch 27 °C. Auch im Verlauf von Tag und Nacht zeigen sich Unterschiede im Temperaturoptimum. Die meisten Pflanzen sind an den rhythmischen Tag-Nacht-Wechsel angepaßt. So gedeihen Pflanzen aus kontinentalen Gebieten mit starken Temperaturschwankungen zwischen Tag und Nacht am besten, wenn die Temperaturen in der Nacht um 10 bis 15 °C niedriger liegen als am Tag. Für Pflanzen aus ozeanischen Gebieten mit geringen Tag- und Nachtschwankungen sind nur 5 bis 10 °C niedrigere Nachttemperaturen optimal. Die aus äquatorialen Gebieten stammenden Pflanzen, wie Erdnuß und Zuckerrohr, wachsen hingegen bei gleichen Tag- und Nachttemperaturen am besten. Es gibt auch Beispiele, wo Pflanzen höhere Nachttemperaturen für ihr optimales Gedeihen benötigen. So hat das Usambara-

veilchen *(Saintpaulia ionantha)* das beste Wachstum, wenn die Nachttemperaturen etwa 5 °C höher sind als die des Tages. Man bezeichnet diesen Rhythmuswechsel im Temperaturoptimum als Thermoperiodismus.
Auch auf die Entwicklung der Pflanzen hat die Temperatur Einfluß, insbesondere auf die Samenkeimung, den Knospenaustrieb und den Übergang von der vegetativen zur generativen Phase. So wird die Samenkeimung bei manchen Pflanzen erst durch die Einwirkung niederer Temperaturen ermöglicht. Die Samen unserer heimischen Bäume müssen z. B. in Baumschulen vor ihrer Aussaat vorbehandelt werden, d. h. der gequollene Samen wird Temperaturen knapp über dem Gefrierpunkt ausgesetzt. Manche Pflanzen, z. B. Arten der Hochgebirge und arktischer Gebiete benötigen auch Frosttemperaturen, wie verschiedene Enzian-Arten. Man nennt diese Pflanzen Frostkeimer.
Die an den natürlichen Standorten vorkommenden Temperaturverhältnisse haben also einen charakteristischen Einfluß auf die Entwicklung der Pflanzen. Manche tropische Pflanzen benötigen hohe Temperaturen zum Keimen, wie Baumwolle, Hirse und Erdnuß, bei anderen Pflanzen ist der Rhythmuswechsel zwischen Tag und Nacht notwendig, wie bei einigen unserer heimischen Gräser.
Wenn die Ausbildung der Blühphase durch die Einwirkung bestimmter Temperaturen gesteuert wird, nennt man das Vernalisation oder Jarowisation. Diese Erscheinung ist besonders beim Wintergetreide untersucht worden. Sie betrifft generell die Winterannuellen und die Zweijährigen Pflanzen. So können z. B. Kohlpflanzen, Rüben, Sellerie oder Fingerhut nur nach einer Kälteeinwirkung im ersten Winter im zweiten Jahr zur Blüte kommen. Im Gewächshaus oder in gleichmäßig warmen Gebieten würden sie zwar weiterwachsen, aber nie blühen. Auch die perennierenden Stauden aus der gemäßigten Zone müssen in der Regel jedes Jahr neu vernalisiert werden.
Bei einigen tropischen Pflanzen können hingegen höhere Temperaturen ein Stimulans für schnelleres Blühen sein. Bemerkenswert ist das Auftreten von temperaturempfindlichen Phasen in der normalen Entwicklung der Pflanze. So ist z. B. von bestimmten Petunienrassen bekannt, daß ihre Blütenzeichnungen unterschiedlich sind. Die Ausprägung solcher Farbmuster wird hier durch jene Temperaturen bedingt, die während eines kurzen Entwicklungszustandes der Knospen auf die Pflanze einwirken. Auch das scheinbar rätselhafte gleichzeitige Aufblühen der Blütenstände bestimmter Orchideen oder Bambusarten in relativ großen Gebieten ist wohl durch eine kurzzeitige Kälteeinwirkung zu erklären, wodurch die Weiterentwicklung der Knospen synchronisiert wird.

Von der Wüste bis ins Wasser

Wüste und Gewässer – welchen Gegensatz stellen sie für das Pflanzenwachstum dar! Aber an beide und an alle zwischen diesen Extremen liegenden Biotope haben sich pflanzliche Organismen angepaßt.
Im Wasser entstand das Leben, vom Wasser aus besiedelten die Pflanzen das Land, und Wasser ist selbst für ein Leben in der Wüste die unabdingbare Voraussetzung – gleich ob es als Grundwasser in der Tiefe, als morgendlicher Taufall oder als kaum meßbarer Nebelniederschlag auftritt.
Kein Organismus kann ohne Wasser auskommen, denn Wasser ist der Hauptbestandteil jeder lebenden Zelle. Allein das Protoplasma der Pflanzenzelle enthält zwischen 60 und 98 % Wasser, und sogar die Chloroplasten und Mitochondrien bestehen zu etwa 50 % aus Wasser. Es dient den Pflanzen unter anderem als Lösungs- und Transportmittel ihrer Nährstoffe, und aus ihm stammt der für die Photosynthese benötigte Wasserstoff.
Der gesamte Wasserhaushalt der Pflanzen setzt sich aus einer Vielfalt ineinandergrei-

Wassergehalt pflanzlicher Organe (nach Flindt) (Angaben in % des Frischegewichts)

Pflanzenart und Organ	Wassergehalt in %
Wurzeln	
Gerste *(Hordeum vulgare)*	93,0
Möhre *(Daucus carota)*	88,2
Sonnenblume *(Helianthus annuus)*	71,0
Sprosse	
Pinus echinata (Holz)	50–60
Sonnenblume *(Helianthus annuus)*	87,5
Spargel *(Asparagus officinalis)*	88,3
Blätter	
Kohl *(Brassica oleracea)*	86,0
Mais *(Zea mays)*	77,0
Salat *(Lactuca sativa)*	94,8
Sonnenblume *(Helianthus annuus)*	81,0
Früchte	
Apfel *(Malus domesticus)*	84,0
Erdbeere *(Fragaria vesca)*	89,1
Tomate *(Lycopersicon esculentum)*	94,1
Gerste *(Hordeum vulgare)*	10,2
Samen	
Erdnuß *(Arachis hypogaea)*	*5,2*

fender physiologischer Prozesse zusammen, deren Hauptkomponenten die Wasseraufnahme, der Wassertransport, die Wasserspeicherung und die Wasserabgabe sind.
Wir wollen uns hier nur damit beschäftigen, woher die Pflanzen das für sie notwendige Wasser bekommen, wie sie es aufnehmen und mit dem kostbaren Naß haushalten.
Das Wasserangebot für die Pflanzen ergibt sich einerseits aus den Regenniederschlägen, dem Schmelzwasser von Schnee und Eis, dem Taufall und dem Kondensationswasser der Nebelfeuchte, andererseits aus dem im Boden vorhandenen Grundwasser sowie den Oberflächengewässern, die sowohl aus Süß- als auch aus Salzwasser bestehen können. Schließlich sind die Ozeane der Ausgangsort pflanzlichen Lebens gewesen.
Die direkt im Wasser lebenden Pflanzen nehmen es mit ihrer gesamten Oberfläche auf. Das trifft auch noch auf einige Landpflanzen zu. So sind z. B. die Moose und sogar einige Farne, wie die an dauerfeuchten Standorten wachsenden Hautfarne (Familie Hymenophyllaceae), deren Blätter nur aus einer Zellschicht bestehen, in der Lage, Regenwasser, aber auch Tau- und Nebelfeuchtigkeit über die Blattfläche aufzunehmen.
Die Mehrzahl der auf dem Lande lebenden Kormophyten bildete hingegen wegen dem Wasserdampfgefälle zwischen Pflanzenoberfläche und umgebender Luft eine Schutzschicht zur Einschränkung der Transpiration aus. Die Wasseraufnahme erfolgte nun über eigens dafür entwickelte Organe: die Wurzeln. Ihre Endverzweigungen im Boden, die Wurzelspitzen, bilden kurzlebige, zarte Wurzelhaare, die eine bedeutende Oberfläche darstellen, mit der das Wasser und die darin gelösten Nährstoffe aufgenommen werden können. Je umfangreicher das Wurzelsystem einer Pflanze ist, desto größer ist die Wasser- und Nährstoffaufnahme. Welche Ausmaße das Wurzelsystem annehmen kann, soll ein Beispiel zeigen: So haben Berechnungen ergeben, daß eine 4 Monate alte Roggenpflanze ein solches von etwa 10 000 km Länge mit einer Oberfläche von 1000 m^2 besitzt. Zwei fast unglaubliche Zahlen!
Bei vielen unserer Waldbäume, die in Symbiose mit Pilzen leben, treten an die Stelle der Wurzelhaare Pilzhyphen, die die Wurzeln umgeben und die Wasser- und Nährstoffversorgung gewährleisten.
Besondere Einrichtungen zur Wasseraufnahme haben auch diejenigen Pflanzen, die

Die sogenannten »Wurzellosen« oder Grauen Tillandsien, hier *Tillandsia latifolia,* liegen dem Wüstenboden auf, ohne sich mit Wurzeln zu verankern. Sie ernähren sich nur über ihre Schuppenhaare vom Tau- und Nebelniederschlag.

aus verschiedenen Gründen mit ihren Wurzeln nicht in Bodenkontakt stehen, wie das bei den Aufsitzerpflanzen, den Epiphyten (s. S. 101 ff.) der Fall ist. Die Luftwurzeln, die diese Pflanzen, vor allem tropische Orchideen und Aronstabgewächse (Araceae), ausbilden, haben eine schwammähnliche Außenschicht, das sogenannte Velamen, die es ihnen erlaubt, die Niederschläge kapillar aufzunehmen. Bei epiphytischen Bromeliengewächsen (Bromeliaceae) ist die Wasseraufnahme durch charakteristisch gebaute Schuppenhaare auf der Blattfläche möglich. Die in der peruanisch-chilenischen Küstenwüste vorkommenden »wurzellosen« Tillandsien leben nur von der im Winter dort herrschenden Nebelfeuchte, die sich an den Pflanzen kondensiert und über diese Schuppenhaare aufgenommen wird. Einige Tillandsien sind wahre Lebenskünstler, wie z. B. das Louisiana-Moos *(Tillandsia usneoides),* das nicht nur auf Bäumen, sondern in den feuchten Tropen sogar auf den Leitungsdrähten von Strom und Telefon üppig gedeihen kann.

Bei den in den tropischen Regenwäldern häufigen Moosfarnen (*Selaginella* div. spec.) ist eine sich in den Blattachseln befindende Schuppe, die als Ligula bezeichnet wird, als wasseraufnehmendes Organ tätig. Ähnliche Ausbildungen dienten bei den ausgestorbenen Schuppenbäumen (*Lepidodendron* spec.) der Steinkohlenzeit der Wasseraufnahme, wie dies die unter ihnen in den Stamm führenden Leitbündel nachweisen. Die verwandten, noch rezenten Brachsenkräuter (*Isoëtes* spec.), die in Klarwasserseen und Sümpfen vorkommen, in Deutschland aber fast ausgestorben sind, besitzen diese Ligula ebenfalls.

Deutliche Hinweise für eine Wasserauf-

Wie lange Nadeln ragen die Dornen einer in den trockenen Hochanden bei 4000 m Höhe wachsenden *Opuntia*-Art seitwärts. Sie dienen als Kondensationsorte für Tau- und Nebelfeuchtigkeit.

nahme über die Oberfläche der Pflanzen geben auch manche Arten in Trockengebieten, in denen häufig Tau- oder Nebelfeuchtigkeit herrscht. So sind die Absorptionshaare, an denen sich die Nebelfeuchte kondensiert, an der Basis oft mit einem Kranz von Zellen umgeben, die dünne Zellwände ohne Cuticula besitzen. Das ist fast immer ein Zeichen für eine Wasseraufnahme über das Blatt. Bei verschiedenen Kakteen wurde die Wasseraufnahme über die tausammelnden Dornen und Haare der Areolen festgestellt. Trotzdem braucht die Ausbildung derartiger taufangender Organe nicht in jedem Fall mit der Wasseraufnahme über Sproß- oder Blattoberfläche gekoppelt zu sein. Das gesammelte, abtropfende Wasser kann auch die Bodenoberfläche unmittelbar um die Pflanze befeuchten und dann von den Wurzeln aufgenommen werden (s. Abb.).

Eine Wasseraufnahme über die Spaltöffnungen der Blätter ist dagegen nicht möglich, denn die durch verschiedene Prozesse regulierbaren Spaltöffnungen dienen in erster Linie dem Gasaustausch der Pflanzen für Assimilation und Atmung. Auch die Wasserabgabe in Dampfform, die Transpiration, die für die Regulation des Wasserhaushaltes der Landpflanzen eine wichtige Rolle spielt, erfolgt bei den meisten Pflanzen vor allem über die Spaltöffnungen (stomatäre Transpiration). Sie kann in gewissem Umfang durch das Öffnen und Schließen der Spaltöffnungen gesteuert werden, aber für die Anpassung der Pflanzen an extreme Standorte genügt diese Transpirationssteuerung nicht. Eine Transpiration über die gesamte Oberfläche (kutikuläre Transpiration) ist besonders bei den an schattigen, feuchten Standorten wachsenden Pflanzen mit einer dünnen Epidermis bedeutungsvoll. Hier erreicht die kutikuläre Transpiration mehr als

Größe der jährlichen Verdunstung einiger Pflanzen (Durchschnittswerte)	Pflanze	Verdunstung pro Jahr
	1 Maispflanze	100–180 Liter
	1 Hektar Getreide	1,5–2,5 Millionen Liter
	1 Hektar Buchenwald	3,6 Millionen Liter
	1 Hektar Fichtenwald	3,2–3,9 Millionen Liter
	1 Hektar Kiefernwald	1,6–2,7 Millionen Liter

30 % der Gesamttranspiration, z. B. bei dem heimischen Großblütigen Springkraut *(Impatiens noli-tangere)* bis 32 %. Bei den meisten an sonnigen Standorten wachsenden Pflanzen betragen diese Werte hingegen kaum 10 % der Gesamttranspiration, bei den Nadelhölzern sogar nur 2 bis 3 %.
Grundsätzlich kann man die terrestrisch lebenden pflanzlichen Organismen hinsichtlich ihres Wasserhaushaltes in zwei Gruppen gliedern:

1. die wechselfeuchten (poikilohydren) Pflanzen und
2. die eigenfeuchten (homoiohydren) Pflanzen.

Die wechselfeuchten Pflanzen, zu denen vor allem zum Landleben übergegangene niedere Pflanzen, wie Algen und Moose sowie außerdem einige Farne und wenige Samenpflanzen gehören, gleichen die Wassersättigung ihrer Vegetationskörper der Luftfeuchtigkeit der Umgebung an. Wenn genügend Feuchtigkeit vorhanden ist, leben sie aktiv, wenn es trocken ist, verfallen sie in den Zustand latenten Lebens und schrumpfen.
Sie nehmen die Feuchtigkeit der Umgebung mit ihrer gesamten Oberfläche auf, haben aber keinen Transpirationsschutz und geben somit das Wasser auch mit der ganzen Oberfläche wieder ab. In ihren Zellen befindet sich keine Zentralvakuole, in der Wasser gespeichert werden könnte, da beim Austrocknen der Protoplast dann durch zu große Volumenänderung der Zelle stark mechanisch beansprucht würde. Der gesamte Protoplast ist also austrocknungsfähig (er besitzt eine echte Trockentoleranz) und verträgt das Absinken des Wassergehalts bis unter 5 % des normalen. Poikilohydre Pflanzen können in allen Klimabereichen der Erde vorkommen. Naturgemäß bevorzugen sie Gebiete mit hoher Luftfeuchtigkeit, wie z. B. tropische Regenwälder aller Ausprägungen.
Zu den eigenfeuchten, den homoiohydren Pflanzen, die ebenfalls in allen Klimabereichen und an allen Standorten anzutreffen sind, gehören bis auf wenige Ausnahmen alle Farn- und Samenpflanzen. Sie sind weitgehend unabhängig von den Schwankungen der Luftfeuchtigkeit ihrer Umgebung. Trockenheit, in bestimmten Grenzen, wird im aktiven Zustand überdauert. Der Protoplast ihrer vegetativen Organe hat die Fähigkeit zur Austrocknung verloren. In den Zellen der vegetativen Teile gibt es große Vakuolen für die Wasserspeicherung. Vor allem aber wurden in erstaunlicher Vielfalt morphologische Besonderheiten als Anpassungen an Standorte mit zeitweisem oder ständigem Wassermangel entwickelt.
Wo auch immer das Wasser für das Pflanzenwachstum einen Minimumfaktor darstellt – nie wird man nur einen einzigen Typ der Anpassung antreffen. Trotzdem können vier grundsätzlich verschiedene Reaktionsweisen der Pflanzen auf Wassermangel festgestellt werden. Das sind erstens Maßnahmen zur Einschränkung der Transpiration und Evaporation, zweitens zur Speicherung des Wassers in der Pflanze, drittens zu einer erhöhten Wirksamkeit des Wasseraufnahmesystems und viertens zur Überdauerung von Trockenperioden im Zustand von speziell geschützten Ruhestadien (Samen, unterirdische Speicherorgane).
Die erste Reaktion der Pflanzen auf Wassermangel kann beobachtet werden, wenn man von einem immerfeuchten tropischen Regenwald in eine allmählich trockener werdende Region kommt. Sie zeigen sich zuerst am saisonal bedingten Laubfall einiger

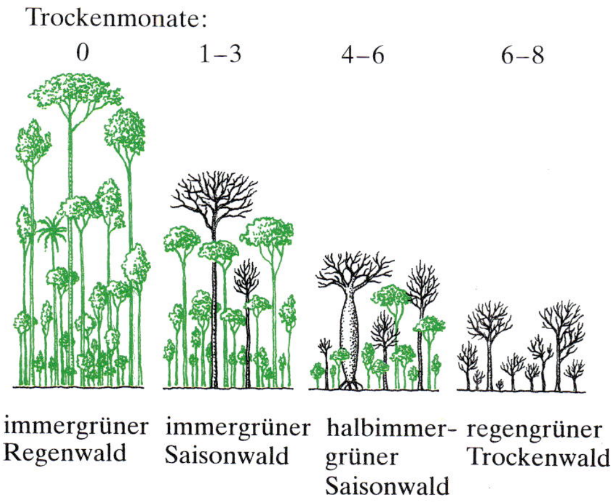

Schematische Darstellung der Waldtypen in den Tropen bei zunehmender Länge der Trockenzeiten und abnehmender Niederschläge (von links nach rechts)

Bäume der oberen Baumschicht. Der Laubfall setzt sich dann in den unteren Schichten fort, und in Abstufungen führt die Serie der unterschiedlichen Waldformationen schließlich zu einem regengrünen Trockenwald. Die Verkleinerung der Oberfläche durch den Blattfall und die Überführung in eine inaktive Phase während der Trockenzeit ist eine wirksame Entgegnung der Pflanzen auf mehr oder weniger regelmäßige Trockenperioden. Die Reaktion der Pflanzen auf Trockenzeiten, die nicht saisonal bedingt sind, ist dagegen differenzierter. In diesen Fällen tritt ein ganzer Komlex von Reaktionen der Pflanzen auf, der als Xeromorphie-Syndrom bezeichnet wird. Die Pflanzen, die an solchen Standorten vorkommen, nennt man Xerophyten. Ihnen sind folgende Eigenschaften gemeinsam:

1. Kleine, immergrüne, lederartig harte Blätter (Verkleinerung der Oberfläche!)
2. Verstärkte Ausbildung des Festigungsgewebes (Kompensation des Wasserverlustes, der sonst eine Erschlaffung der Blätter und der Sproßachse verursachen würde!)
3. Verstärkung der Epidermisaußenwände und der Cuticula sowie Ausbildung von Wachs-, Harz- und Kalküberzügen (Einschränkung der Transpiration!)
4. Schwächere Entwicklung des Schwammparenchyms und der Interzellularen, dafür stärkere Ausbildung des Palisadenparenchyms, Auftreten äquifazialer, auf beiden Seiten gleicher Blätter.
5. Einsenkung der Spaltöffnungen (Schaffung eines windstillen Raumes unmittelbar über den Spaltöffnungen).

Durch Reduktion der Blattspreite wird nicht nur die Transpiration herabgesetzt, sondern auch die Assimilation eingeschränkt. Eine gewisse Kompensation tritt allerdings durch eine erhöhte Zahl von Spaltöffnungen pro Flächeneinheit bei den Xerophyten ein. Bei

Anpassungen an trockene Standorte bei dem mexikanischen Agavengewächs *Dasylirion* (1) und dem australischen Myrtengewächs *Callistemon* (2). Blattquerschnitt 1 mit dicker Kutikula, eingesenkten Atemhöhlen (A) und Schließzellen (S) oben, 2 mit gleichartig gestalteter Ober- und Unterseite (äquifaziales Blatt), dicker Kutikula, eingesenkten Spaltöffnungen (Sp) und jeweils nur einer Schicht von Palisadenparenchym (P). (nach Guttenberg)

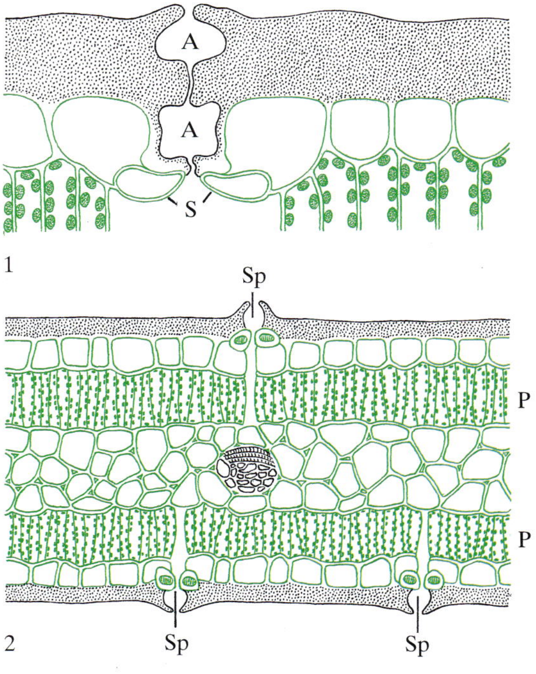

einigen Wüstenpflanzen kommt es aber auch zur Ausbildung von Assimilationsparenchym in den Sprossen, so daß diese grün aussehen. Auch der im Mittelmeergebiet vorkommende Rutenginster *(Spartium junceum)* und unser heimischer Besenginster *(Sarothamnus scoparius)* zeigen diese Erscheinung. Die Sprosse können auch abgeflacht sein oder sogar blattähnliche Ausbildung haben, die dann als Phyllocladien bezeichnet werden. Der Bandbusch *(Homalocladium platycladium)* und der Mäusedorn *(Ruscus aculeatus)* sind dafür bekannte Beispiele (s. Abb. S. 79).

Bei anderen Arten – so vor allem bei den in den australischen Trockengebieten vorkommenden Akazien – wird die fein gefiederte Blattspreite nur im Jugendstadium ausgebildet. An ihre Stelle tritt später der bandartig verbreiterte Blattstiel, der als Phyllodium bezeichnet wird. Er kann zusätzlich – wie die sichelförmigen Altersblätter mancher Eukalyptusbäume – senkrecht nach unten hängen. Die Profilstellung verhindert eine höhere Erwärmung der Blätter, und damit wird die Verdunstung herabgesetzt.

Diese Erscheinungsform ist in den australischen Eukalyptuswäldern so auffällig, daß man sie als »schattenlose« Wälder bezeichnet. Da sehr günstige Lichtverhältnisse herrschen, verändert sich auch die Bodenschicht entsprechend (s. Abb. S. 278). So kann man sie physiognomisch nicht mit den Trockenwäldern anderer Regionen vergleichen.

Die oben genannten Anpassungen gelten grundsätzlich für diejenigen Xerophyten, deren Blätter glatt und hart sind. Sie werden auch als Sklerophylle bezeichnet. Daneben gibt es Xerophyten, die relativ weichblättrig sind und dichte Überzüge aus toten Haaren besitzen. Damit schaffen sie wasserdampfgesättigte Zwischenschichten zwischen der Außenluft und der unmittelbaren Pflanzenoberfläche und setzen auf diese Weise die Verdunstung herab. Man nennt diese Pflanzen Malakophylle. Obwohl es Übergänge zwischen Sklerophyllen und Malakophyllen gibt, zeigt die Konzentration beider Gruppen auf bestimmte Verwandschaftskreise, daß das genetische Potential für die Reaktionsnorm auf die Standortfaktoren verantwortlich ist. Sklerophylle sind z. B. häufig bei Nadelhölzern, Schmetterlingsblütengewächsen, Heidekrautgewächsen und Ölbaumgewächsen, Malakophylle kommen u. a. bei Borretschgewächsen, Lippenblütlern, Rachenblütlern und Korbblütlern vor.

Andererseits ist es immer wieder erstaunlich, welche Konvergenzen bei der Reaktion der Pflanzen auf bestimmte Umwelteinflüsse in den verschiedensten Verwandtschaftskreisen auftreten. So besitzen Vertreter der mit den heimischen Ehrenpreis-*(Veronica-)*Arten verwandten australischen Gattung *Hebe* und den bei uns als Ziersträucher bekannten Tamarisken den Zypressengewächsen vergleichbare Blattschuppen, und die Blätter des australischen Proteusgewächses *Hakea acicularis* haben eine täuschende Ähnlichkeit mit den Nadeln unserer Kiefern.

Die Transpiration kann auch durch Umhüllung mit abgestorbenen Pflanzenteilen herabgesetzt werden, wie besonders bei Savannen- und Steppengräsern. Ihre empfindlichen Vegetationspunkte, die sich an der Basis der Pflanzen befinden, werden von den sie umgebenden trockenen Blattscheiden vor völliger Austrocknung bewahrt. Ähnliche Funktionen erfüllen die abgestorbenen Hüllschichten von Zwiebel- und Knollenpflanzen und die Korkhüllen bei Gehölzen. Die Elefantenfußpflanze *(Testudinaria elephantipes)* aus Südafrika zeigt z. B. besonders anschaulich Korkplatten auf der aus dem Boden herausragenden Oberseite ihrer Sproßknolle.

Als eine zweite Möglichkeit der Anpassung der Pflanzenwelt an Wassermangel wollen wir uns die Wasserspeicherung in besonderen Geweben näher ansehen. Wegen ihres fleischigen Aussehens werden solche Pflanzen als Sukkulenten (lat. succulentus = saftreich) bezeichnet. Die Erscheinung der Wasserspeicherung nennt man Sukkulenz. Neben der Wasserspeicherung können die Sukkulenten auch die Wasserabgabe durch die Reduktion der Blätter und die Verkleinerung ihrer Oberfläche verringern. Bei den

Der Mäusedorn *(Ruscus aculeatus)* bildet blattähnliche Phyllocladien aus. Die den vermeintlichen »Blättern« aufsitzenden Blüten und roten Beerenfrüchte weisen auf deren Sproßnatur hin.

Kandelaberkaktus *(Browningia candelaris)* in den südperuanischen Anden.
Man beachte die dornige Bewehrung als Schutz gegen Tierfraß im unteren Bereich.

Kugelkakteen erreicht die Oberfläche eine Idealform, die kleinstmögliche relative Transpirationsfläche.
Das bekannteste und eindrucksvollste Beispiel sukkulenter Pflanzen sind die Kakteen, deren Evolution von beblätterten, strauchigen Formen zu den hochsukkulenten Säulen- und Kugelkakteen noch gut verfolgt werden kann (s. Abb. S. 80). Jeder Kakteenliebhaber kennt die ungeheure Formenvielfalt dieser Familie mit etwa 3000 Arten, die ursprünglich fast ausschließlich in Amerika vorkommen. In den Trockengebieten der Alten Welt gibt es ökologische Entsprechungen aus anderen Verwandtschaftskreisen. Auch dort wachsen Stammsukkulenten wie die Kakteen, deren Herkunft aus blättertragenden Formen ebenfalls zu erkennen ist. In Afrika kommen vor allem säulenförmige Wolfsmilch-*(Euphorbia-)*Arten (s. Abb. S. 80 unten), aber auch Vertreter der Seidenpflanzengewächse (Asclepiadaceae) aus der Aasblumen-*(Stapelia-)*Verwandtschaft, der Korbblütengewächse (Asteraceae) mit sukkulenten Greiskraut-*(Senecio-)*Arten und der Weingewächse (Vitaceae) mit der Gattung *Cyphostemma* vor.
Die Kugelform, die bei vielen Kakteen auftritt und besonders eindrucksvoll beim See-

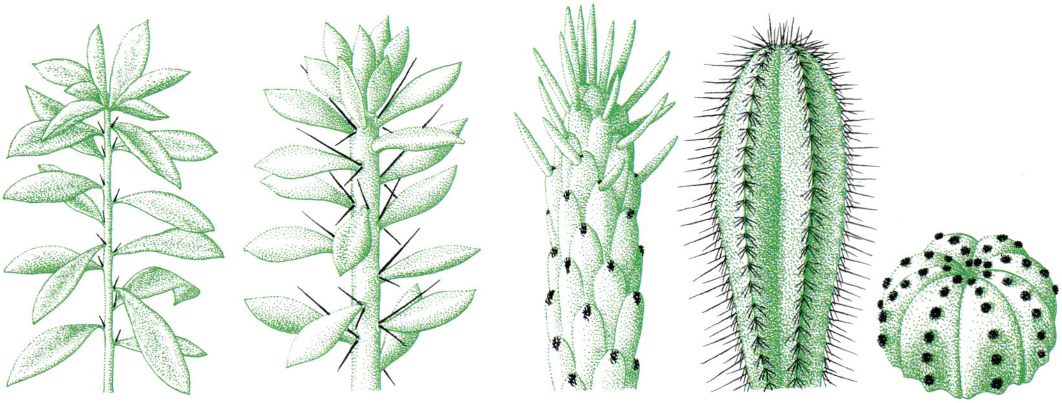

1 2 3 4 5

Kakteen-Formenreihe, die Entwicklung von breitblättrigen Sträuchern zu blattlosen Säulen- und Kugelformen darstellend. 1 *Rhodocactus grandiflorus,* 2 *Quiabentia zehntneri,* 3 *Opuntia subulata,* 4 *Isolatocereus dumortieri,* 5 *Astrophytum asterias.*

igelkaktus *(Astrophytum asterias)* zu sehen ist, hat gleichfalls Parallelen in anderen Pflanzenfamilien. Die südafrikanischen Wolfsmilcharten *Euphorbia obesa* und *Euphorbia meloformis* sowie einige Arten der Asclepiadaceen-Gattung *Trichocaulon* zeigen ebenfalls diese ideale Kugelgestalt.

Die gut bekannte Wuchsform der meisten Opuntien, die senkrecht gestellten Kladodien, d.h. die der Photosynthese dienenden verbreiterten Sproßachsen, sind auch eine Anpassung zur Senkung der Transpiration. Sie finden eine Entsprechung bei sukkulenten Wolfsmilcharten. Die auf Madagaskar beheimatete *Euphorbia xylophylloides* zeigt die gleiche Erscheinung.

Es ist erstaunlich, welche Parallelen die verschiedensten Familien des Pflanzensystems bei der Anpassung an Wassermangel ausgebildet haben. In den Trockenwäldern, Trockengebüschen und Savannen Afrikas, Südamerikas und Australiens finden wir häufig kolossale Bäume, die einen tonnen- oder flaschenförmigen Stamm besitzen. Diese danach benannten Flaschenbäume vollbringen gewaltige Leistungen der Wasserspeicherung. Bei einem afrikanischen Affenbrotbaum *(Adansonia digitata)* von 20 m Höhe und einem Stammdurchmesser von gleichfalls 20 m, errechnete man 120000 Liter, die dieser in seinem sukkulenten Stamm ansammeln kann. Die relativ kleinen Kronen dieser Bäume sind meist mit großen,

Den Kakteen täuschend ähnlich können bestimmte sukkulente Wolfsmilch-Arten sein, wie die südafrikanische *Euphorbia multiceps.*

Der Affenbrotbaum oder Baobab *(Adansonia digitata)* speichert gewaltige Wassermengen in seinem sukkulenten Stamm.

weichen Blättern versehen, die in der Trockenzeit abfallen. Bemerkenswert ist die große Zahl an Flaschenbäumen in den Familien der Wollbaumgewächse (Bombacaceae), zu denen der Affenbrotbaum gehört, und der Kakaobaumgewächse (Sterculiaceae). Auch Palmen, wie die in Kuba beheimatete *Colpothrinax wrightii,* können bauchige Stämme mit Wasserspeicherung besitzen. Flaschenartig aufgetrieben sind auch die im Volksmund als Madagaskar-Palmen bezeichneten Arten der Gattung *Pachypodium* aus der Familie der Hundsgiftgewächse (Apocynaceae), die in Südafrika und auf Madagaskar vorkommen. Sie tragen an der Spitze des wenige Meter hohen Stammes während der Regenzeit einen Schopf von nichtsukkulenten Blättern.

Ähnliche flaschen- oder knollenförmige

Familie	Agaven-gewächse	Kürbis-gewächse	Weingewächse	Passions-blumen-gewächse	Hundsgift-gewächse	Maulbeer-gewächse
Beispiel	*Beaucarnea recurvata*	*Kedrostis africana*	*Cissus juttae*	*Adenia globosa*	*Adenium obesum*	*Dorstenia foetida*
Habitus						
Heimat	Mexiko	Südafrika	Südwestafrika	Ostafrika	Ostafrika	Südarabien

Klotz- und Felsblocksukkulenten

Verdickungen am Fuße des Stammes zeigen auch einige vorwiegend auf Felsen oder Geröllflächen vorkommende wasserspeichernde Pflanzen, die als Klotz- oder Felsblocksukkulenten bezeichnet werden. Sie bevorzugen besonders steinige Wüstengebiete Süd- und Ostafrikas sowie Mexikos. Es sind Sippen verschiedener und nicht miteinander verwandter Familien, die ganz ähnliche Wuchsformen entwickelt haben.

In den tropischen und subtropischen Regionen der Erde gibt es auch eine Fülle von Blattsukkulenten aus den verschiedensten Verwandtschaftskreisen. Besonders zahlreich sind sie in den Wüsten- und Halbwüstengebieten Südafrikas. Viele von ihnen werden gern von Liebhabern kultiviert, so z. B. *Aloë*- und *Agave*-Arten, die fälschlich als »Affenbrotbaum« bezeichnete *Crassula ovata* und verschiedene Mittagsblumengewächse (Aizoaceae).

Bei den Blattsukkulenten gibt es ebenfalls eine Anzahl homologer Konvergenzen. Die dicht beblätterte Säulenform ist z. B. bei *Crassula arta* oder *C. pyramidalis* aus der Familie der Dickblattgewächse (Crassulaceae) und *Haworthia viscosa* aus der Familie der Liliengewächse (Liliaceae) gleichartig entwickelt. Kugelförmige Vegetationskörper können bei den Blattsukkulenten aus mehreren Blättern bestehen, z. B. bei *Crassula columnaris* oder *C. hemisphaerica*. Die »Lebenden Steine« aus der Familie der Mittagsblumengewächse sind nur aus einem verwachsenen Blattpaar zusammengesetzt, z. B. bei den Gattungen *Lithops* und *Conophytum*. Schließlich können auch einzelne Blätter eine kugelig-tropfenartige Gestalt haben, so z. B. bei verschiedenen Korbblütengewächsen *(Othonna clavifolia, Senecio herreianus, Senecio rowleyanus)*, Dickblattgewächsen *(Adromischus rotundifolius)* und Brennesselgewächsen *(Pilea serpyllacea)*. Zum Teil werden die Blätter auch bei den Sukkulenten senkrecht gestellt. Dabei sind sie entweder vertikal abgeflacht, wie bei *Peperomia dolabriformis* und *Senecio crassissimus*, oder die Blattstiele werden gedreht, wie bei der madagassischen *Alluaudia procera*.

Eine Meisterleistung des Schutzes vor Austrocknung vollbringen die sich in die Erde zurückziehenden südafrikanischen Fensterpflanzen. Dieses Phänomen findet sich in zwei völlig verschiedenen Verwandtschaftskreisen: bei einigen Gattungen der Mittagsblumengewächse *(Lithops, Fenestraria, Ophthalmophyllum, Conophytum)* und bei den Liliengewächsen *(Haworthia)*. Es »schauen« nur die flächig verbreiterten, chlorophyllosen Blattenden, die »Fenster«

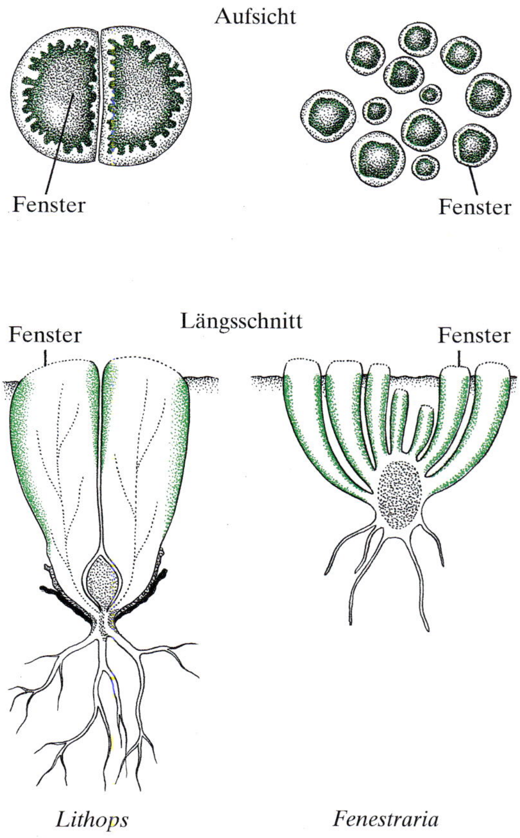

Fensterpflanzen

aus der Bodenoberfläche heraus. Durch diese Fenster gelangt das abgeschwächte Licht in die tieferen, das Assimilationsparenchym enthaltenden Bereiche der Pflanze, wo die Photosynthese abläuft (s. Abb.).

Über die dritte Reaktion der Pflanze auf trockene Standorte, die Erhöhung der Wirksamkeit des Wasseraufnahmesystems durch Wasseraufnahme über spezielle Einrichtungen der Pflanzenoberfläche, wurde schon auf Seite 74 hingewiesen. Aber die dort genannten Beispiele sind Ausnahmen. Der Normalfall bei den höheren Pflanzen ist die Wasseraufnahme über die Wurzeln. Deshalb besitzen die Pflanzen in den verschiedensten Trockengebieten auch charakteristische Anpassungen des Wurzelsystems.
Man kann vier Typen von Wurzelsystemen in Trockengebieten unterscheiden:

1. das Wurzelsystem der Annuellen, das sich meist an die kurzzeitig wasserführenden Bodenschichten anpaßt,
2. das Wurzelsystem der Gräser, das den Boden unterhalb des Wurzelhalses kegelförmig intensiv durchwurzelt (Abb. C, S. 84),
3. das Wurzelsystem der Stauden und Holzpflanzen, das einen großen Raum durchzieht und zum Teil durch die Ausbildung einer langen Pfahlwurzel das Grundwasser erreicht (Abb. B, S. 84),
4. das Wurzelsystem der Sukkulenten, das unmittelbar unter der Oberfläche einen großen Raum durchwächst und nach Niederschlägen neue Saugwurzeln entwickelt (Abb. S. 84 unten).

Den Bodenverhältnissen entsprechend ist auch die Verteilung der einzelnen Pflanzengruppen. Während die Gräser auf feinerdereichen Standorten dominieren, kommen Stauden und Gehölze besonders auf Block-

Wurzeltiefe von Pflanzen
(nach Flindt)

Art	Meter
Löwenzahn *(Taraxacum officinale)*	0,30
Schwarze Nieswurz *(Helleborus niger)*	0,35
Ackerwinde *(Convolvulus arvensis)*	1,00
Silberdistel *(Carlina acaulis)*	1,00
Weizen *(Triticum aestivum)*	1,90
Roggen *(Secale cereale)*	2,00
Saaterbse *(Pisum sativum)*	2,10
Gerste *(Hordeum vulgare)*	2,60
Hafer *(Avena sativa)*	2,60
verschiedene Waldbäume	5–10
Weinstock *(Vitis vinifera)*	12–16
verschiedene Wüstenpflanzen	10–20

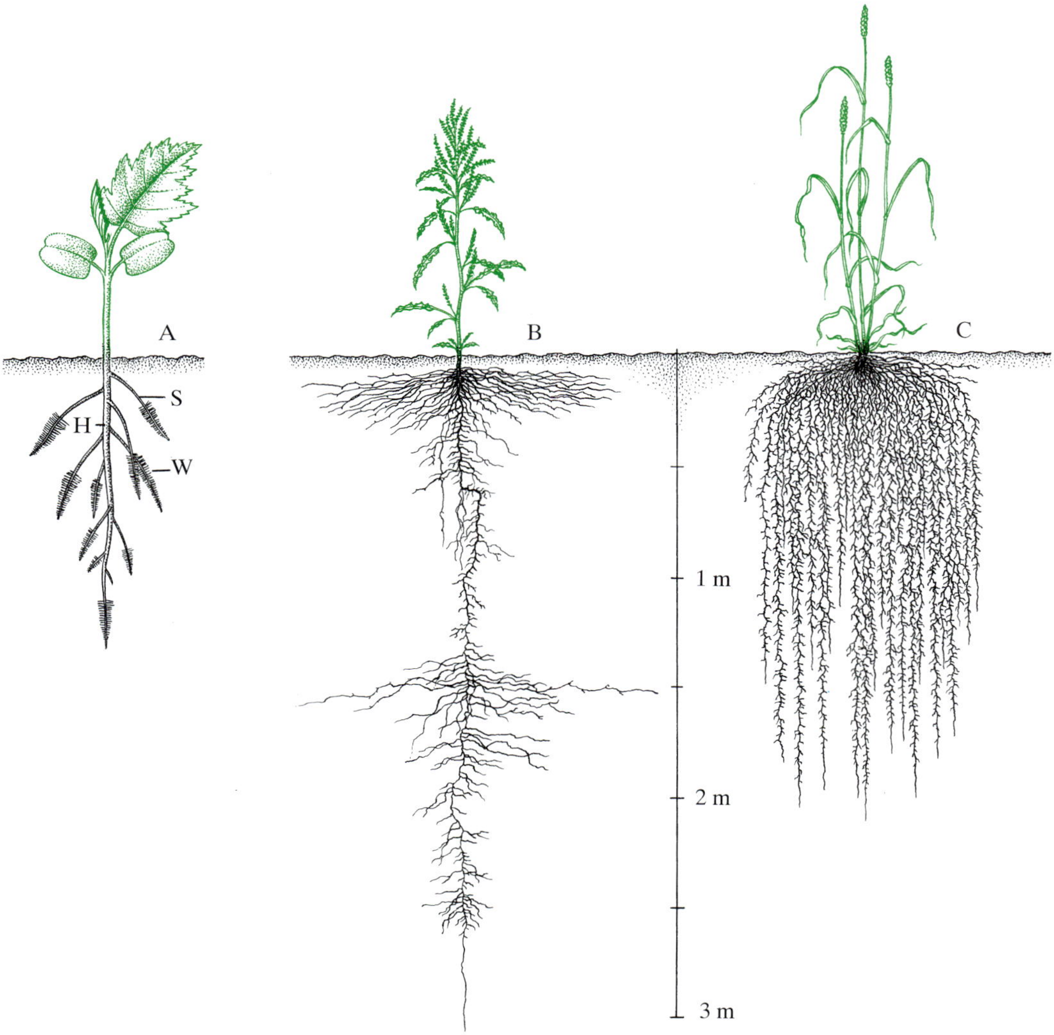

Wurzelsysteme bei Samenpflanzen
A Keimpflanze der Hainbuche (H Hauptwurzel, S Seitenwurzel, W Wurzelhaare), B allorhizes Wurzelsystem einer Zweikeimblättrigen Pflanze (Krauser Ampfer) mit starker Seitenverzweigung in zwei Horizonten, C homorhizes Wurzelsystem einer Einkeimblättrigen Pflanze (Saatweizen)

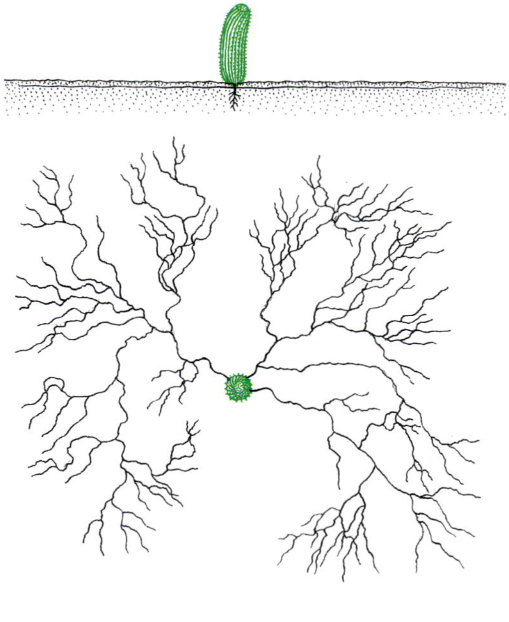

Wurzelsystem eines Kaktus *(Ferocactus wislizenii)* (nach Cannon aus Walter, verändert)

halden, zerklüfteten Felsen und steinigen Böden zur Vorherrschaft. Sukkulente sind hingegen auf flachgründigen Gesteinsböden häufig anzutreffen. Annuelle erscheinen nach Niederschlägen überall, verschwinden aber schnell wieder, wenn der Boden oberflächlich austrocknet.

Wasserverbrauch einiger Pflanzen für die Bildung von 1 kg Trockenmasse (Transpirationskoeffizient) (nach Flindt)

Art	Liter
Kiefer *(Pinus sylvestris)*	160
Fichte *(Picea abies)*	300
Mais *(Zea mays)*	300–400
Kartoffel *(Solanum tuberosum)*	300–600
Rotbuche *(Fagus sylvatica)*	400
Zuckerrübe *(Beta vulgaris)*	400–440
Hafer *(Avena sativa)*	400–600
Roggen *(Secale cereale)*	400–700
Weizen *(Triticum aestivum)*	450–600
Gerste *(Hordeum vulgare)*	530
Sonnenblume *(Helianthus annuus)*	570
Rotklee *(Trifolium pratense)*	700–800
Lein *(Linum usitatissimum)*	780
Luzerne *(Medicago sativa)*	900
Ackersenf *(Sinapis arvensis)*	910

Damit deutet sich die vierte Möglichkeit der Anpassung von Pflanzen in Trockengebieten an: die Trockenheit im völlig passiven Zustand zu überdauern. Das kann in Form von Samen und Früchten der Fall sein, wie bei den Therophyten, oder durch unterirdische Speicherorgane, wie bei den Geophyten. Beide, sowohl Samen und Früchte als auch Knollen, Zwiebeln oder Rhizome, sind oft zusätzlich durch bestimmte Umhüllungsschichten geschützt, so daß sie längerwährende Trockenzeiten überdauern. In der peruanisch-chilenischen Küstenwüste kann z. B. die nebelbedingte Loma-Vegetation manchmal in mehreren aufeinanderfolgenden Jahren nicht zur Entwicklung kommen. Wenn ein günstiges Jahr für die Ausbildung der Annuellen- und Geophyten-Vegetation eintritt, ist die Wüste von Millionen blühender Pflanzen bedeckt, die aus den in Ruhe verharrenden Samen der Annuellen und den Überdauerungsorganen der Geophyten entstehen (s. S. 86 oben).

Als Mesophyten oder genauer Mesohydrophyten wird der große Teil der Pflanzen der Erde zusammengefaßt, die keine extremen Standorte besiedeln, sondern deren Ansprüche an Luftfeuchte und Bodenwasserangebot eine Mittelstellung zwischen Trocken- und Feuchtpflanzen einnehmen. Sie ertragen zwar im Gegensatz zu den Feuchtpflanzen kurzzeitigen Wassermangel, sind aber gegen anhaltende Trockenheit nicht gefeit, da sie keine xeromorphen Einrichtungen zur Herabsetzung des Wasserverlustes besitzen. Unter den Kormophyten sind viele Kulturpflanzen und Laubbäume (z. B. unsere Birke) typische Mesophyten.

Blattflächen einiger Pflanzen (nach Flindt, verändert)

Art	Durchschnittliche Fläche eines Blattes	Durchschnittliche Zahl der Blätter pro Pflanze	Durchschnittliche Blattfläche pro Pflanze
Weizen *(Triticum aestivum)*	14 cm²	5	70 cm²
Apfelbaum *(Malus sylvestris)*	18 cm²	20000	36000 cm²
Rotbuche *(Fagus sylvatica)*	22 cm²	1175000	2585000 cm²
Gurke *(Cucumis sativus)*	30 cm²	20	600 cm²
Banane *(Musa spec.)*	3950 cm²	8	31600 cm²
Königsseerose *(Victoria amazonica)*	20000 cm²	8	160000 cm²

Blühende Wüste: *Palaua rhombifolia* (Malvaceae) während der Vegetationszeit in der Nebelwüste Zentralperus

Guttation beim Frauenmantel *(Alchemilla vulgaris)*

Während die Xerophyten das wenige Wasser, das ihnen zur Verfügung steht, so rationell wie möglich nutzen müssen, haben es die Pflanzen feuchter Standorte im Überfluß. Ihre Strategie besteht in einer möglichst schnellen Abgabe des aufgenommenen Wassers, damit die Wasser- und mit ihm die Nährstoffzufuhr garantiert bleibt. Sie müssen transpirationsfördernde Eigenschaften entwickeln.

Das gilt zumindest für die Feuchtpflanzen, die Hygrophyten, die als Schattenpflanzen der Wälder in feuchtem Boden bei hoher Luftfeuchtigkeit leben, die Sumpfpflanzen (Helophyten) und die aus dem Wasser herausragenden Teile der Wasserpflanzen (Hydrophyten).

Bei den Hygrophyten, z. B. einer Gloxinie (*Sinningia*-Hybride), jener bekannten Zimmerpflanze, sind die Blätter groß und saftreich. Die sehr dünnwandige Epidermis besitzt nur eine zarte Cuticula. Zur Vergrößerung der transpirierenden Oberfläche befinden sich vielfach lebende Haare auf der Blattoberfläche, so daß die Blätter eine samtartige Struktur aufweisen. Die Spaltöffnungen werden nicht eingesenkt, sondern bei manchen Hygrophytenarten sogar emporgehoben. Schließlich besitzen einige Hygrophyten sogenannte Hydathoden, auch als Wasserspalten bezeichnete drüsenartige Zellen, die bei Feuchtesättigung der Außenluft Wasser aktiv in Tropfenform ausscheiden können. Diese als Guttation bekannte Erscheinung läßt sich sehr schön nach Nächten mit hoher Luftfeuchtigkeit beim Frauenmantel *(Alchemilla vulgaris)* oder der Kapuzinerkresse *(Tropaeolum majus)* beobachten (s. Abb. S. 86 unten).

Sumpfpflanzen, die wenigstens zeitweise mit ihren Wurzeln und unteren Sproßteilen im Wasser stehen, besiedeln nasse, zeitweise überschwemmte Standorte und ähneln um

Teichlinsen *(Spirodela polyrhiza)*, Wasserlinsen *(Lemna minor)* und Zwergwasserlinsen *(Wolffia arrhiza)* an der Oberfläche eines Gewässers

Die imposantesten Erscheinungen der Nymphaeaceen sind die im tropischen Südamerika vorkommenden Riesenseerosen der Gattung *Victoria*. Ihre größten Schwimmblätter erreichen einen Durchmesser von bis zu 2 m. Die hier abgebildete *Victoria cruciana* wird oft in botanischen Gärten kultiviert. Jede der nur zwei Nächte geöffneten Blüten wird 25–40 cm groß.

so mehr den eigentlichen Wasserpflanzen, je weiter sie ins Wasser vordringen. Wie die Wasserpflanzen haben sie in den untergetauchten Pflanzenteilen große Interzellularen bzw. Durchlüftungsgewebe (Aerenchyme), die vorwiegend der Gasdiffusion in den Pflanzen dienen.

Zahl der Spaltöffnungen auf Blättern einiger Pflanzen (nach Flindt) (Angaben jeweils pro cm^2 Blattfläche. Die Zahl kann je nach Umweltbedingungen stark variieren. Die Sonnen- und Schattenblätter sind sehr unterschiedlich.)

Art	Blattoberseite	Blattunterseite
Apfelbaum *(Malus sylvestris)*	0	290
Bohne *(Phaseolus vulgaris)*	40	280
Flieder *(Syringa vulgaris)*	0	330
Kartoffel *(Solanum tuberosum)*	50	160
Kohl *(Brassica oleracea)*	140	230
Lilie (*Lilium* spec.)	0	330
Luzerne *(Medicago sativa)*	170	140
Pappel (*Populus* spec.)	20	115
Pfirsich *(Persica vulgaris)*	0	225
Seerose *(Nymphaea alba)*	490	0
Sonnenblume *(Helianthus annuus)*	175	325
Stieleiche *(Quercus robur)*	0	450
Stranddistel *(Eryngium maritinum)*	118	108
Sumpfdotterblume *(Caltha palustris)*	78	78
Weymouthskiefer *(Pinus strobus)*	140	0
Zypressenwolfsmilch *(Euphorbia cyparissias)*	0	259

Die eigentlichen kormophytischen Wasserpflanzen nehmen durch ihre meist dünnen Epidermisaußenwände Kohlendioxid, Sauerstoff und Nährsalze direkt aus dem Wasser auf. Die Epidermiszellen enthalten meist Chloroplasten, Spaltöffnungen sind nicht vorhanden. Auch die Cuticula fehlt oder ist nur schwach ausgeprägt. Von ihnen sind die wurzellosen, submers schwimmend lebenden, wie Hornblatt *(Ceratophyllum),* Tausendblatt *(Myriophyllum)* oder Wasserschlauch *(Utricularia)* sowie die an der Wasseroberfläche schwimmenden, wurzeltragenden, aber nicht mit ihnen verankerten, wie Wasserlinsen *(Lemna, Spirodela, Wolffia),* wohl am besten an das Leben im Wasser angepaßt (s. Abb. S. 87). Mit ihren Wurzeln verankern sich dagegen im Boden der Gewässer z. B. das submers lebende Seegras *(Zostera marina),* die Seerosen *(Nymphaea alba)* und Teichrosen *(Nuphar lutea)* sowie der Wasserhahnenfuß *(Ranunculus aquatilis).* Diese bilden auf der Wasseroberfläche Schwimmblätter aus, die auf der Oberseite Spaltöffnungen besitzen.

Es gibt auch Beispiele einer amphibischen Lebensweise, die einen Übergang zwischen den Sumpf- und Wasserpflanzen darstellt. Hierzu zählt der sowohl auf sumpfigen Standorten als auch im Wasser wachsende Wasserknöterich *(Polygonum amphibium).*

Licht und Dunkelheit

Ein aufmerksamer Beobachter der Natur weiß, daß es Pflanzen gibt, die sich nur an sonnigen Standorten, also bei vollem Lichtgenuß, optimal entwickeln, während sich andere erst im Schatten der Bäume, also im Waldesdunkel, so richtig wohlfühlen. Manchmal bringt es schon der Name zum Ausdruck. Waldmeister und Schattenblümchen wird man nicht im sonnenüberfluteten Trockenrasen suchen, Sonnenröschen und Lichtnelke nicht im dunklen Buchenwald.

Dabei zeigen die verschiedenen Pflanzenarten unterschiedliche Anpassungen an hohen oder niedrigen Lichtgenuß, worunter man die relative Beleuchtungsstärke am Wuchsort der Pflanze im Verhältnis zu einem unbeschatteten Freistandort versteht, an dem der Lichtgenuß gleich 100% gesetzt wird. Die Anpassungen können genetisch fixiert sein und beziehen sich zumeist auf die Reaktionsnorm des Photosyntheseapparats; sie können aber auch durch äußere Bedingungen modifiziert werden. So läßt sich nicht nur generell zwischen Licht- und Schattenpflanzen differenzieren, sondern es gibt auch Unterschiede während der Individualentwicklung und im strukturellen Aufbau einer Pflanze. Baumkeimlinge besitzen z. B. eine höhere Schattenresistenz als erwachsene Pflanzen, und innerhalb der Krone eines Baumes gibt es unterschiedlich strukturierte Licht- und Schattenblätter. Auch bei krautigen Pflanzen, die in einem Pflanzenbestand stehen, können sich Unterschiede zwischen den unteren, beschatteten und den oberen, dem vollen Tageslicht ausgesetzten Blättern ergeben.

Sehen wir uns zuerst die Licht- oder Sonnenpflanzen an. Sie gedeihen nur an Standorten mit möglichst voller Sonneneinstrahlung, wie Wüsten, Steppen oder Südhängen in Hochgebirgen. An lichtüberfluteten und außerdem trockenen Standorten sind sie praktisch identisch mit Xerophyten (s. S. 77). Die morphologisch-anatomischen Merkmale, die zur Herabsetzung der Transpiration und als Wärmeschutz dienen, stellen gleichzeitig auch einen Schutz gegen zu starke Strahlung dar, z. B. die dicke Epidermis mit Cuticula, die dichte Behaarung, die Verkleinerung der Oberfläche u. a. Dazu wurde bereits im vorigen Abschnitt einiges gesagt. Darüber hinaus besitzen die Chloroplasten solcher strahlungsexponiert wachsenden Pflanzen meist eine hohe Strahlungsresistenz. Sie können die Blattstellung verändern und die Chloroplasten in den Zellen so verlagern, daß sie nicht von der vollen Strahlung getroffen werden. Lichtpflanzen haben einen hohen Lichtkompensationspunkt, das heißt, die bei der Photosynthese

zur Erreichung eines Ausgleichs zwischen Kohlendioxidaufnahme und Sauerstoffabgabe notwendige Lichtmenge ist hoch. Sie muß demzufolge noch höher sein, wenn die Pflanze eine positive Stoffbilanz aufweisen soll.
Dagegen sind die obligatorischen Schattenpflanzen auf einen viel geringeren Lichtgenuß eingestellt. Ihr Lichtkompensationspunkt ist niedriger, so daß sie auch mit geringen Lichtintensitäten eine positive Stoffbilanz erzielen können. Morphologisch-anatomisch sind Schattenpflanzen durch dünne Blätter und große Interzellularen, z. T. auch durch besondere Anpassungen des Plasmas auf beste Lichtausnutzung und optimalen Gasaustausch eingestellt, damit die Stoffproduktion ihren Lebensansprüchen gerecht wird und für ihre Versorgung ausreicht.
Wenn die Stoffproduktion aufgrund der Lichtverhältnisse ungenügend ist, kommen die Pflanzen nicht zum Blühen und Fruchten, wie z. B. der Wiesensalbei *(Salvia pratensis)*, der bei etwa 20% Lichtgenuß schon steril bleibt, während das Gemeine Knaulgras *(Dactylis glomerata)* erst bei 1,9% Lichtgenuß keine blühenden Halme mehr ausbildet. Natürlich spielen dabei das Alter der Pflanzen und auch andere Standortfaktoren, wie Wasser, Temperatur und Nährstoffe, eine Rolle. So brauchen Pflanzen beispielsweise auf nährstoffarmen Böden und bei niederen Temperaturen zu einer positiven Assimilationsleistung eine höhere Lichtmenge als Pflanzen auf nährstoffreichen Böden und bei höheren Temperaturen.
Eine Mittelstellung nehmen Pflanzen ein, die eine breite Lichtamplitude haben, die sowohl in der Sonne als auch im Schatten gedeihen und auf Standorte ausweichen können, wo sie ihren Konkurrenten überlegen sind. Sie werden fakultative Licht- oder Schattenpflanzen genannt.
Bei unseren Waldbäumen kann man Licht- und Schatthölzer bzw. auch Halbschatthölzer unterscheiden.
Lichthölzer benötigen stets reichlich Licht, ihr minimaler Lichtgenuß liegt bei 10 bis 20% der Gesamthelligkeit. Rein äußerlich sind diese Baumarten durch eine relativ lockere, niemals stark schattengebende Krone ausgezeichnet. In Beständen dürfen sie nicht zu dicht stehen, sich nicht gegenseitig beschatten, wenn sie optimal wachsen sollen. Lichthölzer zählen zu den sogenannten Pionierpflanzen, die sich als erste auf freien, ihnen zusagenden, stark belichteten Flächen ansiedeln können. Von unseren einheimischen Laubbäumen sind Birken, Erlen, Weiden und Pappeln, von unseren Nadelbäumen Kiefern, Lärchen und Wacholder typische Lichthölzer.
Der benötigte minimale Lichtgenuß von Schatthölzern liegt z. T. nur bei 1 bis 2% der Freilandhelligkeit. Zu ihnen zählen von den Laubbäumen die Buche, von den Nadelbäumen Tanne und Eibe. Die Eibe verträgt von allen Nadelhölzern den meisten Schatten.
Als Halbschatthölzer mit einem Anspruch auf einen minimalen Lichtgenuß zwischen 2 und 4% gelten Fichte und Douglasie unter den Koniferen und die heimischen Ulmen, Ahorne sowie Hainbuchen unter den Laubbäumen.
Schatt- und Halbschatthölzer bilden in der Regel eine stark schattende Krone aus und können auch in dichten Beständen gut gedeihen, wie unsere Buchenwälder oder Fichtenforste demonstrieren.
Natürlich wirken auch hier wieder andere Faktoren mit. So ist beispielsweise die Schattenverträglichkeit dieser Bäume in der Jugend größer als im Alter. Das ist für das Heranwachsen von Jungpflanzen in schattigen Beständen wichtig.
Es ist logisch, daß sich der Bestand an Licht- oder Schatthölzern in unseren Wäldern auch auf den Unterwuchs, die Strauch- und Krautschicht auswirkt, denn hier gibt es ebenfalls Arten, die mehr oder weniger lichtbedürftig sind. In dichten Fichtenforsten finden sich außer verschiedenen Moosen kaum andere Pflanzen am Waldboden. Bestimmte Farne können noch vorkommen, da sie unter den Gefäßpflanzen mit den geringsten Lichtmengen auskommen. Die immergrünen Nadelhölzer erzeugen das ganze Jahr über Schatten. In einem sommergrünen Laubmischwald gelangen dagegen im Früh-

jahr vor dem Laubaustrieb etwa 50% des Gesamtlichts, im Sommer aber nur noch etwa 2% bis zum Boden. Die Folge ist ein Wechsel zwischen einem spezifischen Frühjahrs- und einem andersartigen Sommeraspekt der Bodenvegetation.
Die Ansiedlung von lichtbedürftigen Arten läßt sich auf Kahlschlägen in den Wäldern gut beobachten. Zu diesen typischen »Schlagpflanzen« gehören z. B. das Waldkreuzkraut *(Senecio sylvaticus),* das Schmalblättrige Weidenröschen *(Epilobium angustifolium)* und der Rote Fingerhut *(Digitalis purpurea)* (Abb. S. 212), die sich als Lichtpflanzen ansiedeln. Himbeere *(Rubus idaeus),* Brombeere (*Rubus fruticosus* s.l.) und Heidekraut *(Calluna vulgaris)* sind an solchen freien Stellen im Wald ebenfalls wegen ihres hohen Lichtbedarfs anzutreffen.
In der Tabelle wurden Beispiele für Pflanzen mit unterschiedlichem Lichtbedürfnis zusammengestellt, die gewöhnlich in drei Gruppen eingeteilt werden:
Die erste Gruppe umfaßt Pflanzen völlig unbeschatteter Standorte, wie Hochgebirge, Tundren, Steppen oder Wüsten. Der Lichtgenuß der dort lebenden Pflanzen ist auf 100% eingestellt, es sind obligatorische Lichtpflanzen. In der zweiten Gruppe werden Pflanzen zusammengefaßt, die zwar in vollem Licht wachsen, aber auch zeitweise Beschattung vertragen. Sie besiedeln Standorte wie Äcker, Wiesen, ruderale Flächen usw. Ihr maximaler Lichtgenuß liegt zwar ebenfalls bei 100%, ihr minimaler Anspruch ist aber viel geringer und beträgt etwa 10 bis 50%. Man kann zu dieser Pflanzengruppe die fakultativen Licht- oder Schattenpflanzen rechnen, die z. T. aufgrund ihrer breiten Lichtamplitude an diejenigen Standorte ausweichen, wo die Konkurrenz am geringsten ist. Schließlich finden sich in der dritten

Pflanzen und Lichtgenuß (nach Walter, verändert)

1. Gruppe	Lichtgenuß	
Alpenmohn *(Papaver alpinum)*	100%	
Himmelsherold *(Eritrichium nanum)*	100%	
Spinnwebenhauswurz *(Sempervivum arachnoideum)*	100%	
Netzweide *(Salix reticulata)*	100%	
Alpenbärentraube *(Arctous alpina)*	100%	
Schneesteinbrech *(Saxifraga nivalis)*	100%	
Frühlingsadonisröschen *(Adonis vernalis)*	100%	
Lessings Federgras *(Stipa lessingiana)*	100%	
Kammquecke *(Agropyron pectinatum)*	100%	
Kandelaberkaktus *(Carnegiea gigantea)*	100%	
Lebende Steine (*Lithops* spec.)	100%	
Stachelaloe *(Aloë ferox)*	100%	
2. Gruppe	**max.**	**min.**
Scharfer Mauerpfeffer *(Sedum acre)*	100%	48%
Mäusegerste *(Hordeum murinum)*	100%	25%
Gemeines Kreuzkraut *(Senecio vulgaris)*	100%	3%
Wiesensalbei *(Salvia pratensis)*	100%	30%
Wiesenstorchschnabel *(Geranium pratense)*	100%	17%
Herbstzeitlose *(Colchicum autumnale)*	100%	12%
3. Gruppe	**max.**	**min.**
Hohler Lerchensporn *(Corydalis cava)*	50%	25%
Buschwindröschen *(Anemone nemorosa)*	40%	20%
Gefleckte Taubnessel *(Lamium maculatum)*	67%	12%
Frühlingsplatterbse *(Lathyrus vernus)*	33%	20%
Knoblauchsrauke *(Alliaria officinalis)*	33%	9%
Ruprechtskraut *(Geranium robertianum)*	74%	4%

Gruppe Arten, die stets auf beschatteten Standorten vorkommen und deren maximaler Lichtgenuß immer geringer als 100% ist. Es sind die obligatorischen Schattenpflanzen.

Die angegebenen Zahlen in der Übersicht stellen Richtwerte für die Ansprüche der Pflanzen unter normalen Verhältnissen dar. Mit der Veränderung der anderen Standortsfaktoren, z. B. der Luftfeuchte oder der Temperaturen, kann sich auch der Lichtanspruch einzelner Arten ändern. Während z. B. in trockenen Gebieten mit geringer Luftfeuchte das Buschwindröschen *(Anemone nemorosa)* oder der Hohle Lerchensporn *(Corydalis cava)* nur in der schattigen Krautschicht der Wälder vorkommen, wo die Feuchteverhältnisse günstiger sind als an Offenstandorten, gehen die gleichen Arten im Gebirge, wo die Luftfeuchte generell höher und die Temperaturen niedriger sind, auch in die Wiesen und können dort noch bei einem Lichtgenuß von 80% und mehr gedeihen. Man sieht an diesem Beispiel, daß nicht die Belichtung der begrenzende Faktor ist, sondern die Transpiration, die an stark besonnten und trockenen Standorten die Konkurrenzkraft einschränkt.

Weitverbreitete Arten zeigen solche Unterschiede auch in verschiedenen geographischen Breiten. Das Einjährige Rispengras *(Poa annua)* benötigt in den gemäßigten Zonen einen Lichtgenuß von etwa 30 bis 40%, in den heißeren subtropischen Gebieten, wie in der Umgebung von Kairo, nur etwa 10%. Unterschiede ergeben sich auch bei verschiedenen Ernährungsbedingungen.

Nun sind an einer räumlich wachsenden Pflanze logischerweise nicht alle Teile gleichmäßig der Sonnenstrahlung ausgesetzt. Vor allem bei Bäumen mit dichten Kronen werden die am äußeren Rand befindlichen Blätter, zumal an der Südseite des Baumes, intensiver bestrahlt als die an der Nordseite bzw. im Inneren der Krone. Dies bewirkt eine Anpassung an die jeweils vorherrschenden Lichtverhältnisse durch Ausbildung von Blättern unterschiedlicher Gestalt und physiologischer Leistung (Sonnen- und Schattenblätter – s. Abb.). Eine derartige Entwicklungssteuerung durch das Licht bezeichnet man als Photomorphogenese, den erreichten Zustand als Photomorphose. Für das Entstehen von Sonnen- und Schattenblättern sind schon die Strahlungsmengen ausschlaggebend, denen die Blattknospen ausgesetzt waren, aber auch die Beleuchtungsintensität während der Blattentfaltung wirkt sich morphogenetisch aus. Die Merkmale von Sonnen- und Schattenblättern können wir aus der folgenden Übersicht auf S. 93 erkennen.

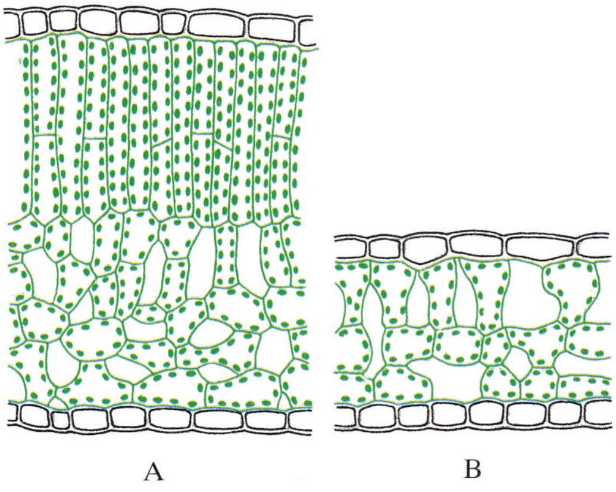

Querschnitt durch ein Sonnen- (A) **und Schattenblatt** (B) **der Rotbuche** (nach Kienitz-Gerloff aus Strasburger)

Ausgeprägte Sonnen- und Schattenblätter findet man bei Buchen und Eichen, aber auch die Eibe hat als Schattholzart viel weichere Nadeln als Kiefern und Fichten, deren Nadeln Lichtblättern gleichen.

Es gibt auch Pflanzen, die mit Hilfe von Bewegungen des Blattstiels die Stellung ihrer teilweise oder ganz beschatteten Blattspreiten so verändern können, daß sie aus dem Schatten ins Licht geführt werden. Diese als Schattenflucht bezeichnete Bewegung führt zu einer minimalen gegenseitigen Beschattung und einem für die Ausnutzung des Lichts idealem Blattmosaik. Der kletternde Efeu *(Hedera helix)* ist z. B. in der Lage, seine Blattstellung diesbezüglich optimal zu gestalten. Auch bei der Zimmerlinde *(Sparmannia africana),* bei Kürbisarten (*Cucurbita* spec.) und der Kapuzinerkresse *(Tro-*

Unterschiede zwischen Licht- und Schattenblättern

Merkmale	Lichtblatt	Schattenblatt
Blattspreite	kleiner	größer
Kutikula	dicker	dünner
Anzahl der Spaltöffnungen	größer	kleiner
Zellsaftkonzentration	höher	niedriger
Transpirationsrate	höher	niedriger
Wassergehalt	etwa 85 %	mehr als 90 %
Atmungsintensität	höher	niedriger
Photosyntheseleistung	höher	niedriger
Lichtkompensationspunkt	etwa 1 000 lx	etwa 350 lx
Lichtsättigungspunkt	hoch	niedrig
Ribulosebiphosphatcarboxylaseaktivität	hoch	niedrig

paeolum majus) wurden derartige Reaktionen beobachtet.
Als Strahlungs- und Wärmeschutz können aber auch eine Reihe von Pflanzen ihre Blätter senkrecht zum Lichteinfall stellen. Extrem ist dies bei den sogenannten Kompaßpflanzen entwickelt (s. S. 70).
Viele Blätter unserer Bäume sind allerdings nicht mehr in der Lage, ihre Stellung durch Lichteinfluß zu verändern, wenn sie die Wachstumstätigkeit beendet haben. Sie nehmen dann eine feststehende Lichtlage ein. Wenn diese eventuell so ungünstig ist, daß das Blatt keine positive Stoffbilanz erbringt, trennt sich die Pflanze von diesen Blättern und wirft sie ab.
Eine Anpassung an geringste Lichtmengen zeigt das in relativ dunklen Höhlen oder Felsenschluchten bei genügender Feuchtigkeit wachsende, nur als Vorkeim (Protonema) existierende Leuchtmoos *(Schistostega pennata)*. Seine an der Oberfläche gewölbten Zellen wirken wie eine Sammellinse, die das Licht gebündelt auf die Chloroplasten am Grunde der Zelle leitet. Die minimale Lichtmenge wird meist nicht restlos vom Chlorophyll absorbiert, sondern z. T. wieder reflektiert, so daß die winzigen Pflänzchen im Dunkeln zu leuchten vermögen, was ihnen ihren deutschen Namen einbrachte.
Auch unter den Algen gibt es mehr oder weniger lichtbedürftige Arten. Sie dringen je nach den Ansprüchen in geringere oder größere Wassertiefen vor, wofür vor allem der Verschmutzungsgrad der Gewässer mitbestimmend ist. Die Grenze für Algenwachstum in unverschmutzten Meeresregionen wird bei ungefähr 180 bis 200 m Tiefe gesehen, wo noch etwa 1 % des auf die Wasseroberfläche auftreffenden Lichtes vorhanden ist. Extreme Schwachlichtspezialisten wurden unter den Kalkkrusten-Rotalgen in Küstennähe der Bahamas vor einiger Zeit festgestellt. Eine nicht beschriebene Art wuchs hier noch in 268 m Tiefe, das verfügbare Licht betrug dort nur etwa 0,0005 % der Oberflächenstrahlung.
Gegen zu starken Lichteinfall können einige an der Oberfläche von Gewässern vorkommende Algen ihre Chloroplastenstellung so regulieren, wie die Kompaßpflanzen ihre Blätter: sie stellen sie einfach senkrecht zum einfallenden Licht. Besonders deutlich zeigen dies mit ihren plattenförmigen Chloroplasten die Jochalgen der Gattung *Mougeotia,* deren Arten im Süßwasser leben.

Lianen und Epiphyten

Die Stadtarchitekten und Grünplaner bezeichnen Pflanzen, die in unseren Großstädten so manche häßliche Fassade in ein Stück grüne Natur zurückverwandeln können, als »Vertikalgrün«. Es sind wahre Kletterkünstler, die mit Hilfe von speziell angelegten Haftscheiben und -wurzeln sogar glatte Hauswände dicht bekleiden. Eine einzige Pflanze des Wilden Weins umspinnt oft

große Gebäude und baumstarke, mehrhundertjährige Efeupflanzen begrünen sogar ganze Mauern und Türme alter Burgen und Schlösser.
Die Fähigkeit zum Klettern haben diese Pflanzen aber nicht erworben, um uns Menschen mit grünen Fassaden zu beglücken, sondern weil sich damit für sie im Kampf ums Dasein Vorteile des Überlebens in bestimmten Vegetationsformen ergaben. In der Regel klettern sie um einen bevorzugten Platz an der Sonne! Sie streben an Bäumen und anderen Stützen in die Höhe, um ihre assimilierenden Teile ins »rechte Licht zu rücken« und Nischen zu besetzen, die ihnen genügend Lebensraum bieten.
Mehr als 90% aller Kletterpflanzen kommen in den Tropen vor, besonders in den tropischen Regenwäldern, wo es für sie eine Frage von Sein oder Nichtsein ist, aus dem Waldesdunkel in die Kronenräume der Bäume zu gelangen. Aber auch an den Waldrändern, in der Uferzone stehender und fließender Gewässer und in gestörten Pflanzengesellschaften sind sie häufig und können dort flächendeckend auftreten. In einigen Pflanzenformationen, z.B. in Kakteengesellschaften, treten sie auch auf, obwohl man hier keine unmittelbare Beziehung zum Lichtfaktor feststellen kann. Welche Faktoren dabei ausschlaggebend sind, ob z.B. die Blüten und Früchte in eine günstigere Position gebracht werden müssen, weiß man noch nicht mit Sicherheit.
Diese Kletterer werden auch **Lianen** genannt. Doch dieser Begriff wird unterschiedlich verwendet. Teils bezeichnet man alle als Lianen, teils beschränkt man sich auf die verholzten Kletterpflanzen. In den Systemen der Lebensformen spricht man von Holz- und Krautlianen.
Auch in unserer heimischen Flora gibt es Lianen. Sie nutzen ebenfalls ihre Fähigkeiten, um sich aus lichtarmen Zonen in Wäldern, Gebüschen, Röhrichten und Äckern in eine günstigere Position zu bringen.
Beispiele für Holzlianen stellen die Gemeine Waldrebe *(Clematis vitalba)*, das Echte Geißblatt *(Lonicera caprifolium)*, der Efeu *(Hedera helix)* und der Bittersüße Nachtschatten *(Solanum dulcamara)* dar. Als Krautlianen sind die Zaunwinde *(Calystegia sepium)*, die Ackerwinde *(Convolvulus arvensis)*, verschiedene Wicken-*(Vicia-)* und Platterbsen-*(Lathyrus-)* Arten, der Gemeine Hopfen *(Humulus lupulus)*, der Gemeine und der Hecken-Windenknöterich (*Fallopia convolvulus* und *F. dumetorum*) und die Zaunrübenarten (*Bryonia alba* und *B. dioica*) zu nennen.
Nach den morphologischen und physiologischen Anpassungen, die die Kletterpflanzen für ihre Lebensweise ausgebildet haben, unterscheidet man vier charakteristische Gruppen:

1. Die Windepflanzen, auch Schlingpflanzen oder echte Lianen genannt,
2. Die Rankenpflanzen,
3. die Wurzelkletterer,
4. die Spreizklimmer.

Bei den **Windepflanzen** wächst die Sproßspitze sehr schnell und bildet lange Internodien aus, während das Blattwachstum zurückbleibt, die ganze Kraft also in das Spitzenwachstum investiert wird. Um eine geeignete Stütze zu finden und zu umschlingen, führt die Sproßspitze – entweder autonom oder z.T. induziert durch die Schwerkraft – kreisende Suchbewegungen aus, die durch ein ungleichseitiges Wachstum bedingt sind. Die Geschwindigkeit, mit der ein solcher Wachstumsumlauf geschieht, kann etwa 2 bis 10 Stunden betragen. Als eine der schnellsten schafft z.B. die als Gartenzierpflanze bekannte Trichterwinde *(Pharbitis purpurea)* eine Umdrehung in weniger als 2 Stunden.
Die Kreisbahn hat z.T. einen beträchtlichen Durchmesser. So wurden bei der als Zimmerpflanze kultivierten Wachsblume *(Hoya carnosa)* etwa 1,50 m gemessen. Manche Pflanzen beschreiben keine Kreisbahn, sondern führen hin und her pendelnde Suchbewegungen aus, die durch ungleichseitiges Wachstum der gegenüberliegenden Sproßflanken hervorgerufen werden. Das ist z.B. bei der Feuerbohne *(Phaseolus coccineus)* der Fall.
Die meisten Windepflanzen bewegen sich, von oben betrachtet, in der dem Uhrzeiger

Geschwindigkeit der Drehbewegung windender Pflanzen (nach Flindt, verändert) Angegeben ist die Zeit, die eine Windepflanze bei Suchbewegung für einen vollen Kreis benötigt

Art	Stunden pro Runde
Stemona viridiflora (Stemonaceen)	24
Lapageria rosea (Liliengewächse)	14
Jasminum pauciflorum (Ölbaumgewächse)	7
Lygodium scandens (Farn)	6
Wisteria sinensis (Glyzine, Schmetterlingsblütler)	3
Semele androgyna (Liliengewächse)	3
Tamus communis (Schmerwurz, Dioscoreaceen)	3
Humulus lupulus (Hopfen, Hanfgewächse)	2
Phaseolus coccineus (Feuerbohne, Schmetterlingsblütler)	2
Calystegia sepium (Zaunwinde, Windengewächse)	2
Vitis vinifera (Weinstock, Weingewächse)	1

entgegengesetzten Richtung. Sie sind sogenannte Linkswinder. Rechtswinder kommen wesentlich seltener vor. Von bei uns heimischen Arten gehören Hopfen und Geißblatt dazu. Eine dritte Gruppe kann die Winderichtung sogar wechseln, wie der Gemeine Windenknöterich *(Fallopia convolvulus)*.
Besonders eindrucksvoll sind die Holzlianen des tropischen Regenwaldes, die oft Längen von über 100 m erreichen können und wie gewaltige, in sich gewundene Taue von den Bäumen herunterhängen. Sie müssen sowohl zug- als auch biegungsfest sein. Das wird durch die Aufspaltung des Holzkörpers in mehrere Stränge gesichert, die durch Parenchymschichten und Markstrahlen voneinander getrennt sind. Das Holz ist auch sehr weitlumig, so daß die Wasserleitung ohne großen Reibungswiderstand erfolgen kann. Da bei den Lianen keine starre Festigkeit gefragt ist, müssen die Holzgefäße nicht so eng sein.
Um sich besser an der Stütze anklammern und ein Abrutschen vermeiden zu können, sind die Sprosse der Lianen oft rillig-rauh. Manche erreichen durch ein unregelmäßiges Dickenwachstum einen hin- und hergebogenen, welligen Sproßaufbau, der ihnen zusätzlichen Halt und verstärkte Elastizität gibt. Diese verschlungenen Gebilde nennt man im tropischen Regenwald »Affentreppen« (s. Abb.).
Sie kommen z.B. bei der Riesenhülse (*Entada* div. spec.), einer weltweit in den Tropen verbreiteten Gattung der Mimosengewächse, vor.

Lianen findet man in den verschiedensten Pflanzenfamilien. Trotzdem sind sie in den tropischen Regenwäldern bei einigen Familien besonders häufig anzutreffen, so z.B. bei den Bignoniengewächsen (Bignoniaceae), den Seifenbaumgewächsen (Sapindaceae), den Malpighiengewächsen (Malpighiaceae), den Yamsgewächsen (Dioscoreaceae) und den Osterluzeigewächsen (Aristolochiaceae).

1. *Bauhinia anguina* – Teilstück einer »Affentreppe«, 2. *Bauhinia gyroflexa* – Zweig mit Sproßranken

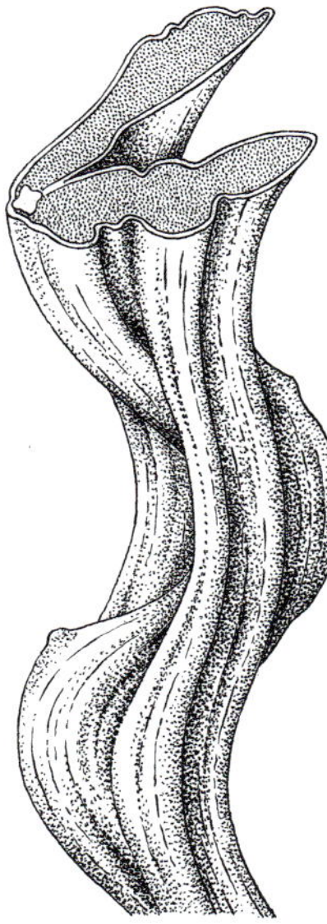
1

2

Die zweite große Gruppe der Kletterpflanzen sind die **Rankenpflanzen**. Als Ranken bezeichnet man meist fadenförmige, einfache oder verzweigte Umbildungen der Seitensprosse, Blätter oder seltener der Wurzeln, die auf Berührungsreize empfindlich reagieren. Nach einer zuerst ungerichteten kreisenden Suchbewegung löst die Berührung eine deutlich positive Krümmung zur Reizstelle hin aus. Die Ranke versucht, die vermeintliche Stütze zu umschlingen. Dieser Vorgang erfolgt relativ schnell; die Reizweiterleitung kann bis zu 4 mm pro Minute betragen.

Bei vielen Arten der vorwiegend tropisch-subtropisch verbreiteten Weinrebengewächse (Vitaceae) sind Sproßranken ausgebildet. Wir können sie gut bei dem in zahlreichen Sorten kultivierten Echten Weinstock *(Vitis vinifera)* und verschiedenen Arten des zur Haus- und Mauerbegrünung angepflanzten Wilden Weins (*Parthenocissus* spec.) beobachten. Auch die als Zimmerpflanzen gezogenen Klimmen (*Cissus* spec.) haben diese Sproßranken, die den Blättern gegenüberstehen und die Enden der einzelnen Teilstücke eines sympodialen Sprosses darstellen (s. Abb. S. 98). Einige Arten des Wilden Weins bilden an den Rankenenden Haftscheiben aus, die sich durch Schleimabsonderung fest mit der Unterlage verbinden. Es gelingt kaum, sie abzulösen, ohne daß z. B. ein Teil des Mauerputzes an den Haftscheiben kleben bleibt.

Sproßranken weisen auch die tropischen Passionsblumengewächse (Passifloraceae) auf, von denen einige Arten wegen ihrer wohlschmeckenden Früchte in Kultur genommen wurden, so die Maracujá *(Passiflora edulis)* aus Brasilien (s. Abb. oben und S. 98).

Einen Übergang zwischen Sproß- und Blattranken stellen die Ranken der Kürbisgewächse (Cucurbitaceae) dar. Bei ihnen können einzelne Blätter, auch ganze Seitensprosse in einfache oder verzweigte Ranken umgewandelt sein. Von den bei uns vorkommenden Kürbisgewächsen haben Zaunrübe, Gurke und Zuckermelone einfache Ranken; beim Kürbis sind sie verzweigt.

Sproßranken besitzt die in Südamerika heimische Melonen-Grenadille *(Passiflora quadrangularis)*. Auf dem Bild sind sie uhrfederartig eingerollt.

Die Ruhmeskrone *(Gloriosa rothschildiana)* aus Ostafrika klettert mit ihren in eine Ranke ausgezogenen Blattspitzen.

Bei einigen heimischen Schmetterlingsblütlern (Fabaceae) kann man gut die Blattranken beobachten, vor allem bei Arten mit gefiederten Laubblättern, wie verschiedenen Wicken (*Vicia* spec.), Platterbsen (*Lathyrus* spec.) und der Saaterbse *(Pisum sativum)*. Die Ranken sind entweder einfach oder gefiedert, je nachdem, ob sie aus der Blattspitze oder einzelnen Fiederblättchen entstanden sind.

Bei der in Mitteleuropa seltenen, an ruderalen Standorten vorkommenden Rankenplatterbse *(Lathyrus aphaca)* ist das gesamte Blatt in eine Ranke umgeformt. Dafür übernehmen die Nebenblätter die Funktion der Laubblätter (s. Abb. S. 98).

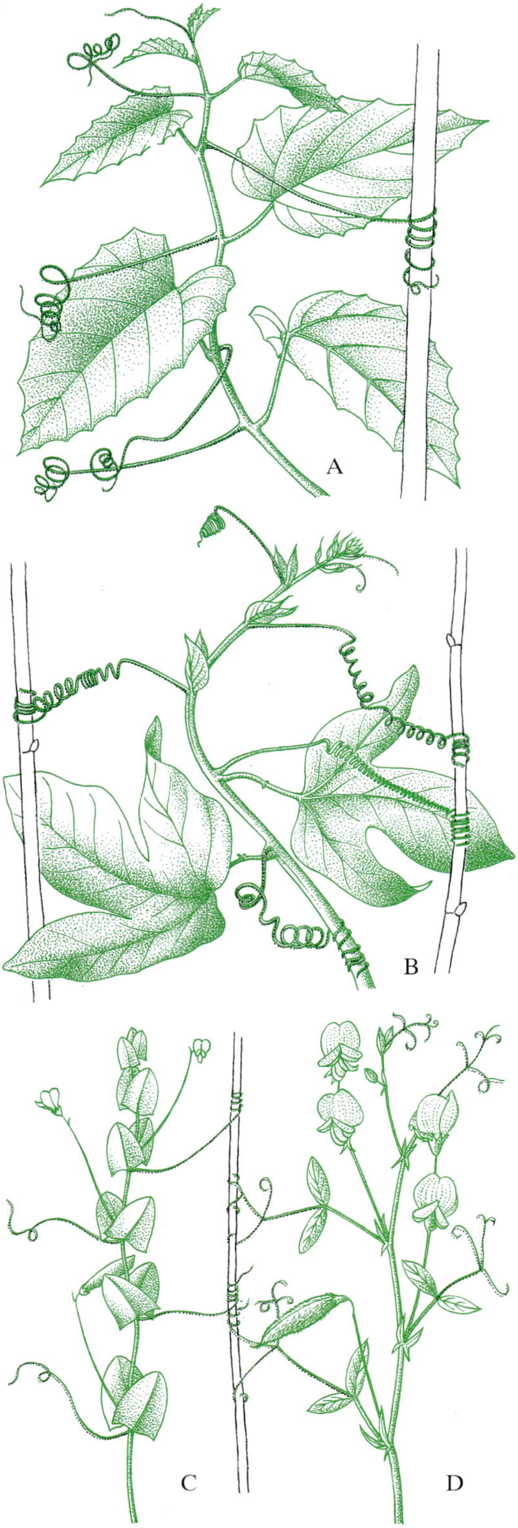

Rankenpflanzen
A *Cissus antarctica* (Klimme) mit Sproßranken, B *Passiflora quadrangularis* (Passionsblume) mit Sproßranken, C *Lathyrus aphaca* (Ranken-Platterbse) mit Blattranken, D *Lathyrus odoratus* (Duftende Platterbse) mit Fiederblattranken

Die heimischen Wicken und Platterbsen sind Zwerge gegenüber den gewaltigen holzigen Lianen der Tropen, die auch z.T. mit Blattranken klettern. Eine davon ist z.B. die Riesenhülse *(Entada scandens),* ein in den tropischen Regenwäldern bis in die höchsten Baumwipfel kletterndes Mimosengewächs (Mimosaceae) mit gegabelten Blattspitzenranken. Die Pflanze fällt nicht nur durch ihren spiralig wachsenden Stamm mit außerordentlich langen, weitröhrigen Gefäßen auf, sondern auch durch die etwa 1 m langen gegliederten Hülsen, die bei einer nahe verwandten Art, *Entada gigas,* sogar über 2 m lang werden können und damit die längsten Früchte im Pflanzenreich sind.

Bei den vorwiegend tropischen Bignoniengewächsen (Bignoniaceae) gibt es ebenfalls eine große Anzahl von Lianen, die mit Hilfe ihrer Blattranken klettern. Sie stehen meist anstelle von Fiederblättern, sind verzweigt und haben häufig spezielle Kletterausbildungen. So können sich ihre Endabschnitte wie Uhrfedern krümmen; einige tragen Haftscheiben wie die Sproßranken des Wilden Weins, und bei anderen werden die Rankenenden zu Krallen umgebildet, mit denen sie sich festhaken können.

Auch einige Einkeimblättrige Pflanzen besitzen Blattranken zum Klettern. Eine Besonderheit stellen die vor allem in den Tropen und Subtropen vorkommenden Stechwinden (*Smilax* spec.) dar, deren zwei Ranken, die zu beiden Seiten des Blattstieles stehen, am Ende der Blattscheiden gebildet werden. Daneben ist der Sproß häufig noch mit gekrümmten Stacheln besetzt, die der Pflanze beim Klettern zusätzlichen Halt geben. In Ranken auslaufende Blattspitzen hat die in regengrünen Wäldern Afrikas und Asiens vorkommende Ruhmeskrone (*Gloriosa* spec.), die wegen ihrer bizarren, rot-

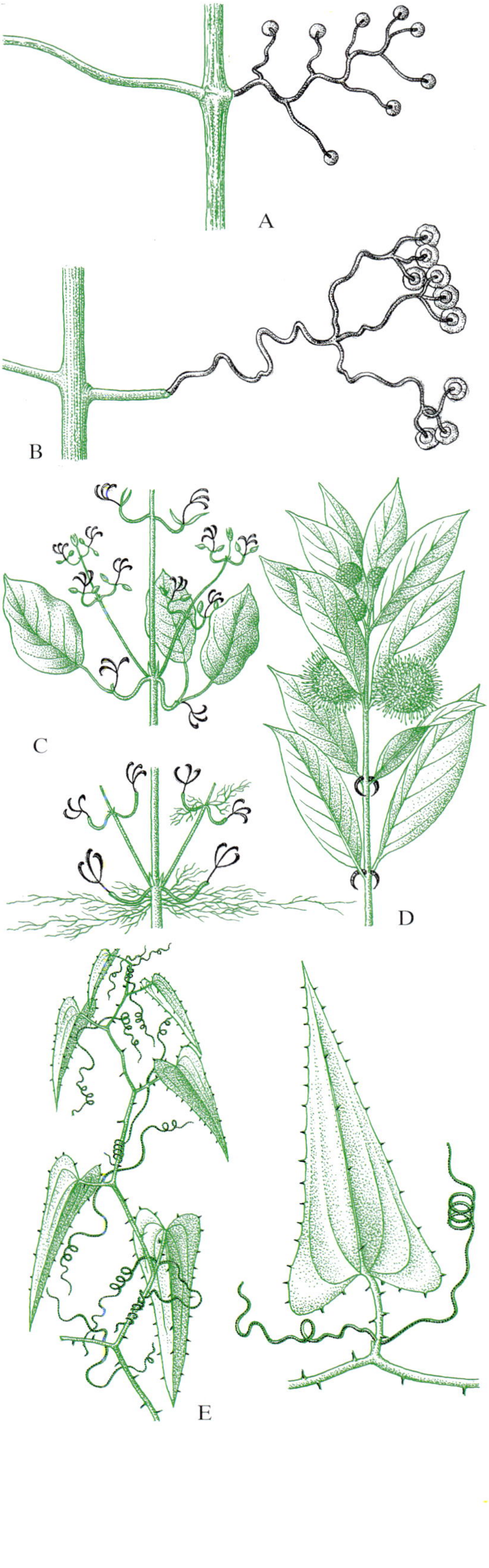

Lianen mit Haftscheiben, Krallen und Stacheln
A *Parthenocissus tricuspidata* (Haftscheiben-Sproßranke), B *Pithecoctenium phaseoloides* (Haftscheiben-Blattranke), C *Bignonia exoleta* (Krallen-Blattranke), D *Uncaria gambir* (Klimmhaken aus umgebildeten Sprossen), E *Smilax aspera* (Klimmstacheln und Blattscheidenranken)

gelben Blüten weltweit als Schnittblumen gezogen werden (Abb. S. 97).

Bei der dritten großen Gruppe der Kletterpflanzen, den **Wurzelkletterern,** werden an den Sprossen gebildete Haftwurzeln ausgebildet, die die Stütze umklammern oder sich so fest mit der Unterlage verbinden, daß man sie schwer von ihr trennen kann (Abb. S. 100). Zahlreiche Beispiele für solche Pflanzen gibt es bei den Aronstabgewächsen (Araceae), die in den tropischen Regenwäldern beheimatet sind. Wir kennen sie z. T. als beliebte Zierpflanzen, wie das in Mexiko und Mittelamerika heimische Fensterblatt *(Monstera deliciosa),* das wegen seiner ornamentalen großen durchlöcherten Blätter kultiviert wird. Es klettert mit großen Luftwurzeln, die sich wie Taue wieder zum Erdboden neigen und dort verzweigen, nachdem sie sich um den stützenden Baum gewunden haben. In ihrer Heimat sind sie gewaltige Lianen, die ihrem Namen (monstera = Ungeheuer) Ehre machen. Weitere Beispiele kennen wir aus den Gattungen *Philodendron, Syngonium, Epipremnum* und *Scindapsus.* Die Luftwurzeln der Vanille *(Vanilla planifolia),* die in den Regenwäldern Mexikos und Mittelamerikas beheimatet ist, aber in vielen Gebieten der Tropen als Gewürzpflanze kultiviert wird, sind rankenähnlich ausgebildet, so daß sie manchmal als Wurzelranken bezeichnet werden.

Die Haftwurzeln einiger Kletterpflanzen haben eine grundsätzlich andere Gestalt. Sie bilden sich in dichtstehenden Gruppen am Stengel, sind nur sehr kurz und verkleben gemeinsam sowie mit dem Substrat. Sie wirken somit beinahe wie Haftscheiben und können auch an glatten Wänden emporklettern. Beispiele dafür sind die Kletterfeige *(Ficus pumila),* der Schwarze Pfeffer *(Piper nigrum)*

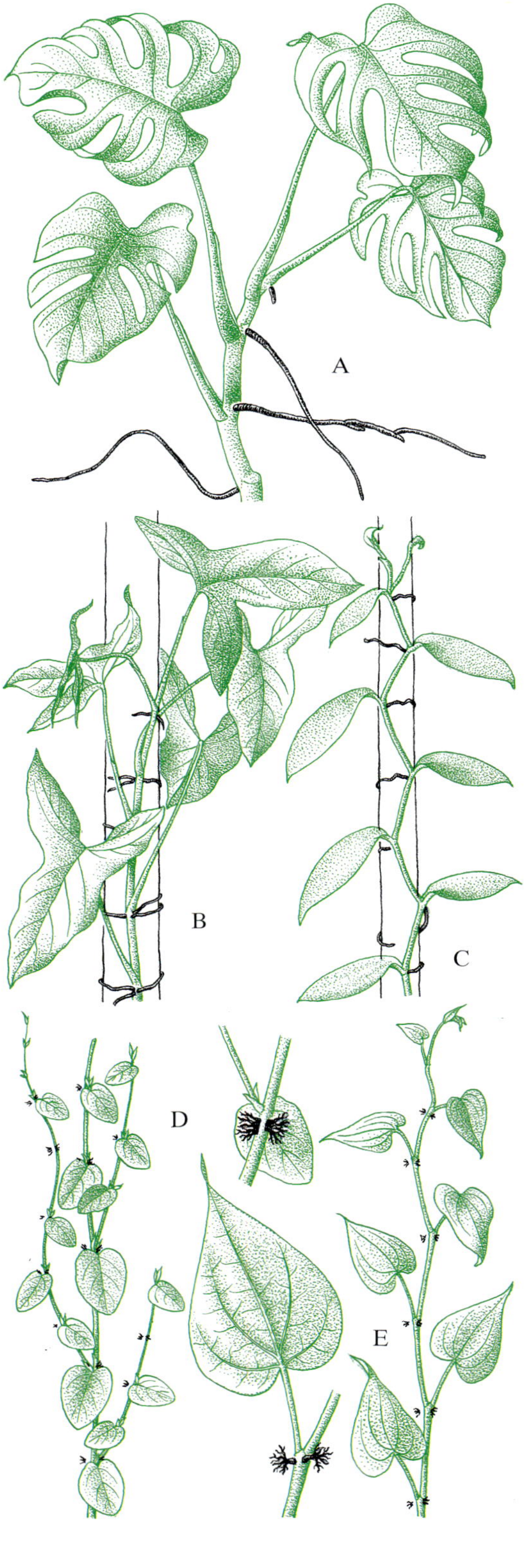

Wurzelkletterer
A *Monstera deliciosa* (Fensterblatt) mit Luftwurzeln, B *Syngonium podophyllum,* C *Vanilla planifolia* (Vanille), D *Ficus pumila* (Kletterfeige), E *Piper nigrum* (Echter Pfeffer)

und der schon eingangs erwähnte Efeu *(Hedera helix).*

Als **Spreizklimmer** werden schließlich Kletterpflanzen bezeichnet, die mit seitlich abspreizenden oder schräg nach unten gerichteten Zweigen einen stützenden Halt suchen. Häufig festigen sie ihn noch durch spezielle Dornen, Stacheln oder steife Haare, die an ihren Sprossen ausgebildet werden. Typische Spreizklimmer sind z.B. unsere Brombeeren *(Rubus fruticosus),* deren dichte Bestachelung eine wirksame Kletterhilfe ist. Ähnlich verhalten sich die Kletterrosen unserer Gärten, Züchtungen verschiedener, aus Ostasien stammender kletternder Wildrosen. Sie können sich mit ihren bestachelten Trieben fest an Pergolen und Klettergerüsten verankern. Dornen, die als Kletterhilfe dienen, hat der bei uns aus dem Mittelmeergebiet eingebürgerte Gemeine Bocksdorn *(Lycium barbarum),* ein Nachtschattengewächs.

Doch es gibt auch Beispiele, wo nicht mit »Haken und Ösen« gearbeitet wird. Der Bittersüße Nachtschatten *(Solanum dulcamara)* klettert mit seinen hin und her wachsenden, spreizenden Seitenzweigen in Gebüschen und an Bäumen in die Höhe, obwohl er glatte Sprosse hat. Die Mutterpflanze der beliebten Kiwi-Frucht, eine in China beheimatete, jetzt u.a. in Neuseeland und Italien angebaute Strahlengriffelart *(Actinidia chinensis),* ist ebenfalls ein an Stützen gezogener Spreizklimmer mit braunfilzig behaarten Trieben ohne weitere Kletterhilfe.

Steife, gekrümmte Haare können auch eine Stützfunktion ausüben. Bei dem krautigen Kleblabkraut *(Galium aparine)* dienen sie dazu, dieser Ackerwildpflanze an den Getreidehalmen den nötigen Halt zu geben, so daß sie in der Lage ist, nach oben zu klettern.

Epiphyten, vorwiegend Bromeliaceen, auf einem Baum des tropischen Regenwaldes in Nordperu

Nun wollen wir uns die Pflanzen ansehen, die nicht erst hochklettern müssen, sondern die schon oben in den Bäumen wachsen: die **Epiphyten.**

Wer sich schon in tropischen Regionen aufgehalten hat, der wird, besonders in luftfeuchten Gebieten, den oft üppigen Besatz von Pflanzen auf Ästen und Zweigen lebender Bäume festgestellt haben. Es ist ein weit verbreiteter Irrtum, diese Pflanzen für Parasiten zu halten. Sie besiedeln solche exponierten Standorte nur, um näher ans Licht zu gelangen und benutzen ihre Wirtspflanzen lediglich als Unterlage. Deshalb nennt man sie Aufsitzerpflanzen oder Epiphyten. Sie stellen eine der interessantesten ökologischen Gruppen des tropischen Regenwaldes dar, haben sie doch wegen der erschwerten Aufnahme von Wasser und Nährstoffen die verschiedenartigsten Anpassungen an ihre Standorte ausgebildet. Manche von ihnen sind zugleich Felsbewohner oder Petrophyten. Da an beiden Standorten, Bäumen und Felsen, der Boden weitgehend fehlt, erweist sich die Parallelität ihres Vorkommens als verständlich.

Je nach ihrem Auftreten im Kronenraum oder im unteren Teil der Bäume kann man die Epiphyten in zwei Gruppen einteilen: die Sonnen- und die Schattenepiphyten. Während die erste Gruppe an starke Gegensätze zwischen Feuchtigkeit und Trockenheit angepaßt sein muß, aber nicht unter Lichtmangel leidet, leben die Vertreter der zweiten Gruppe in ausgeglichenerem feuchtem Klima, müssen aber mit weniger Sonnenlicht auskommen.

Es ist zu vermuten, daß sich die Mehrzahl der Sonnenepiphyten aus Pflanzen entwickelt hat, die aus Trockengebieten stammen, da sie am ehesten in der Lage waren, den Wassermangel an ihren Standorten zu kompensieren. Das trifft auf die epiphytischen Kakteen zu, zu denen z. B. die Vertre-

ter der Gattungen *Rhipsalis, Epiphyllum* und *Zygocactus* gehören. Auch die überaus zahlreichen Epiphyten aus der Familie der Ananasgewächse (Bromeliaceae) haben wohl ihren Ursprung in Trockengebieten.
Viele Sonnenepiphyten kommen auch in trockeneren Wäldern vor; ja selbst in ausgesprochenen Xerophyten-Formationen können noch verschiedene Epiphyten, vor allem Tillandsien, gedeihen.
Die Schattenepiphyten sind hingegen in der Mehrzahl aus Bodenpflanzen des tropischen Regenwaldes entstanden und haben transpirationseinschränkende sowie wasserspeichernde Strukturen entwickelt. Das trifft z.B. auf verschiedene Peperomien, Begonien und Farne zu.
Auch in bezug auf die unterschiedlichen Standorte auf den Ästen und Zweigen kann man zwei Gruppen von Epiphyten unterscheiden: Das sind erstens die Rindenepiphyten, die unmittelbar auf der Borke vorkommen und deren Wurzeln lediglich Haftorgane sind, wie dies bei den meisten Bromelien und vielen Orchideen der Fall ist, und zweitens die Humusepiphyten, die auf einem Substrat leben, das sich in den Astgabeln, in Astlöchern oder zwischen rissiger Borke aus abgestorbenen Pflanzenresten, aufgewehtem Staub und Detritus bildet.
Ameisen können ebenfalls Erde auf die Bäume bringen oder sogar ihre Nester dort anlegen, die dann von Humusepiphyten, wie verschiedenen Farnen, Gesneriaceen, Anthurien und Peperomien besiedelt werden. In manchen tropischen Regenwäldern sind die Äste der Bäume von dichten Humusbelägen bedeckt. Hier kommen viele Kleinepiphyten, wie Moose, Flechten und Luftalgen vor, die durch ihr massenhaftes Auftreten die Äste förmlich umhüllen. Berechnungen ergaben, daß Hunderte von Tonnen Humus auf einem Hektar dieser Wälder auf den Ästen liegen.
In den dauerfeuchten Wäldern sind sogar die Blätter der Bäume von solchen Kleinepiphyten bewachsen. Man nennt sie Epiphylle. Es sind vorwiegend Moose und Luftalgen, die hier gedeihen.
Wie kommen die Samen der Epiphyten auf diese so exponierten Standorte? Wenn sie durch die Luft dorthin gelangen sollen, müssen sie staubfein oder sehr leicht und mit Fluganhängseln versehen sein. Das ist z.B. bei den Orchideen und verschiedenen Bromeliengewächsen der Fall. Auch die Sporen der Farne werden durch die Luft getragen. Manche Früchte und Samen gelangen durch Vögel oder Ameisen auf die Bäume. Aber generell befinden sich unter den Pflanzenfamilien, deren Vertreter schwere Samen produzieren, keine Epiphyten.
Betrachten wir nun einige der z.T. bemerkenswerten Anpassungen der Epiphyten an die Wasseraufnahme und -speicherung, wie z.B. die Wasseraufnahmeorgane der in den Tropen so häufigen epiphytischen Orchideen. Ihre Luftwurzeln enthalten eine mehrschichtige Oberhaut, das Velamen, das aus abgestorbenen Zellen besteht. Es ist in der Lage, wie ein Schwamm kapillar Wasser aufzunehmen, zu speichern und an die Pflanze weiterzuleiten. Das gleiche Prinzip kommt bei den epiphytischen Aronstabgewächsen vor, z.B. bei verschiedenen Anthurien.
Eine andere Form der Wasseraufnahme haben die Ananasgewächse (Bromeliaceae) entwickelt. Die meisten Vertreter dieser Familie sind entweder Epi- oder Petrophyten. Ihre Wurzeln dienen ihnen meist nur zur Befestigung, dagegen wirkt die trichterartige Stellung der Rosettenblätter für das Regenwasser wie eine Zisterne, so daß das Wasser im Zentrum an den Blattbasen gespeichert werden kann. Auf diese Weise bilden sich Wasseransammlungen, in denen sogar Tiere, z.B. Krebse und Mückenlarven, leben können. An den Blättern befinden sich schildförmige Schuppenhaare, die zu einer aktiven Wasseraufnahme befähigt sind. Die äußeren toten Schuppenzellen dieser Haare nehmen ähnlich wie das Velamen das Wasser kapillar auf und leiten es zu den zentralen Stielzellen, die es an das Blatt weitergeben.
Unter den Bromeliengewächsen gibt es grüne, weichblättrige Arten, die als Schattenepiphyten im unteren Kronenbereich vorkommen, sowie graue, steifblättrige Arten, die an lichtreichen, trockenen Standorten gedeihen und Sonnenepiphyten sind.

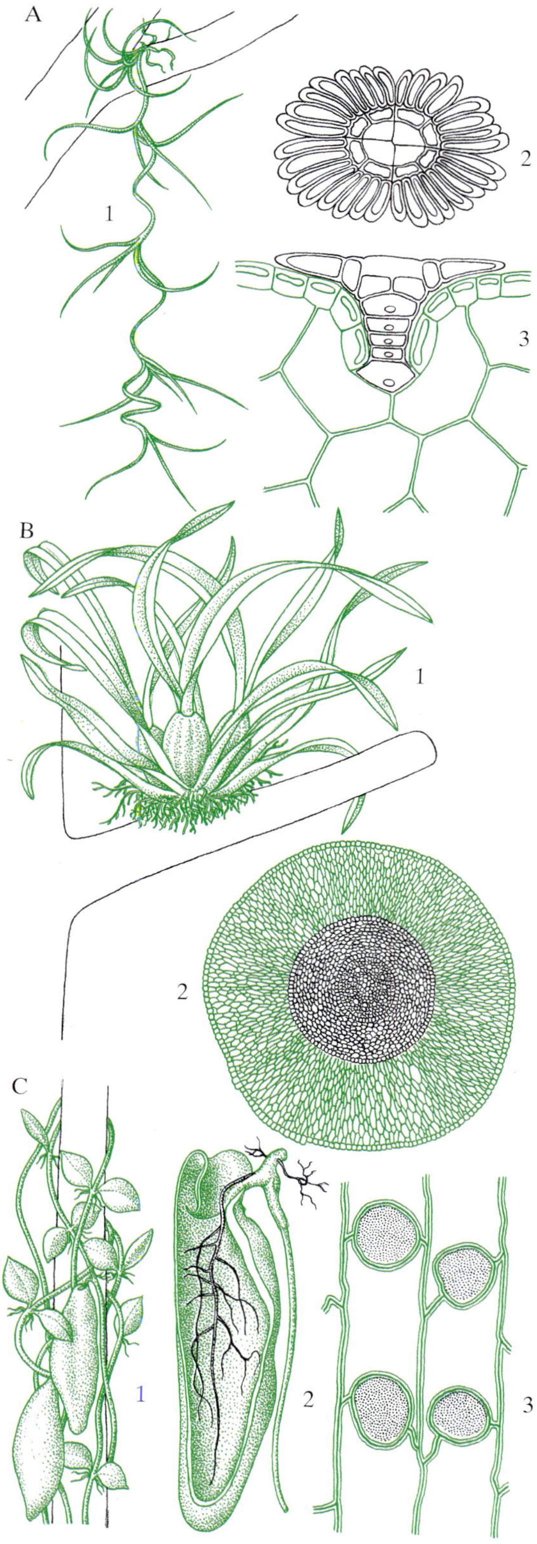

Wasser- und Nährstoffversorgung bei Epiphyten
A *Tillandsia usneoides*, 1 Habitus der Pflanze, 2 Saugschuppe von oben, 3 Saugschuppe im Querschnitt; B *Cattleya spec.* (Orchidee), 1 Pflanze mit Speicherknollen und Luftwurzeln, 2 Querschnitt einer Luftwurzel mit wasseraufnehmender Außenschicht (Velamen); C *Dischidia rafflesiana* (Urnenpflanze), 1 Habitus der Pflanze mit normalen und zwei Urnenblättern, 2 Längsschnitt durch das Urnenblatt mit eingewachsener Wurzel, 3 Durchlaßzellen der Wurzel-Exodermis.

Das extremste Beispiel ist das sogenannte Louisiana-»Moos« *(Tillandsia usneoides)*, das im subtropischen und tropischen Amerika in luftfeuchteren Gebieten überall häufig in Bäumen, an Telegraphendrähten oder Dachrinnen hängt und wie eine Bartflechte wurzellos an diesen Unterlagen befestigt ist. Die Gesamtpflanze besteht aus kettenartig aneinandergereihten Einzelpflanzen, die förmlich »von der Luft leben«, denn sie profitieren nur von Regen- oder Nebelfeuchtigkeit und aufgewehtem Staub.
Zu den Schattenepiphyten der Tropen der Alten Welt gehört der auch in jedem botanischen Garten zu sehende Vogelnestfarn *(Asplenium nidus)*. Er bildet, ähnlich wie die Zisternen der Bromelien, aus den etwa 1 m großen Blättern einen Trichter, in dessen Grund das Regenwasser und Humusbestandteile geleitet werden. Das »Vogelnest« befindet sich am Grunde des Trichters und wird aus vielen schuppigen und behaarten Adventivwurzeln gebildet, die die Feuchtigkeit und die gelösten Nährstoffe wie einen Schwamm aufsaugen.
Ganz anders verhalten sich die ebenfalls in botanischen Gärten häufig kultivierten, in den gesamten Tropen verbreiteten Geweihfarne (*Platycerium* spec.). Sie bilden neben den geweihartigen Laubblättern noch sogenannte Mantel- oder Nischenblätter aus, die sich eng an das Substrat anschmiegen und unter sich Humus und Feuchtigkeit ansammeln. Die Mantelblätter, z.B. von *Platycerium bifurcatum* aus Australien und Neuguinea, sind rundlich-nierenförmig und sterben schnell ab. Sie werden aber immer wieder von einem neuen Mantelblatt überdeckt,

so daß dicke Lagen dieser Blätter entstehen, die z. T. bereits völlig verwittert sind und von den Wurzeln durchzogen werden.
Andere Arten, z. B. *Platycerium grande* aus dem tropischen Südostasien und Nordaustralien, bilden länger lebende Nischenblätter, die im oberen Teil etwas vom Substrat abstehen, um eine Nische für die Ablagerung von Humus zu bilden.
Auch die nahe verwandte Gattung *Drynaria* (Nischenfarn) aus dem tropischen Ostasien zeigt diese Verschiedenblättrigkeit (Heterophyllie). Neben den häufig meterlangen, gefiederten, normalen Wedeln werden z. B. bei *Drynaria quercifolia* eichenblattartig gelappte, bald absterbende Nischenblätter ausgebildet, die mit breiter Basis dem dichtschuppigen Rhizom aufsitzen und so als Humussammler wirken.
Eine der merkwürdigsten Anpassungen an die epiphytische Lebensweise zeigt die von Indien bis Nordaustralien verbreitete Urnenpflanze *(Dischidia rafflesiana)* aus der Familie der Seidenpflanzengewächse (Asclepiadaceae). Bei dieser häufig in botanischen Gärten gezogenen Art sind einige Blätter zu schlauchartigen Behältern umgeformt, in die oben eine sproßbürtige Wurzel hineinwächst. Das Urnenblatt wird von Ameisen bewohnt, die Erde in diesen Schlauch tragen, so daß sich gewissermaßen kleine Blumentöpfe bilden, von deren Inhalt die Pflanze zehrt (s. Abb. S. 103).
Beziehungen zu Ameisen weisen eine ganze Anzahl von Epiphyten auf. Bekannte Beispiele sind die im Mangrovewald des tropischen Ostasiens verbreiteten Ameisenknollenpflanzen – *Myrmecodia*- und *Hydnophytum*-Arten – die zu den Rötegewächsen (Rubiaceae) gehören. Sie besitzen innen gekammerte Sproßknollen, die von den Ameisen als Wohnungen benutzt werden. Diese Höhlungen füllen die Ameisen z. T. auch mit Humusteilchen an. Ob das für die Pflanze vorteilhaft ist, kann man nicht mit Sicherheit sagen. In Kultur gedeihen sie auch ohne diese Lebensgemeinschaft. Ähnliche Beziehungen zu Ameisen, die in hohlen Sproßknollen von Epiphyten wohnen, gibt es bei einigen Orchideen, z. B. der »Flötenspieler«-Orchidee, *Schomburgkia tibicinis,* aus Mittelamerika. Sie erhielt ihren Namen, weil der Wind durch die Löcher in den hohlen Bulben Töne erzeugen kann.
Auch epiphytische Farne beherbergen manchmal Ameisen, die ihnen Humusteile zutragen, so einige Tüpfelfarne (z. B. *Polypodium sinosum*) und der Ameisenfarn (*Lecanopteris* spec.). Die Ameisen leben hier in den Höhlungen der Rhizome.

Schutz gegen Feinde

Die autotrophen Pflanzen bilden mit ihren organischen Stoffen direkt oder indirekt die Nahrungsgrundlage aller anderen Lebewesen der Erde. Sie dienen der Ernährung aller pflanzenfressenden Tiere, von denen es bekanntlich eine große Anzahl gibt. Man denke nur an die im Wasser von pflanzlichem Plankton und anderen Algen lebenden zahlreichen Kleinkrebse, Seeigel oder Fische bzw. an die unzähligen Landtiere, wie Schnecken, Insekten, Nagetiere, Wiederkäuer und all die anderen Pflanzenfresser unter den Säugetieren. Wieviel pflanzliche Biomasse ist nötig, um deren täglichen Hunger zu stillen!
Natürlich haben die Pflanzen im Verlauf ihrer Evolution »versucht«, der Schädigung oder Vernichtung durch Tierfraß zu entgehen. Unter dem Druck des Überlebenwollens bildete sich eine große Zahl vielfältiger Schutzeinrichtungen und Abwehrmechanismen, sowohl in morphologischer als auch in physiologischer Hinsicht, heraus.
Die morphologischen Schutzeinrichtungen konzentrieren sich zum einen auf eine Bewehrung der Pflanzen mit Borsten-, Brenn- und Drüsenhaaren, Stacheln oder Dornen, die den Tieren beim Fressen Schwierigkeiten oder gar Schmerzen bereiten, zum anderen auf eine fraßabschreckende Konsistenzveränderung der vegetativen Teile, vor allem der am meisten fraßgefährdeten Blätter, durch die Entwicklung einer harten, ledrigen

Beschaffenheit bzw. Inkrustierung oder Auflagerung bestimmter Stoffe. In vielen Fällen sind diese Abwehrmechanismen gegenüber Tierfraß mit dem Schutz gegen bestimmte standörtliche Besonderheiten, z.B. starke Behaarung gegen Austrocknung kombiniert.

Eine dichte Behaarung auf vegetativen Teilen der Pflanzen kommt bei vielen Vertretern der verschiedensten Familien vor, in Mitteleuropa vor allem bei den mit steifen Borstenhaaren versehenen Rauhblattgewächsen (Boraginaceae), verschiedenen Braunwurzgewächsen (Scrophulariaceae) und Kreuzblütlern (Brassicaceae). Diese Borstenhaare besitzen eine verdickte äußere Membran, in die noch Kieselsäure oder Kalk eingelagert sein kann, so daß sie eine große Festigkeit erreichen. Schnecken und Raupen haben hier keine Chance, weil die meist nach rückwärts gerichteten Borsten beim Hochkriechen in das Fleisch eindringen. Aber auch Weidetiere verschmähen z.B. auf den Weideflächen stehende Königskerzen (*Verbascum* spec.) oder den Gemeinen Natternkopf *(Echium vulgare)* wegen ihrer dichten Behaarung. Hingegen werden rauh behaarte Vergißmeinnichtarten (*Myosotis* spec.) oder der Gemeine Beinwell *(Symphytum officinale)* gefressen. Wahrscheinlich spielt hier auch der Geschmack eine Rolle.

Gut geschützt gegen Tierfraß ist das Klebkraut *(Galium aparine)* durch seine hakenförmigen Borstenhaare, die es auch als Kletterhilfe benutzt. Viele Pflanzen haben auf ihrer Oberfläche glasartig spröde Haare, die bei Berührung abbrechen, ins Fleisch der Tiere eindringen und später zu Entzündungen führen. Das ist beispielsweise bei der tropischen Liane *Malpighia urens* der Fall. Diese Haare werden aber nicht zum Klettern benutzt, sie dienen lediglich als Schutzeinrichtung.

Eine für Tiere unangenehme Eigenschaft haben auch die Brennhaare. Sie brechen bei Berührung an einer durch Kieselsäureeinlagerung harten und zerbrechlichen Stelle dicht unter der Spitze ab und dringen in die Haut ein. Dabei wird der Inhalt dieser Haar-

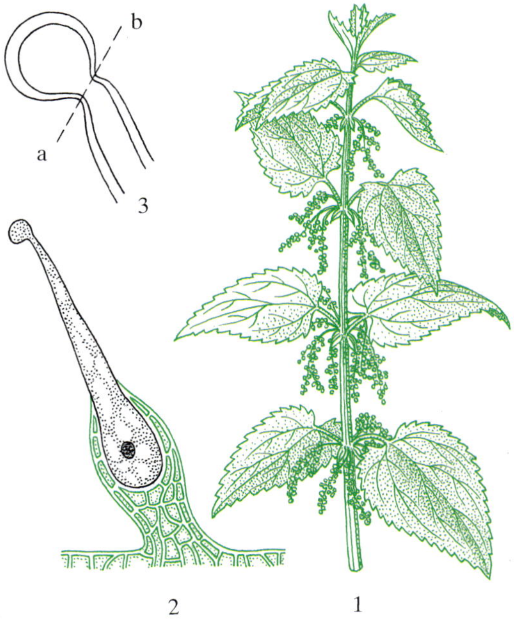

Brennhaare der Großen Brennessel *(Urtica dioica)*
1 Habitus der Pflanze, 2 Brennhaar (schwarz) in vielzelligem Sockel, etwa 80fach vergrößert,
3 verkieseltes Köpfchen mit Abbruchstelle a–b, etwa 600fach vergrößert)

zelle in die Haut gespritzt, ein Gemisch aus Arecocholin, einigen organischen Säuren und ihren Salzen sowie Histamin, das sich auch im Bienengift und dem Speichelsekret stechend-saugender Insekten befindet. Von diesem Stoffgemisch reicht schon ein Zehntausendstel Gramm aus, um die allen bekannte Hautrötung mit anschließendem Juckreiz auszulösen.

Brennhaare sind vor allem in zwei Pflanzenfamilien mit vorwiegend bzw. ausschließlich subtropisch-tropischer Verbreitung ausgebildet: bei den Brennesselgewächsen (Urticaceae) und den Loasaceen. Von der zur ersten Familie gehörenden Gattung Brennnessel (*Urtica)* gibt es weltweit rund 40 Arten, von denen vier in Mitteleuropa vorkommen, aber nur zwei häufig sind, die Kleine Brennessel *(Urtica urens)* und die Große Brennessel *(Urtica dioica)*. Sie wachsen vor allem auf stickstoffreichem Garten- bzw. Ödland und auf Ruderalstellen. Bestimmte Schmetterlingsraupen lassen sich allerdings durch die Brennhaare nicht stören. So fanden die Raupen vom Tagpfauenauge und Kleinen Fuchs in der Großen Brennessel ihre Nahrungspflanze und sind bei der Häufigkeit dieser Art unsere verbreitetsten Tagschmetterlinge. Vertreter einer anderen, nur tropisch-subtropisch vorkommenden Gattung dieser Familie verursachen mit ihren Brennhaaren noch stärkere und länger anhaltende Hautentzündungen als unsere Brennesseln. Es sind die Arten der Gattung *Laportea*, die auch in den botanischen Gärten kultiviert werden. Ebenso verhält es sich mit den neotropischen Loasaceen, deren Brennhaare den gleichen Bau wie die der Brennesseln haben. Auch sie verursachen bei jeder Berührung starke Schmerzen. Außer den Brennhaaren, die übrigens nicht bei allen Gattungen dieser Familien vorkommen, besitzen aber fast alle Vertreter noch verschieden gestaltete Borstenhaare, die einen zusätzlichen Schutz gegen Tierfraß bieten.

Auch in anderen Pflanzenfamilien kommen vereinzelt Arten mit Brennhaaren vor. Zu nennen sind noch die in Amerika heimischen Arten der Nesselwolfsmilch (*Cnidoscolus* spec.) aus der Familie der Wolfsmilchgewächse (Euphorbiaceae). Ihre Brennhaare haben den gleichen Bau und die gleiche Wirkung wie die der oben angeführten Pflanzen.

Gemieden werden von verschiedenen Tieren häufig auch solche Arten, die im Habitus diesen »gefährlichen Pflanzen« ähneln, wie z.B. unsere völlig harmlosen Taubnesseln (*Lamium* spec.) aus der Familie der Lippenblütengewächse.

Teilweise guten Schutz bieten den Pflanzen die oft verholzenden Stacheln und Dornen, die bei vielen Arten verschiedenster Familien vorhanden sind. Während die Stacheln

Die Brennende Nesselwolfsmilch (*Cnidoscolus urens*) aus dem Andengebiet ruft unangenehme Hautreizungen bei Berührung hervor.

als sogenannte Emergenzen von der Epidermis und den darunter liegenden Schichten ausgebildet werden, handelt es sich bei den Dornen um umgewandelte Blätter, Blatteile, Sprosse oder auch Wurzeln.
Durch Stacheln verschiedener Zahl und Größe sind unter anderem Rosen- und Brombeerarten mehr oder weniger von Tierfraß geschützt. Während z.B. die Blätter der Wildrosen niemals von Säugetieren gefressen werden, stellen Brombeerblätter für viele Tiere, wie für Rehe, ein willkommenes Futter dar. Sie lassen sich von den vor allem an den Zweigen in großer Zahl ausgebildeten Stacheln nicht abschrecken. Sicher spielt auch hier der Geschmack der Blätter eine Rolle.
Alle Pflanzen, die den deutschen Namen »Distel« führen, z.T. aber ganz verschiedenen Gattungen oder auch Familien angehören, haben Dornen, die in der Regel aus umgewandelten Blattspitzen oder Teilen der Blattränder hervorgegangen sind. Beispiele dafür sind die zu den Korbblütlern gehörenden Kugeldisteln (*Echinops* spec.), Kratzdisteln (*Cirsium* spec.), Disteln (*Carduus* spec. – Abb. 108), die Gemeine Eselsdistel *(Onopordum acanthium)* sowie Silber- und Golddisteln (*Carlina* spec.) oder die zu den Doldengewächsen zählenden Stranddisteln (*Eryngium* spec.). Auf solche Distelpflanzen haben sich die aus Nordostafrika stammenden Esel spezialisiert. Sie sind in der Lage, sich von solchen dornigen Pflanzen zu ernähren, ohne Schaden zu nehmen. Alle anderen Säugetiere lassen Disteln unberührt.
Bei der auch als Sauerdorn bezeichneten Berberitze (*Berberis* spec.) werden die Dornen aus ganzen Blättern gebildet, bei der Robinie (*Robinia* spec.) aus den Nebenblättern. Auch viele der Stammsukkulenten besitzen Blattdornen, wie z.B. die Kakteen oder die Wolfsmilchgewächse. Sie sind in den meisten Fällen dadurch hervorragend gegen Tierfraß geschützt.
Sproßdornen kann man bei vielen Pflanzen der verschiedensten Verwandtschaftskreise antreffen, in unserer heimischen Flora beispielsweise bei Schlehe *(Prunus spinosa)* und Purgierkreuzdorn *(Rhamnus cathartica)*. Von beiden werden aber die jungen Triebe gefressen, wenn die Dornen noch nicht verhärtet sind.
Viele Tiere meiden auch Pflanzen mit ledrigharten, meist saftarmen, durch Steinzellen (Sklerenchymzellen) versteiften Blättern, wie sie zahlreiche Hartlaubgewächse, z.B. Vertreter der Gattungen Lorbeer *(Laurus)*, Myrte *(Myrtus)* oder Ölbaum *(Olea)*, aber ebenso unsere Preiselbeersträucher *(Vaccinium vitis-idaea)* besitzen.
Auch Blätter, die durch Harz-, Wachs-, Kalk- oder Kieselsäureeinlagerungen bzw. -überzüge fest und zudem vielleicht noch spitz und schneidend scharf sind, wie die von Schilf, Rohr, Borstgras, vielen Seggen oder Schachtelhalmen, werden meist verschont.
Die physiologische Wirksamkeit gegenüber Tierfraß beruht auf der Herausbildung verschiedener chemischer Abwehrstoffe, die die Tiere entweder durch widerwärtige Gerüche, bitteren oder anderen schlechten Geschmack bzw. Giftwirkung abschrecken sollen. Auch hier gibt es eine Reihe von Möglichkeiten und Varianten.
Einen unangenehmen Geruch strömen z.B. die meisten Baldriangewächse (Valerianaceae), vor allem der Echte Baldrian *(Valeriana officinalis)*, aus, in dessen Wurzeln reichlich ätherische Öle gebildet werden, die diesen Geruch verursachen. Während die meisten Tiere von ihm abgeschreckt werden, üben die in den ätherischen Ölen enthaltenen Valeriana-Alkaloide auf Katzen eine anziehende, ja geradezu erregende Wirkung aus. Allerdings fressen die Katzen keinen Baldrian, sondern wälzen sich über die Pflanzen, um den Geruch aufzunehmen.
Ätherische Öle mit Bitterstoffen enthalten u.a. zahlreiche Vertreter der Lippenblüten-, Korbblüten-, Enzian- oder Fieberkleegewächse, die deshalb als Futterpflanzen keine Rolle spielen. Bei anderen Sippen haben sich Giftstoffe entwickelt, wie z.B. die Senfölglykoside bei den Kapernartigen (Capparales), zu denen u.a. die Kreuzblütler (Brassicaceae) und die vorwiegend subtropisch verbreiteten Kapernstrauchgewächse (Capparaceae) gehören.

Die heimische Lanzettblättrige Kratzdistel *(Cirsium vulgare)* kommt an ruderalen Standorten vor. Man sieht deutlich ihre zu Dornen umgewandelten Blattspitzen oder -ränder.

Senföle bedingen den scharfen Geschmack vieler dieser Pflanzen, weshalb sie auch als Gewürze wie Senf, Meerrettich oder Kapern verwendet werden. Während die meisten Tiere wegen des scharfen Geschmacks diese Pflanzen nicht fressen, haben sich aber Spezialisten herausgebildet, die gerade von diesen Pflanzen leben, da sie in der Lage sind, die Giftstoffe unschädlich zu machen. Derartige Spezialisten sind z.B. die Kohlweißlinge *(Pieris brassicae)* unter den Schmetterlingen, deren Raupen sich von Kreuzblütlern ernähren. Gerade die biochemischen Wechselwirkungen zwischen Pflanzen und Pflanzenfressern, vor allem unter den Insekten, sind sehr vielfältig. Sie beruhen in der Regel auf einer Gift-Gegengift-Beziehung oder auf hormonellen Reaktionen. So vermag sich die Reblaus *(Viteus vitifolii)* nur mit Hilfe proteolytischer Enzyme zu ernähren, die die pflanzlichen Eiweißstoffe in ihrer Wirtspflanze, dem Weinstock *(Vitis vinifera)*, »mundgerecht« zu spalten vermögen. Gegen Rebläuse immune Weinstockpflanzen sind in der Lage, diese Enzyme zu inaktivieren, so daß eine Ernährung der Läuse unmöglich wird. Die Inaktivierung geschieht mit Hilfe von Proteinase-Inhibitoren (Polypeptide oder Glykoproteide), die auch in vielen Samen, Früchten sowie bei Kartoffeln, Rüben und in anderen pflanzlichen Speicherorganen gefunden wurden. Auch unreife Früchte enthalten vielfach Stoffe, die für Tiere giftig sind, wie beispielsweise unreife Tomaten und andere Solanaceen-Früchte die giftigen Saponine. Bei der Reife werden sie entweder in ungiftige Verbindungen überführt oder völlig abgebaut. Diese Stoffe sind ein Schutz gegen das vorzeitige Gefressenwerden vor der Samenreife. Denn erst für die reifen Samen ist eine Verbreitung über den Darm der Tiere sinnvoll.

Viele Nachtschattengewächse gehören wegen ihres Gehalts an Tropanalkaloiden zu den Giftpflanzen, an deren grünen, vegetativen Teilen sich die meisten Tiere nicht vergreifen, wie der Tabak, die Tollkirsche, das Bilsenkraut, der Stechapfel oder auch die Kartoffel. Doch gibt es wiederum Ausnahmen. So befällt der Blattkäfer *Epithrix atropae* die Tollkirsche, und der auch zur Familie der Blattkäfer gehörende Kartoffelkäfer *(Leptinotarsa decemlineata)* kann sich von den Kartoffelblättern sowohl als Larve wie auch als Vollkerf ernähren.

Verschiedene Insektenarten, die gegen bestimmte Pflanzengifte immun sind, verwenden diese im Körper gespeicherten Gifte ihrerseits als Schutz gegen ihre Feinde, die diese Immunität nicht besitzen. So ist z.B. ein auf dem Jakobskreuzkraut *(Senecio jacobaea)* lebender Schmetterling *(Callimorpha jacobeae)* durch die Aufnahme des Alkaloids Senecionin aus dieser Pflanze gegen seine Feinde gefeit. Dieses Alkaloid gelangt von den Larven, die sich von den Blättern ernähren, in die ausgewachsenen Imagines. Noch kompliziertere Verhältnisse liegen vor, wenn bestimmte Pflanzeninhaltsstoffe in ihrer Wirkung verschiedenen Insektenhormonen gleichen und damit beispielsweise die von einem Hormonsystem geregelte Verwandlung (Metamorphose) von Insekten stören können. So produzieren die nordamerikanische Balsamtanne *(Abies balsamea)* und andere Koniferenarten einen als Juvabion bezeichneten Stoff, der chemisch-physiologisch einem Larvenhormon von Insekten analog ist. Er führt z.B. bei Feuerwanzen (Pyrrhocoridae) zu einer nicht lebensfähigen, überzähligen Jugendphase. Andere Stoffe beschleunigen die Metamorphose zum Vollinsekt derart, daß ebenfalls lebensuntüchtige Tiere entstehen.

Schließlich sei noch eine Pflanze unserer heimischen Flora erwähnt, die zumindest ihre oberen Teile gegen an ihr hochkriechende Tiere schützen kann. Es ist die von Europa bis Westsibirien verbreitete Pechnelke *(Lychnis viscaria)*, die an ihren Stengeln unterhalb der Knoten stark klebrige Stoffe ausscheidet, deren Wirkung Leimringen gleichkommt, an denen Tiere kleben bleiben.

Auf den Boden kommt es an

Jeder Gartenbesitzer weiß um die Bedeutung des Bodens für das Wachstum der Pflanzen. Er kennt den Unterschied zwischen lockeren Sandböden und festen Lehm- und Tonböden und versucht manches, um die Nachteile beider auszugleichen: den Sandboden durch Humusgaben zu verbessern und dadurch eine schnelle Austrocknung zu verhindern, den Lehmboden durch häufiges Hacken aufzulockern, damit eine Verdichtung vermieden wird.

Es ist auch allgemein bekannt, daß der Zustand des Bodens in unmittelbarem Zusammenhang mit der Vegetation steht. So trägt die »märkische Streusandbüchse« einen artenarmen Kiefernwald, die nährstoffreichen, lehmigen Auböden einen üppigen, artenreichen Stieleichen-Eschen-Ulmen-Auwald. Die Beziehungen zwischen Vegetation und Boden sind eindeutig. Er ist das Nährmedium und der feste Halt für alle in ihm wurzelnden Pflanzen. Man kann ihn definieren als die vom Ausgangsmaterial geprägte, von Klima und Lebewesen veränderte oberste Schicht der Erdkruste, die sogenannte Pedosphäre.

Es führt hier zu weit, auf die komplizierten Vorgänge der Bodenbildung genauer einzugehen. Damit beschäftigt sich ein eigenes Wissensgebiet, die Pedologie. Auf einige wesentliche Voraussetzungen zum Verständnis sei aber hingewiesen. Wichtig ist vor allem die Kenntnis des Ausgangsmaterials, des obersten Gesteinsmantels der Erde, der sogenannten Lithosphäre. Grundsätzlich unterscheidet man zwischen Festgesteinen und Lockergesteinen. Die Festgesteine können Eruptivgesteine wie Granit oder Porphyr, kristalline Schiefer wie Gneis oder Glimmerschiefer, aber auch Sedimentgesteine wie Sandsteine, Konglomerate, Tonschiefer oder Kalksteine sein. Zu den Lockergesteinen zählen z.B. Löß, Geschiebemergel, Sande und Tone.

Wichtig ist auch der Basengehalt der Gesteine, der die Bodenreaktion bestimmt. Es gibt saure Gesteine wie Granite und Gneise, neutrale wie Porphyrite und Diorite und basische wie Basalte und Diabase. Auch das Ausgangsmaterial der Sediment- und Lockergesteine besitzt unterschiedliche Kalkgehalte.

Die eigentliche Bodenbildung aus dem Ausgangsgestein beginnt mit dem Prozeß der Verwitterung. Er wird sowohl durch klimatische Faktoren wie Hitze- und Frosteinwirkung, Hydrolyse und anderes als auch durch biotische Faktoren wie Algen-, Moos-, Flechtenbewuchs, Wurzelausscheidungen usw. gesteuert. Eine besondere Rolle spielt das organische Material, das als Streuauflage von den Lebewesen im Boden, die als Edaphon bezeichnet werden, abgebaut wird. Vor allem Bakterien und Pilze, aber auch saprophage Tiere, z.B. Asseln, Tausendfüßler, Milben, Springschwänze, Faden- und Regenwürmer, sind daran beteiligt.

Die Schnelligkeit des Abbaus ist abhängig vom Klima. In einem tropischen Regenwald mit hohen Temperaturen und großer Feuchtigkeit zum Beispiel geht die Zersetzung so rasch vor sich, daß eine Streuschicht kaum ausgebildet wird und die Nährstoffe sofort wieder von den Wurzeln der Pflanzen aufgenommen werden. Deshalb ist dort auch kein Nährstoffspeicher im Boden vorhanden, und mit der Beseitigung der Vegetation wird gleichzeitig das gesamte Nährstoffpotential vernichtet.

In kalten Klimaten, bei Wasserstau und damit schlechter Luftzufuhr, also überall dort, wo das Edaphon sich schlecht entwickeln kann, kommt es zu einem unvollständigen Abbau, so daß in Wäldern eine Rohhumusauflage oder in Mooren eine Torfschicht entsteht, in der sich mineralisierende Bakterien nicht entfalten können.

An einem Bodenprofil ist der Hergang der Entwicklung des Bodens meist sehr gut abzulesen. Das Profil besitzt eine charakteristische Schichtung. Meist ist es in den humiden Gebieten in den oberen, der Auswaschung ausgesetzten Eluvial-Horizont (A-Horizont), den darunter liegenden Anreicherungs- oder Illuvial-Horizont (B-Horizont) und das Muttergestein (C-Horizont) gegliedert.

Die unterschiedliche Ausprägung dieser Bodenprofile kennzeichnet die verschiedenen Bodentypen. Sie sind der Ausdruck der durch Klima und Vegetation beeinflußten Bodenbildung. Dabei läßt sich eine parallele Entwicklung von Boden und Vegetation feststellen.

In kühl-feuchten Klimaten neigen z.B. Böden aus sauren Muttergesteinen zur Rohhumusauflage, zur Auswaschung der Nährstoffe und deren Anreicherung im B-Horizont (Ortsteinbildung). Diese Böden werden Podsolböden (russ. = unter Asche) oder Bleicherden genannt. Auf ihnen gedeiht eine Vegetation aus Nadelwäldern mit einem hohen Anteil aus Heidekrautgewächsen, die durch ihre Symbiose mit Pilzen die Rohhumusschicht aufzuschließen vermögen.

Ein sommerwarmes, semiarides Klima und tiefgründige, kalkhaltige Lockergesteine führen hingegen zu einem humus- und nährstoffreichen A-Horizont dicht über dem Muttergestein. Wegen der durch Humusanteil bedingten schwarzen Färbung führt dieser Bodentyp den Namen Schwarzerde oder Tschernosem (russ. = Schwarzerde). Dieser fruchtbare Boden trägt eine Vegetation von Grassteppen und lichten Wäldern, ist aber heute meist in hochproduktive Äcker umgewandelt.

Das waren nur zwei Beispiele einer ganzen Skala von Bodentypen, die unter verschiedenen Klima- und Vegetationsbedingungen entstehen können. Um sie zu bestimmen, muß unbedingt ein Bodenprofil analysiert werden, das über Entstehung und Entwicklung des Bodentyps Auskunft gibt.

Die verblüffendsten Florenunterschiede auf engstem Raum, die durch den Boden bedingt werden, bestehen zwischen Kalkgestein und Silikatgestein. Der Florenwechsel zeigt sich besonders deutlich bei einem Übergang von einem Muschelkalk- in ein Buntsandsteingebiet. Im Muschelkalkgebiet haben wir einen Waldmeister-Buchenwald mit Seidelbast, Leberblümchen, Waldmeister, Haselwurz und Sanikel, im Buntsandsteingebiet einen Traubeneichen-Buchenwald mit Heidelbeeren, Adlerfarn, Schlängelschmiele und Schmalblättriger Hainsimse, der auch häufig in einen Fichten- oder Kiefernforst umgewandelt sein kann. Noch augenfälliger sind die Unterschiede auf Trocken- oder Halbtrockenrasen über einem flachgründigen Boden. Hier wachsen auf Kalkboden z.B. Blauschwingel, Blaugras, Traubengamander, Hufeisenklee und Schwalbenwurz, auf Silikatboden Besenginster-Heiden mit Heidekraut, Salbeigamander, Wiesenwachtelweizen und Doldigem Habichtskraut. Diese Unterschiede führten dazu, von kalkliebenden bzw. kalkfliehenden Arten zu sprechen.

Als man den Gründen nachspürte, weshalb kalkliebende Pflanzen eben auf Kalkboden wachsen, entdeckte man auch Ausnahmen. So kommt die Schwalbenwurz *(Vincetoxicum hirundinaria)* z.B. nicht nur auf Kalkgestein, sondern an warmen Hängen auch auf Urgestein vor. Es zeigte sich also, daß die vermeintlichen Kalkpflanzen nicht auf die chemischen Unterschiede der Böden ansprechen, sondern wahrscheinlich die kalkreichen Böden bevorzugen, weil sie generell trockener und wärmer sind. Die kalkfliehenden Arten sollen dagegen die Silikatböden vorziehen, weil sie feuchter und kühler sind. Diese physikalische Theorie wurde der chemischen Theorie gegenübergestellt.
Genaue Untersuchungen ergaben, daß zwischen sogenannten bodensteten (eng an einen bestimmten Boden gebundene) bzw. bodenvagen (nicht an einen bestimmten Boden gebundene) Arten unterschieden werden muß.
In den Hochgebirgen, z.B. den Alpen, fand man nahe verwandte Arten oder Unterarten, die sich gegenseitig auf Kalk- oder Urgestein ausschließen. Sie werden als vikariierende Arten bezeichnet.
Diese Unterschiede können nicht mehr mit der obengenannten physikalischen Theorie erklärt werden. Andererseits läßt es sich nachweisen, daß nicht allein der Kalkgehalt für das Vorkommen maßgebend ist. Während z.B. auf calciumkarbonathaltigen Böden die kalkfliehenden Pflanzen nicht gedeihen können, ist das auf Calciumsulfat (Gips) durchaus möglich. Durch die hydrolytische Spaltung des Calciumkarbonats ergibt sich eine alkalische Reaktion, d.h. der pH-Wert liegt gewöhnlich über 7. Die auf den ersten Blick kalkliebenden Pflanzen sind also in Wirklichkeit basiphil (basenliebend) und die kalkfliehenden acidophil (säureliebend). Es kommt also auf die Bodenreaktion (pH-Wert) an.
Das pH-Optimum kann für jede Pflanzenart im Kulturversuch ermittelt werden. Es ist das physiologische Optimum. Diesem gegenüber steht das ökologische Optimum, das sich am natürlichen Standort unter der Konkurrenz anderer Arten einstellt. Es besteht also ein unterschiedliches physiologisches und ökologisches Verhalten in bezug auf die Bodenreaktion. Dabei spielen z.B. Rotbuche *(Fagus sylvatica)* und Waldkiefer *(Pinus sylvestris)* in dieser Hinsicht eine recht unterschiedliche Rolle. Bei der Rotbuche entspricht das ökologische beinahe dem physiologischen Verhalten. Die ökologische Amplitude stimmt fast mit der physiologischen überein.
So kann die Konkurrenz anderer Arten die Rotbuche kaum aus den mittleren Bereichen verdrängen. Sie würde deshalb – außer an extremen Standorten – fast überall dominieren, wenn der Mensch nicht eingegriffen hätte.
Ganz anders verhält es sich bei der Waldkiefer. Sie wird durch die Konkurrenz auf die Extrembereiche (sauer-basisch) abgedrängt, obwohl ihre physiologische Amplitude mit der der Rotbuche nahezu identisch ist. Unter Ausschaltung der Konkurrenz kann die Waldkiefer z.B. in Parkanlagen an ihr zusagenden Standorten optimal gedeihen, während die auf die Flanken ihres physiologischen Optimums abgedrängten Bäume meist viel kümmerlicher aussehen. So erreichen die Kiefern extrem saurer Moor- und Sandstandorte oder basischer Felsstandorte nie die Höhen und Stärken der Parkbäume.
Ein anderes Beispiel sind die Ackerwildkräuter Hederich *(Raphanus raphanistrum)* und Ackersenf *(Sinapis arvensis)*. Auch hier

Vikariierende Arten in den Alpen

Auf Kalk	Auf Silikatgestein
Rhododendron hirsutum	*Rhododendron ferrugineum*
Gentiana clusii	*Gentiana acaulis*
Achillea atrata	*Achillea moschata*
Pulsatilla alpina ssp. *alpina*	*Pulsatilla alpina* ssp. *apiifolia*

Ökologische Artengruppen der Ackerwildkräuter als Indikatoren für die Bodenreaktion (nach Ellenberg)

1. Auf stark sauren Böden verbreitete Arten:

Feldspark *(Spergula arvensis)*
Grüner Knäuel *(Scleranthus annuus)*
Weiches Honiggras *(Holcus mollis)*
Ackerhohlzahn *(Galeopsis ladanum)*

2. Auf sauren Böden vorkommende Arten, die gelegentlich in den neutralen Bereich eindringen:

Hederich *(Raphanus raphanistrum)*
Krötenbinse *(Juncus bufonius)*
Rote Schuppenmiere *(Spergularia rubra)*
Ackerhundskamille *(Anthemis arvensis)*

3. Auf schwach sauren Böden, gelegentlich bis in alle pH-Bereiche vorkommende Arten:

Echte Kamille *(Chamomilla recutita)*
Windhalm *(Apera spica-venti)*
Ackersinau *(Aphanes arvensis)*
Feldehrenpreis *(Veronica arvensis)*

4. Auf schwach sauren bis alkalischen Böden vorkommende Arten:

Ackersenf *(Sinapsis arvensis)*
Persischer Ehrenpreis *(Veronica persica)*
Echter Erdrauch *(Fumaria officinalis)*
Kohlgänsedistel *(Sonchus oleraceus)*

5. Auf neutralen bis alkalischen Böden vorkommende Arten:

Feldrittersporn *(Consolida arvensis)*
Sommeradonisröschen *(Adonis aestivalis)*
Nadelkerbel *(Scandix pecten-veneris)*
Kleine Wolfsmilch *(Euphorbia exigua)*

6. Indifferente Arten:

Kornblume *(Centaurea cyanus)*
Kornrade *(Agrostemma githago)*
Hirtentäschel *(Capsella bursa-pastoris)*
Vogelmiere *(Stellaria media)*

ist das physiologische Verhalten beider fast gleich. Der Hederich gilt aber als acidophil, der Ackersenf als basiphil. Das kommt auch in der ökologischen Amplitude zum Ausdruck. Während sie beim Hederich in den sauren Bereich verschoben ist, wird sie beim Ackersenf in den basischen Bereich abgedrängt. Da die Konkurrenz bei Ackerwildkräutern – wo der Mensch regulierend eingreift – nicht immer voll wirksam ist, kommen manchmal auch Abweichungen von der Regel vor.
Wenn man das ökologische Verhalten bestimmter Arten gegenüber bestimmten Standortsfaktoren, z. B. der Bodenreaktion, mißt, dann wird man unterschiedliche Verhaltensweisen bzw. genau definierte ökologische Amplituden feststellen. Man kann dann Arten mit etwa gleichartiger »ökologischer Konstitution« zu Gruppen etwa gleicher Wertigkeit zusammenfassen, die als ökologische Gruppen gekennzeichnet werden. Umgekehrt lassen sich aus dem Auftreten bestimmter Arten spezifischer ökologischer Gruppen Rückschlüsse auf bestimmte Bodeneigenschaften ziehen, d. h. die einzelnen Arten können als Bioindikatoren eingesetzt werden (s. Tabelle u. Abb. S. 114).

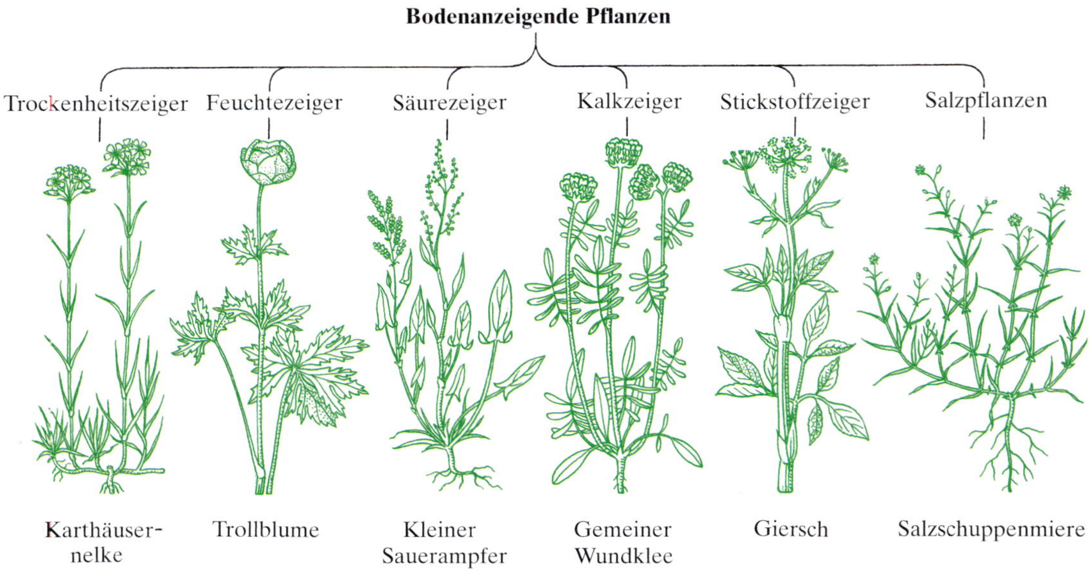

Die ungeliebte Brennessel

Keine Pflanzenart hat in den letzten Jahren in Mitteleuropa einen solchen Siegeszug angetreten wie die Große Brennessel *(Urtica dioica)*. Wo früher am Wegesrand noch Margeriten und Schafgarbe, Gamanderehrenpreis und Wiesenglockenblumen blühten, breiten sich heute oft nur eintönige Herden von Brennesseln aus. An den Waldrändern bilden sie breite Säume, in Au- und Bruchwäldern bedecken sie weite Flächen, und die Flußufer werden von üppigen Reinbeständen meterhoher Pflanzen gesäumt. Wer in den letzten Jahzehnten mit wachem Auge die gewaltigen Veränderungen beobachtet hat, die in unserer Vegetation vor sich gegangen sind, wird auch deren Ursache festgestellt haben: die starke Eutrophierung unserer Landschaft, d.h. ihre Anreicherung mit Nährstoffen, insbesondere mit Stickstoff. Die intensive Düngung, z.T. sogar mit Flugzeugen, die großflächige Luftverschmutzung, das Ausbringen von Gülle, die Ablagerung von Müll, die Wasserverschmutzung, alles das sind wesentliche Quellen dieser Stickstoffanreicherung, die die Ausbreitung stickstoffliebender (nitrophiler) Arten förderten.

An die Stelle meist kleinblättriger, niedriger Wiesenpflanzen traten am Wegrand großblättrige, hochwüchsige Arten, wie Große Brennessel *(Urtica dioica)*, Rainfarn *(Tanacetum vulgare)*, Gemeiner Beifuß *(Artemisia vulgaris)*, Schwarznessel *(Ballota nigra)* und andere. Man bezeichnet alle Arten, die an nitratreichen Standorten vorkommen, als Ruderalpflanzen.

Meist sind die Orte des Vorkommens von Ruderalarten durch den Menschen bedingt. Aber es gibt auch Beispiele, wo die Arten der Ruderalvegetation ihre natürlichen Wuchsorte besitzen. Da ist z.B. die Vegetation der Wildlagerplätze, die man besonders im Gebirge beobachten kann. Die dort vorkommenden Pflanzen bezeichnet man als Lägerflora, ihre Zusammensetzung besteht meist aus den gleichen Arten, die auch die anthropogenen stickstoffreichen Standorte besiedeln, wie Große Brennessel, Stumpfblättriger Ampfer *(Rumex obtusifolius)*, Guter Heinrich *(Chenopodium bonus-henricus)*, Vogelmiere *(Stellaria media)*, Hirtentäschel *(Capsella bursa-pastoris)* und andere.

Auch die Tangwälle am Strand – Ansammlungen angespülter Algen, die in Fäulnis übergehen – zeigen eine typische nitrophile Flora. Hier kommen auch charakteristische

Ruderalpflanzen vor, z.B. verschiedene Melden-*(Atriplex-)*Arten, der Krause Ampfer *(Rumex crispus),* die Ackergänsedistel *(Sonchus arvensis)* und die Brennessel.

Bemerkenswert ist auch das häufige Auftreten stickstoffliebender Arten auf Waldschlägen. Es erklärt sich durch die stärkere Erwärmung dieser nun der Sonneneinstrahlung ausgesetzten Böden und damit einer schnelleren Zersetzung der Humusbestandteile, die mit einer intensiven Nitrifikation verbunden ist. Charakteristische Arten dieser Schlagflora sind die beiden heimischen Holunderarten *(Sambucus nigra* und *Sambucus racemosa*), die Himbeere *(Rubus idaeus),* das Schmalblättrige Weidenröschen *(Epilobium angustifolium),* das Waldkreuzkraut *(Senecio sylvaticus)* sowie die Brennessel.

Da solche Waldauflichtungen auch auf natürliche Weise (Windbruch, Brand) entstehen können, müssen diese Standorte als primäre Wuchsorte von Ruderalpflanzen angesehen werden.

Das gleiche gilt für trockenfallende Säume von Ufern nährstoffreicher fließender und stehender Gewässer, die von Zweizahn-Gesellschaften besiedelt werden. Sie sind die ursprünglichen Siedlungsstätten von Knöterich-*(Polygonum-),* Ampfer-*(Rumex-),* Gänsefuß-*(Chenopodium-)* und Zweizahn-*(Bidens-)*Arten, die dann in ruderalen Gesellschaften feuchter Standorte vorkommen.

Eine größere Zahl von Ruderalpflanzen hat ihre ursprüngliche Heimat auch nicht in Mitteleuropa. Sie sind schon vor der Neuzeit (vor 1500 n. Chr.) als sogenannte Archaeophyten vom Menschen hierher gebracht worden. Oft handelt es sich um annuelle Pflanzen der osteuropäischen und zentralasiatischen Steppen- und Halbwüstengebiete, die auf den von Menschen geschaffenen Standorten ihnen zusagende Bedingungen vorfanden. Beispiele dafür sind Mäusegerste *(Hordeum murinum),* Taube Trespe *(Bromus sterilis),* Kleine Brennessel *(Urtica urens),* Wegerauke *(Sisymbrium officinale),*

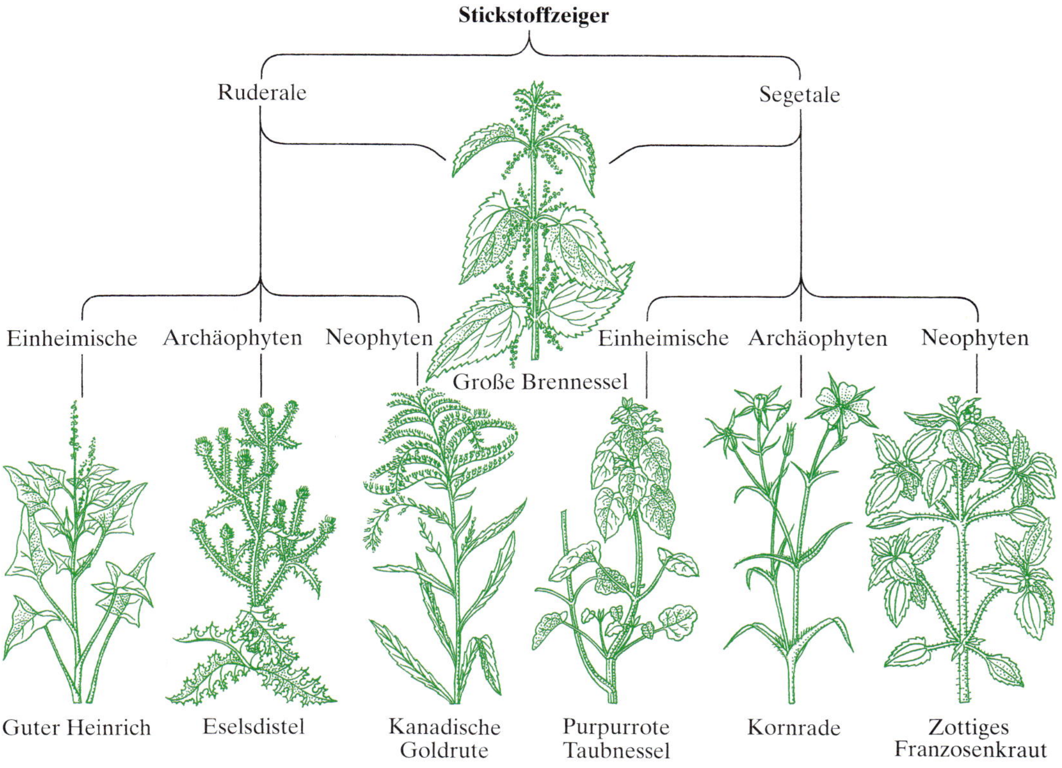

Eselsdistel *(Onopordum acanthium)* und Große Klette *(Arctium lappa)*.

Andere Arten wurden erst in jüngerer Zeit eingeschleppt. Sie werden als Neophyten bezeichnet. Unter ihnen befinden sich vor allem viele Pflanzen unserer Müllplätze, deren besondere Bedingungen (hohe Bodenwärme, lockerer Boden, beträchtlicher Ascheanteil) es auch gestatten, daß Pflanzen wärmerer Regionen, z.T. aus salzreichen Halbwüstengebieten, einwanderten. Hierher gehören z.B. Glanzmelde *(Atriplex nitens)*, Tatarenmelde *(Atriplex tatarica)*, Ungarische Rauke *(Sisymbrium altissimum)*, Kompaßlattich *(Lactuca serriola)* aus dem osteuropäisch-asiatischen Raum, aber auch »Amerikaner«, wie verschiedene Amarant-*(Amaranthus-)*Arten, die Nachtkerzen-*(Oenothera-)*Arten, Kanadische Goldrute *(Solidago canadensis)* und die Dichtblütige Kresse *(Lepidium densiflorum)*.

Eine zweite Gruppe von nitrophilen Arten hat sich an die Standortbedingungen unserer Äcker angepaßt. Es handelt sich um die Segetalpflanzen oder Ackerunkräuter. Da von ihnen nicht nur nachteilige Wirkungen für die Feldfrüchte ausgehen (Raum- und Nährstoffkonkurrenz), sondern auch durch die Bodenbedeckung die Winderosion der Ackerkrume eingeschränkt wird, sie außerdem ein Refugium für tierische Nützlinge darstellen und das Ökosystem Acker insgesamt stabiler machen, werden sie heute nicht schlechthin als Unkraut, sondern als Ackerwildkräuter bezeichnet.

Bevor die intensive Bekämpfung der Segetalpflanzen durch Herbizide einsetzte, waren die Ackerunkrautgesellschaften relativ artenreich und je nach Bodeneigenschaften und Kulturart (Halm- oder Hackfrucht) sehr differenziert. Durch die Anwendung von Herbiziden ist die Palette auf einige Problemunkräuter reduziert worden, die aber häufig mehr schaden als die vordem vorhandene, vielgliedrige Unkrautgemeinschaft es vermochte.

Auch die Segetalpflanzen stammen z.T. aus unserer ursprünglichen Flora, wo sie heute noch vorkommen, wie z.B. auf trockenfallenden sandigen oder steinigen Flußufern, an Abbruchstellen steiler Hänge, auf erodierten humusreichen Sanden oder an Tierbauten. Fristeten sie vorher nur ein bescheidenes Dasein, so konnten sie sich in den Ackerkulturen in großer Menge ausbreiten. Einige Beispiele sind Vogelknöterich *(Polygonum aviculare)*, Ackervergißmeinnicht *(Myosotis arvensis)*, Purpurrote Taubnessel *(Lamium purpureum)* und Klettlabkraut *(Galium aparine)*.

Die meisten Unkräuter der Getreideäcker kamen jedoch gleichzeitig mit den Kulturpflanzen zu uns und stammen aus deren Heimat Vorderasien. Sie sind an die Lebensweise der Getreidearten angepaßt. Einige von ihnen werden immer wieder mit dem Saatgut verschleppt. Man bezeichnet sie als Saatunkräuter. Früher waren sie sehr häufig, sie sind aber seit der verbesserten Saatgutreinigung etwa ab der Wende zum 20. Jahrhundert immer seltener geworden. Heute gehören die meisten zu den absoluten Raritäten, wie die Kornrade *(Agrostemma githago)*, der Taumellolch *(Lolium temulentum)* und die Roggentrespe *(Bromus secalinus)*. Durch die jahrtausendealte Kultur wurden bestimmte Eigenschaften ausgelesen, die denen der Getreidearten nahekamen, wie das Fehlen natürlicher Ausstreueinrichtungen der Samen, vollzähliges Auskeimen bei der Aussaat, Verlust der Keimkraft bei Erdlagerung. Sie waren also darauf angewiesen, daß sie gemeinsam mit dem Saatgut der Kulturpflanzen ausgedroschen, aufbewahrt und wieder ausgesät wurden.

Beim Leinanbau bildeten sich sogar im Laufe der Jahrtausende einige Pflanzenarten heraus, die sich so eng an diese Kulturpflanze anpaßten, daß sie mit dem Verschwinden des Leinanbaus bei uns ebenfalls ausstarben. Das betrifft den Leindotter *(Camelina alyssum)*, den Leinlolch *(Lolium remotum)* und die Leinseide *(Cuscuta epilinum)*.

Andere Archaeophyten sind zwar keine Saatunkräuter, sie wurden aber auch selten

Die Kornblume *(Centaurea cyanus)* gehört zu den Archaeophyten.

oder verschwanden ganz, als die extensiv betriebene Landwirtschaft durch die Aufgabe unrentabler Flächen für die Ackerkultur, durch die hohen Düngergaben – vor allem Stickstoff – durch den eingeschobenen Zwischenfruchtanbau, die Aufgabe der Stoppel und schließlich die Verwendung von Herbiziden so verändert wurde, daß sie unter diesen Bedingungen nicht mehr konkurrieren konnten. Die schönen Getreidefelder, in denen roter Mohn, blaue Kornblumen, violetter Rittersporn und viele andere Ackerwildkräuter ein herrlich buntes Bild ergaben, gehören leider in vielen Gegenden der Vergangenheit an.
Neophyten sind unter den Ackerunkräutern relativ selten. Als bekannte Beispiele gelten die aus Amerika eingeschleppten Knopf- oder Franzosenkräuter *(Galinsoga parviflora, Galinsoga ciliata),* und die Fuchsschwanzarten *(Amaranthus retroflexus, Amaranthus chlorostachys),* die aber zugleich auch in der Ruderalvegetation auftreten.
Die verschiedenen Segetalgesellschaften, die früher deutlich die unterschiedliche Bodenreaktion anzeigten, bewegten sich immer mehr auf eine mittlere Verhältnisse markierende Vereinheitlichung hin. Es kommen Arten vor, die durch höhere Stickstoffgaben deutlich gefördert werden, wie Vogelmiere *(Stellaria media),* Kohlgänsedistel *(Sonchus oleraceus),* Gemeines Kreuzkraut *(Senecio vulgaris),* Ackerkratzdistel *(Cirsium arvense),* Ackersenf *(Sinapis arvensis)* und andere.
Durch die Förderung der kennzeichnenden Arten der Hackfruchtäcker ist auch der Unterschied zwischen Halm- und Hackfruchtgesellschaften immer stärker aufgehoben worden. Das gleiche trifft auf die Unkrautgesellschaften der Gärten und Weinberge zu. So gibt es heute bereits Felder und Weinberge, deren Ränder von der ungeliebten Brennessel gesäumt werden.

Salz – kein Problem

Jeder, der aufmerksam am Meeresstrand wanderte, wird beobachtet haben, daß in der noch von der See beeinflußten Zone, sei es durch zeitweilige Überflutung oder durch Spritzwasser, eine besondere Flora gedeiht. Häufig sind es dieselben oder ähnliche Pflanzen wie an den Salzquellen oder an den Rändern salzreicher Seen im Binnenland.
An den tropischen Küsten wächst auf Schlick- oder Sandböden im Bereich der Gezeiten sogar eine halophile Waldformation: die Mangrove. Die an die Besonderheiten des Standortes angepaßten Bäume stehen im Salzwasser der Küsten oder im Brackwasser der Flußmündungen.
Die Ursache für das Gedeihen dieser Sippen ist der Salzgehalt des Bodens. Während das Meerwasser einen durchschnittlichen Salzgehalt von 3,5 % besitzt, müssen die an den Küsten und in ariden Gebieten des Binnenlandes an salzreichen Standorten vorkommenden Pflanzen sogar Salzkonzentrationen bis zu 10 % und mehr vertragen. Die an diese Gegebenheiten angepaßten Arten nennt man Salzpflanzen oder Halophyten.
Da viele dieser Halophyten sukkulente Pflanzen sind, hat man früher die Wasserspeicherung als eine Reaktion auf die vermeintliche »physiologische Trockenheit« der Salzböden angesehen. Man meinte, die dort vorkommenden Pflanzen könnten aufgrund der hohen Salzkonzentration (vor allem Kochsalz) Probleme bei der Wasseraufnahme haben. Sie müßten dementsprechend mit dem Wasser sehr sparsam umgehen und die Transpiration einschränken, sich also wie Xerophyten verhalten.
Diese Annahme war falsch. Heute weiß man durch genaue Untersuchungen, daß die Halophyten nicht nur Salz vertragen, sondern es für ihre optimale Entwicklung sogar benötigen. Auf den Salzstandorten ist ihre Überlegenheit gegenüber den Nichthalophyten eindeutig. Sie brauchen dort keine Konkurrenz zu befürchten. Es gibt für die Halophyten mehrere Möglichkeiten, die Besonderheiten ihres Standorts, den hohen

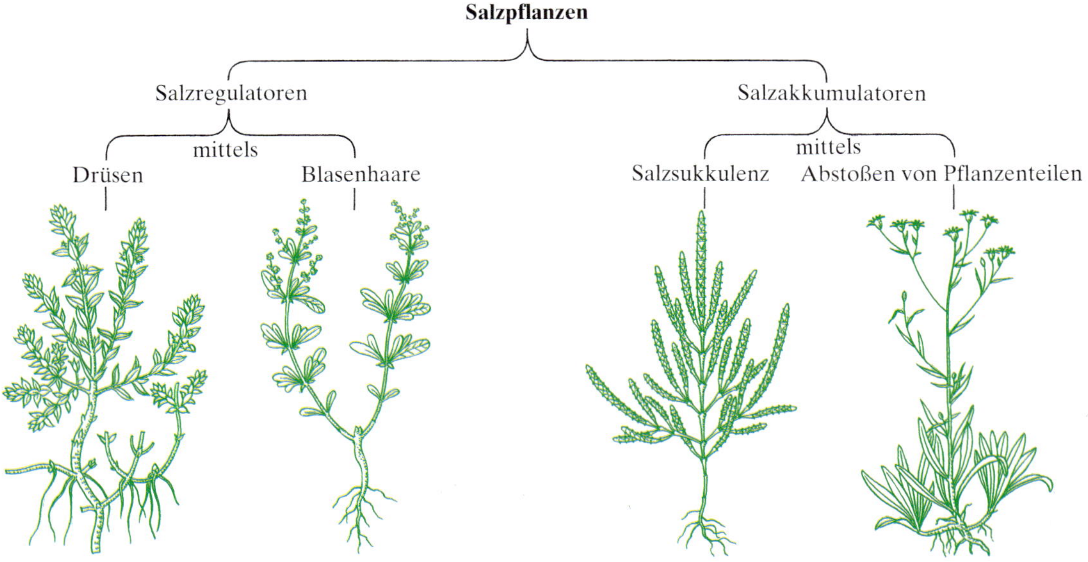

Salzgehalt im Bodenwasser, in ihrem Stoffhaushalt zu kompensieren.

Die wichtigste Anpassung besteht in der Anreicherung der Salzionen (z.B. Na^+ bzw. Cl^-) im Zellsaft. Damit wird die Salzkonzentration im Bodenwasser von der Salzkonzentration im Zellsaft überboten und der osmotische Sog des Bodenwassers durch entsprechend niedrige Wasserpotentiale ausgeglichen, die Wasseraufnahme in die Pflanze also gesichert.

Der zu starken Anreicherung der Salzkonzentration im Zellsaft kann die Pflanze durch eine zusätzliche Wasserspeicherung begegnen. Diese Erscheinung wird als Salzsukkulenz bezeichnet. Sie unterscheidet sich grundsätzlich bei den auf feuchten Böden auftretenden Halophyten von der Sukkulenz der Xerophyten durch das Fehlen der transpirationseinschränkenden Einrichtungen. Ein bekanntes Beispiel dafür ist der an unseren Küsten auf Schlickstandorten, aber auch an Salzquellen des Binnenlandes vorkommende Gemeine Queller *(Salicornia europaea)*, ein Gänsefußgewächs mit hochsukkulenten Sproßachsen und stark zurückgebildeten Blättern. Wegen seines hohen Salzgehaltes wurde er früher zur Pottaschegewinnung genutzt.

Andere Pflanzen vermeiden eine zu hohe Salzkonzentration in den Zellen durch die Ausscheidung von Salz. Dazu gibt es verschiedene Möglichkeiten.

Die am häufigsten praktizierte ist die aktive Abscheidung konzentrierter Salzlösungen durch spezielle Drüsen, wie sie z.B. bei verschiedenen Salzwüstenpflanzen, aber auch bei Strandpflanzen vorkommt. Charakteristische Beispiele sind verschiedene Bleiwurzgewächse (Plumbaginaceae), unter anderem auch der heimische Strandflieder *(Limonium vulgare)*, eine geschützte Pflanze der Strandwiesen an der Küste der Nordsee und westlichen Ostsee. Mehrere *Limonium*-Arten scheiden so viel Salz ab, daß die Blätter dadurch wie grau bestäubt aussehen.

Kleine Drüsen, deren Lage deutlich an den Blatträndern anhand abgelagerter Salzkristalle zu erkennen ist, besitzt das ebenfalls heimische, auf Salzwiesen an der Küste und im Binnenland verbreitete Strandmilchkraut *(Glaux maritima)*, ein Primelgewächs.

Relativ häufig findet man solche salzausscheidenden Pflanzen in den Salzwüsten und -steppen der wärmeren Gebiete der Erde. Es handelt sich dabei um verschiedene Gräser, aber auch um Sträucher aus den Familien

der Tamaricaceen und Frankeniaceen, deren schuppenartige Blätter Salzdrüsen aufweisen.
Bei manchen Arten ist deutlich eine selektive Abscheidung festzustellen, wobei das Kochsalz gegenüber anderen Salzen in der Regel bevorzugt wird. Die Menge kann bei der Gattung *Reaumuria,* kleinen Sträuchern aus der Familie der Tamariskengewächse, so hoch sein, daß sie zur Kochsalzgewinnung verwendet werden. Eine andere Methode zur Salzabscheidung kommt bei den Melde-*(Atriplex-)*Arten vor. Hier bilden sich Blasenhaare, die eine konzentrierte Salzlösung in sich aufnehmen und dann abgestoßen werden. Auch durch den normalen Blattfall können die in den Geweben angereicherten Salzmengen entfernt werden. So gibt es sogenannte Kumulationstypen von Pflanzen, deren Salzgehalt während der Vegetationsperiode ständig zunimmt, das Salz danach aber mit dem Absterben der Pflanzenteile im Herbst abgeschieden wird.
Die Halophyten zeigen demnach auch eine relative Unempfindlichkeit des Protoplasmas gegenüber den Ionenwirkungen der Salze. Das unterscheidet sie von den Nichthalophyten. Durch Kulturversuche konnte man auch die unterschiedliche Empfindlichkeit gegenüber Kochsalz eindeutig feststellen. So gibt es unter den Feldfrüchten relativ unempfindliche Arten, wie Rüben, Rettich, Sellerie, Spinat, Küchenzwiebel, Gerste und Tabak, sowie empfindliche Arten, wie Kartoffel, Bohne, Möhre und Weizen.
Vielleicht erklärt das Vorkommen einiger Ursprungssippen der halophilen Arten an salz- oder nitratreichen Standorten (Rübe, Rettich, Sellerie, Spinat) die Resistenz dieser Arten.
Auch Holzpflanzen reagieren unterschiedlich. So gelten als wenig empfindlich: Dattelpalme, Ölbaum, Weinrebe, Platane und Robinie. Dagegen sind Roßkastanie, Linde und verschiedene Obstbäume (Apfel, Birne, Pflaume, Aprikose, Pfirsich) sehr empfindlich. Das macht sich z. B. bei der Anwendung von Streusalz und Salzlaugen im Winter in den Städten bemerkbar. Während die Platane als Straßenbaum relativ unempfindlich ist, leiden Linden und Roßkastanien beträchtlich. Bei ihnen führt zu viel Salz letztendlich zum Absterben.

Tiere als Nahrung

Was bewegt wohl so friedfertige und passive Geschöpfe wie die Pflanzen, sich räuberisch zu verhalten und Tieren nach dem Leben zu trachten? Welche Einflüsse waren wirksam, um eine derartige Abweichung von der Normalität des Pflanzenlebens herbeizuführen?
Der Gedanke an fleischfressende Pflanzen war so unvorstellbar, daß man lange brauchte, um sich an ihn zu gewöhnen, und noch länger, bevor man diesen »ungeheuerlichen« Vorgang beweisen konnte.
Nicht von ungefähr war eines der spektakulärsten Beispiele fleischfressender Pflanzen – die in den USA heimische Venusfliegenfalle *(Dionaea muscipula)* – das erste Objekt, das den Verdacht auf dieses abnorme Verhalten auslöste.
Arthur Dobbs, der britische Gouverneur von North Carolina, der sie an ihrem Standort gesehen hatte, verglich sie mit einem Tellereisen und nannte sie das größte Wunder des Pflanzenreiches. Die ersten 1768 nach England gekommenen Exemplare der merkwürdigen Pflanze beschrieb der englische Botaniker John Ellis. Er gab ihr in Würdigung ihrer Schönheit den Gattungsnamen *Dionaea,* nach Dione, der Mutter der griechischen Liebesgöttin Aphrodite. Ellis schickte drei getrocknete Exemplare der seltsamen Pflanzen an Linné und äußerte in einem Brief an ihn als erster die Vermutung, daß die Pflanze die Insekten anlockt, um sie zu fangen und zu verdauen. Der Artname *muscipula,* also Fliegenfalle, den er der Pflanze gab, unterstrich seine Meinung. Doch Linné ließ sich durch das getrocknete Pflanzenmaterial nicht überzeugen, er hielt die Vermutung von Ellis nur für eine Hypothese.

Die fleischfressenden Pflanzen der Erde

Familie	Gattung	Artenzahl	Herkunft
Sarraceniaceae (Sarraceniengewächse)	Sumpfkrug *(Heliamphora)*	6	Venezuela
	Schlauchpflanze *(Sarracenia)*	9	Nordamerika
	Kobrapflanze *(Darlingtonia)*	1	USA (Oregon bis Kalifornien)
Nepenthaceae (Kannenpflanzengewächse)	Kannenpflanze *(Nepenthes)*	79	Südostasien, Madagaskar, Nordaustralien
Droseraceae (Sonnentaugewächse)	Taublatt *(Drosophyllum)*	1	Portugal, Südwestspanien, Marokko
	Venusfliegenfalle *(Dionaea)*	1	USA (Carolina)
	Sonnentau *(Drosera)*	90	Nord- und Südamerika, Eurasien, Südafrika, Australien
	Wasserfalle *(Aldrovanda)*	1	Europa, Asien, Westafrika
Cephalotaceae	Australische Kannenpflanze *(Cephalotus)*	1	Südwestaustralien
Byblidaceae	Regenbogenpflanze *(Byblis)*	2	Nordwestaustralien
Lentibulariaceae (Wasserschlauchgewächse)	Fettkraut *(Pinguicula)*	48	Nordhemisphäre
	Genlisea	15	Südamerika, Kuba, Westafrika, Madagaskar
	Polypompholyx	4	Südamerika, Australien, Madagaskar
	Wasserschlauch *(Utricularia)*	250	Kosmopolit
	Biovularia	2	Mittel- und Südamerika

1793 bezeichnete auch der amerikanische Botaniker William Bartram in einem Reisebericht die »außerordentliche *Dionaea*« in einer eindrucksvollen Schilderung als fleischfressende Pflanze. Doch es verging noch mehr als ein halbes Jahrhundert, ehe diese Behauptung bewiesen werden konnte.

Schließlich lieferte der berühmte Charles Darwin 1875 in seinem bahnbrechenden Werk »Insectivorous Plants« (Insektenfressende Pflanzen) erstmalig exakte Beweise, wie verschiedene fleischfressende Pflanzen ihre Opfer fangen und verdauen.

Seither sind über diese interessanten Vertreter des Pflanzenreiches (handelt es sich doch immerhin um reichlich 500 Arten aus 6 verschiedenen Familien der zweikeimblättrigen Bedecktsamer) eine Menge Untersuchungen angestellt worden und viele Abhandlungen über sie erschienen. Forschergeist, aber auch der Hang des Menschen zum Sensationellen drückt sich darin aus. Eine Pflanze, die »zum Frühstück eine Fliege« verzehrt, ist für den, der zum ersten Mal davon erfährt, sicher etwas völlig Unerwartetes, eine kaum glaubhafte Sensation. Warum machen Pflanzen das? Diese fleischfressenden »Ungeheuer«, wissenschaftlich als Carnivoren oder Insectivoren bezeichnet, haben doch grüne Blätter, besitzen also Chlorophyll und können sich autotroph ernähren, wie andere Pflanzen auch. Aber sie alle, die sich an diese fleischfressende Lebensweise angepaßt haben, leben an Standorten, die arm an bestimmten Nährstoffen, vor allem arm an Stickstoff sind. Und so waren die Arten, die sich durch Tierfang zusätzliche Nährstoffquellen erschließen konnten, den anderen Konkurrenten überlegen. Alle fleischfressenden Pflanzen kommen auf sauren Sumpf- oder Moorböden bzw. nährstoffarmen Sandböden vor oder leben als submerse Wasserpflanzen in nährstoffarmen Gewässern.

Wie die Fähigkeit, Tiere zu fangen und als Nahrungsquelle zu erschließen, entstanden

Die Tentakeln des Sonnentaus – hier die südafrikanische *Drosera capensis* – sind beweglich. Es sind aktive Klebfallen.

Dagegen sind die Tentakeln des südwesteuropäischen Taublattes *(Drosophyllum lusitanicum)* unbeweglich. Sie stellen passive Klebfallen dar.

ist, läßt sich nicht genau sagen. Dabei wurde die Carnivorie nicht nur einmal entwickelt, denn fleischfressende Pflanzen gehören mehreren Verwandtschaftskreisen an. Andererseits haben sich auch innerhalb einer Abstammunsgemeinschaft sehr unterschiedliche Fangmethoden herausgebildet. So kommen z. B. bei den Sonnentaugewächsen (Droseraceae) aktive Klebfallen *(Drosera)*, passive Klebfallen *(Drosophyllum)* und Klappfallen *(Dionaea, Aldrovanda)* vor.

Über die Möglichkeiten zur Entwicklung der Carnivorie kann man sich ein Bild machen, wenn man Beispiele unter die Lupe nimmt, die eine gewisse Vorstufe zu dieser Lebensweise darstellen. So ist bekannt, daß Pflanzen die in Wasser gelösten Nährstoffe nicht nur über ihre Wurzeln, sondern auch über ihre Blätter aufnehmen können. Blattdüngung ist in Landwirtschaft und Gartenbau heute üblich, seitdem man diese mögliche Ernährungsform der Pflanzen kennt. Überall, wo sich an oberirdischen Pflanzenteilen Regenwasser sammeln kann, in Blattvertiefungen, verwachsenen Blattscheiden, besonders deutlich bei Zisternen, also dicht aneinander schließenden, Hohlräume bildenden Blattrosetten, können in dieses Regenwasser außer angewehtem Staub Kleintiere hineingelangen, die ertrinken und von den stets anwesenden Bakterien zersetzt werden. Aus dem Regenwasser entsteht so eine mit Nährstoffen, vor allem mit Stickstoff angereicherte Flüssigkeit, die über die Blätter von den Pflanzen aufgenommen wird. Ein ähnlicher Fall sind Pflanzen, die zur Abwehr bestimmter Tiere klebrige Drüsenhaare ausbilden, an denen diese haften bleiben und sterben. Wenn nun die Pflanze zur Zersetzung der Tiere durch das Ausscheiden von Verdauungsfermenten aktiv dazu beiträgt, sich diese »Nährlösung« zu bereiten, dann wurde ein denkbarer Schritt zur fleischfressenden Pflanze vollzogen. Die zum Abbau der organischen Substanz der Beutetiere eingesetzten Enzyme der carnivoren Pflanzen, vor allem Proteasen, Esterasen und Phosphatasen, werden von verschieden gestalteten Drüsen ausgeschieden. Die Stoffe wirken meist rasch, so daß die Abbaugeschwindigkeit gefangener Tiere relativ hoch sein kann. Übrig bleiben z.B. von den Insekten nur die nicht abbaubaren Chitinteile. Stickstoff ist wohl der wichtigste Nährstoff, der von den Carnivoren aufgenommen wird, aber auch Phosphor und andere Stoffe haben als Zusatznahrung Bedeutung.

Doch vor dem Verdauen müssen die Tiere erst einmal gefangen werden. Es sind vor allem die raffinierten Fangmethoden, das Anlocken und Fallenstellen, das diese Pflanzen so interessant macht und sie als echte Carnivoren ausweist.

Die Fallen entwickelten sich sowohl als passive, ohne Bewegungsapparatur funktionierende Gleit-, Reusen- und Klebfallen als auch als aktiv agierende, mit Bewegungsmechanismen ausgestattete Kleb-, Klapp- und Saugfallen.

Am verbreitetsten sind Gleit- und Reusenfallen, beide oft miteinander kombiniert und in verschiedenen Formen ausgebildet. Diese Fallen bestehen aus zu Trichtern, Kannen oder Schläuchen umgebildeten Blättern oder Blatteilen, die durch z.T. auffällige Färbung und das Angebot von Nektar Insekten anlocken. Die oberen Ränder und meist Teile des Inneren dieser Fallgruben sind in der Regel durch Wachsschichten spiegelglatt und wirken schon rein optisch wie blank gebohnert. Die Tiere rutschen auch tatsächlich auf diesen Flächen aus und fallen in das Innere der Falle hinein. An deren Grund steht meist eine Flüssigkeit, in der das Tier ertrinkt, da es an den glatten Wänden nicht wieder hochkriechen kann. Zusätzlich sind z.T. Reusenhaare, also nach unten gerichtete Borsten in den Fallen vorhanden, die ein Zurückkriechen der Tiere verhindern.

Am einfachsten ist diese Fallenart bei dem südamerikanischen Sumpfkrug *(Heliam-*

Fangmethoden der fleischfressenden Pflanzen

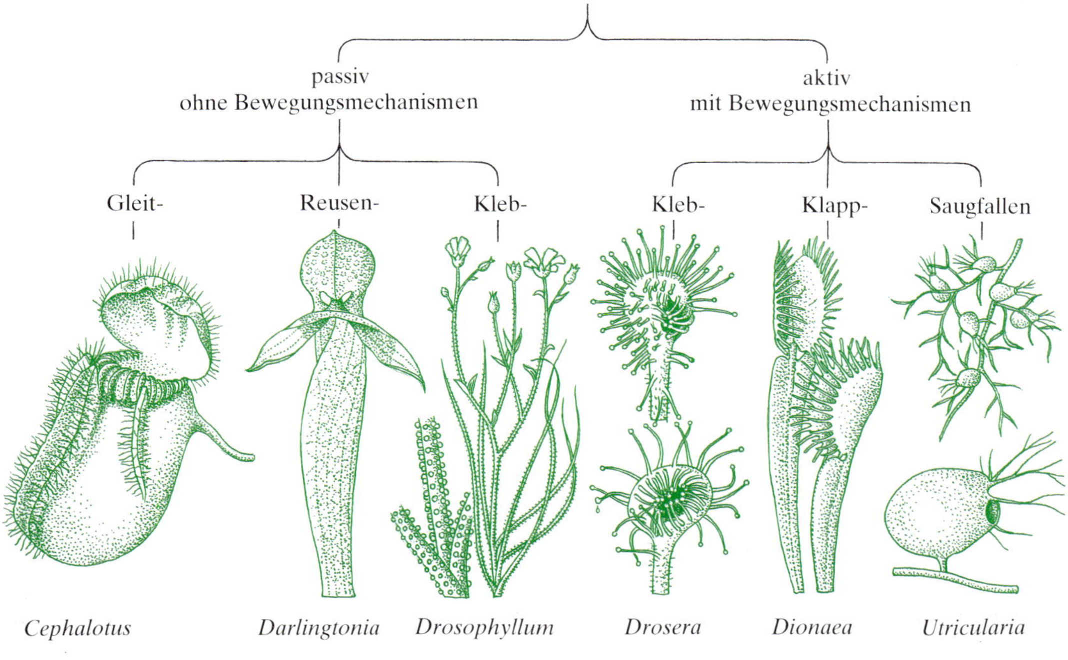

phora) ausgebildet, dessen Trichter oder Krüge an ein von der Längsseite her tütenförmig zusammengerolltes Blatt erinnern, dessen Ränder anschließend verbunden wurden. An dieser Verwachsungsnaht ist bei einigen Arten ein enger Schlitz ausgespart, durch den überschüssiges Regenwasser abfließen kann, denn die offenen Trichter können sich leicht mit Regenwasser füllen und die entstehende Nährlösung unnötig verdünnen. Verdauungssaft absondernde Drüsen konnten bei dieser Gattung noch nicht nachgewiesen werden, sie verwerten anscheinend nur die durch Bakterien abgebauten Stoffe aus den Tierleichen. Das Vorkommen der wenigen *Heliamphora*-Arten ist auf ein relativ kleines Gebiet im Süden von Venezuela beschränkt, wo sie auf den für Menschen nur sehr schwer zugänglichen abgeflachten Gipfeln von Tafelbergen sumpfige Stellen besiedeln. Eine Art, *Heliamphora nutans,* wurde 1839 erstmals beschrieben, die Entdeckung fünf weiterer Arten erfolgte erst im 20. Jahrhundert, zwischen 1928 und 1953. Da sich diese urtümlich anmutenden Pflanzen kultivieren lassen, sind sie in den Carnivoren-Sammlungen einiger botanischer Gärten Europas zu bewundern.

Die in Nordamerika beheimateten Arten des Schlauchblattes *(Sarracenia)* haben langgezogene, wie Schläuche mit Deckel aussehende Blätter, die als Tierfallen fungieren. Die weiteste Verbreitung besitzt *Sarracenia purpurea,* die auch Brunnenfalle genannt wird, weil ihre in einer Rosette angeordneten Schlauchblätter ziemlich weitlumig sind und z. T. wie kleine Brunnenröhren aussehen. Sie kommt von der Ostküste der USA bis in das nördliche Kanada vor und wächst stets an nassen Sumpf- oder Moorstandorten, z. T. direkt am Rande von Tümpeln oder langsam fließenden Gewässern. In der Schweiz und in Irland wurde sie eingebürgert und tritt auch an anderen Stellen Europas sporadisch auf.

Übrigens sind die noch geschlossenen Schlauchblätter der *Sarracenia*-Arten im Inneren steril, also bakterienfrei. Die Bakterien, die hier in Kombination mit den Verdauungssäften am Abbau der Tierkörper beteiligt sind, gelangen erst mit den Beutetieren in die Fallen.

Sumpfkrug *(Heliamphora nutans),* blühende Pflanze (nach Slack)

Ein merkwürdiges Aussehen haben die bis zu 75 cm großen Schlauchblätter der im pazifischen Nordamerika von Oregon bis Kalifornien verbreiteten Kobrapflanze *(Darlingtonia californica).* Im Gegensatz zu den Sarracenien sind die ebenfalls rosettig angeordneten Blattschläuche mit der Öffnung nach außen gerichtet. Sie bilden am oberen Ende eine kuppelartige Wölbung, an der ein seitlich nach unten gespreiztes, wie ein

Fischschwanz aussehendes Anhängsel vorhanden ist. Durch das einer aufgerichteten Kobra ähnliche Aussehen erhielt die Pflanze ihren Namen. Die Insekten werden durch Nektarausscheidungen angelockt, die durch Drüsen erfolgen, welche sich besonders auf den Anhängseln und dem Nektarkragen an der Öffnung, aber auch im inneren Bereich der Kuppel und außen auf dem Schlauch befinden. Die kuppelartige Wölbung weist farblose Gewebestellen auf, durch die das Licht wie durch ein Fenster scheint und die Insekten irreführt. Darunter befindet sich eine glatte Rutschzone, und es kommt schließlich zu einem Absturz in den Grund des Schlauches, der mit Flüssigkeit angefüllt ist. Da die Pflanze selbst keine Enzyme ausscheidet, werden die Tiere wahrscheinlich nur durch die Tätigkeit von Bakterien aufgeschlossen, so daß eine Nährstofflösung entsteht, aus der die Pflanze die für sie notwendigen Stoffe entnehmen kann.

Als die wohl bekanntesten Carnivoren mit Gleitfallen können die von Madagaskar und den Seychellen über Südostasien bis Nordaustralien und Nordkaledonien verbreiteten Kannenpflanzen *(Nepenthes)* angesehen werden, von denen etwa 80 Arten vorkommen. In keinem botanischen Garten dürfen diese imposanten Pflanzengestalten fehlen, die in ihren Heimatgebieten entweder als Lianen in feuchten Wäldern oder als Bodenpflanzen an freien Moorstandorten anzutreffen sind. Einige Arten wachsen sogar als Epiphyten auf anderen Pflanzen. Für den Nichtbotaniker ist es auf den ersten Blick schwierig, die Natur der eigenartigen Kanne zu ergründen. Viele Besucher der botanischen Gärten halten sie zuerst für absonderliche Blüten. Es handelt sich aber nicht um solche, sondern die kompliziert gestaltete Kanne ist ein zu einem schlauchartigen Gebilde umgewandeltes Blatt. Dabei stellt sie eine modifizierte schildförmige Blattspreite dar, die vom darüber befindlichen Blattstiel, der auch als Ranke fungieren kann, getragen wird. Die sich nach hinten am Blattstiel anschließende Blattspreite ist dagegen der laubblattartig gestaltete Teil des normalerweise kaum entwickelten Unterblattes, das bei anderen Pflanzen als Blattscheiden oder Nebenblätter ausgebildet sein kann.

Die Öffnung der eigenartigen, 3,5 bis 35 cm langen, grünen, oft rot oder braun gezeichneten Kannen ist durch einen besonders intensiv gefärbten Ringwulst gekennzeichnet, der auf Insekten wie eine Blüte wirken muß. Hinzu kommt die Absonderung von Nektar aus besonderen Drüsen, die sich zwischen den Leisten des Ringwulstes befinden. Die Insekten kommen nun auf den inneren Kannenrand, der durch einen Wachsüberzug sehr glatt ist und rutschen in das Innere der bauchigen Kanne ab. Sie fallen in eine Flüssigkeit, die von vielen Tausenden von Drüsen abgeschieden wird und die Verdauung der gefangenen Tiere besorgt. Sie besteht aus eiweißspaltenden Enzymen und antiseptisch wirkenden Säuren, z. B. Ameisensäure, die den Verdauungsvorgang – ähnlich wie

Die »Kanne« der Kannenpflanzen *(Nepenthes)* ist ein umgebildetes Blatt – keine Blüte.

Magensäure – fördern. Nach dem abgeschlossenen Verdauungsvorgang reagiert die Flüssigkeit dann wieder neutral oder leicht basisch, eine verblüffende Parallele zu höheren Tieren. Als »Opfer« findet man in den Kannen vor allem Fliegen, Mücken, Ameisen, Schaben, Tausendfüßler und andere Gliedertiere, die durch den dargebotenen Nektar angelockt wurden.

Ebenso wie bei den Sarracenien lebt auch in den Kannen der *Nepenthes*-Arten eine besonders angepaßte Fauna. Vermutlich besitzen diese Organismen, z. B. Mückenlarven, Kleinkrebse und Rädertierchen, Antiproteasen, so daß sie von den Verdauungsenzymen der Wirtspflanze nicht angegriffen werden können.

Der über der Kanne befindliche Deckel hat die gleiche Funktion wie bei der Gattung *Sarracenia,* d.h. er dient der Ableitung des Regenwassers, damit das Enzymgemisch in der Kanne nicht zu stark verdünnt wird.

Die einer eigenen Familie angehörende, nur mit einer Art vertretene Australische Kannenpflanze *(Cephalotus follicularis)* kommt als Rosettenpflanze der Sumpfgebiete Westaustraliens vor. Sie bildet nur 3 bis 5 cm große Kannen als Insektenfallen aus. Diese Kannen entstehen erst, wenn die Pflanze eine Anzahl normaler Laubblätter hervorgebracht hat. Sie gehen aus der gesamten Spreite eines Blattes hervor. Ihre langen Blattstiele krümmen sich nach unten, so daß die fertigen, ebenfalls mit einem Deckel versehenen Kannen dem Boden aufsitzen. Vor allem Ameisen, aber auch Fluginsekten sind die Beutetiere.

Eine andere Strategie, an die wichtigen Zusatznährstoffe durch Tierfang zu gelangen, haben bestimmte fleischfressende Pflanzen mit ihren Klebfallen entwickelt. Bei ihnen scheiden zahlreiche, auf der Blattoberfläche angeordnete Drüsen eine klebrig-schleimige Flüssigkeit aus, an der die Beutetiere haften bleiben, um anschließend durch Sekrete der Verdauungsdrüsen zur Resorption »aufgearbeitet« zu werden.

Dabei haben die beiden Arten der australischen Regenbogenpflanze (*Byblis gigantea* und *Byblis liniflora*) sowie das relativ seltene, in Portugal, Spanien und Marokko vorkommende, strauchförmige Taublatt *(Drosophyllum lusitanicum)* passive Klebfallen, das heißt, Drüsenstiele oder Blattflächen bewegen sich nicht zur Beute hin, wie das bei Pflanzen mit aktiven Klebfallen geschieht. Zu den letztgenannten gehören vor allem die Sonnentau-*(Drosera-)*Arten und mit gewissen Einschränkungen auch die Fettkraut- *(Pinguicula-)*Arten.

Beim Sonnentau ist die Oberseite der Blätter mit gestielten Drüsen besetzt, die in der Sonne wie Tautropfen glitzern, daher der Name. Die längsten dieser Drüsententakel sind um den Blattrand herum angeordnet und haben die Fähigkeit, sich bei Landung eines Tieres nach der Mitte des Blattes einzukrümmen. Sie antworten mit dieser Bewegung vor allem auf den chemischen Reiz des Beutetieres. Die eigentliche Bewegung beruht auf einem Streckungswachstum des Drüsenstiels, wobei beim Einkrümmen dessen äußere Seite, beim Zurückkrümmen die innere Seite stärker wächst.

Dabei reagieren die Tentakel sehr rasch, bei einigen Sonnentauarten können sie ihre Lage in weniger als einer Minute um 180° verändern und damit das an den schleimigen Absonderungen kleben gebliebene Insekt zusätzlich festhalten bzw. es nach der Mitte des Blattes hinschieben, wo sich die meisten der ungestielten Verdauungsdrüsen befinden. Wesentlich später, meist erst nach 24 Stunden oder mehr, rollt sich bei einigen Sonnentauarten noch das Blatt über die Beute hinweg ein. Dieses Einrollen hat nichts mehr mit dem Fang des zu diesem Zeitpunkt ja schon toten Tieres zu tun. Es dient dazu, mehr Drüsen zum schnelleren Verdauen mit der Beute in Berührung zu bringen und zu verhindern, daß eventuell einsetzender Regen die aufbereiteten Nährstoffe vom Blatt herunterspült, bevor sie von der Pflanze aufgenommen werden konnten.

Alle drei in Deutschland vorkommenden Sonnentauarten, der Rundblättrige, Langblättrige und Mittlere Sonnentau (*Drosera rotundifolia, Drosera anglica* und *Drosera intermedia*) stehen unter Naturschutz.

Venusfliegenfalle *(Dionaea muscipula)*
A Falle geöffnet,
B Falle geschlossen,
C 3 Hauptstadien der Fallenbewegung (nach Slack)

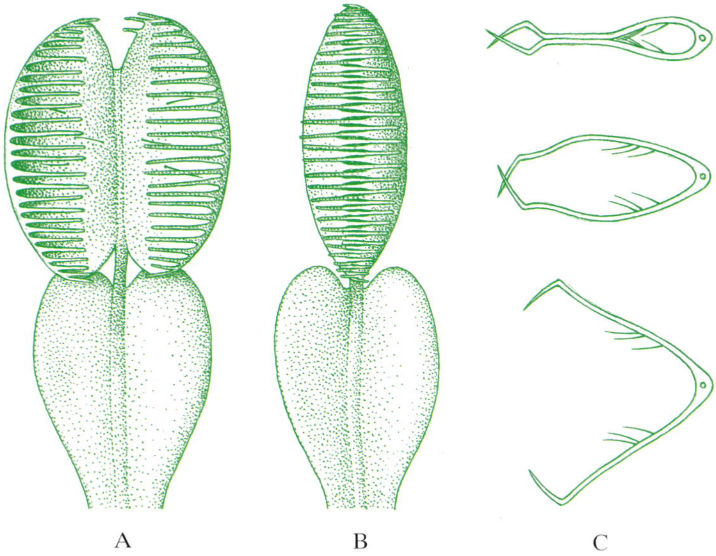

Nicht durch bewegliche Drüsenstiele, aber durch die Fähigkeit, ihre Blattränder über den auf der Blattoberfläche kleben gebliebenen Tieren einzurollen, zeichnen sich zahlreiche der vorwiegend auf der nördlichen Erdhalbkugel verbreiteten Fettkraut-*(Pinguicula-)*Arten aus. Die massenhaft auf der Oberfläche der Blätter angeordneten, gestielten Drüsen sind so klein, daß man sie mit bloßem Auge nur durch ihr Glitzern im Sonnenlicht wahrnimmt. Die Blätter fühlen sich durch sie klebrig-fettig an, die Ursache für den Namen Fettkraut. Das Fangen der Beute geschieht allein durch die bei Landung eines Tieres reichlich Schleim absondernden Drüsen. Oft dellt sich das Blatt unter den Beutetieren ein, so daß sie sich in einer kleinen Grube, gefüllt mit Verdauungssäften befinden, die so besser wirksam werden können. Auch hier dient das Einrollen des Blattes, das meist noch langsamer und noch später als beim Sonnentau vor sich geht, nicht zum Fang.

Blattbewegungen als direkte Fangmechanismen führen die mit Klappfallen versehenen Pflanzen aus. Es gibt von ihnen auf der ganzen Welt nur zwei Arten, die beide zur Familie der Sonnentaugewächse gehören. Die eine Art – die schon eingangs erwähnte Venusfliegenfalle *(Dionaea muscipula)* – lebt als im Boden wurzelnde Pflanze, kommt nur in Nord- und Südcarolina in den USA vor und ist dort vom Aussterben bedroht. Sie wird aber als kuriose Zimmerpflanze jetzt viel im Blumenhandel angeboten. Die zweite Art, die Wasserfalle *(Aldrovanda vesiculosa)*, lebt als wurzellos schwimmende Wasserpflanze und ist zur Zeit noch in Eu-

Wasserfalle *(Aldrovanda vesiculosa)* A Habitus, B einzelner Blattquirl mit 8 Fallen (nach Slack)

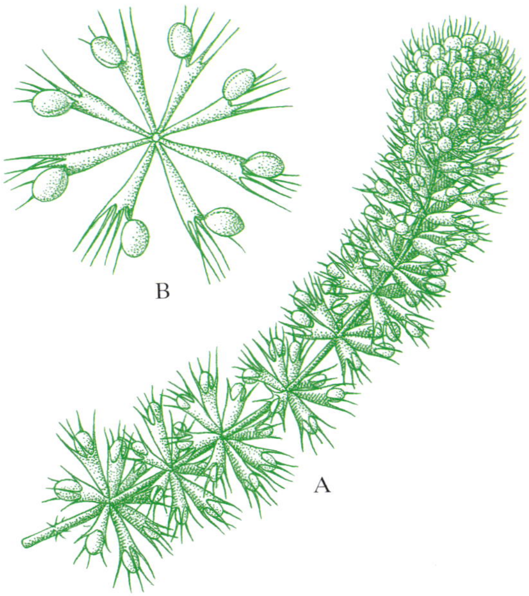

ropa, Asien und Westafrika etwas weiter verbreitet. In Deutschland steht sie aber auch unter Naturschutz, da hier die Verschmutzung der Gewässer schon vielerorts zu ihrem Verschwinden geführt hat.
Die Fangmethode dieser beiden carnivoren Pflanzen ist einzigartig. Bei der Venusfliegenfalle sind die Blätter in einer grundständigen Rosette angeordnet. Ihre meist etwas verbreiterten Blattstiele tragen an einer wie ein Scharniergelenk wirkenden Aussparung der Mittelrippe die zu zwei Fangklappen umgebildete Blattspreite. Beide Klappen haben am Rand steife, borstenartig spitz ausgezogene Zähne, die beim Schließen der Falle verschränkt ineinandergreifen. Auf der Oberfläche beider Klappen befinden sich unzählige winzige Drüsen, wobei nach der Mitte zu Verdauungsdrüsen und nur in einer schmalen Randzone Nektardrüsen ausgebildet sind. Außerdem treffen wir im zentralen Bereich jeder Klappenhälfte je drei (selten weniger oder mehr) spitze Sinnes- oder Fühlborsten an, bei deren Berührung das plötzliche Zuschnappen der Falle ausgelöst wird. Allerdings erfolgt bei einer sehr kurzen Berührung noch keine Reaktion, der Reiz muß entweder innerhalb von 20 Sekunden wiederholt, oder es müssen zwei Borsten in dieser Zeit berührt werden, dann schließt sich die Falle in Sekundenschnelle. In der ersten Phase des Schließvorgangs bleibt zwischen den beiden Klappenhälften noch so viel Raum, daß kleinere Tiere, wie z.B. Ameisen, wieder aus der Falle entkommen können. Wenn es sich aber um ein größeres Beutetier handelt, wird es durch ein nun einsetzendes Zusammenpressen der beiden Klappenhälften mit vielen Verdauungsdrüsen in Berührung gebracht und zur Verwertung aufgearbeitet. Die Pflanze nimmt also nur lohnende Beute an, denn jedes Blatt kann maximal nur drei Fänge verarbeiten, dann stirbt es ab. Nach dem ersten und zweiten Fang sowie bei »falschem Alarm« öffnet sich die Klappfalle wieder, was etwa 24 Stunden in Anspruch nimmt. Der genaue Bewegungsablauf wird im einzelnen bei der Behandlung der Organbewegungen dargestellt (s. S. 179).

Auch bei der unmittelbar unter der Oberfläche saurer Gewässer lebenden Wasserfalle zeigen die an einem Stengel in dicht aufeinanderfolgenden Quirlen zu je acht angeordneten Blätter das gleiche Prinzip: Verbreiterte Blattstiele enden in der aus zwei Blattspreitenhälften bestehenden Klappfalle, die ebenfalls Sinnesborsten und Verdauungsdrüsen besitzt. Die Klappen erreichen aber nur eine Größe von etwa 2 mm, die Beutetiere müssen also winzig sein. Auch das rasche Schließen der Falle geht in zwei Phasen vor sich: Einschließen und Zusammenpressen der Beute, wobei zuletzt auch das Wasser zwischen den beiden Klappenhälften herausgedrückt wird, damit der Zersetzungsvorgang durch die ausgeschiedenen Säuren und Enzyme möglichst in unverdünntem Milieu vonstatten gehen kann.
Wurzellos sind auch alle der mehr als 250 verschiedenen Arten des kosmopolitisch verbreiteten Wasserschlauchs *(Utricularia)*, obwohl von ihnen außer im Wasser einige auch auf nassen Böden oder aber epiphytisch – unter anderem in Zisternen tropischer Bromeliaceen – vorkommen. Ihre Einrichtung zum Fangen kleiner Tiere ist eine »Blasenfalle mit einem Einweg-Eingang, die nach dem Saugstromprinzip arbeitet« (nach Slack).

Wasserschlauch *(Utricularia)*, Querschnitt durch die Fangblase (nach Slack)

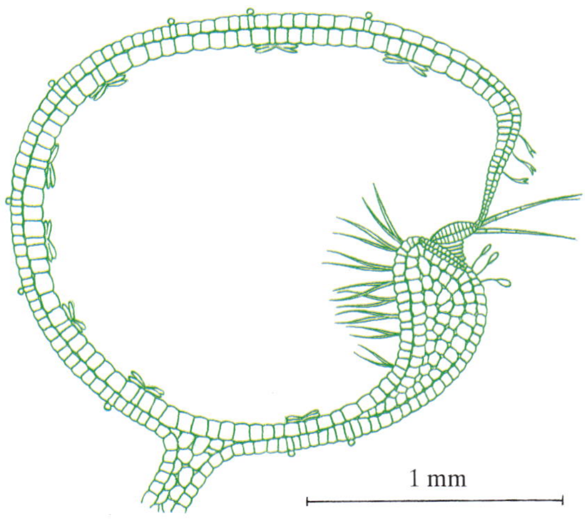

Genlisea
A Teil einer Pflanze,
B vergrößertes
Fangblatt (nach Slack)

Bei den Fangblasen handelt es sich um umgebildete Blattzipfel der vielteiligen Fiederblätter, die »Schluckbewegungen« ausführen können. Sie besitzen eine durch eine türartige Klappe wasserdicht verschlossene Öffnung, die bei der Berührung der an ihr befindlichen Borsten schlagartig geöffnet wird, wobei Wasser mit dem Beutetier in die Blase strömt, und sich dann wieder schließt. Der Vorgang geht rasend schnell, er dauert nur etwa eine Zehntausendstel Sekunde. Das rasche Einströmen des Wassers ist deshalb möglich, weil vorher im Inneren der Blase durch aktives Auspumpen von Wasser mittels der Blasenwände ein auf der Kohäsionsspannung des Wassers beruhender Unterdruck erzeugt wurde. Dies kann am Eindellen der seitlichen Blasenwände erkannt werden. Beide Vorgänge, das Auspumpen des Wassers und das anschließende Schlukken von Beute, können sich öfter wiederholen. Das gefangene Tier stirbt im Inneren der Blase nach einiger Zeit ab und wird dann, wie auch bei den anderen fleischfressenden Pflanzen üblich, zersetzt, aufgelöst und resorbiert.

Das gleiche Fangprinzip, nur mit geringen morphologischen Abweichungen der Blase, finden wir bei den zur gleichen Familie gehörenden Arten der terrestrisch lebenden Gattung *Polypompholyx* und den aquatischen der Gattung *Biovularia*.

Auch die Gattung *Genlisea* gehört zur Familie der Wasserschlauchgewächse. Die Fangeinrichtungen dieser untergetaucht lebenden Wasserpflanzen tropischer Gebiete sind einmalig. Hier ist ebenfalls jeweils eine Blase vorhanden, die allerdings nur zum Aufbereiten der gefangenen Tiere dient. Das Fangen der Tiere geschieht durch schraubig gewundene Fortsätze, in denen die Tiere, wenn sie einmal hineingeraten sind, wie auf einer geschlossenen Wendeltreppe zu einer Mundöffnung geleitet werden und von hier über einen mit Borsten im Reusenprinzip ausgekleideten Schlauch in die Blase gelangen müssen, denn der Weg zurück wird ihnen durch die Reusenhaare versperrt. Schon Darwin verglich die Tierfallen dieser kleinen Wasserpflanze mit »Aalreusen«, er fand sie nur viel komplizierter.

Hinzuzufügen wäre noch, daß viele Arten der fleischfressenden Pflanzen ansehnliche Blüten hervorbringen und bei der Bestäubung die Hilfe von Insekten (auch die ihrer potentiellen Beutetiere) in Anspruch nehmen. Außerdem wurde experimentell nachgewiesen, daß carnivore Pflanzen auch ohne die durch Tierfang erworbenen Nährstoffe am Leben bleiben können, allerdings nur mit verminderter Lebensqualität, die z.B. in einer geringeren Samenproduktion oder gar dem Verlust der Blühfähigkeit besteht.

Symbiosen

Verträge zum gegenseitigen Nutzen werden nicht nur von Menschen geschlossen – sie sind auch in der Natur häufiger als man denkt. Bei Bakterien, Pilzen, Tieren und Pflanzen gibt es natürlich keine notariellen Vereinbarungen. Hier sind sie die Folge einer langen Entwicklung, in deren Verlauf sich eine gegenseitige Abhängigkeit verschiedener Partner herausgebildet hat.
Die Basis einer solchen, als Symbiose bezeichneten Verbindung ist ein dauerndes oder zeitweiliges Gleichgewicht zwischen bestimmten, stets artverschiedenen Organismen, das sich in bezug auf den wechselseitigen Entzug von Nähr- und Wirkstoffen eingestellt hat, also auf ein Gleichgewicht zwischen »Nehmen und Geben« bestimmter Stoffe zu beiderseitigem Nutzen.
Es ist vorstellbar und wahrscheinlich, daß derartige Symbiosen aus einem Parasitismus zweier Partner hervorgegangen sind, bei dem sich schließlich der Angriff des einen und die Abwehr des anderen die Waage hielten. Verschiebt sich nämlich das Gleichgewicht durch einseitiges Erstarken eines Symbiosepartners, so kann in bestimmten Fällen aus der Symbiose wieder Parasitismus entstehen.
Unter den Pflanzen sind es vor allem verschiedene Algen und Samenpflanzen sowie einige Stadien von Farnpflanzen, die mit Bakterien oder Pilzen, in selteneren Fällen auch mit Tieren Symbiosen eingingen. Ein Partner ist also immer autotroph, der andere heterotroph. Die Photosynthese betreibenden pflanzlichen Organismen liefern dabei dem heterotrophen Partner ihre Assimilate, während sie von diesem Partner als Gegenleistung Wasser und darin gelöste Nährsalze bzw. von Prokaryoten auch durch sie gebundenen Luftstickstoff erhalten.
Das bekannteste Beispiel für »pflanzliche« Symbiosen sind wohl die Flechten (Lichenes), die heute als sogenannte »lichenisierte« Pilze in das System der ein eigenes Reich darstellenden Pilze eingeordnet werden. Flechten bestehen aus einer so engen Verbindung zwischen je einer (selten auch zwei) Pilz- und Algenart, daß daraus eine neue, morphologisch und physiologisch selbständige Einheit, eben eine Flechtenart hervorgegangen ist. Immerhin sind weltweit etwa 20000 verschiedene Flechtenarten bekannt. Die assimilierende Komponente stellen Blau- oder Grünalgen dar, als Pilze beteiligen sich bis auf wenige Ausnahmen stets Schlauchpilze. Während die Algen immer auch allein lebensfähig sind, ist das bei den Pilzen in der Regel nicht mehr möglich. Meist werden auch nur von beiden Partnern gemeinsam ganz spezifische Stoffe, die Flechtensäuren und Flechtenfarbstoffe, gebildet, was die perfekte physiologische Einheit demonstriert. Flechtensäuren sind für die Flechten insofern lebensnotwendig, als sie z. B. Spurenelemente (Metalle) zu binden vermögen und dadurch den Flechten auch auf unfruchtbaren Standorten (kommen sie doch häufig auf Felsen und ähnlichen Unterlagen vor) ein Gedeihen ermöglichen. Morphologisch dominiert meist der Pilz, dessen Hyphen ein Geflecht bestimmter Gestalt bilden, in dem die Algen entweder gleichmäßig verteilt oder nur in einer Schicht angeordnet sind. Die Pilzhyphen umgeben zum Stoffaustausch die Algen bzw. senken Saughyphen (Haustorien) in den Algenkörper hinein, ohne ihn zu zerstören. Der Stoffaustausch zwischen beiden Symbionten erfolgt rasch. Wenn bei ausreichendem Licht und genügender Feuchtigkeit bei den Algen die Photosynthese einsetzt, sind bereits zwei Minuten später in dem Pilz die ersten aufgenommenen Assimilate nachweisbar. Ebenso verhält es sich mit dem durch Blaualgen gebundenen Luftstickstoff. Während sich die Algen nur vegetativ durch Teilung vermehren, ist der Pilz in der Lage, Fruchtkörper mit geschlechtlich entstandenen Sporen zu bilden.
Flechten sind übrigens empfindliche Indikatoren auf verschiedene Schadstoffe – vor allem Schwefeldioxid – in der Luft. Großstädter suchen Flechten in ihrer Umgebung meist vergebens. Diese durch Auto- oder Industrieabgase verunreinigten Gebiete werden von ihnen gemieden, die meisten Groß-

Parmelia centrifuga ist eine Krustenflechte, die auf Felsen wächst.

städte sind Flechten»wüsten«, sie bieten ihnen, zusätzlich auch wegen meist zu niedriger Luftfeuchtigkeit, keinen Lebensraum mehr.

Eine andere interessante, wenigstens zeitweilige Symbiose hat sich zwischen Vertretern der Hülsenfrüchtler (Leguminosen) und im Boden vorkommenden, luftstickstoffbindenden Bakterienarten der Gattung *Rhizobium* entwickelt. Diese sogenannten Knöllchenbakterien dringen durch die Wurzelhaare in die Wurzeln der Pflanzen ein. Sie infizieren die Pflanze, parasitieren also anfangs auf ihr. Die Pflanze reagiert durch Bildung von Gewebewucherungen, den Wurzelknöllchen, in deren Zellen die Bakterien eingeschlossen bleiben. Hier findet der Stoffaustausch (Kohlenhydrate gegen Luftstickstoff) statt. Schließlich dominiert die Pflanze, sie löst die meisten Bakterien auf und resorbiert die Zellinhalte. Nach einem ursprünglichen Parasitismus der Bakterien stellt sich also ein symbiontischer Zustand ein, der zuletzt in ein parasitisches Verhalten der Pflanze umschlägt.

Auch Vertreter anderer Pflanzenfamilien können Wurzelknöllchen bilden. Ihre Symbiosepartner sind ebenfalls zu den Bakterien gehörende, luftstickstoffbindende Actinomyceten, die wegen ihrer fädigen Form den deutschen Namen Strahlen»pilze« tragen. Ein bekanntes Beispiel für eine derartige Symbiose bieten die heimischen Erlen, die mit dem Strahlenpilz *Frankia alni* relativ große, verholzende Wurzelknöllchen ausbilden. Die Luftstickstoff liefernden Symbiosepartner befähigen Erlen und Leguminosen zum Wachstum auf stickstoffarmen Böden.

Ebenfalls im Wurzelbereich vieler höherer Pflanzen hat sich eine Symbioseform zwischen eben diesen Pflanzen und bestimmten Pilzarten entwickelt, die als Mykorrhiza (Pilzwurzel) bekannt ist. Hierbei umspinnen

Pilzhyphen die Seitenwurzeln der pflanzlichen Partner – die meisten unserer Waldbäume gehören dazu – und ersetzen diesen Wurzeln funktionell die Wurzelhaare. Die heterotrophen Pilze liefern den Pflanzen nicht nur Wasser und Nährsalze, sondern auch von ihnen erzeugte bestimmte Wirkstoffe und erhalten von ihren autotrophen Partnern vor allem Kohlenhydrate, die sie besonders zur Fruchtkörperbildung in großer Menge benötigen. Alle in derartigen Symbiosen lebenden Pilze können ohne ihre pflanzlichen Partner keine Fruchtkörper ausbilden. Diese Mykorrhizapilze, zu denen u.a. die Röhrlinge (z.B. Steinpilz), Milchlinge (z.B. Reizker), Täublinge (z.B. Frauentäubling) oder Wulstlinge (z.B. Fliegenpilz) gehören, kann man deshalb nicht wie die saprophytisch, also nur von totem organischem Material lebenden Arten (z.B. Champignon oder Träuschlinge) künstlich kultivieren. Auch die in der Regel nicht auf eine einzige Pilzart spezialisierten Baumpartner weisen bei pilzfreier Aufzucht meist nur einen kümmerlichen Wuchs auf.
Die zahlreichen Orchideenarten benötigen ebenso für ihre Entwicklung aus den ihnen eigenen winzigen Samen pilzliche Symbiosepartner, sogenannte Ammenpilze, die sie mit lebensnotwendigen Stoffen versorgen.
Auf Stoffaustausch beruhen auch viele Symbiosen zwischen Algen und niederen Wassertieren, während das Zusammenleben von Ameisen mit verschiedenen – ausschließlich tropischen – Landpflanzen auf einer gegenseitigen Schutzfunktion basiert. Die Pflanzen bieten den Ameisen durch Ausbildung von Hohlräumen in verschiedenen Pflanzenteilen Unterkunft, die Ameisen verteidigen diese Pflanzen gegen Fraßschädlinge. Beispiele hierfür sind u.a. verschiedene Rötegewächse (Rubiaceae), wie die als Ameisenpflanzen bekannten indomalaiischen *Myrmecodia-* oder *Hydnophytum-*Arten, epiphytische Halbsträucher, deren gekammerte Hypokotylknollen von Ameisen bewohnt werden.

Parasiten

Vor allem unter Erlen und Haselsträuchern, aber auch unter Buchen, kann der aufmerksame Beobachter im zeitigen Frühjahr eigenartige pflanzliche Gebilde entdecken, die auf den ersten Blick sicher nicht als Pflanzen anzusprechen sind, da sie absolut nichts Grünes an sich haben. Allerdings besitzen sie einen Stengel mit schuppenartigen Blättern und deutlich ausgebildeten Blüten (also doch pflanzliche Merkmale), aber alles hat eine unschöne, rötlichbleiche Farbe. Diese Gebilde sind Individuen der in Mitteleuropa heimischen Schuppenwurz *(Lathraea squamaria)* aus der Familie der Braunwurzgewächse. Die Schuppenwurz und ihre vier verwandten Arten aus Südeuropa bzw. Ostasien gehören zu den relativ wenigen höheren Pflanzen, die sich ausschließlich auf Kosten anderer ernähren, d.h. eine rein parasitische Lebensweise angenommen haben. Ihnen fehlt das Chlorophyll, das alle autotrophen Pflanzen auszeichnet. Sie müssen sich deshalb – wie Bakterien, Pilze und Tiere – heterotroph ernähren, und da sie dazu lebende Substanz anderer Organismen benutzen, werden sie in die Kategorie der Parasiten oder Schmarotzer eingeordnet. Schmarotzertum im Pflanzenreich ist immer eine besondere Form der heterotrophen Ernährung.
Gräbt man eine Schuppenwurzpflanze tief genug aus, dann findet man, daß ihre spärlichen Wurzeln mit denen des Wirtsbaumes oder -strauches verbunden sind, unter dem sie steht. Sie dringt mit ihren Wurzelsenkern aber nur bis zu den Wasserleitungsbahnen ihrer Wirtspflanzen vor, nicht bis zu den die Assimilate enthaltenden Siebröhren. Also muß sie aus dem Wasserstrom der Wirtspflanze, der ja immer auch einige gelöste Nährstoffe enthält, genügend Nahrung bekommen. Alle anderen chlorophyllosen Voll- oder Holoparasiten unter den höheren

Ein reiner Parasit ist die in Laubwäldern bei uns heimische Schuppenwurz *(Lathraea squamaria)*.

Pflanzen zapfen dagegen die Siebröhren ihrer Wirte an und entnehmen dort die für sie lebensnotwendigen Stoffe, wobei der eigentliche Aufnahmemechanismus noch nicht genau bekannt ist. Immerhin muß die Schuppenwurz – um auf dieses Beispiel zurückzukommen – gegen z.T. gewaltige Saugspannung in den Wasserleitungsbahnen der stets holzigen Wirtspflanzen ihren Anteil abzuleiten versuchen, was z.B. mit einem starken Transpirationssystem ihrerseits gut bewerkstelligt werden könnte. Da die Schuppenwurz aber keine transpirierenden Blätter besitzt, schafft sie mit Hilfe von aktiv wasserabscheidenden Drüsen an ihren Schuppen das nötige Gefälle des Wasserstromes zwischen sich und der Wirtspflanze und bekommt so die lebensnotwendigen, im Wasser gelösten Stoffe.

Auch bei den auf etwa 13 Gattungen verteilten über 150 Arten der Sommerwurzgewächse (Orobanchaceae) handelt es sich ausschließlich um chlorophyllose Vollparasiten, die auf den Wurzeln der verschiedensten Wirtspflanzen parasitieren. In Mittel- und Südeuropa sind es vor allem Arten der Gattung Sommerwurz *(Orobanche)*, die meist auf ganz bestimmte Wirtspflanzenarten spezialisiert sind, wie z.B. *Orobanche ramosa* auf Hanf und Tabak oder *Orobanche minor* besonders auf Klee. Genau wie die Schuppenwurz wachsen die bleichgelben Sommerwurzarten dicht bei ihren Wirtspflanzen und sind nur unterirdisch mit diesen im Wurzelbereich verbunden. Sie können – im Gegensatz zu der relativ harmlosen Schuppenwurz – bei einem gehäuften Auftreten zu erheblichen Schäden an ihren krautigen Wirtspflanzen führen.

Chlorophyllose Vollparasiten sind auch die etwa 170 Arten der eine eigene Familie bildenden Gattung Teufelszwirn oder Seide (*Cuscuta*, Familie Seidengewächse, Cuscutaceae), die von den Tropen bis in die gemäßigte Zone vorkommen. Sie zeichnen sich durch windende, dünne, oft reich verzweigte, blattlose Stengel aus, die wie blaßgelber Zwirn ihre Wirtspflanzen umschlingen und oberirdisch an geeigneten Stellen Haustorien in deren Inneres wachsen lassen, um aus dem Saftstrom die geeigneten Nährstoffe zu entnehmen. Wurzeln besitzen sie nicht. Vor allem die Kleeseide *(Cuscuta trifolii)*, auf Kleearten schmarotzend, und die Leinseide *(Cuscuta epilinum)*, auf Flachs parasitierend, können in diesen Kulturen z.T.

Parasiten unter den höheren Pflanzen

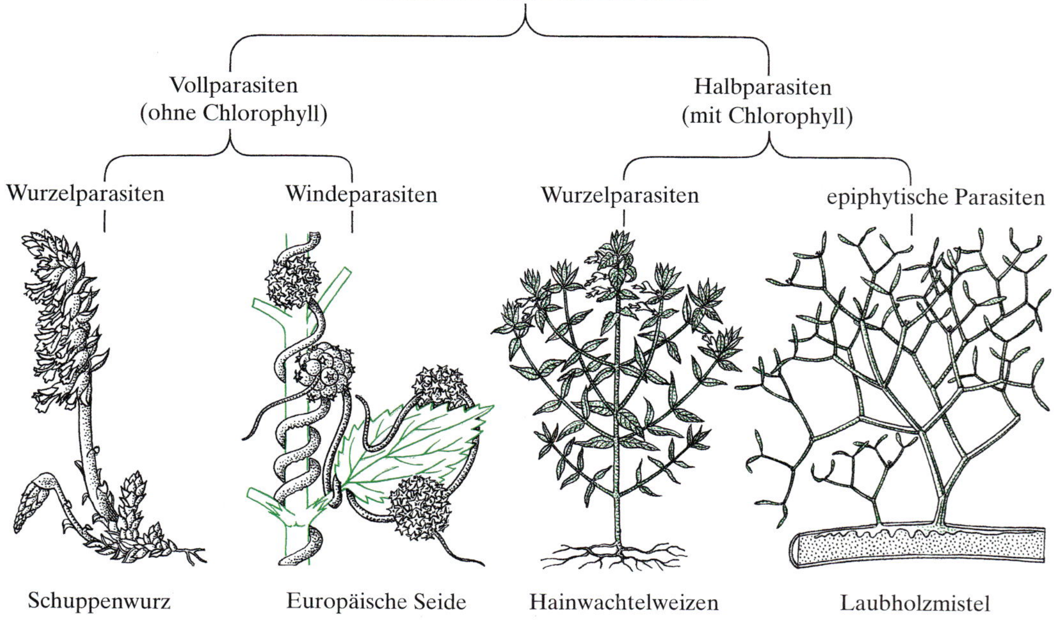

großen Schaden verursachen, da sie die Pflanzen nicht nur stark schädigen, sondern auch zum Absterben bringen. An den Stengeln der *Cuscuta*-Arten entstehen im Laufe der Vegetationsperiode kleine, in Knäueln oder Rispen stehende Blüten, in denen die Samen gebildet werden. Die sich aus den Samen entwickelnden wurmförmigen Keimpflanzen können sich begrenzt aktiv fortbewegen, um an eine für sie lebensnotwendige Wirtspflanze zu gelangen.

Während bei Schuppenwurz und Sommerwurz noch schuppenartige Blätter und einfache Wurzeln, bei der Seide nur noch Stengel vorhanden sind, ist die Reduktion des Vegetationskörpers bei den rein tropisch verbreiteten, vollparasitisch lebenden Arten der Rafflesiaceen und Balanophoraceen noch weiter fortgeschritten. Ihr Vegetationskörper ist z.T. nicht mehr pflanzenähnlich, sondern besteht aus einem knollenartigen Gebilde, von dem aus Fäden in das Innere der Wirtspflanze eindringen und sie durchziehen. Nur die Blüten werden außerhalb der Wirte angelegt. Eigenartigerweise erzeugen diese stark reduzierten Pflanzenkörper die größten Blüten, die im Pflanzenreich vorkommen. Die allergrößten Blüten mit etwa 1 m Durchmesser bringt *Rafflesia arnoldii* hervor (s. Abb. S. 196).

Neben diesen Vollparasiten gibt es eine Anzahl von Pflanzen, die Parasitismus quasi nur als Zusatzgeschäft betreiben, denn sie bilden in ihren allerdings meist nur wenigen Blättern noch Chlorophyll aus, sind also zur Photosynthese fähig. Sie entnehmen aber Wasser und Nährstoffe nicht dem Boden, sondern Wirtspflanzen, in die sie mit ihren Haustorien bzw. Wurzeln eindringen. Pflanzen mit einer derartigen Lebensweise werden als Halb- oder Hemiparasiten bezeichnet. In unserer heimischen Flora handelt es sich um die auf den Ästen von Holzgewächsen vorkommenden Mistel-*(Viscum-)*Arten aus der Familie der Mistelgewächse (Loranthaceae) und Vertreter verschiedener Gattungen der Braunwurzgewächse (Scrophulariaceae), zu denen ja auch die Schuppenwurz gehört.

Halbparasiten aus der letztgenannten Familie sind z.B. Augentrost *(Euphrasia)*, Klappertopf *(Rhinanthus)* oder Wachtelweizen *(Melampyrum)*, deren Wurzeln auf anderen krautartigen Pflanzen, meist auf Gräsern, parasitieren (s. auch Abb. S. 136).

Bei den wurzellosen Misteln handelt es sich um gabelig verzweigte, mit ledrigen, chlorophyllhaltigen Blättern versehene, halbstrauchige Pflanzen, deren klebrig-schleimige Samen nur auskeimen, wenn sie auf lebende Zweige ihrer Wirtspflanzen gelangen. Dahin werden sie meist von den die Beerenfrüchte fressenden und sie somit verbreitenden Vögeln gebracht. Schon die Keimpflanzen dringen mit ihren Haustorien bis zu den Wasser-

Besonders im Winter fallen die immergrünen Büsche der Misteln an den kahlen Ästen der Bäume ins Auge. Die Laubholzmistel *(Viscum album)* wird gern als Weihnachtsschmuck verwendet.

Das Quirlblättrige Läusekraut *(Pedicularis verticillata)* kommt in den Alpen vor und parasitiert auf Gräsern. Es gehört zu den Braunwurzgewächsen.

leitungsbahnen der Wirtspflanzen vor, um sowohl die Nährstoffe aufzunehmen als auch sich auf den Pflanzen fest zu verankern und damit ihre weitere Entwicklung zu gewährleisten. Voll entwickelte Misteln sitzen dann wie kleine Büsche auf den Zweigen ihrer Wirtspflanzen. Vor allem die bei uns auf verschiedenen Laubhölzern (außer Eichen) vorkommende Laubholzmistel *(Viscum album)* ist im Winter auf den blattlosen Laubgehölzen als immergrüner Busch gut zu sehen (s. Abb. S. 135).

Eine andere heimische Mistelart, die Nadelholzmistel *(Viscum laxum)* kommt – wie ihr Name sagt – nur auf Nadelhölzern vor, vor allem auf Kiefern und Tannen. Von der fast ausschließlich tropisch verbreiteten, artenreichen Gattung *Loranthus* ist nur ein Vertreter aus dem Mittelmeerraum bis nach Deutschland vorgedrungen: die äußerst seltene Eichenmistel oder Riemenblume *(Loranthus europaeus)*. Sie wächst nur auf Eichen bzw. im Mittelmeergebiet auch auf Echten Kastanien. Diese extreme Spezialisierung auf bestimmte Wirtspflanzenarten deutet darauf hin, daß bei ihrer Ernährung bestimmte wirtsspezifische organische Stoffe eine Rolle spielen, die in den Gefäßen der Wirtspflanzen vorhanden sein müssen.

Im übrigen hält sich der Schaden, den die Halbparasiten ihren Wirtspflanzen zufügen, meist in Grenzen, zum Absterben bringen sie die Pflanzen jedenfalls nicht.

Biorhythmen

Lange oder kurze Tage

Es ist die Normalität in unseren Breiten: Im Herbst fallen die Blätter, und im Frühling belauben sich Bäume und Sträucher neu, und die Stauden ergrünen wieder. Nur wenige Ausnahmen, die Immergrünen, vor allem Nadelhölzer, behalten im Winter ihre Blätter.

Blattfall und Blattaustrieb unterliegen also einem jahreszeitlich bedingten Wechsel, folgen einem ganz bestimmten Rhythmus mit einjähriger Periode. Dieser Jahresrhythmik unterliegen auch eine Reihe anderer Prozesse der Pflanzen, z.B. die Blüten- und Fruchtentwicklung, das sommerliche Wachstum und die winterliche Ruhephase, die unterschiedliche Qualität des Dickenwachstums bei Holzpflanzen, die sich vor allem bei unseren Bäumen in einer deutlichen Bildung von Jahresringen nachweisen läßt. Mitbestimmt werden diese Prozesse natürlich durch die während des Jahres wechselnden Temperaturen, die Lichtverhältnisse und andere, ebenfalls rhythmisch bedingte Umwelteinflüsse. Auch in tropischen Gebieten, wo die Tageslänge und die Temperatur kaum Schwankungen aufweisen, läßt sich bei vielen Pflanzenarten eine etwa einjährige Periode z.B. in bezug auf die Blüten- und Fruchtbildung feststellen, die demnach kaum von außen, sondern durch innere Reaktionen der Pflanzen gesteuert werden muß. Viele Prozesse im Leben der Pflanzen verlaufen auch synchron mit kürzeren periodischen Schwankungen der Umwelt, wie z.B. der Monats- oder der Tagesrhythmik, die dem 29,5tägigen Mondphasenwechsel bzw. der 24 Stunden dauernden Erdumdrehung folgen. Vor allem die Tagesrhythmik der Pflanzen ist aus verständlichen Gründen am besten untersucht.

Man kann dabei, wie bei allen rhythmisch verlaufenden Prozessen, eine unmittelbar durch periodisch wechselnde äußere Faktoren bedingte, sogenannte exogene Rhythmik von einer endogenen Rhythmik unterscheiden, die zwar durch Außenfaktoren synchronisiert wird, ihr Zustandekommen aber inneren, im Organismus selbst liegenden Abläufen verdankt.

Die bestimmenden Faktoren der exogenen Tagesrhythmik sind mehr oder weniger leicht faßbar, denn es handelt sich dabei um Umweltfaktoren wie Licht, Dunkelheit, Temperatur oder Feuchtigkeit, die durch ihren täglichen Wechsel auf die Pflanzen einwirken. Als ein Beispiel dafür sei das Öffnen und Schließen der Blüten bestimmter Pflanzenarten (z.B. vom Löwenzahn, *Taraxacum officinale*) erwähnt, das im Wechsel von Tag und Nacht erfolgt, bei künstlich erzeugter durchgehender Beleuchtung oder durchge-

hender Dunkelheit aber unterbleibt. Es handelt sich also um einen Vorgang, der nur von außen gesteuert wird.
Schwieriger zu fassen sind die Ursachen der endogenen Tages- oder circadianen Rhythmik, die in den Organismen selbst liegen. Circadian deshalb genannt, weil die Periode vom 24-Stunden-Rhythmus auch etwas abweichen kann. Die so gesteuerten Prozesse laufen auch unter gleichbleibenden Außenbedingungen noch längere Zeit rhythmisch weiter, wie z.B. das Heben und Senken der Blätter der Feuer- oder Prunkbohne *(Phaseolus coccineus)* im Tag- und Nachtwechsel. Die Blätter werden im Experiment auch bei Dauerbeleuchtung zu dem Zeitpunkt zur »Schlafstellung« gesenkt, wenn die Lichtperiode des Tages zeitlich abgelaufen wäre. Dies geschieht noch 10 bis 14 Tage lang im gewohnten Rhythmus, bis es langsam ausklingt.
Als Ursache für diese endogene Rhythmik nimmt man ein zellinneres, zeitmessendes System an, das als physiologische oder auch biologische Uhr bezeichnet wird. Diese innere Uhr ist bei allen kernhaltigen Organismen von den Einzellern bis zum Menschen an vielen Reaktionen nachzuweisen.
Welches Prinzip dieser physiologischen Uhr zugrunde liegt, worauf die innere Zeitmessung beruht, konnte bis heute noch nicht genau ermittelt werden. Sie wird hypothetisch als Oscillator, Schwingungsmesser, beschrieben, der wie ein Pendel zwischen zwei Extremzuständen mit gleichmäßiger Geschwindigkeit und genetisch bedingter Frequenz hin und her schwingt und dabei bestimmte Zeitabläufe mißt. Eine stoffliche Natur der physiologischen Uhr wird ausgeschlossen. Es wird angenommen, daß dieser Oscillator durch eine schwierig aufzuklärende Folge von Reaktionen zustande kommt. Ein bekanntes Beispiel für circadiane Rhythmen bei einzelligen Algen ist die zu den Panzergeißlern (Dinoflagellaten) gehörende Meeresalge *Gonyaulax polyedra*, bei der drei verschiedene Prozesse unterschieden werden können. Das ist erstens die Biolumineszenz, die Fähigkeit bei Dunkelheit zu leuchten, die ihr Maximum natürlich

Circadiane Rhythmen bei dem Panzergeißler Gonyaulax (nach Raven)

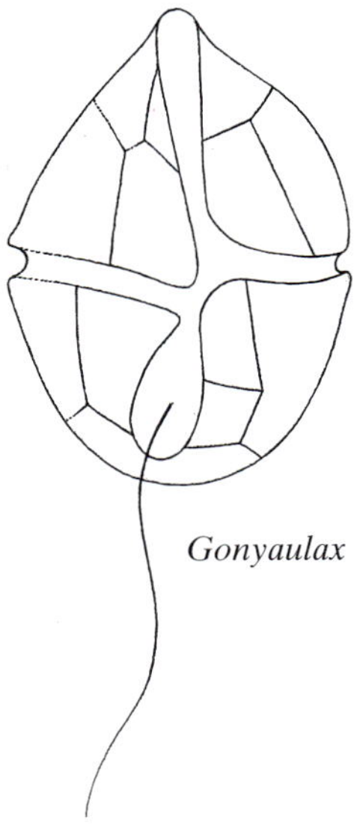

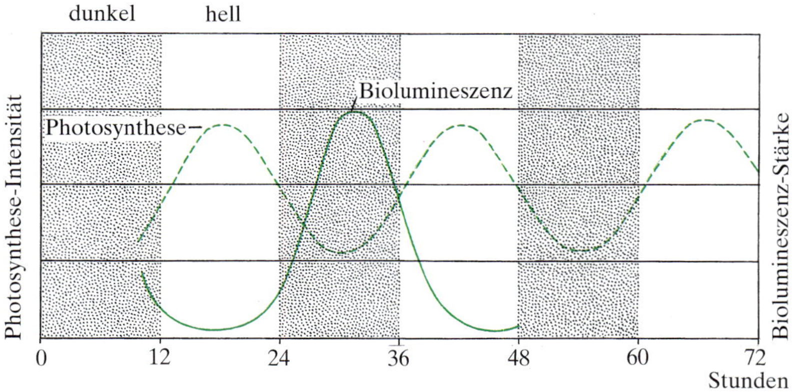

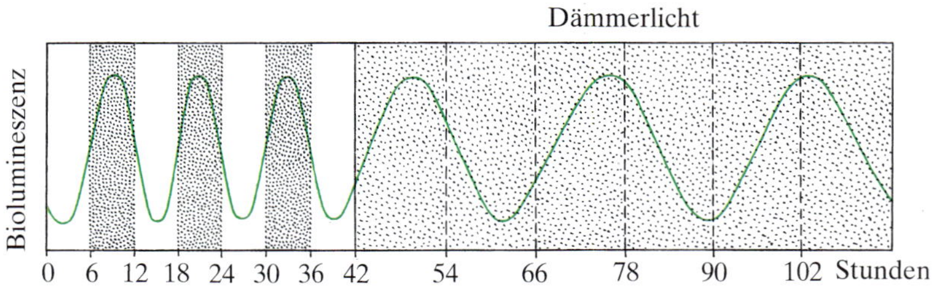

in der Nacht erreicht, zweitens die zur Ernährung wesentliche Photosynthese, die bei dem dazu nötigen Tageslicht ihren Höhepunkt hat, und drittens die Zellteilung, die stets bei eintretender Dämmerung stattfindet. Diese drei Prozesse behalten auch bei den Algen, die in kontinuierlichem Dämmerlicht belassen werden, ihren 24-Stunden-Rhythmus über Tage und Wochen hinweg bei. Wechselt man den Beleuchtungsrhythmus auf 6 Stunden Licht, 6 Stunden Dunkelheit, so folgt zumindest die Biolumineszenz diesem neuen Rhythmus, kehrt aber sofort wieder zum »normalen« 24-Stunden-Rhythmus zurück, wenn den Organismen erneut nur kontinuierliches Dämmerlicht zur Verfügung steht.

Die innere Uhr der Pflanzen steuert letztendlich auch die Erscheinungen, die heute unter dem Begriff Photoperiodismus zusammengefaßt werden. Darunter versteht man die Einwirkung der täglichen Beleuchtungsdauer im Laufe des Jahres auf bestimmte physiologische Prozesse in den Pflanzen, für deren Ablauf ein rhythmischer Wechsel zwischen Hell- und Dunkelphasen Voraussetzung ist. Dabei ist der diesbezüglich auffälligste Prozeß im Leben der höheren Pflanzen die Einleitung der Blühphase. Die erste Kenntnis von den Zusammenhängen zwischen Blühinduktion und Tages- oder Nachtlänge ermittelten 1920 die nordamerikanischen Pflanzenzüchter Garner und Allard. Sie führten mit einer durch Riesenwuchs ausgezeichneten Mutante vom Tabak *(Nicotiana tabacum)* Versuche durch. Dabei schnitten sie im Herbst von der über 3 m hohen, aber nicht blühenden Pflanze Stecklinge, die sie frostsicher im Gewächshaus weiterkultivieren wollten. Obwohl die Stecklinge noch längst nicht die Größe der Ausgangspflanze erreicht hatten, blühten und fruchteten diese im Dezember. Auch die aus den Samen dieser Stecklinge gezogenen Pflanzen blühten wiederum erst kurz vor Beginn des Winters. Sie entdeckten also, daß die Pflanzen dieser Tabak-Varietät zum Einleiten ihrer Blühphase die kurze Helligkeit der Herbsttage, bzw. – wie heute bekannt ist – die lange Dunkelheit der Herbstnächte

Eine absolute Kurztagspflanze ist der in Südamerika als Körnerfrucht angebaute Garten-Amarant *(Amaranthus caudatus)*. In verschiedenen Sorten wird er bei uns als Zierpflanze kultiviert.

benötigten. Sie arbeiteten auch mit anderen Pflanzenarten, so z. B. mit Sojabohnen *(Glycine max)*, und fanden, daß trotz verschiedener, zeitlich gestaffelter Aussaattermine unter sonst gleichen Bedingungen alle Pflanzen erst dann blühten, wenn die gewünschten Hell-Dunkelzeiten für die Pflanzen erreicht waren. Garner und Allard nannten diesen blühinduzierenden Vorgang Photoperiodismus. Da sie einzig und allein die Tageslänge als auslösendes Moment ansahen, führten sie die Bezeichnungen Langtag- und Kurztagpflanzen ein.

Später entdeckten die amerikanischen Forscher Hamner und Bamer, die 1938 mit einer Spitzklettenart *(Xanthium pennsylvanicum)*, einer inzwischen als »klassisch« geltenden Kurztagspflanze experimentierten,

Das zu den Nachtschattengewächsen gehörende Bilsenkraut *(Hyoscyamus niger)* ist eine typische Langtagspflanze, die erst ab Juni/Juli bei uns zur Blüte kommt.

daß schon eine Unterbrechung der Dunkelperiode von nur einer Minute mit geringer Lichteinwirkung (25-Watt-Birne) genügt, um die Pflanzen am Blühen zu hindern. Wurde aber die Lichtperiode durch Dunkelzeiten unterbrochen, so hatte das keinen Einfluß auf die Blühwilligkeit der Spitzklette. Gleiche Experimente mit Langtagpflanzen zeigten, daß auch für sie die Länge der Dunkelperiode ausschlaggebend ist. So kommt z.B. das Schwarze Bilsenkraut *(Hyoscyamus niger)*, eine Langtagpflanze, normalerweise bei 16 Stunden Licht und 8 Stunden Dunkelheit pro Tag zur Blüte, sie blüht aber auch bei 8 Stunden Licht und 16 Stunden Dunkelheit, wenn die Dunkelheit nach der Hälfte der Zeit durch eine kurze Belichtung unterbrochen wird, d.h. wenn sogenanntes »Störlicht« zur Wirkung kommt. Ausschlaggebend ist also sowohl für die Kurztag- als auch für die Langtagpflanzen die Dunkelperiode. So müßte man eigentlich von Kurznacht- und Langnachtpflanzen sprechen. Doch die einmal gegebenen Begriffe waren schon eingebürgert, und man ist dabei geblieben.

Wenn wir die absoluten Zeiten von Lang- und Kurztagpflanzen vergleichen, so stellen wir erstaunt fest, daß Kurztagpflanzen durchaus eine größere Tageslänge als Langtagpflanzen zur Blühinduktion gebrauchen können. Die Erklärung liegt darin, daß die

Pflanzen und ihre photoperiodische Blühregulation
(Beispiele)

Absolute Kurztagpflanzen: Blaue Prunkwinde – *Pharbitis nil* Walderdbeere – *Fragaria vesca* Fuchsschwanz – *Amaranthus caudatus* Pennsylvanische Spitzklette – *Xanthium pennsylvanicum* Sojabohne – *Glycine soja* Weihnachtsstern – *Euphorbia pulcherrima*	Relative Kurztagpflanzen: Baumwolle – *Gossypium hirsutum* Feuersalbei – *Salvia splendens* Dahlie – *Dahlia pinnata* Hanf – *Cannabis sativa* Reis – *Oryza sativa* Zuckerrohr – *Saccharum officinale*
Absolute Langtagpflanzen: Ackergauchheil – *Anagellis arvensis* Betarübe – *Beta vulgaris* Grüner Salat – *Lactuca sativa* Hafer – *Avena sativa* Rettich – *Raphanus sativus* Schwarzes Bilsenkraut – *Hyoscyamus niger* Spinat – *Spinacia oleracea* Weizen – *Triticum aestivum* Wiesenfuchsschwanz – *Alopecurus pratensis*	Relative Langtagpflanzen: Saaterbse – *Pisum sativum* Gerste – *Hordeum vulgare* Löwenmaul – *Antirrhinum majus* Petunie – *Petunia hybrida* Rübsen – *Brassica rapa*
Tagneutrale Pflanzen: Buchweizen – *Fagopyrum esculentum* Duftwicke – *Lathyrus odoratus* Einjähriges Rispengras – *Poa annua* Gänseblümchen – *Bellis perennis* Gartenspringkraut – *Impatiens balsamina* Gemeines Kreuzkraut – *Senecio vulgaris* Gemeiner Löwenzahn – *Taraxacum officinale* Gurke – *Cucumis sativus* Puffbohne – *Vicia faba* Tomate – *Lycopersicum esculentum*	

Einfluß der täglichen Lichtperiode
auf die Blühfähigkeit von Prunkwinde und Weißem Senf

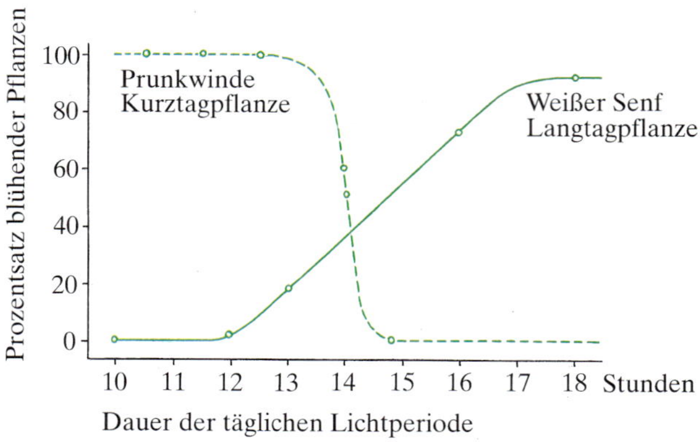

Begriffe nicht auf die absolute, sondern auf eine sogenannte kritische Zeit bezogen werden. Und das bedeutet: Das Blühen wird bei einer Langtagpflanze oberhalb einer kritischen Tageslänge, bei einer Kurztagpflanze unterhalb einer kritischen Tageslänge ausgelöst bzw. Kurztagpflanzen blühen oberhalb der kritischen Dunkelperiode, Langtagpflanzen unterhalb.

Die Orte der Aufnahme photoperiodischer Impulse sind die Laubblätter, und für die Übermittlung dieser Impulse zum Vegetationskegel dient allem Anschein nach ein Botenstoff, ein Hormon. Dieser zur Zeit noch hypothetische, chemisch nicht nachgewiesene Stoff bekam den Namen Florigen und wird als Blühhormon bezeichnet. Wiederum bei der Spitzklette wurde ermittelt, daß das Florigen bereits nach 2 bis 4 Stunden das Blatt verlassen hat und schon nach 1 bis 2 Tagen der Vegetationskegel für die Blütenbildung umprogrammiert ist. Zellbiologisch wird dieser Vorgang durch die Aktivierung bestimmter Gene ausgelöst. Der Blühimpuls kann auch durch Aufpfropfen von blühinduzierten Pflanzenteilen auf nicht induzierte Pflanzen weitergegeben werden. Deshalb nimmt man an, daß ein solches Blühhormon oder vielleicht ein aus mehreren Stoffen bestehender Blühhormonkomplex vorhanden ist.

Andere Versuche lassen dagegen den Schluß zu, daß neben blühfördernden auch hemmende Stoffe am Werk sein müssen, die unter nicht induktiven Bedingungen entstehen. So blüht z. B. Spinat *(Spinacia oleracea)*, eine klassische Langtagpflanze, nicht, wenn die oberen Blätter Langtagbedingungen, die unteren aber Kurztagbedingungen ausgesetzt sind. In unseren Breiten wird Spinat ja gerade im Kurztag angebaut, also im Frühjahr oder Herbst, um das Blühen zu verhindern, da nur die von den Pflanzen rosettig angelegten unteren Blätter als Gemüse verwendet werden. Das gleiche gilt für Radieschen, Salat und andere typische Langtagpflanzen, die zum Verzehr noch nicht blühen dürfen.

Einige Pflanzen, vor allem Langtagpflanzen, benötigen zusätzlich zu ihren photoperiodischen Ansprüchen auch noch die vorausgehende Einwirkung tiefer Temperaturen. Kohl, Sellerie und Rüben würden z. B. ohne

Blätter als Rezeptororgane des Photoperiodismus
bei *Dendranthema morifolium*,
LT Langtagbedingungen,
KT Kurztagbedingungen
(nach Mohr-Schopfer)

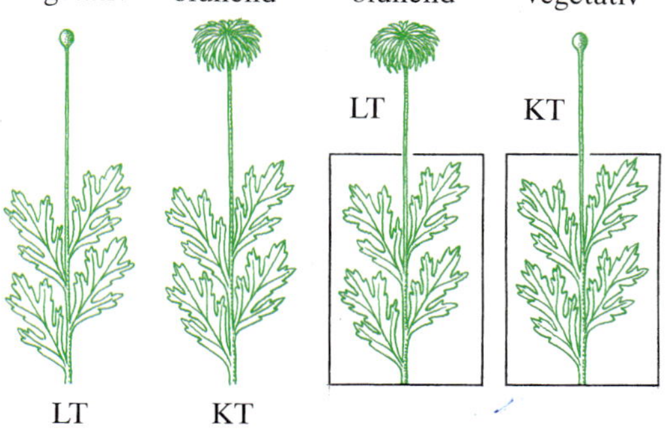

Kälteeinwirkung nicht zur Blüte kommen, auch wenn die notwendigen photoperiodischen Bedingungen erfüllt wären. Diesen Prozeß der Blütenbildung durch Kälte bezeichnet man als Vernalisation. Man nimmt an, daß dabei ebenfalls ein Blühhormon gebildet wird, das man als Vernalin bezeichnet. Die Kälteeinwirkung kann bei manchen Arten schon im embryonalen Zustand wirksam sein, bei anderen kurz nach der Keimung, z.T. aber auch erst im Zustand der erwachsenen Pflanze.

Neben den absoluten oder qualitativen Kurz- und Langtagpflanzen, die unbedingt die notwendigen photoperiodischen Bedingungen für ihre Blühinduktion brauchen, gibt es auch relative oder quantitative Kurz- und Langtagpflanzen. Diese kommen bei Nichterfüllung der photoperiodischen Idealzeiten wenigstens verzögert zur Blütenbildung. Eine Anzahl von Pflanzen benötigt auch nacheinander zwei verschiedene Photoperioden, also entweder Kurz-Langtag oder Lang-Kurztag. Unter mitteleuropäischen Bedingungen wird z.B. eine Lang-Kurztagpflanze, wie die als Zimmerpflanzen beliebten Brutblattarten (*Kalanchoe* spec.), nur im Herbst-Kurztag, nicht aber im Frühlings-Kurztag zur Blüte kommen, da der Sommer-Langtag vorausgegangen sein muß.

Schließlich gibt es noch tagneutrale Pflanzen, die unter allen photoperiodischen Bedingungen Blüten bilden können.

Logischerweise bestehen zwischen dem Herkunftsgebiet, der Heimat der Pflanzen, und ihren photoperiodischen Ansprüchen Zusammenhänge. So wachsen in tropischen Gebieten, wo kein Langtag über 13 Stunden herrscht und die Sonne jahrein, jahraus früh um 6 Uhr auf und abends um 6 Uhr untergeht, vorwiegend Kurztag- oder tagneutrale Pflanzen. In diese Gebiete aus anderen Breiten eingeschleppte Langtagpflanzen kommen dort nicht zur Blüte. So vermehrt sich z.B. das aus dem Mittelmeergebiet stammende Pfahlrohr *(Arundo donax)* im mittleren Südamerika nur vegetativ, unter den herrschenden Kurztagbedingungen blüht es nicht.

Dagegen gibt es in den geographischen Breiten oberhalb und unterhalb des Tropengürtels mit ausgeprägten warmen und kalten Jahresabschnitten bzw. Regen- und Trockenzeiten und je nach Jahreszeit wechselnder Tageslänge sowohl Lang- als auch Kurztagpflanzen. Sie müssen vor allem rechtzeitig vor der für sie ungünstigen Jahreszeit ihre Blüh- und Fruchtphase abgeschlossen haben, um als Samen oder mit Hilfe geschützter Knospen zu überdauern.

Tagneutrale, Kurz- und Langtagpflanzen in unseren Gärten

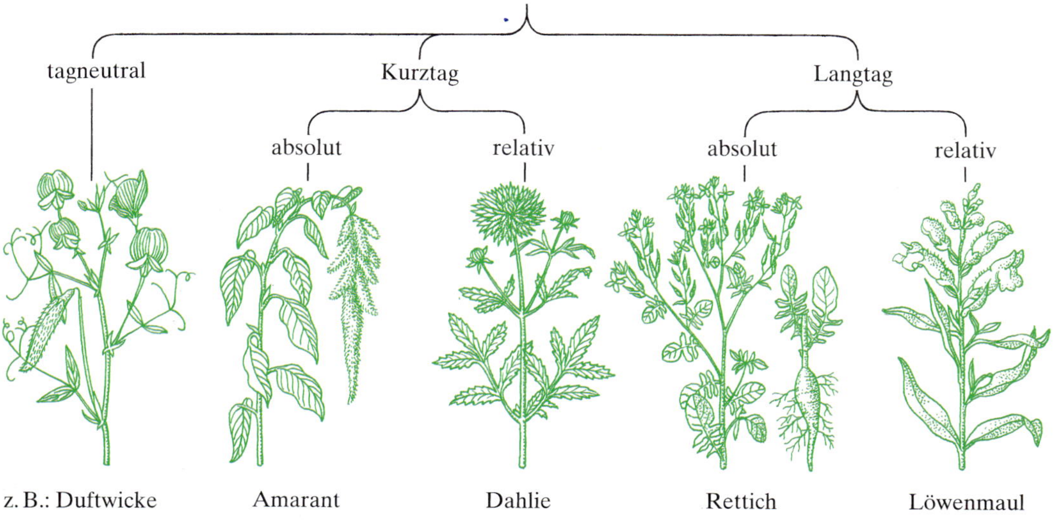

Die Blütenbildung ist das auffälligste und am besten untersuchte Beispiel für den Photoperiodismus der Pflanzen. Doch es gibt viele weitere Vorgänge im Pflanzenleben, die ebenfalls photoperiodisch beeinflußt werden, so z.B. die Wachstumsrate, die Internodienlänge, die Ausbildung der Blattgestalt, das Abwerfen der Blätter, die Samenkeimung, der Beginn der Knospenruhe, die Frost- und Hitzeresistenz und vor allem die Ausbildung von Speicherorganen. So werden z.B. Knollen meist unter Kurztagbedingungen, also in unseren Breiten im Herbst angelegt, während die Blütenbildung der entsprechenden Arten im Sommer unter Langtagbedingungen erfolgt. Typische Beispiele sind die aus den Anden stammende, Sproßknollen bildende Kartoffel *(Solanum tuberosum),* die Wurzelknollen bildenden Dahlien (*Dahlia* spec.) aus Mexiko sowie der Rhizomknollen bildende Topinambur *(Helianthus tuberosus)* aus Nordamerika.
Das photoperiodische Signal geht auch hier von den Laubblättern aus und muß durch noch unbekannte Substanzen zu den knollenbildenden Pflanzenteilen transportiert werden, wo es die Bildungsgewebe zur Umdifferenzierung veranläßt. Verschiedene Phytohormone, auf die wir noch zu sprechen kommen, spielen bei diesen Vorgängen eine Rolle. So wird z.B. Abscisinsäure unter Kurztagbedingungen vermehrt in den Blättern gebildet, Gibberelline werden dagegen gehemmt.
Zwiebelbildung, wie bei der Küchenzwiebel *(Allium cepa),* ist meist eine Langtagreaktion, wobei wahrscheinlich die im Langtag erhöhte Auxinkonzentration fördernd wirkt. Auch das Phytohormon Ethylen kann die Zwiebelbildung positiv beeinflussen.

Wachstum und Differenzierung

Für jeden naturverbundenen Menschen ist es wohl immer wieder faszinierend, wenn aus einem in die Erde gesteckten Samen eine Pflanze hervorsprießt und er beobachten kann, wie sich der Keimling aus dem Boden schiebt, sich die ersten Blätter entfalten, der Sproß immer länger wird und schließlich die ganze Pflanze ihre endgültige Gestalt annimmt.
Man bezeichnet dieses Geschehen als Wachstum, wobei eine Anzahl komplizierter Vorgänge, z.T. von innen gelenkt, z.T. von außen beeinflußt, durchlaufen werden. Von »innen« (genetisch) gesteuert wird die Ausbildung der artspezifisch festgelegten Merkmale. Wenn eine Bohne in die Erde gesteckt wurde, dann entsteht eine Bohnenpflanze und nichts anderes. Natürlich kann ihr Wachstum in verschiedener Beziehung von »außen« variiert werden, denn zahlreiche Umweltfaktoren haben auf das Pflanzenwachstum einen großen Einfluß. Vor allem Wasser- und Nährstoffversorgung, Licht und Wärme wirken auf wachsende Pflanzen ein. Das weiß jeder, der Pflanzen »in Pflege« hat, ob im Zimmer, im Garten, im Gewächshaus oder auf dem Feld.
Ohne Wasser und die darin gelösten Nährstoffe ist kein Wachstum möglich. Wasser spielt bei der Photosynthese und der anschließenden Stoffproduktion eine große Rolle, außerdem wird es zum Stofftransport und zum Aufrechterhalten des Turgordrucks in den Zellen gebraucht. Wenn nicht genügend Wasser vorhanden ist, sinkt der Flüssigkeitsdruck in den Zellen, die Pflanzen welken, sie stellen ihr Wachstum ein und vertrocknen.
Das Licht ist sowohl für die Photosynthese als auch für die Chlorophyllsynthese und die anderer Farbstoffe unentbehrlich. Es regt das Wachstum über die Bereitstellung von Assimilaten an. Außerdem greift es steuernd in die Wachstumsprozesse ein. Wenn nicht genügend Licht vorhanden ist, vergeilen die Pflanzen, bauen ihr Chlorophyll ab, kein neues auf und »verhungern«. Schließ-

Verschiedene Bambus-Arten – hier *Bambusa vulgaris* – gehören zu den am schnellsten wachsenden Pflanzen. Bei günstigen Bedingungen kann ein Sproß etwa 60 cm pro Tag wachsen.

lich greift auch die Temperatur regulierend in das Wachstumsgeschehen ein. Sie beeinflußt u.a. die Geschwindigkeit der Stoffwechselprozesse. Bei einer Temperatursteigerung um 10 °C verdoppelt sich die Reaktionsgeschwindigkeit (Q_{10}-Wert). Die Pflanzen haben für ihre Wachstumsaktivität artspezifisch ein Temperaturminimum, -optimum und -maximum. Das Wachstum ist nur zwischen diesem Minimum und Maximum möglich.

Zu den negativ auf das Pflanzenwachstum wirkenden Umweltfaktoren gehören heute auch zahlreiche durch den Menschen verursachte Schadstoffimmissionen, die Luft und Boden verunreinigen. So verringert z.B. Staubauflagerung auf Blättern die Photosyntheseleistung und damit das Wachstum.

Es sind also viele innere und äußere Faktoren, die im Zusammenspiel das Pflanzenwachstum bedingen und die bestimmen, welches Produkt letztendlich unter den jeweiligen Bedingungen entsteht.

Den Geschwindigkeitsrekord beim Wachstum halten verschiedene tropische Bambusarten (*Bambusa* u. andere) aus der Familie der Süßgräser. Sie schaffen z.T. eine Verlängerung ihrer Sprosse bis zu 60 cm pro Tag. Man kann also in diesem Fall »das Gras wachsen sehen!« Die Bambusarten sind die einzigen Gräser, deren Halme verholzen und damit eine große Festigkeit erlangen. Immerhin werden einige Arten bis 40 m hoch, auch wenn ihr Sproßdurchmesser meist nicht mehr als 20 cm beträgt (s. Abb. S.145).

Von den bei uns angebauten, ursprünglich tropischen Kulturpflanzen kann wohl der aus Amerika stammende Kürbis *(Cucurbita pepo)* am schnellsten wachsen. Er erreicht bei optimalen Bedingungen während der Vegetationsperiode eine tägliche Zuwachsrate seiner Sprosse von etwa 14 cm. Das sind ungefähr 6 mm pro Stunde, in 2 Stunden also bereits mehr als 1 cm!

Normalerweise wachsen die Pflanzen aber viel langsamer. Auch unter den jeweils für sie günstigsten Voraussetzungen erreichen

Wachstumsgeschwindigkeit pflanzlicher Organe unter optimalen Bedingungen (nach Flindt, verändert)

Art und Organ	Wachstumsgeschwindigkeit	
Bambus (Sprosse)	0,4 mm/Minute	= 57 cm/Tag
Erbse (Wurzel)	0,02 mm/Minute	= 2,88 cm/Tag
Hafer (Koleoptile)	0,025 mm/Minute	= 3,7 cm/Tag
Hanf (Sprosse)	0,05 mm/Minute	= 7,2 cm/Tag
Kürbis (Sprosse)	0,1 mm/Minute	= 14,4 cm/Tag
Spargel (Sprosse)	0,08 mm/Minute	= 11,1 cm/Tag
Herbstzeitlose (Pollenschläuche)	0,015 mm/Minute	= 2,16 cm/Tag
Roggen (Staubfäden)	2,5 mm/Minute (Maximale Streckungszeit 10 Minuten)	

Temperaturwerte für das Wachstum einiger Nutzpflanzen (nach Flindt)

Art	Min.	Opt.	Max. (in °C)
Rotbuche *(Fagus sylvatica)*	–5	20–22	43
Gemeine Fichte *(Picea abies)*	–7	12–18	36
Gerste *(Hordeum vulgare)*	3–4	20	30
Gurke *(Cucumis sativus)*	12	35	50
Waldkiefer *(Pinus sylvestris)*	7	–	34
Kürbis *(Cucurbita pepo)*	10–15	37–44	44–50
Melone *(Cucumis melo)*	15–18	31–37	44–50
Sonnenblume *(Helianthus annuus)*	5–10	31–37	37–44
Weißtanne *(Abies alba)*	–7	14–20	38
Saatweizen *(Triticum aestivum)*	5–6	29	40
Saatroggen *(Secale cereale)*	2–3	25	30

Jährlicher Höhenzuwachs einiger Forstbäume unter optimalen Bedingungen im Laufe des Lebens (nach Flindt)

Art	Jahre: 1–20	21–40	41–60	61–80	81–100
Weißtanne *(Abies alba)*	12,5 cm	54,0 cm	48,0 cm	27,5 cm	20,5 cm
Gemeine Fichte *(Picea abies)*	30,5 cm	48,0 cm	38,0 cm	25,0 cm	16,0 cm
Waldkiefer *(Pinus sylvestris)*	44,5 cm	40,0 cm	27,0 cm	19,0 cm	19,0 cm
Rotbuche *(Fagus sylvatica)*	27,5 cm	40,0 cm	34,0 cm	27,0 cm	14,0 cm
Stieleiche *(Quercus robur)*	46,5 cm	45,0 cm	19,5 cm	19,5 cm	17,0 cm

Maximale Höhe einiger ausgewählter Bäume

Art	Höhe in Metern
Apfelbaum *(Malus sylvestris)*	10
Salweide *(Salix caprea)*	13
Eberesche *(Sorbus aucuparia)*	16
Eibe *(Taxus baccata)*	20
Birnbaum *(Pyrus achras)*	20
Robinie *(Robinia pseudoacacia)*	25
Hainbuche *(Carpinus betulus)*	28
Hängebirke *(Betula pendula)*	28
Schwarzerle *(Alnus glutinosa)*	33
Schwarzpappel *(Populus nigra)*	33
Sommerlinde *(Tilia platyphyllos)*	35
Bergahorn *(Acer pseudoplatanus)*	40
Rotbuche *(Fagus sylvatica)*	45
Waldkiefer *(Pinus sylvestris)*	48
Esche *(Fraxinus excelsior)*	50
Zypresse (*Cupressus sempervirens)*	52
Europäische Lärche *(Larix decidua)*	53
Stieleiche *(Quercus robur)*	55
Gemeine Fichte *(Picea abies)*	55
Gelbkiefer *(Pinus ponderosa)*	60
Weißtanne *(Abies alba)*	65
Zuckerkiefer *(Pinus lambertiana)*	66
Westamerikanische Lärche *(Larix occidentalis)*	80
Große Küstentanne *(Abies grandis)*	85
Douglasie *(Pseudotsuga menziesii)*	99
Eukalyptusbaum *(Eucalyptus regnans)*	100
Immergrüner Mammutbaum *(Sequoia sempervirens)*	112
Riesenmammutbaum *(Sequoiadendron giganteum)*	135

die meisten durchschnittlich pro Tag nur weniger als einen Millimeter Zuwachs. Bei den Bäumen und den anderen mehrjährigen Pflanzen spielt auch das Lebensalter eine Rolle. Wenn Bäume in unseren Breiten über 60 Jahre als sind, nimmt ihr jährlicher Höhenzuwachs deutlich ab. Die Bäume wachsen also »nicht in den Himmel«, obwohl ein noch so großer und alter Baum niemals »ausgewachsen« ist, denn auch er treibt Knospen, bringt neue Zweige, Blätter, Blüten und Früchte hervor, besitzt also aktive Wachstumszonen, bis er abstirbt. Dieses »Niemals Ausgewachsensein« ist ein wesentlicher Unterschied der Pflanzen gegenüber den Tieren, die bis auf wenige Ausnahmen (z.B. Fische) mit der Geschlechtsreife ihr Wachstum beenden und die bis dahin erreichte Körpergröße beibehalten.
Bestimmte Pflanzenorgane haben allerdings auch ein begrenztes Wachstum, wie beispielsweise Blätter und Früchte, die in der Regel nach dem Erreichen einer bestimmten Größe ihr Wachstum einstellen.

Aber was geschieht nun eigentlich in den Pflanzen, wenn sie wachsen, welche Prozesse spielen sich dabei ab? Überraschenderweise stößt man noch auf viele ungelöste Probleme.

Wächst eine Pflanze, so vergrößert sie unumkehrbar (irreversibel) ihre Zellenzahl und ihre Zellengröße. Lebende Substanz wird also vermehrt, oder lebende Teile nehmen an Volumen zu.

Die Zunahme der Zellenzahl erfolgt in zwei Phasen: erstens durch Zellteilung und zweitens durch die daraus resultierende Notwendigkeit, das Protoplasma ständig zu vermehren, also durch Plasmawachstum. An diese zwei Phasen schließt sich die Zellvergrößerung durch Streckungswachstum an, ein Vorgang, der in der Regel mit der auf das eigentliche Wachstum folgenden Zelldifferenzierung parallel läuft. Dabei bedingen Ausmaß, Geschwindigkeit sowie die Richtung der Zellteilungen und -streckungen die typische Gestalt der entstehenden Organe, alles natürlich genetisch gesteuert.

Welche Zellen sind aber nun eigentlich teilungsfähig, und wo finden wir sie bei den einzelnen Pflanzengruppen?

Einzeller, die es im Pflanzenreich nur bei den Algen gibt, teilen sich als ganzes Individuum, aus der Mutterzelle entstehen zwei gleichartige Tochterzellen. Dabei wird die gesamte Substanz der Mutterzelle verbraucht. Auch die primitiven fädigen Algen verhalten sich wie Einzeller, wenn alle Zellen des Fadens noch teilungsfähig sind. Bei höher entwickelten Algensippen beschränkt

Evolution von Apikalmeristemen
(nach Fellenberg)

teilungsfähige Zellen	Entwicklungsstufe	Meristemtyp
alle Zellen	Einzeller, koloniebildende Algen, Fadenalgen	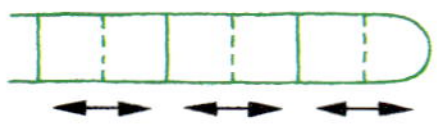
Scheitelzelle, einschneidig	Fadenalgen, Pilzhyphen	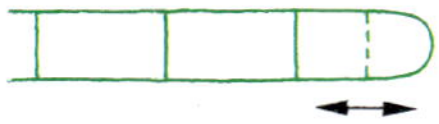
Scheitelkante	Braunalgen (Tange)	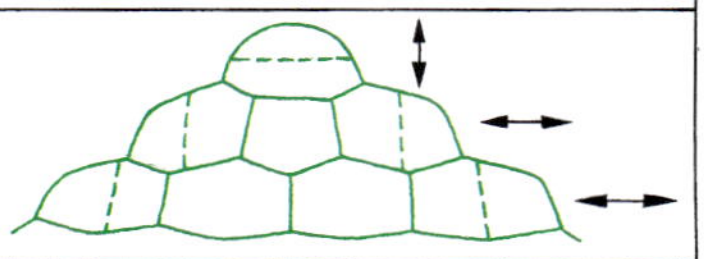
Scheitelzelle, zweischneidig	Algen, Lebermoose, Laubmoosblätter, Farnblätter	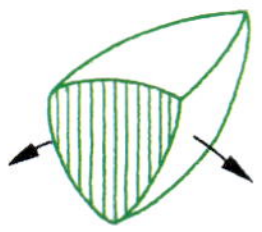
Scheitelzelle, dreischneidig, vierschneidig	Laubmoosstämmchen, Farnsproß, Schachtelhalm, Farnwurzel	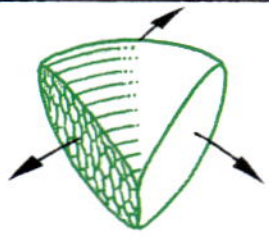
Initialzellen	*Selaginella, Lycopodium* Gymnospermen	
Vegetationskegel	Angiospermen	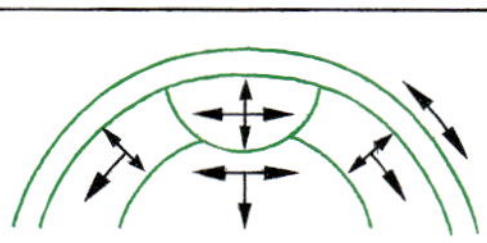

sich die Teilungsfähigkeit der Zellen nur noch auf die Spitze des Thallus, das Wachstum erfolgt nun apikal und geht in der Regel von sogenannten Scheitelzellen aus. Oft werden einfache Scheitelzellen ausgebildet, die entweder nur in eine oder in zwei bis vier Richtungen nacheinander Tochterzellen abgeben. Derartige Scheitelzellen sind bei vielen Algen, Moosen und den meisten Farnpflanzen vorhanden. Bei den Samenpflanzen und den Bärlappgewächsen – als Ausnahme unter den Farnpflanzen – gibt es schließlich nicht nur einzelne teilungsfähige Zellen, sondern ganze Gewebe, die sogenannten Bildungsgewebe oder Meristeme, auch Teilungs- oder Embryonalgewebe genannt. Sie setzen sich aus dünnwandigen, dicht aneinander liegenden Initialzellen zusammen, die sich parallel zur Oberfläche (periklin) und senkrecht zur Oberfläche (antiklin) teilen können. Sie bilden an den Sprossen und Wurzeln die Vegetationspunkte, die wegen ihrer kegelartigen Form auch als Vegetationskegel bezeichnet werden. Solche primären, aus embryonalen Zellen bestehenden Bildungsgewebe sind auch an den Spitzen der Seitenzweige und -wurzeln anzutreffen, also an allen Stellen, wo Knospen gebildet werden, außerdem in den Internodien der Grashalme bzw. den Stengeln anderer einkeimblättriger Pflanzen sowie basal bei Blatt-, Blüten- und Fruchtstielen (siehe Übersicht).

Die primären Bildungsgewebe sorgen zwar dafür, daß in den Sproßachsen Leit-, Festigungs-, Grund- und Abschlußgewebe entstehen, die Pflanze also nicht nur in die Länge, sondern bis zu einem gewissen Grad auch räumlich, also in Breite und Tiefe, eben rundum, wachsen kann. Dieses primäre Dickenwachstum reicht aber bei großen, kräftigen Pflanzenarten, speziell bei den Nacktsamern und den mehrjährigen zweikeimblättrigen Blütenpflanzen, nicht aus, um den Sproßachsen die nötige Stabilität und Festigkeit zu geben und beispielsweise bei Bäumen das umfangreiche Blattwerk mit Wasser und Nährstoffen zu versorgen oder den Abtransport der in großer Menge entstehenden Assimilationsprodukte zu über-

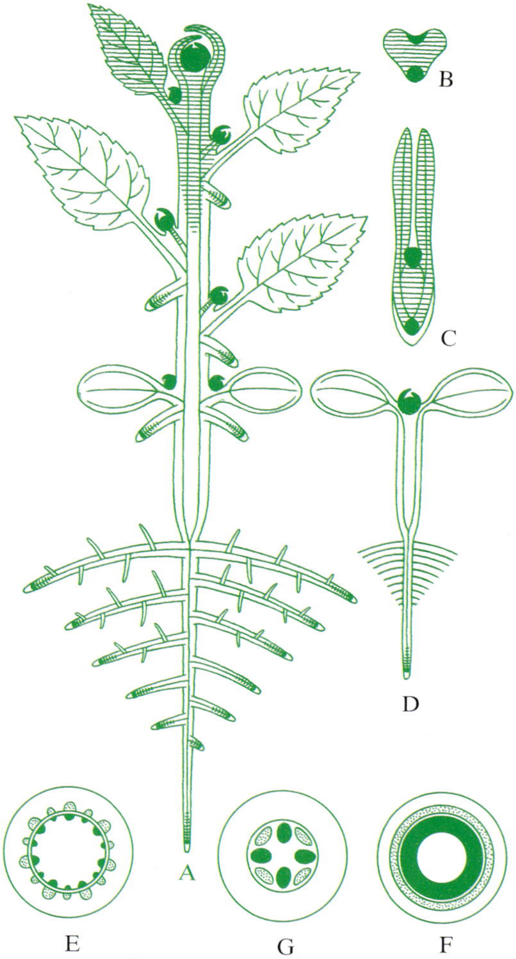

Wachstumszonen einer Pflanze (Schema)
A ganze Pflanze, B + C Embryo, D Keimpflanze, E + F Achsenquerschnitt, G Wurzelquerschnitt (nach Troll)

nehmen. Bäume und Sträucher, aber auch zahlreiche Kräuter unter den zweikeimblättrigen Pflanzen schließen deshalb an das primäre ein sekundäres Dickenwachstum an, das von einem als Kambium bezeichneten Bildungsgewebe ausgeht. Auch hier finden Zellteilungen statt. Dieses Kambium kann entweder als konzentrischer Ring in der Sproßachse vom Vegetationskegel direkt abgeleitet sein (Holzgewächse und einige Kräuter), oder es ist als ein Streifen in-

nerhalb der Leitbündel angelegt, der sich erst im Laufe des Dickenwachstums durch Neubildung von Kambium (Interfaszikularkambium) zwischen den Leitbündeln zu einem Ring schließt (Lianen und einige Kräuter).
Rezente Farnpflanzen und einkeimblättrige Samenpflanzen haben, bis auf wenige Ausnahmen unter den Lilienartigen, kein sekundäres Dickenwachstum. Auch bei den Palmen, deren schlanke, von unten bis oben gleich dicke Sproßachsen verholzen, geht das Wachstum nur vom Sproßvegetationspunkt aus. Ihr Stamm erreicht, bevor er in die Länge wächst, meist schon seinen endgültigen Durchmesser. Dagegen sind die Stämme der zweikeimblättrigen Holzpflanzen aufgrund des jährlichen Zuwachses meist an der Basis am dicksten. Der allerdickste unter ihnen, der afrikanische Affenbrotbaum *(Adansonia digitata)* (s. Abb. S. 81), erreicht einen Durchmesser bis zu 15 Meter. Man könnte also getrost eine Straßenbahn hinter einem solchen Baumstamm verstecken.
Auch die Wurzeln vieler Pflanzen haben primäres und sekundäres Bildungsgewebe und damit auch sekundäres Dickenwachstum.
Wachstum beginnt also immer mit Zellteilung. Jede Zellteilung ist ein komplizierter Prozeß, der in einer ganz bestimmten Folge von Einzelschritten abläuft. Zuerst kommt es zu einer identischen Verdoppelung von DNA-Molekülen (DNA-Replikation) mit anschließender Spaltung der Chromosomen, daran schließt sich die Kernteilung und die eigentliche Zellteilung durch Zellwandbildung an.
Die Kernteilung ist stets eine Mitose, auch Karyokinese genannt, in deren Verlauf die beiden Tochterzellen die gleiche Chromosomenzahl und die gleiche genetische Information wie die Ausgangszelle erhalten. Je nach den Außenbedingungen und dem Zustand der sich teilenden Zelle dauert sie zwischen 10 Minuten und mehreren Stunden und erfolgt z. T. in rhythmischen Abständen, gesteuert von der physiologischen Uhr. Nachts erreicht sie oft ihre größte Häufigkeit. Zum ersten Mal wurde eine Mitose im Jahr 1875 von dem deutschen Botaniker Eduard Strasburger, dem Begründer des weltberühmten Botaniklehrbuches für Hochschulen, beobachtet. Die vier Phasen, die bei der Mitose auftreten, sind in der Abbildung rechts dargestellt.
Gleichzeitig mit der Kernteilung werden Chloroplasten und Mitochondrien geteilt und auf die Tochterzellen verteilt. Besonders gut zu beobachten ist dies bei bestimmten Algenzellen, wo nur ein Chloroplast und

Maximale Stammdurchmesser einiger Baumarten

Art	Meter
Feldahorn *(Acer campestre)*	0,7
Hängebirke *(Betula pendula)*	0,8
Hainbuche *(Carpinus betulus)*	1,0
Waldkiefer *(Pinus sylvestris)*	1,1
Europäische Lärche *(Larix decidua)*	1,6
Esche *(Fraxinus excelsior)*	1,7
Gemeine Fichte *(Picea abies)*	2,0
Rotbuche *(Fagus sylvatica)*	2,0
Schwarzpappel *(Populus nigra)*	2,2
Gelbkiefer *(Pinus ponderosa)*	2,4
Weißtanne *(Abies alba)*	3,0
Feldulme *(Ulmus minor)*	3,0
Douglasie *(Pseudotsuga menziesii)*	4,0
Eibe *(Taxus baccata)*	4,9
Sommerlinde *(Tilia platyphyllos)*	5,0
Riesenmammutbaum *(Sequoiadendron giganteum)*	12,0
Affenbrotbaum *(Adansonia digitata)*	15,0

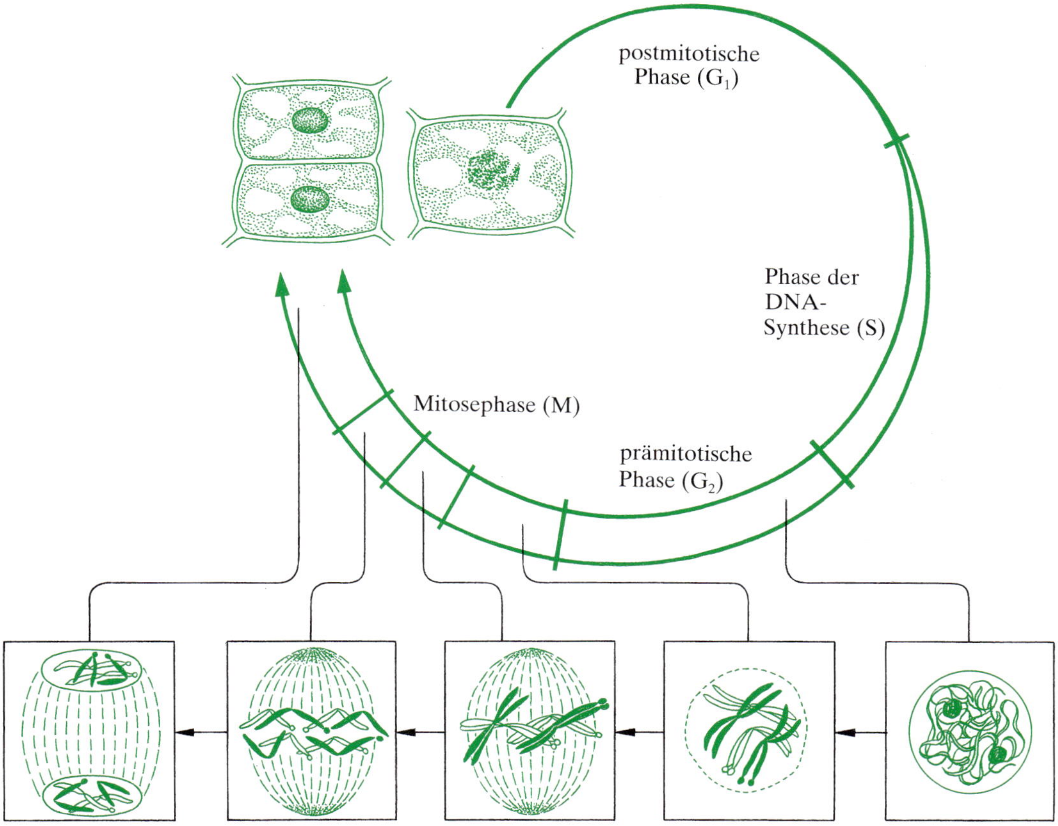

Zellzyklus

ein Mitochondrium je Zelle vorhanden ist.
Bei der Steuerung der gesamten Zellteilung spielen bestimmte Phytohormone eine Rolle, vor allem die sogenannten Cytokinine. Von diesen pflanzlichen Hormonen sind mehrere Varianten bekannt, wobei das Zeatin in höheren Pflanzen vorherrscht. Zeatin war das erste natürliche Cytokinin, das 1964 aus unreifen Maiskörnern *(Zea mays)* isoliert werden konnte, nachdem schon 10 Jahre vorher ein sogenanntes »nichtnatürliches« oder synthetisches Cytokinin, das Kinetin, als Abbauprodukt in älteren DNA-Präparaten festgestellt wurde. Die vor allem in den Wurzelspitzen synthetisierten und über den Gefäß- oder Holzteil in die ganze Pflanze transportierten natürlichen Cytokinine beschleunigen die Produktion von Nukleinsäuren und Eiweiß und hemmen deren Abbau. Sie beeinflussen in starkem Maße den gesamten Stoffwechsel, was u. a. in einer vermehrten Zellteilung zum Ausdruck kommt. Zellteilung und damit z.B. auch Wachstum künstlicher Gewebekulturen ist nur mit Zusatz von Cytokininen möglich. Der genaue Wirkungsmechanismus der Cytokinine auf den Nukleinsäure- und Eiweißstoffwechsel ist noch nicht aufgeklärt.
Nach der Zellteilung beginnt für die Tochterzellen die Phase des Plasmawachstums. Hierbei werden das Zytoplasma und alle darin enthaltenen Zellorganellen mengenmäßig verdoppelt, so daß schließlich die Größe der Mutterzelle erreicht wird. Im Mittelpunkt steht dabei die Eiweißsynthese, die streng nach erblich festgelegten Vorschriften, der genetischen Information jeder Zelle

erfolgt. Diese Eiweiße bestimmen alle weiteren Merkmale der Zelle auf der Grundlage eben dieser genetischen Information. So ist an der Art der Eiweiße schon zu erkennen, ob die Zelle embryonal bleibt und sich weiter teilt oder ob sie dem Streckungswachstum und damit einer Differenzierung zugeführt wird.

Wenn die Zelle embryonal bleibt, dann ist die eben beschriebene Phase des Plasmawachstums als sogenannte Zwischen- oder Interphase stets von zwei Zellteilungen umrahmt und kann noch genauer spezifiziert werden. So sind vor und nach der eigentlichen Produktionsphase der Eiweiße, der Synthese- oder S-Phase, wie sie genannt wird, zwei Zeitabschnitte eingeschoben, die als G_1- und G_2-Phase bezeichnet werden (nach dem englischen **g**ap = Unterbrechung). Die G_1-Phase dient der Wiederherstellung des alten Zustandes der Zelle, während G_2 schon die Vorbereitungsphase auf die nächste Mitose ist. Exakt verläuft also dieses als Zellzyklus ausgewiesene Wachstumsgeschehen in vier Phasen:

Mitose und Zellteilung – G_1-Phase – S-Phase – G_2-Phase.

Dabei beanspruchen die eigentliche Mitose und Zellteilung die kürzeste Zeit, nämlich nur $\frac{1}{10}$ bis $\frac{1}{6}$ der ganzen Folge.

Wenn nun eine Zelle diesen Zellzyklus verläßt, weil sie ihre Teilungsfähigkeit verliert, so geschieht dies meist nach der G_1-, also vor der S-Phase. Sie tritt dann in eine als G_0 bezeichnete Phase ein, in der sie verbleibt. Erlangt sie, z.B. bei bestimmten Regenerationserscheinungen, ihre Teilungsfähigkeit wieder, dann erfolgt der erneute Eintritt in den Zellzyklus von der G_0- in die S-Phase.

Geht die Zelle in das Streckungswachstum über, werden durch Aktivierung bzw. Unterdrückung gewisser genetischer Informationszentren die Kompetenz und Reaktionsfähigkeit gegenüber bestimmten Stoffen geändert. Eine so vorbereitete Zelle kann erst jetzt auf die Einwirkung eines anderen Phytohormons, des Auxins, mit Streckungswachstum reagieren. Dieses natürliche Auxin, chemisch Indol-3-Essigsäure oder β-Indolessigsäure, kommt in allen höheren

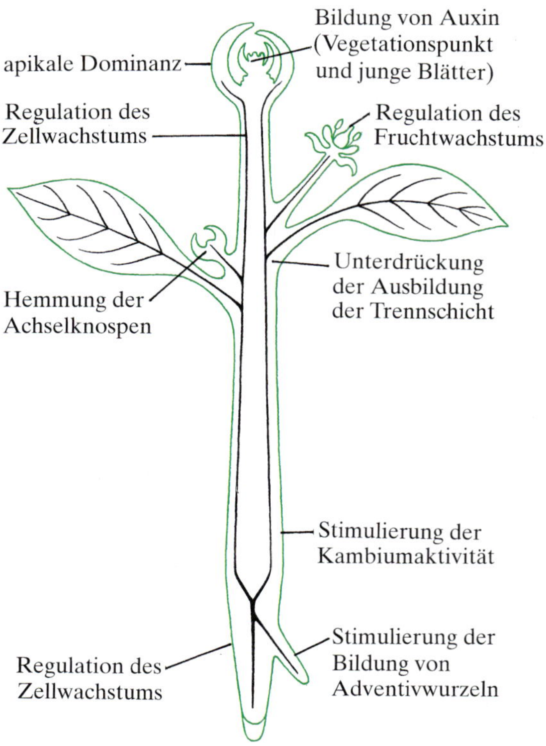

Die Vielfachwirkung von Auxin

und vielen niederen Pflanzen vor. Bei höheren Pflanzen wird es vor allem im Bildungsgewebe, aber auch in Keim- und Laubblättern erzeugt. Von hier gelangt es mit einer Geschwindigkeit von 5 bis 20 mm pro Stunde im Parenchymgewebe oder im Phloëmstrom der Leitbündel von der Pflanzenspitze bis zu den Wurzeln.

Obwohl die Existenz eines solchen »Wuchsstoffes« schon seit Ende des vorigen Jahrhunderts bekannt war, konnte er jedoch erst 1934 von den deutschen Chemikern Kögl und Kostermanns als Indol-3-Essigsäure identifiziert werden. Seither sind unzählige Experimente durchgeführt worden, die die vielfache Wirkung des Auxins auf das Wachstum der höheren Pflanzen, vor allem auf das Streckungswachstum, zum Inhalt haben (s. Abb.).

Auxin setzt also die Streckung der Zellen z.T. bis auf das 10- bis 50fache ihres ursprünglichen Volumens innerhalb relativ kurzer Zeit (Verdoppelungsrate bis zu einer Stunde) in Gang. Dieser Vorgang ist mit starker Wasseraufnahme bei gleichzeitiger Vakuolenbildung und Zellwandausdehnung verbunden, wobei der Stoffwechsel auf intensive Synthese von verschiedenen Polysacchariden, vor allem Zellulose, umgesteuert wird.

Bei dem Prozeß der Zellstreckung unterscheidet man eine schnelle und eine langsame Reaktionsphase. Die schnelle Phase, eine Wandlockerung durch Auxin und osmotische Wasseraufnahme, führt meist innerhalb von 5 bis 10 Minuten eine begrenzte Streckung der Zelle herbei. Das eindringende Wasser, das der Pflanze dafür reichlich zur Verfügung stehen muß, bildet die große Zentralvakuole, die in fertig gestreckten Zellen 90 bis 95 % des Volumens einnehmen kann. Sie wird von einer Membran des Zytoplasmas, dem Tonoplasten, umgeben, der sie gegen dieses abgrenzt.

Die langsame Phase umfaßt die mRNA-, Eiweiß- und Wandsynthese, die ebenfalls vom Auxin stimuliert wird. Sie dauert wesentlich länger und stabilisiert quasi das, was durch die schnelle Phase eingeleitet wurde.

Parallel zum Streckungswachstum setzt bei den bis dahin mehr oder weniger gleichen Zellen eine stufenweise Umwandlung in die speziellen Dauerzellen ein, deren Struktur und Funktion die jeweilige Zelle schließlich übernehmen soll. Da jetzt Unterschiede, Differenzen, zwischen den Zellen ausgebildet werden, nennt man diesen Vorgang – wie schon angedeutet – Differenzierung. Erst diese führt zu den verschiedenartigen Zellen und Geweben, aus denen die Pflanzen bestehen. Man kennt etwa 70 verschiedene pflanzliche Zelltypen, und jeder einzelne enthält das gesamte, für die jeweilige Art zutreffende genetische Potential. Die Differenzierung erfolgt nämlich nicht aufgrund von erworbenen oder gar verlorengegangenen Fähigkeiten (Potenzen), sondern allein

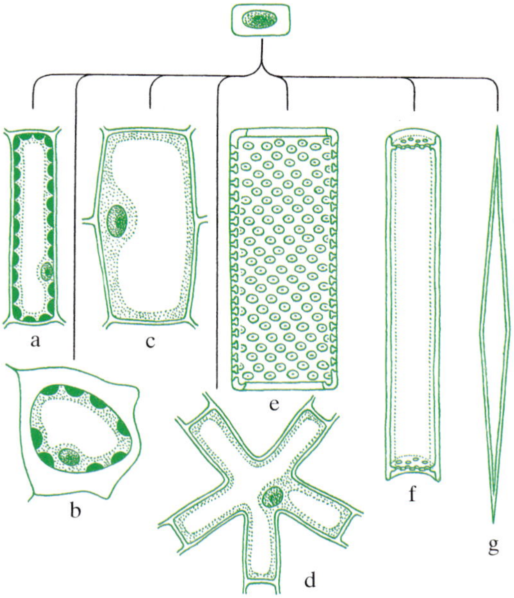

Zelldifferenzierung
Aus gleichartigen Meristemzellen können unterschiedliche Dauerzellen gebildet werden, z. B. a Palisaden-, b Schließ-, c Parenchym-, d Sternparenchymzellen, e Tracheen-, f Siebröhrenglieder, g Sklerenchymfasern (nach Troll)

Bildung von Zellsaftvakuolen (nach Troll)

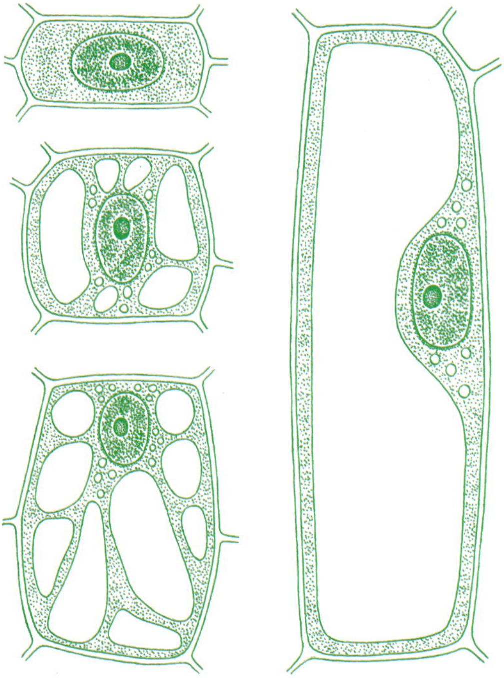

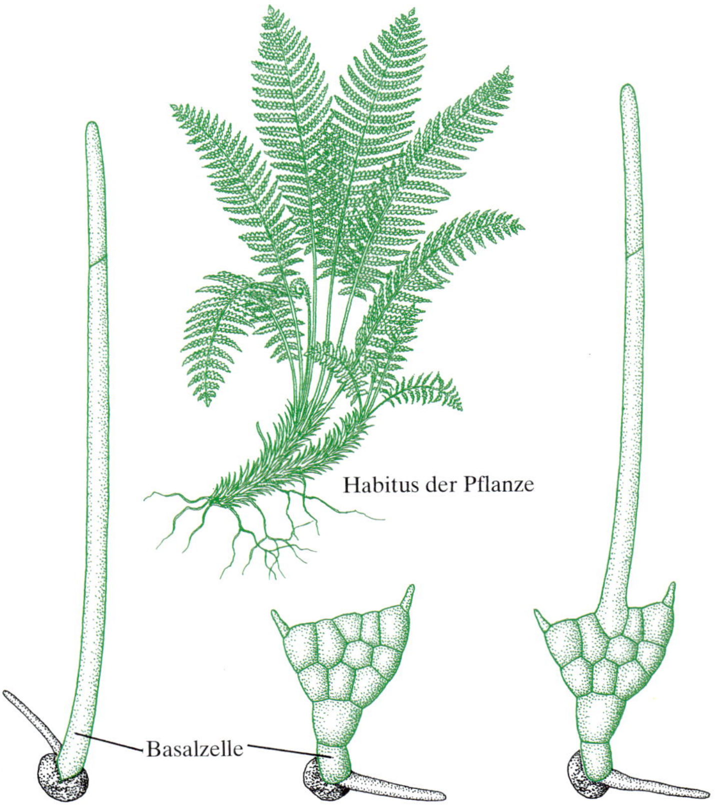

Sporenkeimung beim Wurmfarn unter verschiedenen Lichtbedingungen

über die unterschiedliche Aktivierung bzw. Inaktivierung bestimmter Gene. Das Genmuster und damit der Eiweißbestand, entspricht dem jeweiligen Zelltyp. Dabei erfolgt die Bestimmung (Determination) der Differenzierungsrichtung – was wird also aus wem – schon in den jungen Zellen. Die Festlegung des Differenzierungsweges kann von vornherein endogen programmiert sein und ist dann von außen nicht zu beeinflussen. Ein solcher Vorgang ist beispielsweise die Entstehung des Blattgewebes der Torfmoose. Hier teilen sich die Zellen nach gleichmäßigen (äqualen) Zellteilungen in bestimmten Abständen ungleichmäßig (inäqual), also in zwei ungleiche Teile. Dabei wird aus dem kleineren Teil immer eine chlorophyllhaltige Zelle, aus dem größeren eine Wasserspeicherzelle, so daß daraus schließlich die typische Anatomie des Torfmoosblattes hervorgeht.

In anderen Fällen können aber auch Nachbarzellen oder Umweltfaktoren bestimmend auf die Zelle wirken. Durch Licht zu beeinflussen ist z.B. die Entwicklung einer auskeimenden Spore des Wurmfarns *(Dryopteris filix-mas)*. Wenn sie mit Blaulicht bestrahlt wird, bildet sie normale flächige Prothallien, dagegen entstehen im Rotlicht nur einem Moosvorkeim ähnliche Fäden. Auch Rotlichtgaben nach Blaulicht bewirken die Bildung eines einfachen Zellfadens, der aus der Scheitelzelle des noch wenigzelligen Prothalliums auswächst (s. Abb.).

Jede lebende Zelle ist auch nach ihrer Differenzierung noch totipotent, d.h. alle Anlagen und Möglichkeiten sind in einer solchen Zelle genauso enthalten wie in einer embryonalen. Sie sind nur über die Gene unterschiedlich aktiviert. Bewiesen werden kann dies durch eine Dedifferenzierung, d.h. eine Rückführung der Zelle in den embryonalen Zustand, was durch eine Reaktivierung der unterdrückten Potenzen erreicht wird. Bei den Pflanzen geschieht dies häufiger als man denkt, z.B. wenn nach Verletzungen sekundäre Meristeme gebildet werden, die eine Wundheilung, Wiederherstellung oder Neubildung eines Organs bewirken. Solche sekundären oder Folgemeristeme sind beispielsweise auch das die Korkzellen bildende Korkkambium und das bereits erwähnte interfaszikuläre Kambium des sekundären Dickenwachstums, wo Parenchymzellen zu teilungsfähigen Zellen dedifferenziert werden.

Besonders eindrucksvoll ist die Dedifferenzierung, wenn aus einer einzigen Zelle wieder eine ganze Pflanze entsteht. Dies geschieht z.B. bei isolierten Blättern der Begonien, indem sich aus einer Epidermiszelle an einer Schnittstelle des auf feuchten Sand gelegten Blattes eine vollständige Pflanze entwickelt (s. Abb.).

Diese Methode wird auch bei vielen anderen Pflanzenarten besonders in der Zierpflanzenvermehrung angewandt. Auch mit Gewebekulturen auf künstlichen Nährböden kann das gleiche Resultat erzielt werden (In-vitro-Kultur).

Eine erste Folge der Differenzierung einer embryonalen Zelle ist in der Regel die Herausbildung ihrer Polarität, d.h. es entsteht eine Ungleichwertigkeit der beiden gegenüberliegenden Pole, ausgedrückt meist durch eine ungleichmäßige Zellteilung. Wenn sich bei höheren Pflanzen aus der Zygote der Embryo entwickelt, wird oft schon mit der ersten Zellteilung die spätere Polaritätsachse festgelegt: Aus der kleineren Zelle, dem Spitzenpol, entsteht später der Sproßscheitel mit den Anlagen der ersten Blätter. Die größere Zelle, der basale Pol, liefert die Primärwurzel und den sogenannten Embryoträger oder Suspensor, ein zusätzliches Ernährungsorgan für den Embryo.

Auf der Polarität der Zellen beruht die Polarität der Organe und darauf die Polarität der ganzen Pflanze. Die einmal entstandene Polarität ist bei höheren Pflanzen nicht mehr umkehrbar.

So bewurzeln sich z.B. in einem feuchten Raum aufgehängte Weidenzweige, unabhängig von ihrer Lage, stets an ihrem basalen, der Wurzel näherem Ende, am entgegengesetzten apikalen Ende werden dagegen ausschließlich Seitenknospen ausgetrieben. Dies muß z.B. bei Pfropfungen beachtet werden. Sie gelingen nämlich nur, wenn die Polaritätsachsen der Pfropfpartner die gleiche Orientierung aufweisen.

Bei Algen, den Sporen der Moose und Farn-

Regeneration bei *Begonia.*
A Isoliertes Blatt mit Adventivpflanzen,
B, C Dedifferenzierung einer Epidermiszelle zum Meristem, das neue Pflanzen entwickelt,
D Habitus (nach Strasburger)

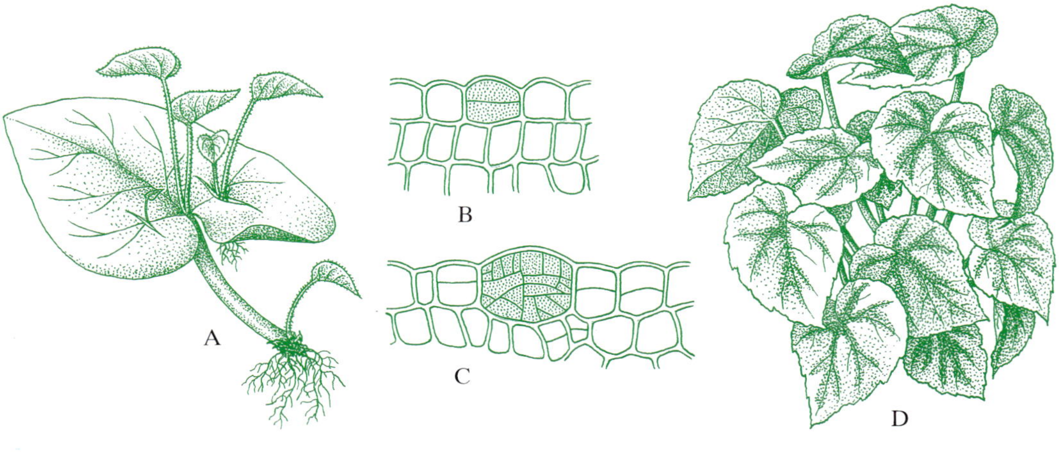

pflanzen, aber auch beim Pollen der Samenpflanzen, kann die Polarität durch Außeneinflüsse induziert werden, diese Zellen haben von vornherein noch keine Polarität. So entsteht bei einseitiger Beleuchtung der Zygote des zu den Braunalgen gehörenden Blasentangs *(Fucus vesiculosus)* der basale Pol mit den wurzelartigen Rhizoiden jeweils an der lichtabgewandten Seite. Auch hier erfolgt als erstes eine ungleichmäßige Zellteilung. Der Rhizoidteil ist kleiner, der größere Abschnitt wird zum eigentlichen Thallus des Blasentangs (Phylloid). Wenn die Zygote im Dunkeln gehalten wird, dann induziert die Schwerkraft die Rhizoidbildung und damit die Polarisierung. Werden im Experiment alle einwirkenden Faktoren ausgeschaltet, dann erfolgt die Rhizoidbildung zufällig bzw. meist an der Stelle, wo der männliche Gamet zur Befruchtung in die Eizelle eingedrungen ist. Die einmal erworbene Polarität läßt sich bei Algen auch wieder umkehren, d.h. assimilierende Phylloide wachsen zu plastidenlosen Rhizoiden aus, wenn man sie auf den Kopf stellt.
Auch wenn die einzelnen ausdifferenzierten Teile der jeweiligen Pflanze noch so unterschiedlich sind, erst alles zusammen ergibt ein Ganzes, und alles von diesem »Ganzen«, der Pflanze, steht untereinander in Beziehung. Die einzelnen Zellen, Gewebe, Organe unterliegen mannigfachen gegenseitigen Beeinflussungen, sie korrelieren miteinander. Vorzugsweise sind es wieder die Phytohormone, die eine korrelative Förderung oder Hemmung während des Lebens der Pflanzen bedingen. So beeinflussen sich Sproß und Wurzel durch die Lieferung von Auxin vom Sproß in die Wurzel bzw. durch Cytokinine von der Wurzel in den Sproß und lösen damit eine Reihe von Vorgängen aus, wie wir schon gesehen haben. Ein Beispiel für korrelative Hemmung ist die Unterdrückung der Seitenzweige einer Pflanze durch die »Vorherrschaft« des Gipfeltriebes, der sogenannten Apikaldominanz. Wird z.B. der Gipfeltrieb einer Fichte entfernt, dann übernimmt ein Seitenzweig den aufrechten Wuchs des Gipfeltriebes und unterdrückt nun die übrigen Seitenzweige. Wenn der Schnittstelle aber Auxin zugeführt wird, unterbleibt das Aufrichten eines Seitenzweiges. Man weiß heute, daß das Auxin zwar als Wachstumshormon nicht hemmend auf die Seitenzweige wirkt, sondern die Seitenzweige über zu wenig Auxin im Gegensatz zum Gipfelsproß verfügen und dadurch unterdrückt werden. Natürlich spielt auch die Nährstoffversorgung eine Rolle. Sind zu wenig Nährstoffe (vor allem Stickstoff) vorhanden, wird vorrangig der Gipfeltrieb versorgt, eine Verzweigung setzt nur spärlich ein.
Wesentlich korrelativ beeinflußt sind auch die einzelnen Lebensabschnitte der Pflanzen, d.h. die Übergänge zwischen Jugend, Reife und Alter, denen wir uns im nächsten Kapitel zuwenden wollen.

Jugend, Reife, Alter, Tod

Unsterblichkeit zu erreichen, den Göttern gleich zu sein, das war von jeher der Traum vieler Menschen. Ein Traum, dessen Verwirklichung biologisch unmöglich ist, da Menschen, aber auch vielzellige Tiere und Pflanzen einem natürlichen Alterungsprozeß unterliegen, der mit Beginn ihres Lebens einsetzt und mit dem Tod abschließt. Dies ist ein Prozeß, der artbedingt, aber auch individuell von ganz unterschiedlicher Zeitdauer sein kann und der vielfältig gesteuert und beeinflußt wird.
Aber es gibt in gewissem Sinn potentiell unsterbliche, also unbegrenzt wachsende Organismen: Es sind die pflanzlichen und tierischen Einzeller, die sich in relativ rascher Folge hintereinander ungeschlechtlich durch Zweiteilung vermehren, ohne daß dabei eine Leiche entsteht. Sie altern zwar zeitlich, nämlich in dem Zeitraum von einer Zellteilung zur anderen, aber nicht physiologisch, sterben also nur durch Einwirkung höherer Gewalt, nicht eines natürlichen Todes.
Dies gilt allerdings nur »in gewissem Sinne«,

denn die jeweilige Mutterzelle bildet nach der Teilung zwei völlig neue Individuen, in die ihr Zellmaterial zwar vollständig eingeht, aber die Mutterzelle existiert dann eben nicht mehr. Bei Einzellern, die sich durch Sprossung vermehren, bleibt die Mutterzelle erhalten und gibt an die Tochterzelle nur einen Teil ihrer Substanz weiter. Diesen Vorgang kann sie höchstens zwanzigmal wiederholen, dann stirbt auch sie ab.

Ebenso werden die Bildungsgewebe der höheren Pflanzen z. T. als potentiell unsterblich angesehen, da sie, isoliert in künstlichen Kulturen, ihren embryonalen Charakter beibehalten, d. h. unbegrenzt teilungsfähig bleiben. Allerdings unterliegen die Bildungsgewebe innerhalb der Pflanzen den korrelativen, also wechselseitigen Einflüssen der anderen alternden Gewebe, aus denen die Pflanze zusammengesetzt ist, so daß in den Alterungsprozeß der ganzen Pflanze schließlich auch sie einbezogen werden. Höhere Pflanzen, vor allem Bäume, können zwar ein sehr hohes Alter erreichen (wir kommen gleich darauf zurück), sie sind aber niemals unsterblich.

Doch nehmen wir als Beispiel wieder eine Birke und sehen uns ihre Lebensabschnitte an. Die Birken sind zweikeimblättrige Samenpflanzen. Gelangen ihre Samen mit dem sich im Ruhezustand befindlichen Embryo an Standorte, wo alle Voraussetzungen für das Keimen gegeben sind, dann wächst aus dem Samen eine Keimpflanze mit zwei Keimblättern heraus. Diese Keimpflanze ist die erste Phase des Birkenlebens. Bald nach den schnell hinfälligen Keimblättern werden die ersten Laubblätter gebildet, die man als Jugend- oder Primärblätter bezeichnet. Damit setzt die Jugendphase ein. Bei der Birke haben die Jugendblätter die gleiche Gestalt wie die danach erscheinenden Laubblätter, die auch Folge- oder Altersblätter genannt werden. Bei vielen Pflanzenarten unterscheiden sich aber Primär- und Folgeblätter ganz erheblich. Die Primärblätter weisen, stammesgeschichtlich gesehen, oft ursprüngliche Merkmale auf.

So bildet z.B. der aus Nordamerika stammende, bei uns vor allem auf Friedhöfen angepflanzte Abendländische Lebensbaum *(Thuja occidentalis)* aus der Familie der Zypressengewächse nach den Keimblättern zuerst Nadelblätter aus und erst dann die für ihn charakteristischen abgeflachten Schuppenblätter. Nadeln sind bei den Nadelhölzern stammesgeschichtlich die ursprünglichere Blattform, die stärker reduzierten Schuppenblätter gelten als abgeleitet.

Anders gestaltete Jugendblätter entwickelt auch die in Deutschland unter Naturschutz stehende, häufig als Zierstrauch angepflanzte Stechpalme *(Ilex aquifolium)*, deren Ränder dornig gezähnt sind, während die ganzrandigen Altersblätter keine Dornen mehr besitzen. Dornen bilden hier allerdings einen Schutz gegen Tierfraß, dem die an den noch niedrigen Pflanzen wachsenden Jugendblätter besonders ausgesetzt wären.

Andere bekannte Beispiele für unterschiedliche Jugend- und Altersblätter finden sich bei den in Australien heimischen Eukalyptus-Arten (*Eucalyptus* spec.). Während die ovalen, gegenständig angeordneten Jugendblätter keine Stiele haben, weisen die sichelförmigen, schraubig gestellten Folgeblätter meist lange Blattstiele auf, an denen sie nach unten hängen.

Vor allem in der Form differieren auch die Primär- und Folgeblätter vom Efeu *(Hedera helix)*, dem einzigen europäischen Vertreter der subtropisch-tropisch verbreiteten Araliengewächse. Seine Jugendblätter sind dreilappig, die Altersblätter aber ungelappt, eiförmig-oval und zugespitzt. Altersblätter werden vom Efeu aber erst dann gebildet, wenn er zum Blühen kommt. Das geschieht nur bei Freilandpflanzen, Zimmerpflanzen haben immer nur Jugendblätter. Die Ausbildung der Altersblätter erfolgt bei anderen Pflanzenarten aber unabhängig von der Einleitung der Blühphase.

Doch kehren wir zu unserem ersten Beispiel, der Birke, zurück. Sie ist in der Jugendphase etwa 30 cm hoch geworden, je nach den Ernährungsbedingungen, den Licht- und Wasserverhältnissen, also den Grundvoraussetzungen für ihr Wachstum, die sie an ihrem Standort vorfindet. Unter günstigen Bedingungen sind rasches Wachstum und gute Bewurzelungsfähigkeit typisch für diese Phase. Ein weiteres wesentliches Kennzeichen der Juvenilität ist die geringe Neigung zur Blütenbildung. Diese Tendenz hält bei der Birke, wie bei vielen anderen Bäumen auch, etwa 10 bis 30 Jahre an. Bei einjährigen Pflanzen und auch mehrjährigen Stauden ist diese Zeit naturgemäß viel kürzer, sie kann hier nur wenige Wochen oder etwa 1 bis 5 Jahre betragen.

Beim Einsetzen der Reifephase werden die jugendlichen Teile der Pflanzen nicht umgebildet, sie bleiben juvenil, nur die neu zu bildenden werden nun als erwachsene, als adulte Abschnitte angelegt, was sich vor allem in ihrer Fähigkeit zur Blütenbildung äußert. Die Umwandlung geht von den Bildungsgeweben aus, deren Zellen ihr Genmuster verändert haben.

Beim Experimentieren mit dem bereits erwähnten Efeu konnte man feststellen, daß bei Pfropfungen oder schon beim gemeinsamen Einstellen von jugendlichen und erwachsenen Stecklingen in ein Gefäß mit Nährlösung die adulten Teile wieder juvenilisiert wurden, dieser Vorgang umgekehrt aber nicht funktioniert. Es muß also bestimmte Substanzen oder Faktoren geben (Jugendsubstanzen oder Juvenilitätsfaktoren), die übertragbar sind und diese Umwandlung bewirken. Der »Jungbrunnen« für den Efeu ist also entdeckt, nur das auslösende Agens kennt man noch nicht. Da mit Phytohormonen aus der Klasse der Gibberelline ähnliche Wirkungen erzielt werden können, sind wahrscheinlich derartige Substanzen im Spiel.

Wenn die Pflanzen die Reife- oder Maturitätsphase erreicht haben, dann werden nur

Maximales Alter verschiedener Pflanzen

Art	Jahre
Heidelbeere *(Vaccinium myrtillus)*	28
Schlehe *(Prunus spinosa)*	40
Salweide *(Salix caprea)*	70
Silberweide *(Salix alba)*	100
Zitterpappel *(Populus tremula)*	100
Schwarzerle *(Alnus glutinosa)*	120
Hängebirke *(Betula pendula)*	120
Spitzahorn *(Acer platanoides)*	150
Roßkastanie *(Aesculus hippocastanum)*	200
Birnbaum *(Pyrus achras)*	200
Esche *(Fraxinus excelsior)*	250
Walnußbaum *(Juglans regia)*	400
Efeu *(Hedera helix)*	450
Rotbuche *(Fagus sylvatica)*	500
Bergahorn *(Acer pseudoplatanus)*	500
Buchsbaum *(Buxus sempervirens)*	500
Waldkiefer *(Pinus sylvestris)*	500
Wacholder *(Juniperus communis)*	500
Europäische Lärche *(Larix decidua)*	600
Feldulme *(Ulmus minor)*	600
Schwarzpappel *(Populus nigra)*	600
Gemeine Fichte *(Picea abies)*	1000
Stieleiche *(Quercus robur)*	1000
Winterlinde *(Tilia cordata)*	1000
Zirbelkiefer *(Pinus cembra)*	1200
Platane *(Platanus orientalis)*	1300
Feige *(Ficus carica)*	2000
Eibe *(Taxus baccata)*	3000
Mammutbaum *(Sequoia sempervirens)*	4000
Borstenkiefer *(Pinus aristata)*	4600

noch blühreife Gewebe ausgebildet. Die Blühfähigkeit und damit die Samenproduktion solcher Pflanzen wie der Birke, die als pollakanthe Pflanzen viele Jahre hintereinander blühen und fruchten, erlangt mit zunehmendem Alter einen Höhepunkt, der, abgesehen von den Einwirkungen der Umwelt, meist über Jahre konstant bleibt. Bei der Birke ist dies zwischen dem 40. und 100. Jahr der Fall. Sie gehört zu den Bäumen, die kein sehr hohes Alter erreichen und maximal nur etwa 120 Jahre alt werden. Die meisten Holzgewächse leben länger, nur wenige, wie z.B. Weiden und Pappeln, sterben eher ab.

Es ist fast unglaubhaft, daß Bäume 1000 oder fast 5000 Jahre alt werden sollen. Aber gerade bei den Bäumen läßt sich durch ihre Jahresringe das Alter ganz exakt ermitteln. So konnte festgestellt werden, daß es Fichten gibt, die vor 1000 Jahren, Feigen, die vor 2000 Jahren oder Eiben, die vor 3000 Jahren ihre Keimblätter entfalteten und vor so langer Zeit ihr Wachstum aufnahmen. Absolute »Methusaleme« finden sich bei den in Kalifornien beheimateten Mammutbäumen und Borstenkiefern, die den Altersrekord mit etwa 4000 bzw. fast 5000 Jahren unschlagbar innehaben (s. Abb. S. 160).

Die Lebensdauer der Pflanzen hängt von artspezifischen, genetisch bedingten inneren und auf die Individuen wirkenden äußeren Faktoren ab. Vor allem die Umweltbedingungen spielen eine immer größere Rolle. Gerade in den letzten Jahren sind in Mitteleuropa durch Luft und Boden verunreinigende Stoffe große Schäden in den Wäldern entstanden. Viele Bäume wurden so beeinträchtigt, daß sich ihre »normale« Lebenszeit stark verkürzt.

Nach der mehr oder weniger ausgedehnten Reifephase gehen die Pflanzen ganz allmählich in die Alters- oder Seneszenzphase über. Dieser Vorgang äußert sich in vielen Dingen und endet mit dem Tod. Bei den Birken ist dies mit etwa 100 Jahren der Fall. Die Anfälligkeit gegenüber Infektionen und anderen negativen Einwirkungen, wie Hitze, Trockenheit, Kälte und Nährstoffmangel nimmt zu. Ihre Leistungsfähigkeit wird dabei nach und nach vermindert, das Verhältnis zwischen Stoffauf- und -abbau verschiebt sich zugunsten des letzteren, die Möglichkeit, mit auftretenden »Streßsituationen« fertig zu werden, wird geringer. Eine Steuerung dieser Phase geschieht durch das Zusammenwirken verschiedener Faktoren, sowohl altersauslösender als auch verzögernder. Auslösend wirken Ethylen und Abscisine, sie sind die eigentlichen Seneszenzfaktoren. Verzögernd wirken die Phytohormone Auxin, Gibberellin und vor allem Cytokinine. Fehlen die letzteren, erfolgt ein rascher Abbau aller Stoffe, deren Synthese durch Cytokinine gefördert wird, vor allem der Eiweiße und Nukleinsäuren.

Lebensdauer von Blättern und Nadeln immergrüner Gehölze

Art	Jahre
Efeu *(Hedera helix)*	1–3
Gemeiner Liguster *(Ligustrum vulgare)*	1–3
Preiselbeere *(Vaccinium vitis-idaea)*	2
Waldkiefer *(Pinus sylvestris)*	2–3
Stechpalme *(Ilex aquifolium)*	2–4
Mammutbaum *(Sequoia sempervirens)*	2–4
Zirbelkiefer *(Pinus cembra)*	3–6
Gemeiner Wacholder *(Juniperus communis)*	4–5
Lorbeer *(Laurus nobilis)*	4–6
Gemeine Fichte *(Picea abies)*	4–6
Weißtanne *(Abies alba)*	5–7
Eibe *(Taxus baccata)*	6–8
Bergkiefer *(Pinus mugo)*	7,5
Zimmertanne *(Araucaria heterophylla)*	15
Welwitschie *(Welwitschia mirabilis)*	600

Blühende Weltwitschie *(Welwitschia mirabilis)* in der Namib. Man beachte die beiden einzigen stark zerschlitzten Laubblätter der Pflanze.

Organe, in denen Ethylen und Abscisine in starkem Maße produziert werden, wirken insgesamt altersfördernd. Dies sind vor allem Blüten und Früchte. Hindert man z.B. 1- oder 2jährige Pflanzen, die nur einmal in ihrem Leben blühen und dann absterben, durch Entfernung der Knospen Blüten zu bilden, kann man ihr Leben um mehrere Jahre verlängern. Allerdings läßt sich die frühere Annahme, daß bei der Fruchtbildung sehr viele Stoffe verbraucht würden und die Pflanzen daran zugrunde gehen, nicht aufrecht erhalten. So unterliegen bei zweihäusigen Arten (z.B. beim Hanf, *Cannabis sativa*) auch die männlichen Pflanzen dem gleichen Alterungsprozeß wie die weiblichen, obwohl ihr Stoffverbrauch beim Blühen nur unerheblich steigt, da sie ja keine Früchte bilden.

Bis jetzt war immer von den Pflanzen als Ganzes in bezug auf das Altern die Rede, aber nur bei ein- und wenigjährigen, d.h. einmal blühenden Pflanzen, altert das Individuum insgesamt mehr oder weniger gleichmäßig. Bei den vielen Vegetationsperioden überdauernden Pflanzen sind es vor allem Blätter und Blüten, die einen eigenen Altersrhythmus besitzen. Ganz auffällig ist dies bei den jährlich ihr Laub abwerfenden sommergrünen Bäumen und Sträuchern, von ihnen wurde auch das Altern der Blätter besonders gut untersucht. Die Birke gehört dazu. In den alternden Blättern nehmen Eiweiße und Chlorophylle schnell ab. Der beim Abbau freiwerdende Stickstoff wird, wie bereits erwähnt, fast vollständig, minde-

Die Riesen-Mammutbäume *(Sequoiadendron giganteum)* sind mit etwa 135 m maximaler Höhe nicht nur die höchsten Landpflanzen, sondern mit fast 4000 Jahren die zweitältesten Pflanzen. Das Bild zeigt die ausgehöhlte Basis eines alten Baumes in seiner kalifornischen Heimat.

stens aber zu 70% abgeleitet und in den anderen Organen verwertet. Den Prozeß des Alterns fördern oder hemmen hier, genau wie den des ganzen Individuums, Phytohormone. Schließlich kommen bei den laubabwerfenden Bäumen im Herbst noch Dunkelheit, Kälte und andere negative äußere Faktoren hinzu, die zum Absterben der Blätter führen, die letztendlich mittels eines Trenngewebes aktiv von der Pflanze gelöst werden.
Die Blätter und Nadeln der immergrünen Bäume können verschieden alt werden, jedoch bis auf eine Ausnahme nie so alt wie die ganze Pflanze. Eine Ausnahme macht die Welwitschie *(Welwitschia mirabilis)*. Dieser urtümliche, südwestafrikanische Nacktsamer bringt in seinem ganzen Leben nur zwei Laubblätter hervor, die am Blattgrund stets weiterwachsen, aber an der Spitze nach und nach absterben. Da von den Welwitschien ein mögliches Alter von etwa 600 Jahren festgestellt wurde, sind ihre Blätter genau so alt, allerdings mit der Einschränkung, daß sich ihr Blattgewebe in der Zwischenzeit mehrfach erneuert hat (s. Abb. S. 161).
Sonst unterliegen die Nadeln und Blätter der immergrünen Gehölze in der Regel einem 2- bis 6jährigen Rhythmus. Bei der aus Südamerika stammenden Zimmertanne *(Araucaria heterophylla)* können die Nadeln ein Alter von etwa 15 Jahren erreichen, vorausgesetzt, daß die Umweltbedingungen optimal sind.

Bewegungen

Freie Beweglichkeit

Unter Bewegung wird normalerweise jede passive oder aktive Orts- bzw. Lageveränderung eines Körpers oder seiner Teile verstanden. Niemand dürfte wohl bezweifeln, daß naturgemäß die Tiere auf unserer Erde viel auffälligere Bewegungen ausführen als die Pflanzen. Beim Herausstellen der Unterschiede zwischen Tieren und typischen (höheren) Pflanzen ist deren Ortsgebundenheit gegenüber den zur freien Ortsveränderung befähigten Tieren eines der differenzierenden Hauptmerkmale.

Pflanzen in Bewegung sind für uns auf den ersten Blick solche, die bewegt werden: vielleicht ein durch den Wind sanft wogender Getreidebestand oder im Sturm hin und her geschüttelte Bäume. Solche »passiven« Bewegungen, die ohne Eigenleistung der Organismen durch bestimmte Umweltfaktoren, wie eben den Wind oder auch bewegtes Wasser, erfolgen, können sowohl zu Schäden an den Pflanzen führen (z.B. Windbruch), aber auch recht nützlich sein. Denken wir nur an die Windverbreitung von Sporen, Pollen, Samen oder Früchten.

Passiv erfolgen auch die mechanischen Bewegungen, die ebenfalls ohne Aufwand eigener Energie in den Pflanzen ablaufen. Sie werden durch Turgordruckveränderungen, Kohäsions- oder Quellungsmechanismen in den Zellen der Pflanzen verursacht und können z.B. zur Ausschleuderung von Sporen oder Samen aus ihren Behältern führen.

Es gibt aber bei vielen Pflanzen auch eine große Zahl von aktiven Bewegungsmöglichkeiten. Darunter versteht man solche Bewegungen, die unter Energieaufwand von ganzen Organismen oder ihren Teilen realisiert werden. Diese aktiven Bewegungen gibt es bei fast allen Pflanzen – ohne daß ein Ortswechsel vorgenommen wird – z.B. innerhalb der Zellen durch Bewegung der Chloroplasten oder anderer Zellorganelle, oder bei der Bewegung von bestimmten Organen, wie Zweigen, Blättern, Blüten oder Früchten, die zu verschiedensten Zwecken und unterschiedlichsten Bedingungen ausgeführt werden. Es bewegen sich z.B. Laubblätter, um in günstige Lichtverhältnisse zu gelangen, oder Blüten werden durch Auf- oder Abwärtsbewegung der Blütenblätter geöffnet oder geschlossen.

Aber auch freie Ortsbewegung, also mit einem Ortswechsel verbundene Bewegung, kommt im Pflanzenreich vor. Vorwiegend sind es allerdings nur mikroskopisch kleine Organismen, wie einzellige Algen oder Fortpflanzungszellen der verschiedensten Pflanzensippen, die sich, vor allem im feuchten Milieu, aktiv schwimmend oder kriechend-gleitend fortbewegen.

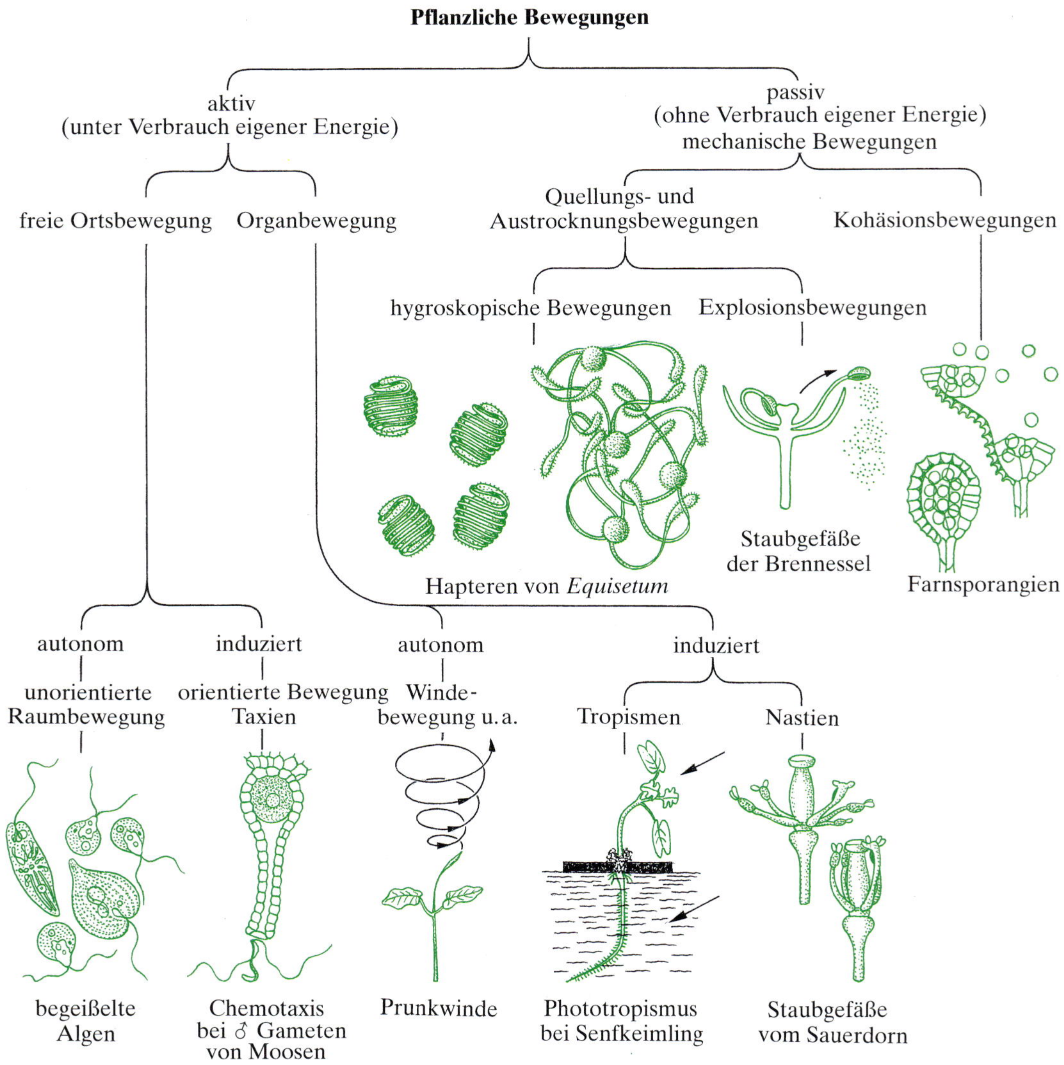

Einige der aktiven Bewegungen werden ohne einen äußeren auslösenden Faktor in Gang gesetzt. Sie sind als autonome oder endogene Bewegungen von den induzierten, durch ein äußeres Signal, einen sogenannten Reiz ausgelöste, veränderte oder gesteuerte Bewegungen zu unterscheiden.
Eine autonome Bewegung – wie schon beschrieben wurde – ist z.B. das Winden einer Kletterpflanze. Selbstverständlich unterliegen autonome Bewegungen auch Umwelteinflüssen, so kann u.a. die Temperatur die Geschwindigkeit solcher Bewegungen beeinflussen. Außerdem können autonome Bewegungen mit induzierten, also Reizbewegungen, verknüpft sein.
Signale oder Reize der Bewegungen sind meist physikalischer oder chemischer Natur, wie Licht, Temperatur, Berührung, Schwerkraft, bestimmte Stoffe in bestimmten Konzentrationen u.a. Immer sind sie für die erfolgende Reaktion des Organismus nur das auslösende Moment, sie liefern lediglich die Information.
Wenn der Reiz wirken soll, muß eine Reizschwelle überschritten werden, das heißt, die Stärke des auslösenden Reizes muß über einem bestimmten unteren Schwellenwert

liegen und eine genügend lange Einwirkungszeit haben, damit eine Reaktion erfolgen kann. Dabei wird der Reiz von einem für die betreffende Reizqualität kompetenten System innerhalb bestimmter Zellen des Organismus aufgenommen. Diese der Reizaufnahme dienende Einrichtung bezeichnet man auch als Perzeptionssystem. Es besteht aus einem Empfänger, dem Rezeptor, der entweder ein Molekül oder eine Struktur mit spezifischen Aufgaben sein kann. Für Lichtreize sind z.B. Photorezeptoren, also Pigmente oder pigmentführende Strukturen zuständig, für chemische Reize sogenannte Chemorezeptoren unterschiedlicher, meist noch unbekannter Zusammensetzung.
Der aufgenommene Reiz wird in der Pflanze umgesetzt und als inneres Signal zum Reaktionsort geleitet. Das kann relativ rasch geschehen, z.B. bei der auf Berührungs- bzw. Erschütterungsreize hochempfindlichen Mimose *(Mimosa pudica)* mit einer Geschwindigkeit von 10cm pro Sekunde.
Sehen wir uns nun zuerst die freien Ortsbewegungen im Pflanzenreich etwas näher an. Die Frage, wer sich von den pflanzlichen Organismen frei bewegen kann, wurde schon kurz beantwortet: Es sind vorwiegend niedere, einzellige oder auch koloniebildende pro- und eukaryotische Algen und bestimmte, in der Regel der Vermehrung oder Fortpflanzung dienende Stadien, wie begeißelte Zoosporen und Gameten der Algen, z.T. die durch Kopulation daraus hervorgegangenen Zygoten sowie die als Spermatozoide bezeichneten männlichen Gameten zahlreicher Algen, Moose, Farnpflanzen und einiger primitiver Nacktsamer unter den Samenpflanzen (s. Abb. S. 166).
Auch von wenigen Bedecktsamern sind Bewegungen bekannt, die man als freie Ortsbewegung im weitesten Sinne ansehen kann. So ist es z.B. Keimpflanzen von pflanzlichen Parasiten möglich, sich solange auf dem Boden »kriechend« fortzubewegen (indem sie vorn weiterwachsen und hinten absterben) bis sie auf eine geeignete Wirtspflanze treffen. Bei unserer heimischen, parasitisch lebenden Seide *(Cuscuta)* wurde diese, natürlich nur wenige Zentimeter betragende Fortbewegung beobachtet. Generell können auch die Wurzelstöcke oder Rhizome z.B. beim Maiglöckchen *(Convallaria majalis)* oder bei Schwertlilien *(Iris)* jährlich an ihrer Vorderseite ein Stück wachsen und hinten absterben, so daß sich die dazugehörenden oberirdischen Triebe dieser Pflanzen jedes Jahr ein Stück weiterbewegen.
Frei im Wasser oder im feuchten Milieu schwimmende pflanzliche Organismen bzw. Organismenstadien haben als Bewegungshilfe fast immer fadenförmige Gebilde, sogenannte Geißeln oder Flagellen, die sich sippenspezifisch an verschiedenen Stellen des Organismus befinden. Ihre durchschnittliche Dicke beträgt relativ einheitlich etwa 200nm, aber sie können wenige bis mehrere Hundert µm lang sein. Sind viele kurze Geißeln ausgebildet, werden sie als Wimpern oder Cilien bezeichnet. Die äußere Gestalt der Geißeln ist bei den verschiedenen Gruppen sehr unterschiedlich. Dies kann aber nur mit Hilfe des Elektronenmikroskops erkannt werden. So kommen u.a. Haare, Schuppen, Dornen und undulierende Membranen auf ihren Oberflächen vor. Auf den verblüffend einheitlichen inneren Bau aller Eukaryotengeißeln, von den einfachen Flagellaten bis zu den männlichen Gameten der Säugetiere und des Menschen, wurde schon hingewiesen.

Feinbau der Eukaryoten-Geißel

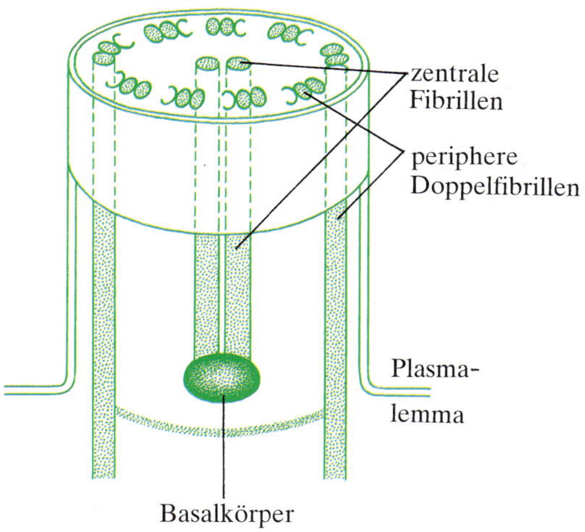

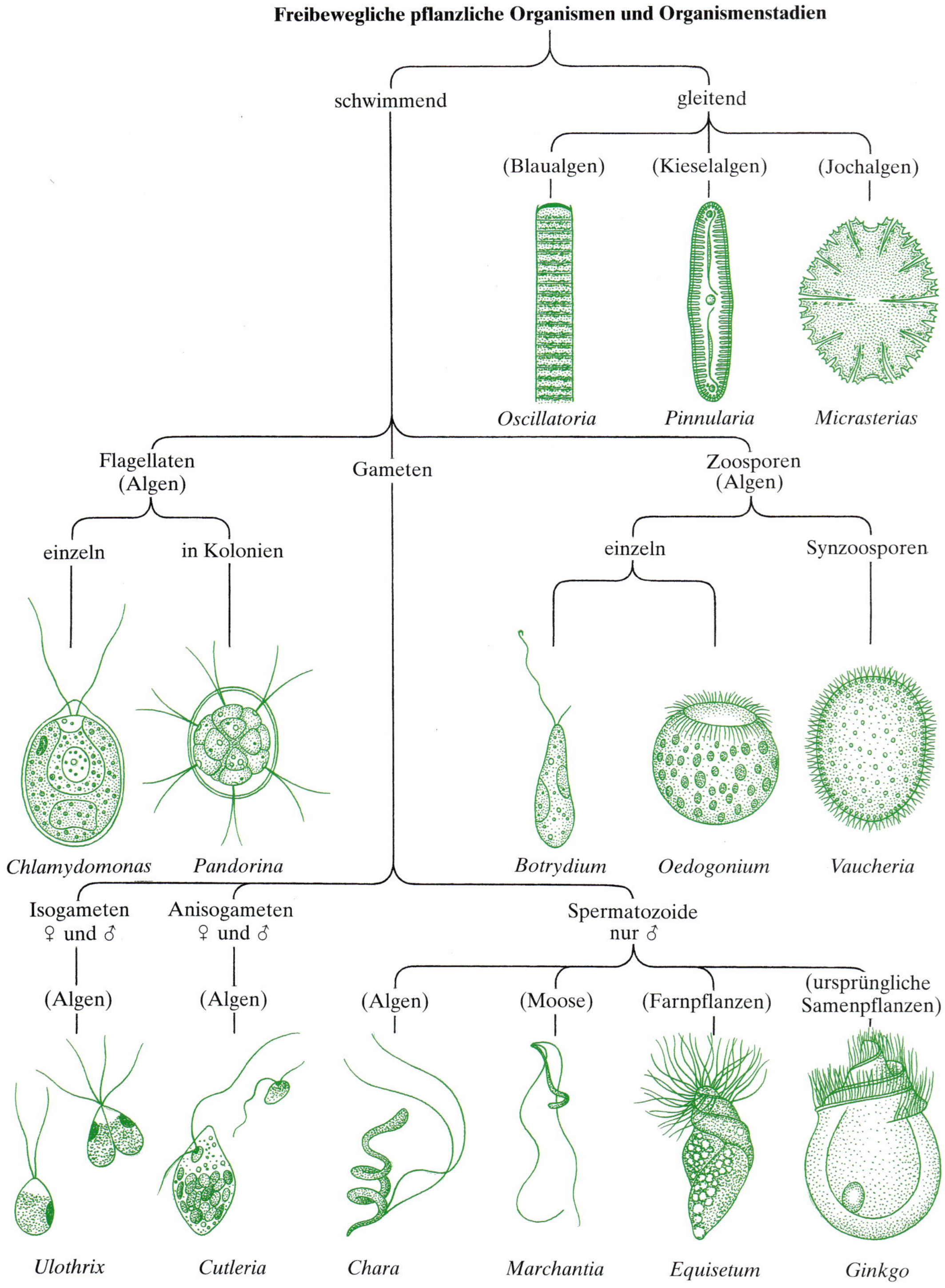
Freibewegliche pflanzliche Organismen und Organismenstadien
schwimmend
gleitend
(Blaualgen)
(Kieselalgen)
(Jochalgen)
Oscillatoria
Pinnularia
Micrasterias
Flagellaten (Algen)
Gameten
Zoosporen (Algen)
einzeln
in Kolonien
einzeln
Synzoosporen
Chlamydomonas
Pandorina
Botrydium
Oedogonium
Vaucheria
Isogameten ♀ und ♂
Anisogameten ♀ und ♂
Spermatozoide nur ♂
(Algen)
(Algen)
(Algen)
(Moose)
(Farnpflanzen)
(ursprüngliche Samenpflanzen)
Ulothrix
Cutleria
Chara
Marchantia
Equisetum
Ginkgo

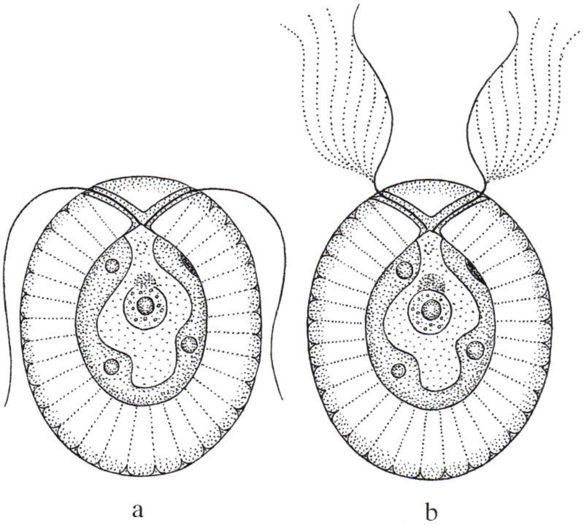

Haematococcus pluvialis a Geißeln in Ruhestellung, b Geißeln in Bewegung (a nach Strasburger und b Mohr-Schopfer)

Bewegungsschrauben bei Panzergeißlern
G Ganghöhe der Bewegungsschraube, B Breite der Bewegungsschraube, d dorsiventral, v ventral

Sie alle haben – von gewissen Abwandlungen abgesehen – zwei zentral liegende einfache Fibrillen und neun peripher angeordnete Doppelfibrillen, die von einer Plasmamembran, dem Plasmalemma, umhüllt werden. Alle Fibrillen zusammen bilden das Zentrum, das Axonem der Geißel. Es ist die eigentliche bewegungsaktive Struktur.

Die Bewegungssteuerung der Geißeln erfolgt wahrscheinlich durch den Basalkörper an ihrem Grund. Meist führen die Geißeln ruderartige, schwingende oder kreisende Bewegungen aus, wie es die Abbildung zu verdeutlichen versucht. Die Organismen gelangen dabei geradlinig oder in Schraubenlinien vorwärts, z. T. mit enormer Geschwindigkeit, die z. B. bei dem abgebildeten Panzergeißler pro Sekunde mehr als das Vierfache seiner Körperlänge betragen kann.

Gleitbewegung kommt bei den stets geißellosen fädigen Blaualgen, den einzelligen Zieralgen (Desmidiaceae) und den penna-

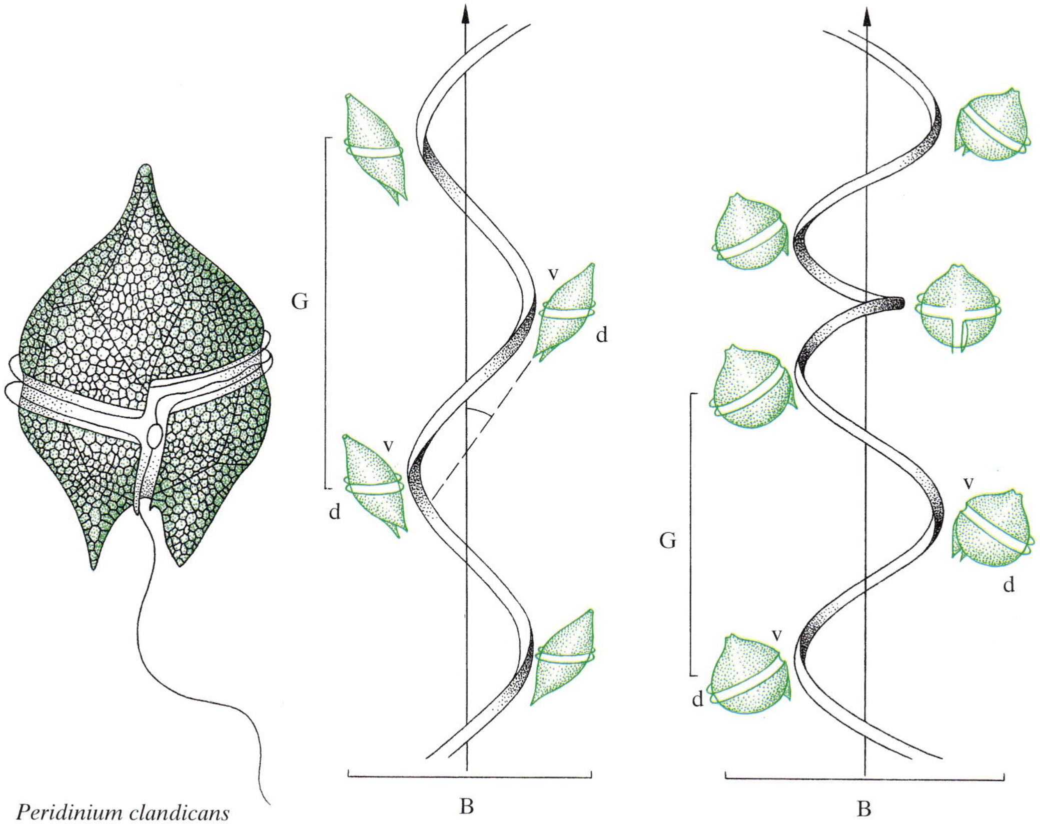

Peridinium clandicans (Habitus)

P. clandicans

P. oratum

ten Kieselalgen vor. Ihre Mechanik ist noch nicht in allen Einzelheiten bekannt. Sie wird auf die Abscheidung von gallertigen Substanzen zurückgeführt, die entweder nach dem Verkleben mit der Unterlage und nachfolgender Quellung als Stemmkörper fungiert oder als Widerlager für exoplasmatische kontraktile Eiweißfibrillen dient. Bei den Zieralgen tritt die Gallertschicht aus den am Zellende liegenden Porenfeldern aus und treibt nach der anschließenden Quellung die Zellen in die Richtung des Quellungszuwachses. Durch Zusatz von Tusche kann man die Ausscheidung der Bewegungsgallertschicht im mikroskopischen Präparat sichtbar machen.

Die pennaten Kieselalgen besitzen auf ihrer Oberfläche einen Spalt, die sogenannte Raphe, der die verkieselten Zellwände durchbricht. An den Enden dieses Spaltes befinden sich die Austrittsstellen einer schleimigen, quellbaren Substanz, die sogenannten Endknoten. Die auf die Unterlage ausgeschiedene Schleimhaut bildet gewissermaßen das Widerlager für die aus der Raphe austretenden kontraktilen Eiweißfibrillen, die die Zelle gleitend vorwärts oder rückwärts bewegen können (s. Abb. S. 166).

Ähnlich könnte auch der Bewegungsmechanismus der fädigen Blaualgen sein. Die Schleimausscheidung soll durch Poren der Zellwand erfolgen. Es ist aber nicht gesichert, ob die gleitende Bewegung durch die Abgabe und das Aufquellen der Gallerte oder durch zusätzliche kontraktile Proteinfibrillen erfolgt, deren Vorhandensein nachgewiesen wurde. Neben der in Richtung der Fadenachse ablaufenden Bewegung können diese Blaualgen auch um die Fadenachse rotieren.

Meist sind es bestimmte Außenfaktoren, die die freien Ortsbewegungen der Organismen induzieren. Die dadurch entstehenden Orientierungsreaktionen werden als **Taxien** (Einzahl: Taxis) bezeichnet und nach den sie bewirkenden Reizen benannt. Die wichtigsten sind Photo- und Chemotaxis, ausgelöst durch das Licht bzw. chemische Faktoren. Hinzu kommen Thermo-, Gravi-, Aero-, Hydro-, Osmo- und eventuell Galvanotaxis, je nachdem, ob sich die Reize auf Temperaturen, das Schwerefeld der Erde, Sauerstoffkonzentration in Flüssigkeiten, Feuchtigkeitsgehalt der Umgebung, physikalische Eigenschaften des feuchten Milieus oder ein elektrisches Feld beziehen. Dabei ist eine Bewegung zum Reiz hin eine positive, vom Reiz weg eine negative Taxis. Zwei hauptsächliche Orientierungsmechanismen sind hierbei von den Organismen bekannt: die Rangierbewegung und die Richtungssteuerung.

Rangierbewegungen führen die zum Gleiten befähigten Organismen aus. Sie sind bei den oben angeführten Blau- und Kieselalgen vorhanden. Diese Organismen, die sich nur parallel zu ihrer Längsachse bewegen können, rangieren im wahrsten Sinne des Wortes, d.h. sie bewegen sich wie auf vorgegebenen Schienen in den für sie möglichen zwei Richtungen hin und her. Die Bewegung in der für sie bedeutsamen Richtung zum Reiz hin oder vom Reiz weg dauert dabei länger. Bei positiver Phototaxis wird z.B. dabei eine größere Strecke zur Lichtquelle hin zurückgelegt, so daß das Ziel schneller erreicht wird. Trotzdem gelingt dies nur den Organismen, die zufällig vorher parallel oder etwas schräg zur Reizquelle liegen. Alle sich quer zur Reizquelle befindenden Organismen müssen darauf warten, daß sie durch eine von außen induzierte mechanische Veränderung in eine günstigere Lage gebracht werden, da ihnen die Fähigkeit zu einer Steuerbewegung fehlt.

Gegenüber diesem Hin- und Herrangieren ist die Richtungssteuerung der »Schwimmer« eine Weiterentwicklung. Diese Organismen sind in der Lage, die richtige Richtung unter dem Einfluß des einwirkenden Reizes anzusteuern, also die Bewegungsrichtung aktiv zu korrigieren.

Ausgiebig untersucht wurde in diesem Zusammenhang das phototaktische Verhalten von Flagellaten der Gattung *Euglena*. Hier lassen sich die komplizierten Vorgänge am besten verdeutlichen: Drei Einrichtungen in der Zelle von *Euglena* spielen neben der Geißel für den Bewegungsablauf eine Rolle: 1. der schon erwähnte Basalkörper, 2. das

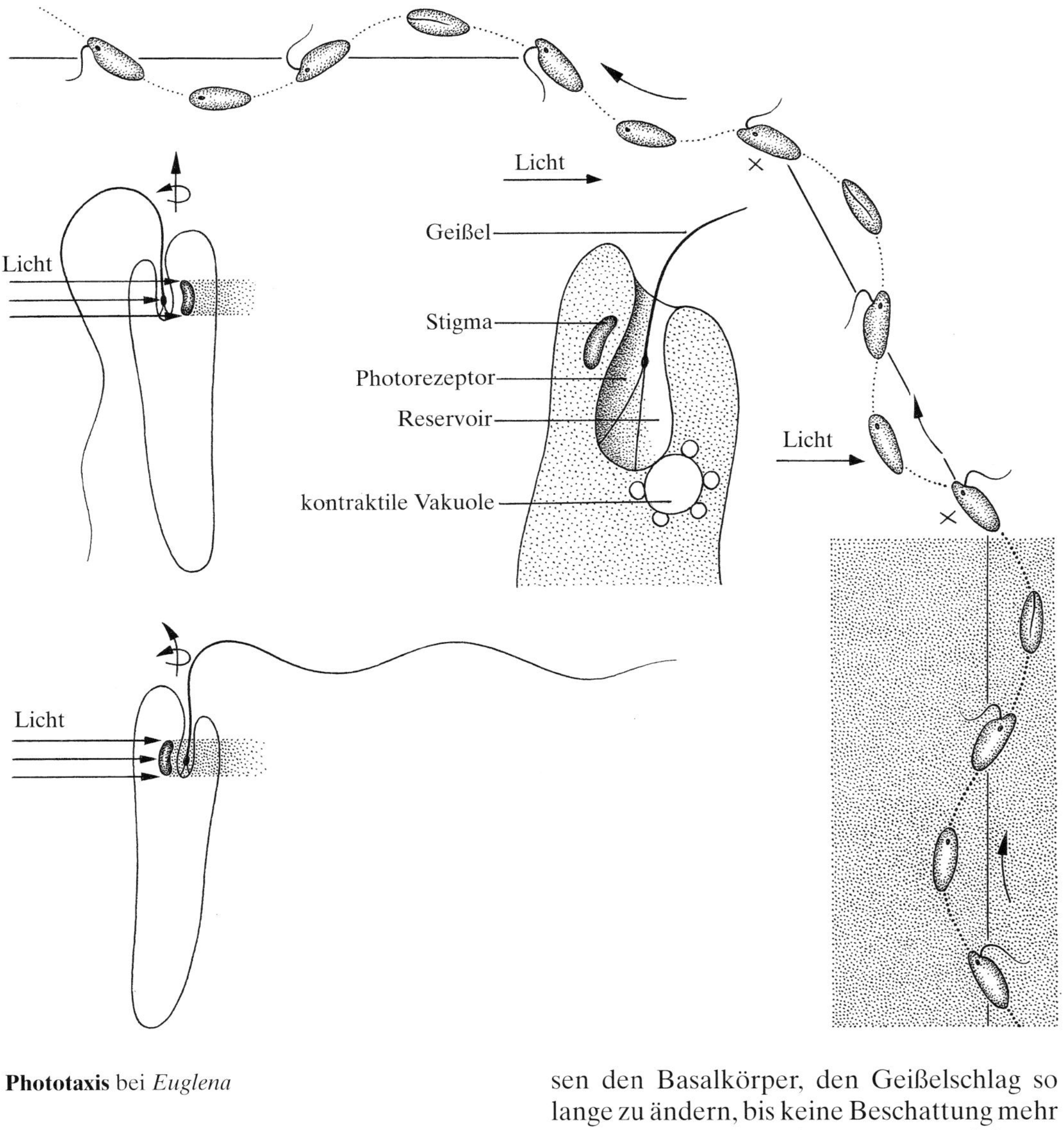

Phototaxis bei *Euglena*

seitlich daneben liegende Stigma, auch unkorrekt als Augenfleck bezeichnet, und 3. der in unmittelbarer Nähe des Basalkörpers vorhandene Photorezeptor als Empfänger des Lichts. Diese Zellorganellen finden sich auch bei anderen Flagellaten. Beim Schwimmen mit Hilfe der Geißel nach vorn unter gleichzeitiger Drehung des Körpers um die Längsachse wird bei seitlichem Lichteinfall der Photorezeptor vom Stigma rhythmisch beschattet, bei jeder Umdrehung ist er also einmal im Schatten. Die dadurch vom Photorezeptor ausgehenden Impulse veranlassen den Basalkörper, den Geißelschlag so lange zu ändern, bis keine Beschattung mehr erfolgt, das heißt, bis Bewegungsrichtung des Flagellaten und Lichtrichtung parallel verlaufen, der Flagellat also zum Licht hin oder von ihm weg schwimmt (s. Abb.).
Chemische Reize werden analog von Chemorezeptoren aufgenommen, die sich bei den Flagellaten vermutlich in den Geißeln befinden. Chemotaktische Stoffe spielen im Leben der Organismen eine große Rolle. Sie wirken als Signalstoffe, um den Gameten den Geschlechtspartner anzuzeigen. Eizellen, bzw. die sie umgebenden Zellen, produzieren z.B. solche meist sehr spezifischen Substanzen, die die positiv chemo-

taktisch reagierenden Spermatozoiden anlocken. Diese Sexuallockstoffe (Gamone) zur Anlockung männlicher Gameten sind bisher nur wenig untersucht, da sie meist lediglich in geringster Konzentration wirksam sind. Bei Braunalgen handelt es sich häufig um unkomplizierte ungesättigte Kohlenwasserstoffe, wie das Ectocarpen bei *Ectocarpus* und das Fucoserraten bei *Fucus*. Moose und Farnpflanzen haben andere Substanzen als Lockstoffe, so das Brunnenlebermoos *(Marchantia)* Proteine, einige Laubmoose Saccharose, Bärlappe Calciumcitrat und verschiedene Farne Calciummalat.
Heterotrophen Organismen verhelfen chemische Reize zum Auffinden von Nahrungsquellen bzw. zu chemotaktisch negativen Reaktionen bei Schadstoffen.
Auch der sich »frei bewegende«, eingangs erwähnte *Cuscuta*-Keimling wird zusätzlich durch ausgeschiedene Stoffe der Wirtspflanze chemotaktisch zu ihr hingeleitet.

Organbewegungen

Naturgemäß kommen die hier zu erörternden Bewegungen bei ortsgebundenen, im Boden oder in einer anderen Unterlage verankerten Pflanzen vor, die einzelne Organe, wie Sproß, Blätter, Blüten oder Wurzeln, ausgebildet haben. Sie sind also vorwiegend bei den Moos-, Farn- und Samenpflanzen anzutreffen.
Aber auch der Thallus festsitzender Algen, z.B. von *Chara,* der Armleuchteralge, kann bestimmte Bewegungen ausführen.
Bei den vielfältigen Bewegungsformen lebender Pflanzenorgane herrschen vor allem zwei Mechanismen vor: die irreversiblen, nicht rückgängig zu machenden Wachstums- oder Nutationsbewegungen und die reversiblen, in den meisten Fällen umkehrbaren Turgor- oder Variationsbewegungen. Beide können entweder autonom sein oder von den verschiedensten Außenfaktoren beeinflußt, also durch Reize induziert werden. Bei solchen Reizbewegungen unterscheidet man zwei Kategorien: die **Tropismen** und die **Nastien.** Als Tropismen werden Krümmungsbewegungen zusammengefaßt, die durch einen einseitigen Reiz ausgelöst und durch ihn in ihrer Richtung bestimmt werden (gerichtete Bewegungen). Von Nastien spricht man hingegen, wenn der Reiz keinen Einfluß auf die Bewegungsrichtung ausüben kann, weil diese allein duch den morphologischen bzw. physiologisch dorsiventralen, also zweiseitig verschiedenen Bau dieses Organs bestimmt wird (ungerichtete Bewegungen). Nach dem zur Wirkung gelangenden Reiz werden genau wie bei den Taxien der freibeweglichen Organismen auch hier die jeweiligen Bewegungsformen benannt, z.B. Phototropismus oder Seismonastie.
Sehen wir uns zuerst die Tropismen an. Licht, Schwerkraft, Berührung, chemische Substanzen verschiedener Konzentrationen, Verletzungen oder auch elektrischer Strom können hier als Reize wirken und Photo-, Gravi-(Geo-), Thigmo-, Chemo-, Traumato- oder Elektrotropismus auslösen. Dabei wird eine Hinwendung zur Reizquelle als positiver, eine Abwendung als negativer Tropismus gewertet.
Da es sich bei den Tropismen in den meisten Fällen um Wachstumsvorgänge handelt, sind ausschließlich wachstumsfähige Organe oder Organteile daran beteiligt. Die Wachstumsart ist in der Regel ein Streckungswachstum, aber auch Zellteilungs- und Plasmawachstum kommen vor.
Auf die dominierende Rolle des Lichtes im Leben der Pflanzen wurde schon mehrfach eingegangen; auch als auslösender bzw. orientierender Reiz ist das Licht für die Pflanzen wichtig. Der Phototropismus ist also eine lebensnotwendige Einrichtung. Sproßachsen und Blattstiele der meisten höheren Pflanzen sind erst durch ihre aktive Hinwendung zum Licht, also durch ihren positiven Phototropismus in der Lage, die Photosynthese betreibenden Organe ins »rechte Licht« zu rücken. Diese Fähigkeit war sicher auch ein Faktor bei der Evolution im Pflanzenreich.

Positiven Phototropismus kann jeder selbst an seinen Zimmerpflanzen beobachten, wenn sie, etwas abseits vom Fenster stehend, ihren Sproß mit den Blättern der Lichtquelle näher zu bringen versuchen und sich nach dem Fenster hin krümmen. Sproß und Blätter ändern dabei ihre Wachstumsrichtung durch ungleich starkes Wachstum an den Organflanken: Das Wachstum an der belichteten Seite wird gehemmt und an der Schattenseite gefördert. Die Ursache ist in der bei einseitigem Reiz einsetzenden ungleichen Verteilung von Phytohormonen begründet, vor allem spielt das Auxin, neben bestimmten Wachstumshemmstoffen, wie bei den meisten Wachstumsvorgängen eine bedeutende Rolle. Seine Konzentration nimmt an der belichteten Seite stark ab, an der Schattenseite zu. Gleichzeitig setzt eine Hemmung des normalerweise von der Spitze zur Pflanzenbasis erfolgenden Auxinstromes an dieser Seite ein, das Auxin wird nach der gegenüberliegenden Seite umgeleitet und dort abwärts transportiert (vgl. Abb. unten).
Diese Umleitung ermöglicht eine Querpolarisierung der erst längspolarisierten Zellen an der gereizten Seite, ein Vorgang, der mit Energieverbrauch verbunden ist, sonst aber ein noch ziemlich rätselhaftes Phänomen darstellt. Auf alle Fälle wächst die Schattenseite nun stärker als die Lichtseite, und es kommt naturgemäß zu einer Krümmung der Sproßachse oder der Blatt- bzw. Blütenstiele. Schon ein minimaler Wachstumsunterschied von nur 2 % zwischen den beiden Organflanken verursacht eine Krümmung von wenigstens 10 Grad.

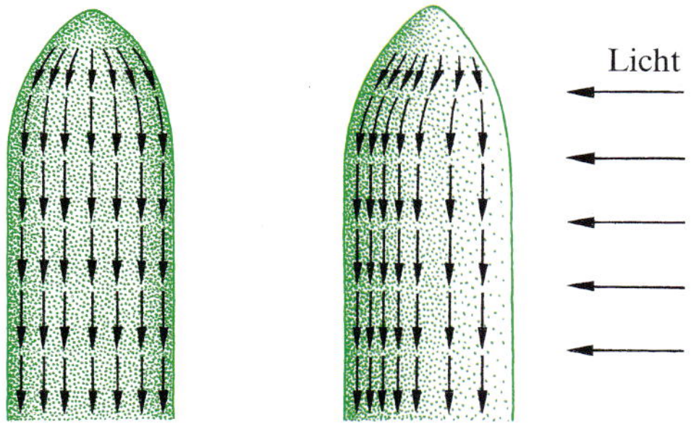

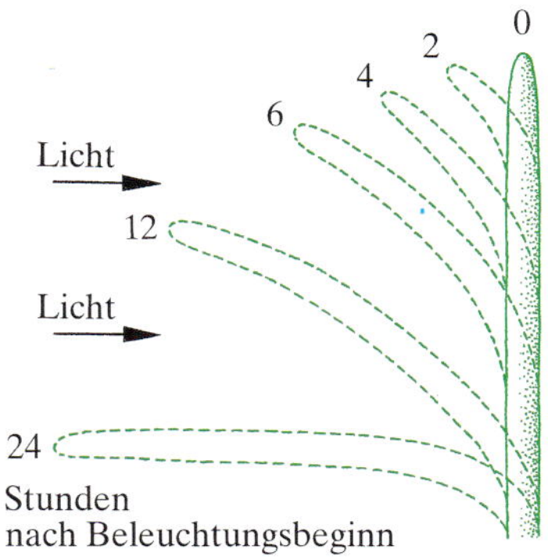

Hafercoleoptile.
Verlauf phototroper Krümmungen

Das Reizaufnahmesystem – hier also der Photorezeptor – besteht bei den meisten höheren Pflanzen wahrscheinlich aus Cryptochrom, neben dem unter Umständen noch andere Farbstoffe, wie Carotine, wirksam werden. Nur kurzwelliges blaues und UV-Licht löst Phototropismus aus. Bei Moos- und Farnpflanzen wirkt als Photorezeptor ein Phytochromsystem, das neben kurzwelligem auch langwelliges, also rotes Licht, absorbiert und phototrop wirksam werden läßt.
Am besten untersucht wurde das phototrope Verhalten von Haferkoleoptilen, also das Verhalten der den Sproßvegetationspunkt bei Graskeimlingen umgebenden Blattscheide, die anfangs geschlossen ist und ein Streckungswachstum vollzieht, bis sie vom ersten Grasblatt durchstoßen wird. Ihre phototrope Empfindlichkeit ist wie die anderer Keimpflanzen sehr groß. So genügt schon ein kurzer Lichtblitz, um eine positive Krümmung auszulösen (vgl. Abb. oben).
Der negative Phototropismus, also das Wachstum nach der lichtabgewandten Seite, ist viel seltener. Wir treffen ihn u. a. bei Haft- und Luftwurzeln verschiedener Kletterpflanzen, den Keimwurzeln einiger Pflanzen, bei den Rhizoiden der Lebermoose und Farnprothallien sowie den mit Haftscheiben ausgestatteten Ranken des Wilden Weins an. Die Bodenwurzeln der höheren Pflanzen sind meist ohne phototrope Reaktion.

Eine entwicklungsbedingte Umstimmung von positivem zu negativem Phototropismus zeigen Blüten und Früchte einiger weniger Pflanzenarten. Die Blütenstiele des zu den Braunwurzgewächsen gehörenden Zimbelkrautes *(Cymbalaria muralis)* sind positiv phototrop. Da aber die bei uns heimische Pflanze an Mauern und ähnlichen Standorten wächst, muß sie ihren Samen die Möglichkeit zum Keimen an geeigneten Stellen geben. So werden die Fruchtstiele negativ phototrop und drehen sich vom Licht weg in die Mauerritzen.

Neben dem Phototropismus ist der Gravitropismus, auch Geotropismus genannt, die wichtigste Orientierungshilfe der Pflanzen im Raum. Gravitrope Krümmungsbewegungen sind Reaktionen pflanzlicher Organe auf die Einwirkung der Schwerkraft. Die Fähigkeit, gravitrop zu reagieren, macht es den Pflanzen z. B. möglich, auch auf schiefen Ebenen, also steilen Hängen, Bergflanken und ähnlichem ihre Sproßachsen lotrecht nach oben wachsen zu lassen. Dazu müssen sie negativ gravitrop reagieren, also vom Erdmittelpunkt weg wachsen, wie es bei den meisten Pflanzen der Fall ist. Wenn diese aus der Normallage gebracht werden, krümmen sie sich so lange, bis sie sich wieder aufgerichtet haben. Bei umgetretenen oder umgewehten Grashalmen (z.B. beim Getreide) kann man das deutlich beobachten. Dagegen zeigen die Hauptwurzeln vieler Pflanzen eine positiv gravitrope Reaktion, d.h. ihr Wachstum ist auf den Erdmittelpunkt hin gerichtet. Die Seitenwurzeln, Seitenzweige (zumindest die erster Ordnung), die Blätter sowie die Erdsprosse (Rhizome) sind dagegen horizontal gravitrop ausgerichtet. Sie können quer im Boden, mehr oder weniger senkrecht zur Hauptwurzel bzw. über dem Boden mehr oder weniger senkrecht zur Hauptachse wachsen.

Es gibt auch Pflanzenorgane, die entwicklungsbedingt einen Wandel in ihrem gravitropen Verhalten vollziehen. Ein bekanntes Beispiel dafür stellt die aus Südamerika stammende Erdnuß *(Arachis hypogaea)* dar, die in vielen wärmeren Ländern wegen ihrer öl- und eiweißreichen Samen angebaut wird. Ihre Blütenstiele sind zuerst negativ gravitrop, d.h. die Blüten stehen aufrecht. Nach der Befruchtung drehen sich die Stiele um 180 Grad, werden positiv gravitrop, und schieben die reifenden Früchte in die Erde, wo sie sich unterirdisch weiterentwickeln.

Bei der in Deutschland unter Naturschutz stehenden Türkenbundlilie *(Lilium martagon)* ist es genau umgekehrt. Hier hängen die Blüten nach unten, während die Früchte auf den nun negativ gravitropen Stielen nach oben stehen (s. Abb. S. 174).

Bei anderen Pflanzen findet ein gravitroper Wandel der Blütenstiele schon zwischen Knospen- und Blühstadium statt, wie bei den verschiedenen Mohnarten (*Papaver* spec.). Hier sind die Knospen nach unten gekrümmt, richten sich aber bei Entfaltung der Blüten auf. Auch ihre Früchte, die Mohn-

Verlauf der geotropen Krümmung eines Sprosses

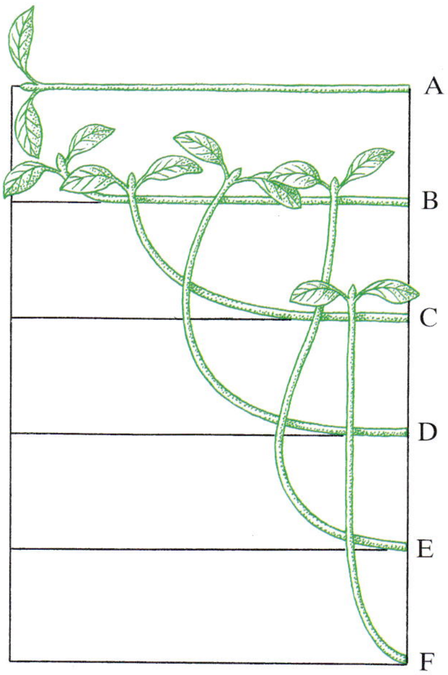

Beim Klatschmohn *(Papaver rhoeas)* hängen die Knospen nach unten, während die Blüten und Früchte aufgerichtet sind. Es handelt sich um einen gravitropen Wandel in ihrem Verhalten zwischen Knospen- und Blütenstadium.

Türkenbundlilie *(Lilium martagon)*,
g Schwerkraft

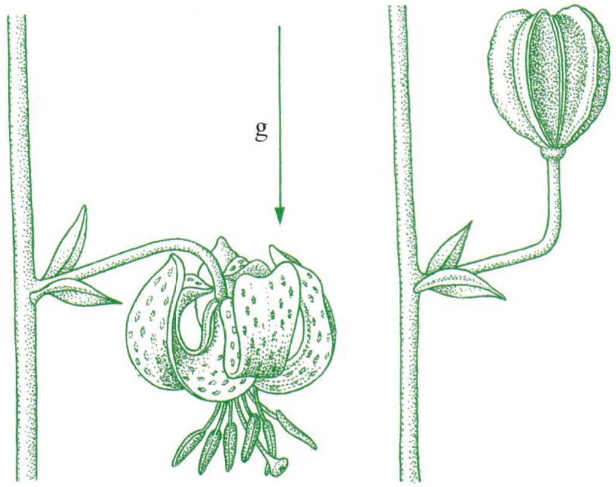

Blüte

Frucht

kapseln, bleiben aufrecht. Wie ist aber zu beweisen, daß diese Bewegungen tatsächlich durch die Schwerkraft der Erde ausgelöst werden und nicht durch andere Einflüsse? Man kann es feststellen, wenn die einseitige Wirkung der Schwerkraft aufgehoben wird. Für derartige Experimente dient ein Apparat, der sogenannte Klinostat, auf dem man eine normal gewachsene Pflanze horizontal anbringt und nun mit Hilfe eines Motors ständig um die eigene Achse dreht. Durch diese Rotation wird die einseitige Wirkung der Schwerkraft aufgehoben, es ist ein allseitiger Reiz vorhanden, Krümmungsbewegungen finden nicht statt. Führt man die Rotation allerdings mit zu hoher Geschwindigkeit durch, dann wirkt wiederum die Fliehkraft auf die Pflanzen (s. Abb. unten).
Auch pflanzliche Organismen, die mit in den Weltraum genommen wurden und dort unter echter Schwerelosigkeit wachsen konnten, zeigen das gleiche Verhalten wie Pflanzen im Klinostaten.

Buntnessel *(Coleus spec.)*. In Normalstellung (a) und auf dem rotierenden Klinostaten (b),
g Schwerkraft

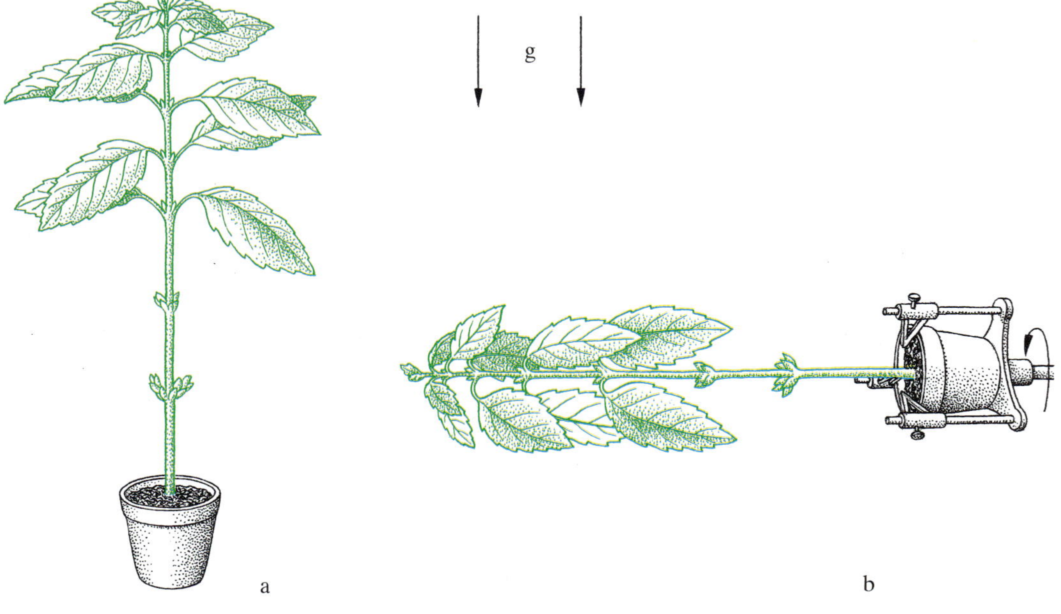

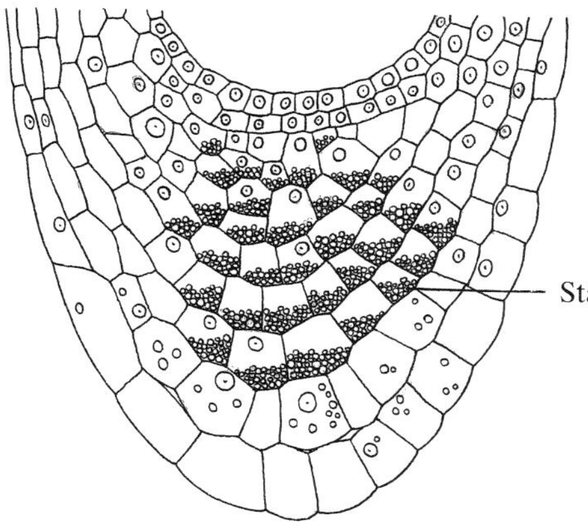

Statolithenstärke in den Zellen der Wurzelhaube von *Rorippa*.

Wie wirkt aber die Schwerkraft auf die Pflanzen ein, was geht dabei vor sich? Die Krümmungsbewegung ist wie beim Phototropismus auch hier ein Wachstumsvorgang, aber der gravitrope Reiz wird anders aufgenommen. Die Orte der Reizaufnahme sind zum einen die Wurzelhaube und zum anderen alle Streckungszonen an den oberirdischen Sproßteilen. Alle diese Pflanzenteile zeichnen sich durch einen relativ hohen Gehalt an Stärkekörnern aus. Diese meist ziemlich großen Stärkekörner werden je nach Richtung der einwirkenden Schwerkraft so verlagert, daß es durch Druck auf das Cytoplasma zu bestimmten Reaktionen kommt. Wenn der Stärkegehalt durch Lichtentzug oder Kälteeinwirkung vermindert oder die ganze Wurzelhaube entfernt wird, verlieren die Pflanzen ihre gravitrope Reaktionsfähigkeit. Sie gewinnen sie erst zurück, wenn der Stärkegehalt wieder normal und die Wurzelhaube regeneriert ist.

Diese Erklärung des Gravitropismus der Pflanzen (auch als Statolithentheorie bezeichnet) versagt allerdings dort, wo auch stärkefreie Pflanzenteile gravitrop reagieren. Hier muß die Reizaufnahme auf andere Weise erfolgen. Das ist aber noch nicht geklärt.

An die Reizaufnahme schließen sich die gleichen Vorgänge wie beim Phototropismus an: Querpolarisierung der Zellen, Ungleichverteilung der Phytohormone, Umleitung des Auxinstromes, Förderung des Wachstums der einen Flanke, Hemmung des Wachstums der anderen mit anschließender Krümmung.

Die gravitrope Empfindlichkeit der Pflanzen ist meist sehr groß, selbst bei kurzer Einwirkungszeit des Schwerkraftreizes erfolgt die darauf einsetzende Reaktion relativ schnell. Vor allem bei noch wachsenden Organen kann die Zeit zwischen Reizaufnahme und wahrnehmbarer Krümmungsreaktion von etwa 10 Minuten bis $1^1/_2$ Stunden betragen. Wenn also z.B. ein Blumentopf mit einer Keimpflanze umgefallen und in die Horizontale geraten ist, läßt sich eventuell schon nach 90 Minuten eine Krümmung in die aufrechte Lage beobachten. Allerdings dauert es bei ausgewachsenen Pflanzen, bei denen die Zellen das Wachstum erst wieder aufnehmen müssen, viel länger. So ist z.B. bei liegenden Getreidehalmen erst nach mehreren Stunden eine derartige Reaktion zu erkennen. Noch länger brauchen verständlicherweise verholzte Pflanzenteile, wie kleine Bäume, Äste oder Zweige, bis sie sich wieder in die Normallage gebracht haben. Sie bilden dann durch verstärkte Kambiumtätigkeit ein sogenanntes Reaktionsholz aus, das bei Nadelhölzern an der Unterseite, bei Laubhölzern an der Oberseite der gravitrop gereizten Teile entsteht. Es wirkt im ersten Fall als Druck- im zweiten als Zugholz, beide Male wird eine Aufrichtung erreicht.

Photo- und Gravitropismus stellen die wichtigsten Organbewegungen im Pflanzenreich dar, denn Licht und Schwerkraft sind allgegenwärtig. Aber auch Chemotropismus, also die Orientierung der Wachstumsrichtung auf chemische Substanzen, ist oft anzutreffen. Unter anderem spielt diese Bewegungsorientierung bei der Zusammenführung der Geschlechtszellen eine große Rolle. Schon von den Jochalgen (Conjugatophytina), bei denen keine freibeweglichen begeißelten Gameten existieren, nimmt man an, daß die Bildung der für die meisten fädigen Vertreter typischen Kopulationsbrücken bei der geschlechtlichen Fortpflanzung chemotrop ausgelöst wird, wie z.B. bei den in unseren Gewässern häufigsten Jochalgen, den zur Gattung *Spirogyra* gehörenden Schraubenalgen. Sie sind durch ihre schraubig gewundenen Chloroplasten gekennzeichnet. Zu gegebener Zeit legen sich hier zwei Fäden aneinander, an den einzelnen Zellen entstehen Vorwölbungen, die aufeinander zuwachsen, sich schließlich durch Auflösung der Zellwand vereinigen und den Gameten den Weg zur Kopulation freigeben. Es ist nicht bekannt, welche Stoffe dabei chemotrop wirken.

Ebenso unbekannt sind die Stoffe, die bei den Samenpflanzen dem durch das Narben- und Griffelgewebe wachsenden Pollenschlauch anscheinend erst im Bereich des Embryosacks chemotrope »Hilfestellung« beim Auffinden der zu befruchtenden Eizelle geben. Hier greifen – wie fast überall – mehrere Faktoren ineinander. Auf der Narbe scheint der Pollenschlauch durch die Feuchtigkeit des Narbengewebes zum Eindringen gereizt zu werden, er reagiert, wie hier spezifiziert wird, positiv hydrotrop. Auch die Rhizoide der Moose und Farnprothallien sowie die Wurzeln vieler höherer Pflanzen zeigen neben positiv chemotropen Reaktionen auf Nährstoffe auch positiv hydrotrope auf Feuchtigkeit. Dabei kann Hydrotropismus als Spezialfall von Chemotropismus angesehen werden.

Nastische Organbewegungen sind ganz anderer Art. Sie dienen den Pflanzen niemals zur Orientierung im Raum, sondern nur zu momentan notwendigen, begrenzten Veränderungen, die wieder rückgängig gemacht werden können. In den meisten Fällen kehren also die Pflanzenorgane nach mehr oder weniger kurzer Reizbewegung wieder in ihre Ausgangslage zurück. Organe, die nastische Bewegungen ausführen, haben entweder unterschiedliche Ober- und Unterseiten, oder, wenn sie morphologisch gleiche Seiten aufweisen, reagieren diese physiologisch verschieden. Bei Nastien kommt es nur in seltenen Fällen zu einem Wachstum der Organflanken, meist sind für die Bewegungen Turgordruckschwankungen die Ursache. Manchmal werden auch beide Vorgänge miteinander kombiniert. Die auffälligsten, weil bei manchen Pflanzen sehr rasch verlaufenden nastischen Bewegungen lösen Erschütterungs- oder Berührungsreize aus, die Pflanzen reagieren seismo- bzw. thigmonastisch. Während seismonastische Pflanzen immer auch berührungsempfindlich sind, reagieren thigmonastische nur auf Berührung, nicht aber auf Erschütterungen, wie sie z.B. durch Schütteln oder Starkregen hervorgerufen werden.

Paradebeispiele für Seismonastie sind die Blattbewegungen der sogenannten Sinnpflanzen, zu denen in erster Linie Arten der tropischen Gattung *Mimosa,* vor allem *Mimosa pudica,* gehören. Sie ist in jedem botanischen Garten als eine besondere Attraktion zu sehen. Bei jeder Berührung, Erschütterung, Verletzung oder Verbrennung der doppelt gefiederten Blätter, klappen, von der Spitze ausgehend, die Fiederblättchen mit großer Geschwindigkeit nach oben, während sich das gesamte Blatt mit dem Blattstiel nach unten senkt. Es ist eine pflanzliche Bewegung, die für jeden sofort sichtbar wird. An den Fiederblättchen, Fiedern und Blattstielen befinden sich kleine Blattgelenke. Sie werden auch als Blattpolster bezeichnet. Man kann sie äußerlich als Verdickung am Grunde der genannten Organe erkennen. Sie haben in ihrem Inneren einen zentralen Strang aus verschmolzenen Leitbündeln, der ihnen Biegungsfestigkeit verleiht. Er wird von zartwandigen, parenchymatischen Zellen, dem eigentlichen motorischen Gewebe, umgeben. Bei einer Reizung dieses Gewebes erhöht sich – vereinfacht dargestellt – die Durchlässigkeit der Plasmamembranen der Zellen, Zellflüssigkeit kann austreten, der Turgordruck sinkt und führt zum Zusammenklappen, Heben, Senken, Krümmen usw. der betreffenden Organe, je nachdem, wie und wo das motorische Gewebe lokalisiert ist (vgl. Abb. S. 177).

Derartige Blattgelenke besitzen vor allem Vertreter der Leguminosen. Sie sind außer bei den Mimosen auch bei den ebenfalls tropischen Gattungen *Neptunia* und *Desman-*

Die Mimose *(Mimosa pudica)* ist ein weitverbreitetes tropisches Unkraut. Die Aufnahmen zeigen ein Blatt vor und nach der Berührung.

thus und bei den Bohnen (*Phaseolus*-Arten) ausgebildet. Letztere reagieren allerdings nicht seismonastisch, sondern im circadianen Rhythmus, also im Wechsel von Tag und Nacht, was bei *Mimosa pudica* zusätzlich der Fall ist. Der aufgenommene Reiz wird bei *Mimosa pudica* mit einer Geschwindigkeit von 2 bis maximal 10 cm pro Sekunde weitergeleitet. Diese Erregungsleitung geschieht unter anderem durch Erregungssubstanzen, die als Turgorine bezeichnet werden und chemisch als Abkömmlinge von Gallussäure-Glykosiden identifiziert wurden.

Motorisches Gewebe zeichnet auch für die »Reizbarkeit« von Staubblättern und Narben einiger Pflanzenarten verantwortlich. So kommen Staubblattbewegungen bei verschiedenen Kakteen, z. B. dem Feigenkaktus (*Opuntia* spec.), verschiedenen Korbblütlern, wie bei Korn- und Flockenblumen (*Centaurea* spec.), bei Sonnenröschen-Arten (*Helianthemum* spec.), bei der Zimmerlinde *(Sparmannia africana)* oder bei unserer heimischen Berberitze *(Berberis vulgaris)* vor. Die Staubgefäße reagieren durch nastische Bewegungen auf jede Berührung oder Erschütterung. Das führt z. B. bei Insektenbesuch zum Abladen des Pollens auf den Insektenkörper. Je nach Lage des motorischen Gewebes klappen die Staubgefäße dabei nach innen (z. B. bei der Berberitze), bewegen sich nach außen (z. B. bei der Zimmerlinde), oder sie verkürzen sich (z. B. bei der Kornblume), wobei sie den Pollen aus den Antheren schieben.

Vor allem bei der Berberitze ist die Geschwindigkeit dieser Bewegungen sehr hoch, das Einklappen der Staubgefäße dauert nur Bruchteile von Sekunden, die Rückkehr in den Zustand vor der Reizung erfolgt meist schon nach 5 bis 15 Minuten. Dieser Vorgang kann sich bei den nächsten Insektenanflügen mehrfach wiederholen.

Es sind auch seismo- bzw. thigmonastische Bewegungen der Narben bekannt, besonders Vertreter aus zwei Familien liefern hier eindrucksvolle Beispiele. Zu nennen wären die Braunwurzgewächse, die in ihren Blüten immer nur einen Griffel, aber häufig eine

Die Staubfäden gehen bei der Zimmerlinde *(Sparmannia africana)* bei Berührung strahlenartig auseinander.

reizbare zweilappige Narbe besitzen, wie z. B. die Gauklerblumen *(Mimulus)* und die Torenien *(Torenia)*. Vor allem die einjährige, aus Ostasien stammende *Torenia fournieri,* die auch als Topfpflanze angeboten wird, bezeichnet man wegen ihrer »zuschnappenden« Narbenlappen im Deutschen als Schnappmäulchen. Zur zweiten Familie, den Bignoniengewächsen, gehört der aus Nordamerika stammende, bei uns in Parkanlagen angepflanzte Trompetenbaum *(Catalpa bignonioides)*. Seine Blüten besitzen auch eine zweilappige Narbe, die bei Berührung zusammenklappt und damit gleich den Pollen mit einschließt, was der eigentliche Zweck dieser Narbenbewegungen ist.

Sehr rasche seismonastische Bewegungen zum Fang von Kleintieren führen die fleisch-

fressenden Venusfliegen- und Wasserfallen aus, wie wir bereits auf Seite 120 erfahren haben. Auf den Blattspreiten beider Arten befinden sich sogenannte Sinnesborsten mit großen, plasmareichen Rezeptorzellen. Bei Berührung der Borsten werden sie durch die Hebelwirkung verformt. Das die eigentliche Bewegung durchführende motorische Gewebe ist im Bereich der Mittelrippe anzutreffen. Es bekommt den Reiz durch Erregungsleitung mit einer Geschwindigkeit von 6 bis 20 cm pro Sekunde übermittelt. Dies ist der schnellste bekannte »Signaltransfer«, der bei Pflanzen vorkommt. Dann setzen wieder Turgordruckveränderungen ein, und die Falle klappt zu. Das alles erfolgt in wenigen Bruchteilen von Sekunden. An die Turgordruckbewegung schließt sich bei beiden Arten nach dem Fangen der Beute und der durch sie erzeugten weiteren Reizung noch eine Wachstumsbewegung der Spreitenränder an, die zu einem festeren Zusammenschluß der Fangfalle führt.
Für die Thermo- und Photonastie, zwei oft gekoppelte Bewegungsvorgänge, vor allem bei Blüten- und Laubblättern oder deren Stielen, stellen die Temperatur bzw. die Lichtintensität auslösende Signale dar. Beide können auf Verschiebung des Turgordrucks oder auch auf Wachstumsdifferenzen beruhen. Eindeutig nastische Wachstumsbewegungen liegen beim Öffnen bzw. Schließen von Krokus- und Tulpenblüten vor, die z. B. aus dem Garten in das warme Zimmer gebracht wurden. Beim Krokus können schon Temperaturänderungen von nur 0,2 °C, bei Tulpen von etwa 1 °C diese Bewegungen auslösen. Sie beruhen auf unterschiedlichem Streckungswachstum der Ober- und Unterseite der Blütenblätter. Beim Öffnen strecken sich die Zellen der Oberseite stärker, da das Temperaturoptimum für dieses Wachstum auf der Oberseite höher ist, beim Schließen ist es umgekehrt. Die Blüten können sich meist mehrfach öffnen und schließen, die Blütenblätter vergrößern sich dabei jedesmal um etwa 7 %, so daß z. B. eine Tulpenblüte nach Beendigung ihrer Blühphase doppelt so groß wie zu Blühbeginn sein kann.
Photonastisch reagieren die Blüten sehr vieler Pflanzenarten. Manche sind hochempfindlich und schließen ihre Blüten sofort wieder, wenn nur einige Wolken die Sonne verdecken, wie z. B. die vorwiegend im Hochgebirge verbreiteten Enzian-Arten (*Gentiana* spec. und *Gentianella* spec.). Eine blühende Wiese sieht deshalb im Sonnenschein durch die geöffneten Blüten meist viel bunter aus als bei bewölktem Himmel, wenn die meisten Blüten sinnvollerweise geschlossen bleiben, da bei diesem Wetter kaum Insekten fliegen, die für den Bestäubungsvorgang angelockt werden sollen. Allerdings reagieren nur Tagblüher auf diese Weise, Nachtblüher brauchen nur geringe Lichtintensitäten zum Öffnen ihrer Blüten, sind sie doch bei der Bestäubung an Nachtinsekten, meist Schmetterlinge, angepaßt.
Wo Blattgelenke vorhanden sind, führen aber wieder Turgordruckänderungen zu photonastischen Bewegungen, so z. B. bei vielen Leguminosen, die ihre Blätter bei einbrechender Dunkelheit in »Schlafstellung« bringen. Dabei ist es nicht immer klar, ob photonastische oder autonom-circadiane Bewegungen die Ursache sind.
Ein Zusammenspiel verschieden ausgelöster, nastischer Turgorbewegungen und die zusätzliche Steuerung dieser Bewegungen durch die physiologische Uhr bestimmen das Öffnen und Schließen der Spaltöffnungen mit Hilfe ihrer Schließzellen. Es handelt sich um einen komplizierten, nicht in allen Einzelheiten aufgeklärten Vorgang, bei dem viele äußere und innere Faktoren ineinandergreifen.
Über die nur bei fleischfressenden Pflanzen (Carnivoren) vorkommende Chemonastie wurde bereits auf Seite 126 berichtet.

Physikalische Bewegungen

Manche attraktive Bewegungen im Pflanzenreich beruhen auf rein physikalischen Vorgängen ohne Eigenleistung der Pflanzen an Energie und fast immer ohne Beteiligung des lebenden Protoplasmas. Die dabei wirkenden Kräfte haben stets etwas mit Flüssigkeiten zu tun. Diese werden entweder aufgenommen oder abgegeben und verändern dabei bestimmte pflanzliche Strukturen. Solche Strukturen können z. B. quellen, entquellen oder austrocknen, Zellen können unter Druck geraten, platzen, also gewissermaßen explodieren, oder Kohäsions- und Adhäsionskräfte der Flüssigkeiten wirken in den Zellen und verändern sie. Dadurch entstehende pflanzliche Bewegungen werden nach diesen physikalischen Vorgängen benannt und als Quellungs-, Turgorexplosions- und Kohäsionsbewegungen zusammengefaßt. Häufig stehen diese Bewegungen im Dienst der Sporen-, Pollen- oder Samenverbreitung zur Erhaltung der Art.

Die Grundlage der Quellungsbewegungen ist naturgemäß der Quellungsvorgang, d. h. die Aufnahme von Flüssigkeiten und eine dadurch entstehende Volumenvergrößerung der Quellkörper, nämlich der Zellen bzw. der Zellwände. Quellbar ist eine Zellwand aufgrund ihrer chemischen Zusammensetzung, vorwiegend aus Pektinen, Hemizellulosen und Zellulose, die die Feinstruktur (Mikrofibrillen) bilden. Hingegen setzen ein- oder aufgelagertes Lignin oder Kutin die Quellungsfähigkeit herab. Quellungsbewegungen erfolgen aber erst, wenn diese submikroskopischen Bauelemente in den Zellen in verschiedenen Richtungen angeordnet und ungleich stark (anisotrop) quellbar sind. So können die Mikrofibrillen in der äußeren Wandschicht z. B. parallel zur Längsachse der Zelle liegen, in der inneren senkrecht dazu. Da beide Schichten – längs und quer – fest miteinander verbunden sind, ergeben sich bei unterschiedlich starker Quellung Krümmungen oder Verdrehungen. Auf diesem Prinzip beruhen die beiden Möglichkeiten der Quellungsbewegungen: die im Pflanzenreich weit verbreiteten, reversiblen und beliebig oft wiederholbaren hygroskopischen Bewegungen und die irreversiblen, zur Zerstörung der Bewegungsstruktur führenden Explosionsbewegungen (s. Abb.).

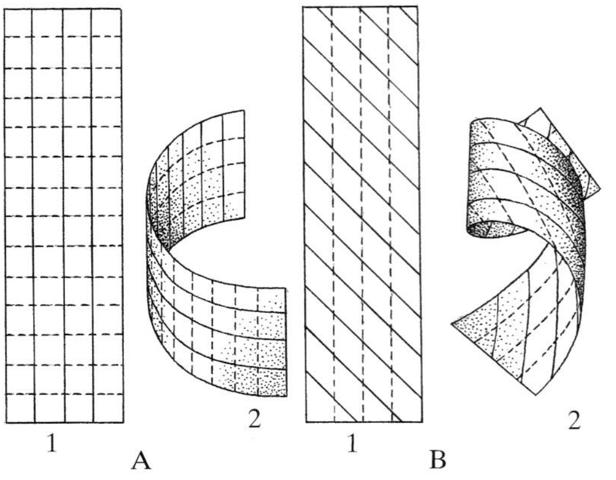

Papiermodelle von Quellungsbewegungen. Je zwei Papierstreifen wurden naß aufeinander geklebt. A Faserverlauf längs bzw. quer, B Faserverlauf längs bzw. schräg. 1 feucht, 2 trocken.

Hygroskopische Beweglichkeit besitzen z. B. spezielle Strukturen an den Sporen, an Sporenkapseln, Samen oder Früchten. So befinden sich an den Sporen aller Arten der rezenten Schachtelhalme *(Equisetum)* charakteristische hygroskopische Bänder, die sonst bei keiner anderen Sporenpflanze vorkommen. Diese vier Bänder oder Hapteren sind im feuchten Zustand dicht um die Sporenwandung gelegt, bei Trockenheit stehen sie von dieser nach allen Seiten ab. Durch diese Bewegungen können sich mehrere Sporen ineinander verhaken und zusammen verbreitet werden. Dadurch erhöht sich die Wahrscheinlichkeit der Befruchtung, weil männliche und weibliche Prothallien in unmittelbarer Nähe aufwachsen können. Hygroskopische Bewegungen führen auch die äußeren Peristomzähne am Mundsaum verschiedener Laubmooskapseln aus. In der Regel besteht jeder der 16 Zähne aus zwei verdickten, fest verbundenen, quer oder längs strukturierten Wandschichten. Wenn die Mikrofibrillen in der äußeren Schicht quer und innen längs verlaufen, dann krümmen sich die Zähne bei Trockenheit nach außen, die Kapsel wird geöffnet und gibt die Sporen zur Verbreitung frei, z.B. beim Wetteranzeigenden Drehmoos *(Funaria hygrometrica)*. Verläuft die Strukturierung umgekehrt, öffnet sich die Kapsel bei Feuchtigkeit, wie dies bei verschiedenen Moosen von Trockenstandorten, z.B. beim Mauermoos *(Tortula muralis)*, der Fall ist. *Funaria hygrometrica* hat auch noch hygroskopische Kapselstiele, die sich bei Feuchtigkeit einkrümmen, bei Trockenheit aufrecht stehen.

Auch die Früchte (meist Kapseln, Hülsen oder Balgfrüchte) der verschiedensten Samenpflanzen öffnen sich durch hygroskopische Bewegungen beim Trockenwerden, weil ihre äußeren Gewebeschichten, vor allem die Epidermis, schrumpfen. Beispiele für aufreißende Kapseln stellen die Primeln *(Primula)*, die Veilchen *(Viola)* oder die Leinkräuter *(Linaria)*, für eine Balgfrucht mit hygroskopischer Öffnungsweise die Christ- oder Schneerosen *(Helleborus)* dar. Alle diese Gattungen sind auch in unserer Flora mit verschiedenen Arten vertreten. Die in südafrikanischen Wüstengebieten beheimateten Mittagsblumengewächse haben Fruchtkapseln mit einem besonderen hygroskopischen Öffnungsmechanismus. Durch Quelleisten an den Rändern werden die Kapseln nur bei ausreichender Feuchtigkeit geöffnet. Damit können die bei Regen herausgeschwemmten Samen auf dem sonst selten durchnäßten Wüstenboden gleich ideale Bedingungen zum Keimen vorfinden.

Hygroskopisch beweglich sind auch die Flughaare verschiedener Samen und Früchte, die sich bei Trockenheit auffalten, um besser fliegen zu können, wie z.B. die »Fallschirme« an den Früchten des Löwenzahns *(Taraxacum)* (s. Abb. S. 241).

Zu einer wirkungsvolleren Samenverbreitung führen hygroskopische Bewegungen auch bei den Storchschnabelgewächsen (Geraniaceae). Ihre Spaltfrüchte zerfallen in (zwei) bis fünf schnabelartig verlängerte Teilfrüchte, die sich entweder fast explosionsartig aufrollen und die Samen ausschleudern, so beim Storchschnabel *(Geranium)*, oder deren Grannen sich bei Austrocknung schraubenartig einrollen, bei Feuchtigkeit aber strecken und dabei die Teilfrucht in den Boden bohren – so beim Reiherschnabel *(Erodium cicutarium)*. Sehr bekannt ist die als Besonderheit in Blumengeschäften angebotene Auferstehungspflanze *(Selaginella lepidophylla)*, ein Moosfarn, der vor allem in Mexiko beheimatet ist. Seine rosettig angeordneten Sprosse rollen sich bei Trockenheit ein, formen also eine kugelartige Gestalt und schränken damit die Transpiration ein. Bei feuchtem Wetter öffnet sich die Pflanze wieder zu einer flachen Rosette. Noch an längst abgestorbenen Pflanzen kann man diesen Vorgang beim Eintauchen in Wasser nachvollziehen. Damit trägt die Art ihren Namen Auferstehungspflanze zu recht.

Auch bei der echten »Rose von Jericho« *(Anastatica hierochuntica)*, einem Kreuzblütler aus den Wüstengebieten Nordafrikas und Vorderasiens, rollt sich die ganze Pflanze beliebig oft bei Trockenheit ein und breitet sich bei Feuchtigkeit wieder aus (s. Abb. S. 182). Bei der falschen »Rose von Jericho« *(Asteriscus pygmaeus)*, einem in der gleichen Region verbreiteten Korbblütler, umschließen bei Trockenheit abgestorbene Hüllblätter die Fruchtstände. Sie öffnen sich wieder bei Feuchtigkeit und geben dann die Früchte frei. Hier beziehen sich die hygroskopischen Bewegungen also nur auf die Fruchtstände.

Nur einmal stattfinden können dagegen explosionsartige Bewegungen, da auf diese Weise die bewegungsfähigen Strukturen zerstört werden. Dabei werden die Samen möglichst weit von der Mutterpflanze weggeschleudert. So wird das Siedlungsgebiet der Art vergrößert, ohne daß ein zu großer Konkurrenzdruck entsteht. Dafür gibt es zahlreiche Beispiele aus verschiedenen Pflanzengruppen, wobei die unterschiedlichsten Techniken angewandt werden. So kann es z.B. auf Grund von Turgordruckerhöhungen in den Zellen fleischiger Früchte zu Gewebespannungen kommen, die beim Aufreißen der Trennschicht am Fruchtstiel zum Ausspritzen der Samen führen, wie bei der im Mittelmeergebiet heimischen Spritzgurke *(Ecballium elaterium)*. Das auch bei uns in botanischen Gärten angebaute Kürbisgewächs spritzt so seine Samen bis zu 12m weit (s. Abb. S. 235).

Auf unterschiedlichen Gewebespannungen beruht auch das Ausschleudern der Samen

Die »Rose von Jericho« *(Anastatica hierochuntica)* ist eine Wüstenpflanze, deren Zweige sich bei Trockenheit kugelartig zusammenneigen, bei Feuchtigkeit wieder ausbreiten.

bei unseren heimischen Springkraut-Arten *(Impatiens)*. Wenn sich das Trenngewebe der Fruchtblätter bei fortschreitender Reife auflöst, kann eine leichte Berührung den Spannungsausgleich bewirken, so daß die Ansatzstelle am Fruchtstiel reißt, die Karpelle sich uhrfederartig zusammenrollen und die daran haftenden Samen abschießen. Die volkstümliche Bezeichnung »Rührmichnichtan« für das Große Springkraut, die auch im wissenschaftlichen Namen zum Ausdruck kommt *(Impatiens noli-tangere)*, nimmt darauf Bezug. Auch hier können die Samen bis zu 6 m weit geschossen werden.
Ebenso können Pollen windblütiger Pflanzen durch Explosionsbewegungen von Staubblättern aus den Antheren herausgeschleudert werden. Das ist z. B. bei der Großen Brennessel *(Urtica dioica)* und der ebenfalls zur Familie der Brennesselgewächse gehörenden Kanonierblume *(Pilea)* der Fall.
Dagegen sorgen Insekten bei der südamerikanischen Orchideengattung *Catasetum* dafür, daß das gesamte Pollenaggregat mit Stielchen und einer Klebscheibe durch die Berührung einer der beiden in der Blüte vorhandenen Borsten explosionsartig herausgeschleudert und an den Körper der Insekten angeklebt wird. Dieser Pollen gelangt dann durch Übertragung auf andere Blüten.
Explosionsbewegungen gibt es auch bei einigen Schmetterlingsblütlern (Fabaceae), z. B. Lupinen*(Lupinus)*-, Wicken*(Vicia)*-, Platterbsen*(Lathyrus)*- und Hornklee*(Lotus)*-Arten, wo die Fruchtklappen der Hülsen im Reifezustand explosionsartig aufreißen und die Samen mit großer Kraft über mehrere Meter weit wegschleudern. Die Ursache ist eine unterschiedliche Längs- und Querlagerung von Faserzellen in der Fruchtwand, die beim Austrocknen eine wachsende Zugspannung herbeiführt, bis die Fruchthälften aufreißen und sich schraubenartig aufrollen. Man bezeichnet diese Arten als Austrocknungsstreuer. Weitere Beispiele für diese »lebenden Abschußrampen« s. S. 254.
Schließlich zählen zu den mechanischen Bewegungen pflanzlicher Organe auch solche, die auf den Kohäsionskräften des Wassers bzw. der Flüssigkeit in den Zellen beruhen.

Diese Kohäsionsbewegungen sind meistens Krümmungen. Sie werden vor allem dort wirksam, wo beim Verdunsten der Zellflüssigkeit unverdickte und verdickte Zellwände dem in den Zellen entstehenden Unterdruck ungleichen Widerstand entgegensetzen. Die unverdickten Zellwände werden in das Innere der Zelle eingedellt, die verdickten geben nicht nach, so daß Spannungen entstehen, die die Kohäsionskräfte der Zellflüssigkeit aber nicht überwinden können, was schließlich zum Aufreißen solcher Gewebepartien führt. Dies ist z. B. bei Sporangien von Farnpflanzen der Fall, die sich aus je einer Zelle entwickeln. Die Sporangien sind von einem Ring U-förmig verdickter Zellen umgeben, dem sogenannten Anulus. Beim Trocknen der Sporangien werden die Zellen durch den Kohäsionszug des Zellsaftes außen zusammengedrückt, das Sporangium reißt an einer vorgefertigten Stelle aus unverdickten Zellen auf, und die Sporen werden entlassen.

Auf ähnliche Weise kommt es bei den meisten höheren Pflanzen zur Öffnung der Staubbeutel. Hier wird die Krümmungsbewegung durch die unter der Epidermis liegende Faserschicht bei Austrocknung hervorgerufen.

Außerdem beruht die »Schluckbewegung« der Fangblasen des zu den fleischfressenden Pflanzen zählenden Wasserschlauchs *(Utricularia)* auf einer derartigen Kohäsionsspannung (s. S. 128).

Befruchtung und Vermehrung

Ein Strauß bunter Blumen

Wer freut sich nicht über einen Strauß Blumen? Sei es ein Strauß bunter Wiesenblumen als Mitbringsel von einem Ausflug, ein Bukett roter Rosen als Ausdruck der Liebe oder einige kostbare Orchideenblüten als Hochzeitsstrauß für eine Braut. Blumen als Zeichen des Dankes, der Verehrung, des Verbundenseins: Es gibt unzählige Anlässe, sie zu überreichen. Sie werden gepflegt, ihr Anblick erfreut uns, bis sie verwelken. Das kann je nach der sehr unterschiedlichen Blühdauer der einzelnen Arten (siehe Tabelle) schon nach ein bis zwei Tagen, aber auch erst nach ein bis zwei Monaten der Fall sein, wie z. B. bei frischgeschnittenen Orchideen, die unter für sie günstigen Bedingungen eine so lange Blühdauer aufweisen.
Wer macht sich aber Gedanken angesichts blühender Pflanzen über dieses Stadium in ihrem Leben? Was bedeutet eigentlich die Mannigfaltigkeit der Blüten, die sich im Laufe von Jahrmillionen herausgebildet hat, um den Höhepunkt im Leben einer jeden Pflanze zu sichern: die geschlechtliche Fortpflanzung und damit das Fortbestehen der Art? Die ganze Vielfalt an Blüten, große oder kleine, farbige oder weiße, auffällige oder unscheinbare, duftende oder geruchlose, sie alle dienen nur diesem Zweck.

Der Laie spricht von Blumen und Blüten, ohne diese Begriffe exakt zu unterscheiden. Ihre wissenschaftliche Bedeutung ist jedoch unterschiedlich. Als Blüte wird in der Botanik eine Einzelblüte, ein Euanthium bezeichnet, z. B. eine Tulpe, eine Rose oder eine Nelke. Dagegen kann sich die volkstümliche Bezeichnung Blume sowohl auf eine Einzelblüte, z. B. eine Glockenblume, als auch auf einen aus vielen Einzelblüten zusammengesetzten Blütenstand beziehen, der vom Laien nicht von einer Einzelblüte unterschieden wird, z. B. die Sonnenblume, die Kornblume, das Gänseblümchen.
Diese Blütenstände, die auf den ersten Blick Blüten vortäuschen und auch als Scheinblüten, Pseudanthien, bezeichnet werden, stellen auch für die tierischen Bestäuber eine funktionelle Einheit dar. Sie sind nicht auf die Korbblütengewächse (Asteraceae) beschränkt, sondern finden sich ebenfalls in anderen Pflanzenfamilien, wie den Wolfsmilchgewächsen (Euphorbiaceae), den Aronstabgewächsen (Araceae), den Glokkenblumengewächsen (Campanulaceae), den Kardengewächsen (Dipsacaceae) u.a. Es kann also ein Strauß bunter Blumen sowohl Einzelblüten, wie rote Nelken, als auch Blütenstände, wie blaue Kornblumen, enthalten.
Wir wenden uns zuerst der Betrachtung der Einzelblüten zu. Wie es zur Bildung von Blü-

Blühdauer einiger Pflanzen (z. T. nach Flindt) (angegeben ist die Lebensdauer der Einzelblüte)

Art	Tage
Gemeine Nachtkerze *(Oenothera biennis)*	1
Königin der Nacht *(Selenicereus grandiflorus)*	1
Amazonasseerose *(Victoria amazonica)*	2
Schlafmohn *(Papaver somniferum)*	2
Ackerrose *(Rosa agrestis)*	2
Tatarenheckenkirsche *(Lonicera tatarica)*	3
Rote Lichtnelke *(Silene dioica)*	4
Schachblume *(Fritillaria meleagris)*	5
Roter Fingerhut *(Digitalis purpurea)*	6
Pelargonie *(Pelargonium zonale)*	7
Leberblümchen *(Hepatica nobilis)*	8
Winterling *(Eranthis hyemalis)*	8
Alpenveilchen *(Cyclamen purpurascens)*	10
Gewürzkrokus *(Crocus sativus)*	12
Moosbeere *(Oxycoccus palustris)*	18
Tropische Orchideen:	
Cattleya labiata	30
Paphiopedilum insigne	40
Phalaenopsis amabilis	50
Oncidium cruentum	60
Paphiopedilum villosum	70
Odontoglossum rossii	80

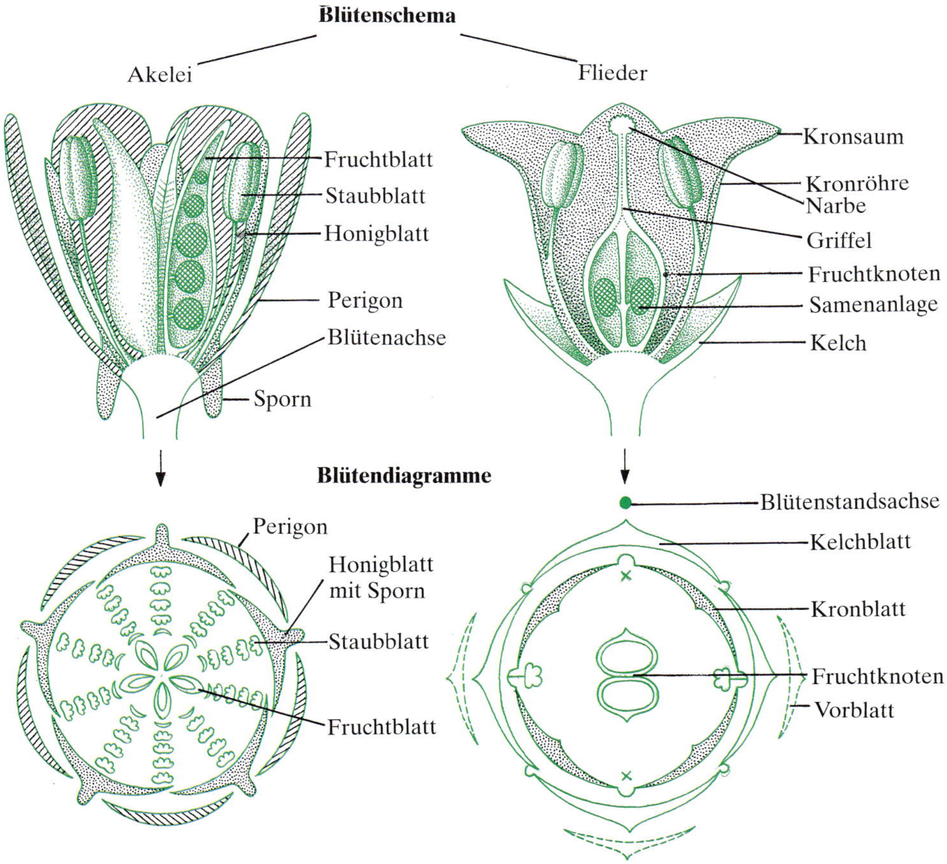

ten bei den höheren Pflanzen im Laufe der Evolution gekommen ist, wurde schon auf Seite 61 behandelt. Wir wollen aber noch einmal die Frage klären, was Blüten eigentlich sind. Eine verbreitete botanische Definition ist, daß Blüten unverzweigte Kurzsprosse mit begrenztem Wachstum darstellen, an denen die zur geschlechtlichen Fortpflanzung umgewandelten Blätter stehen.
Nach dieser Auffassung, die der deutsche Botaniker Karl Eberhard Goebel 1882 zum ersten Mal formulierte, kommen Blüten bereits bei einigen Farnpflanzen vor, denn der Sporophyllstand eines Schachtelhalmes oder eines Bärlappgewächses ist ein Sproß mit begrenztem Wachstum, an dem die Sporophylle, also die zur Fortpflanzung umgewandelten Blätter mit den Sporangien, anzutreffen sind. Zwischen einem solchen Sporophyllstand und einer Nacktsamerblüte ist kein großer Unterschied, ja man kann sie gestaltlich als eine Einheit betrachten. Die Sporophylle sind bei den Nacktsamern die Staubblätter (Mikrosporophylle), die den pollenbildenden männlichen Anteil repräsentieren, bzw. die Fruchtblätter (Megasporophylle), die mit den Samenanlagen den weiblichen Teil der Blüte oder eben die weibliche Blüte verkörpern.
Bei den Bedecktsamern, deren Blüten als die typischen Blüten schlechthin angesehen werden, kommt die Blütenhülle, das Perianth, hinzu, auf deren Ausprägung in vielen Fällen das mannigfache Erscheinungsbild dieser Blüten beruht. Blütenhülle, Staub- und Fruchtblätter sind von unten nach oben stets in dieser Reihenfolge an der Blütenachse angeordnet. Das Bildungsgewebe dieser Sproßachse braucht sich bei der Blütenbildung auf, es wächst also nicht weiter. Die Blütenachse ist oft verbreitert und bildet häufig einen sogenannten Blütenboden, der flach, vertieft, gewölbt, also ebenfalls sehr variabel und für die einzelnen Sippen typisch gestaltet sein kann.
Bei den ursprünglichen Bedecktsamern gruppieren sich die meist zahlreichen Blütenglieder spiralig (acyclisch) um die verlängerte Blütenachse, wie das z. B. bei einer Magnolienblüte zu sehen ist. Die Blüten der

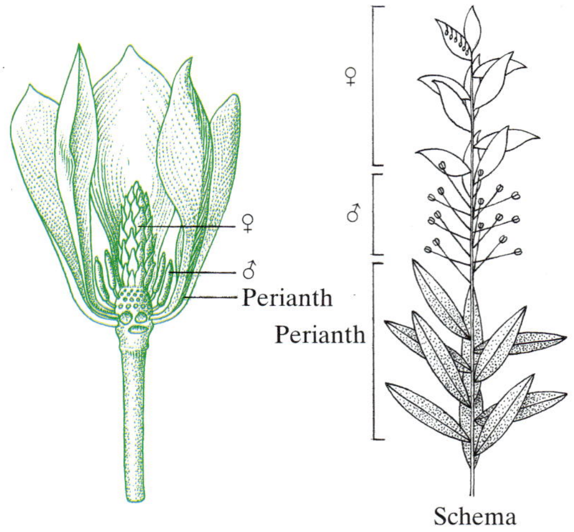

Spiralige Anordnung der Blütenglieder bei der Magnolie (nach Frohne-Jensen)

Magnoliengewächse und die verwandter Sippen repräsentieren damit den »Urtyp« einer vollständigen, d. h. zwittrigen Bedecktsamerblüte. Ausgehend davon wurde die Gestalt der verschiedenen Bedecktsamerblüten vielfältig abgewandelt und weiterentwickelt. So kam es bei den meisten Bedecktsamern zu einer starken Verkürzung oder Stauchung der Blütenachse. Die Blütenglieder wurden nicht mehr schraubig oder spiralig angeordnet, sondern in Kreisen oder Wirteln (cyclisch). Gleichzeitig verringerte sich deutlich die Zahl der Blütenglieder. Für die einzelnen Sippen ist oft eine ganz bestimmte Anzahl maßgebend. Bei den zweikeimblättrigen Pflanzen (Dikotylen) dominiert in bezug auf die Zahl der Staub- und Fruchtblätter und die der anderen Blütenglieder die Zahl 5 oder 4, bei den Einkeimblättrigen (Monokotylen) die Zahl 3 bzw. jeweils ein Vielfaches davon. In enger wechselseitiger

Zwei sich ähnlich sehende »Blüten«: Oben die echten Blüten eines Mittagsblumengewächses, *Delosperma lineare* aus Südafrika, mit einer großen Zahl von Kronblättern, unten die Scheinblüten eines Korbblütlers, *Melampodium paludosum* aus Südamerika, mit Zungenblüten am Rand und Röhrenblüten im Zentrum des Blütenstandes.

Anpassung an die Entwicklung der tierischen Bestäuber – auf die wir im nächsten Abschnitt noch ausführlich zu sprechen kommen – bildete sich die enorme Vielfalt der »tierblütigen« Pflanzenarten und die noch größere Mannigfaltigkeit der dazu passenden »Blumentiere« – in erster Linie Insekten – heraus.

Ganz hervorragende Bedeutung hat dabei die Blütenhülle (s. Abb.). Sie übt vor allem im Knospenstadium eine Schutzfunktion für Staub- und Fruchtblätter aus, dient in vielen Fällen aber auch zur Anlockung der tierischen Bestäuber. Die Blütenhülle kann aus gleichartigen, freien oder verwachsenen, zahlreichen oder wenigen, spiralig oder in Kreisen angeordneten Blütenblättern bestehen und wird dann als Perigon bezeichnet, die einzelnen Perigonblätter als Tepalen, wie z.B. bei der Tulpe. Sie kann auch in Kelch (Calyx) und Krone (Corolle) gegliedert sein, bildet also ein deutlich zu unterscheidendes doppeltes Perianth, wie z.B. bei den Glockenblumen.

Auch die gewöhnlich grünen Kelchblätter (Sepalen) und die vielfach auffällig bunten Kronblätter (Petalen) können frei oder wiederum in Anpassung an die Bestäuber verwachsen sein und verschiedenste Gestalt aufweisen. Sie geben jeder Blüte ihr eigenes Gepräge. Bei einigen Sippen der Bedecktsamer fehlt entweder der Kelch oder die Krone, sie haben eine einfache, nur in einem Kreis angeordnete Hülle. Bei anderen, vor

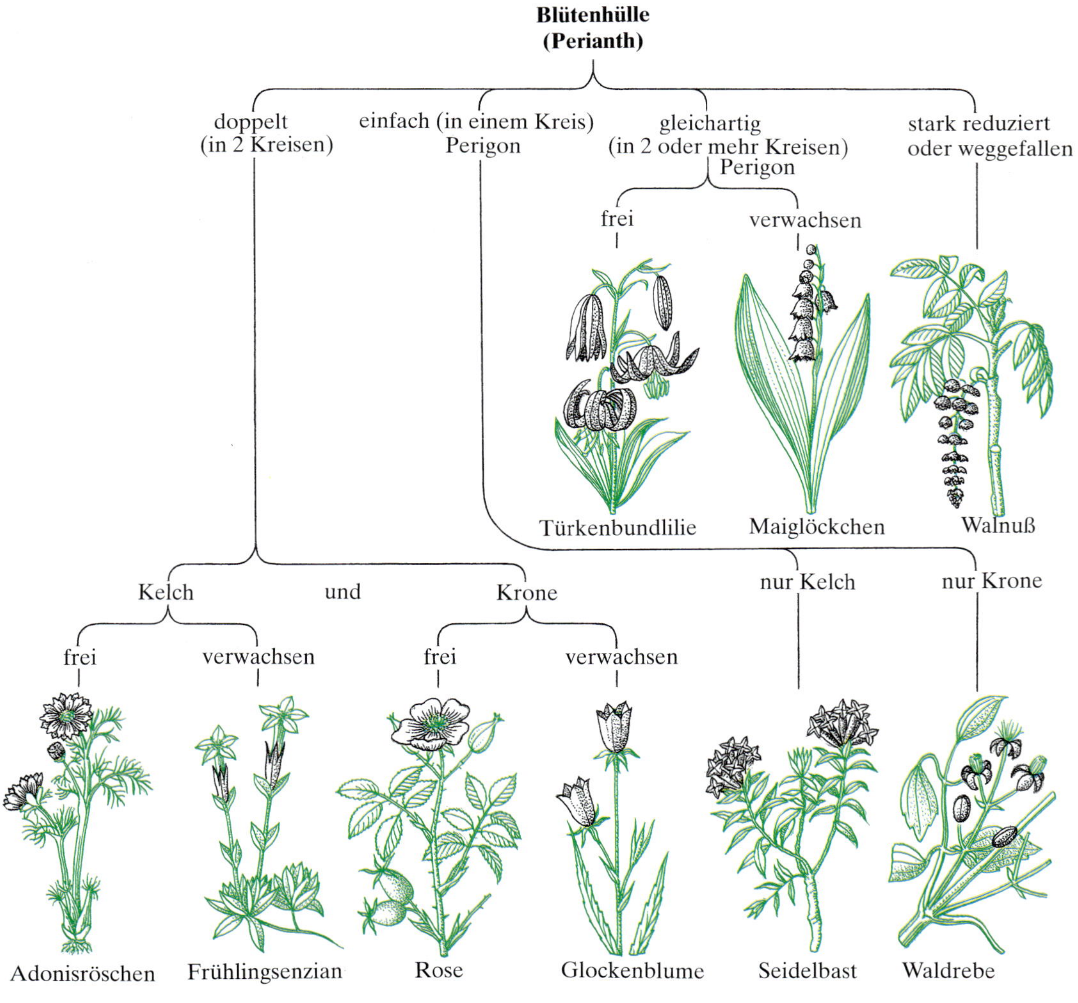

Eine Tulpenblüte mit gleichartigen, freien, in zwei Kreisen angeordneten Perigonblättern *(Tulipa kaufmanniana)*

allem bei den durch den Wind bestäubten Pflanzen, fehlt z. T. die Blütenhülle ganz, sie würde bei der ungezielten Übertragung des Pollens nur stören. Deshalb ist sie im Laufe der Evolution stark reduziert worden oder völlig weggefallen.

Während die Ableitung der Kelchblätter aus laubblattartigen Hoch- bzw. Perigonblättern wegen ihres sich gleichenden morphologischen und anatomischen Baues sicher ist, gibt es zur Entstehung der Kronblätter unterschiedliche Ansichten. Man nimmt an, daß sie z. T. auch aus Hochblättern hervorgegangen sind, in den meisten Fällen sich aber wohl aus steril gewordenen Staubblättern ableiten. Das wird besonders dort deutlich, wo zwischen Staub- und Kronblättern ein fließender Übergang besteht, wie z. B. bei der Weißen Seerose *(Nymphaea alba)*. Bei dieser Art kommen neben normal ausgebildeten Kronblättern auch schmalere vor, an deren Spitze noch Reste von Staubbeuteln zu erkennen sind. Auch bei verschiedenen Vertretern anderer Familien gibt es Übergangsformen zwischen Staub- und Kronblättern, so bei den Hahnenfuß-, Mohn-, Mittagsblumen-, Linden-, Nelken- oder Rosengewächsen. In diesen und anderen Familien existieren auch die vor allem bei Zierpflanzen beliebten »gefüllten« Blüten, die durch die Umwandlung der Staubblätter in Kronblätter zustandekommen.

Auch die Zahl der Staubblätter (Stamina), deren Gesamtheit in einer Blüte als Androeceum bezeichnet wird, ist in ursprünglichen Blüten der Bedecktsamer groß und nicht einheitlich für die einzelnen Sippen festgelegt. Die Magnolienblüte mit ihren 35 bis 45 und mehr spiralig angeordneten Staubblättern kann wiederum als Beispiel dienen. Bei cyclischen Blüten ist deren Anzahl meist drastisch reduziert. Viele Orchideen und Ingwergewächse besitzen gar nur noch ein fertiles Staubblatt in der Blüte, und bei den verschiedenen Arten der Gattung Blumenrohr *(Canna)*, der einzigen Gattung der tropischen Blumenrohrgewächse, sowie bei den nahe verwandten Marantaceen existiert schließlich nur ein halbes Staubblatt je Blüte. Die sterilen, als Staminodien bezeichneten Staubblätter fungieren hier als Kronblätter, bei anderen Pflanzen können sie auch zu Nektar abscheidenden Honigblättern (Nektarien) werden. Bei verschiedenen taxonomischen Gruppen der Bedecktsamer fand indes im Nachhinein wieder eine Vermehrung der Staubblattzahlen statt. So deuten die zahlreichen Staubblätter in den Blüten der Vertreter verschiedener Unterklassen der Bedecktsamer (z. B. Rosidae, Dilleniidae) nicht etwa auf ursprüngliche Verhältnisse hin. Hier haben im Laufe der Evolution die Staubblätter sekundär wieder eine Vervielfachung erfahren. Die Ursache ist,

Die Blüte einer Magnolie *(Magnolia × soulangiana)* mit einem in Kelch und Krone gegliederten Perianth. Es besteht aus drei zurückgeschlagenen Kelchblättern und sechs glockig zusammenneigenden Kronblättern. In der Mitte der Blüte die zahlreichen spiralig gestellten Staub- und die säulenförmig angeordneten Fruchtblätter.

daß viel Pollen als Gegengabe für den Dienst der tierischen Bestäuber gebraucht wurde, was nur durch die vermehrte Zahl der Staubblätter, ihre Vergrößerung und anschließende Aufspaltung der Staubblattanlagen erreicht werden konnte. Anstelle eines Staubblattes entsteht nun eine ganze Gruppe. Der Vorgang wird als Verdoppelung (Dedoublement) bezeichnet. Die Anlage der Staubblätter erfolgt bei den Rosenähnlichen (Rosidae) zentripetal, d.h. von außen, dem Rand, nach innen, dem Mittelpunkt der Blüte zu oder – bei den Dillenienähnlichen (Dilleniidae) – umgekehrt, zentrifugal, von innen nach außen. Dies ist ein wesentliches Merkmal, das u. a. zur Unterscheidung dieser beiden Unterklassen der Bedecktsamer dient (Abb. S. 192).

Wie ist nun ein Staubblatt aufgebaut? Der Blattcharakter kommt bei einigen ursprünglichen Magnolien- und Seerosengewächsen deutlich zum Ausdruck. Dort befinden sich die Staubbeutel am Rand blattartig verbreiterter Gebilde. In der Regel setzt sich aber ein Staubblatt aus einem Stiel (Filament) und den Staubbeuteln (Antheren) zusammen. Jeder Staubbeutel besteht meist aus vier Pollensäcken (Loculi), die durch einen sterilen Gewebestrang, dem Konnektiv, ver-

Staubblatt-Evolution

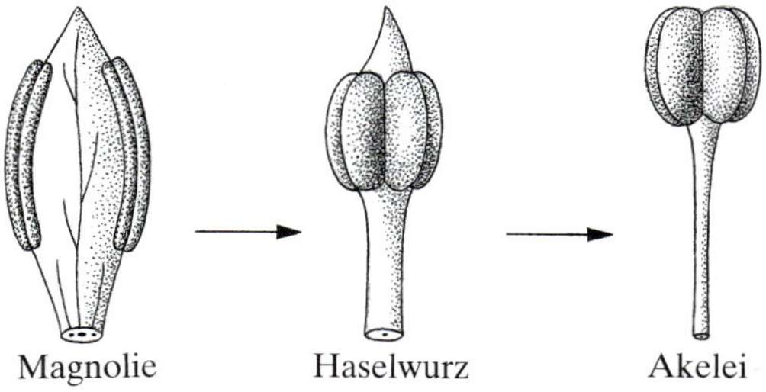

Magnolie Haselwurz Akelei

Die Karpaten-Kuhschelle (*Pulsatilla halleri* ssp. *slavica*) besitzt als ursprüngliches Merkmal eine hohe Zahl von Staubblättern und Griffeln, die der Zahl der Fruchtblätter entsprechen.

Die Blüte des Immergrünen Johanniskrauts *(Hypericum calycinum)* enthält viele Staubblätter, die in Bündeln stehen und sekundär von innen nach außen (zentrifugal) gebildet werden.

bunden sind. Die Pollensäcke umschließen mit ihrer aus vier Schichten bestehenden Wandung das pollenbildende Gewebe (Archespor), aus dem schließlich der Pollen oder Blütenstaub hervorgeht.
Jedes Pollenkorn kann 2- oder 3zellig sein, denn es enthält eine große vegetative Zelle, die zum Pollenschlauch auswächst und entweder eine kleine, generative Zelle oder schon zwei aus dieser hervorgegangene Spermazellen, die später die Befruchtung vornehmen. Dieser so wichtige Polleninhalt wird fast immer von einer doppelten Membran umgeben, der aus Zellulose und Pektinen bestehenden, relativ dünnen inneren Intine und der aus Sporopolleninen (Polyterpenen) gebildeten dickeren äußeren Exine. Diese ist gegen Umwelteinflüsse so widerstandsfähig, daß Pollen in bestimmten geologischen Erdschichten Millionen von Jah-

Bau der Staubblätter bei Bedecktsamern
(Akelei)

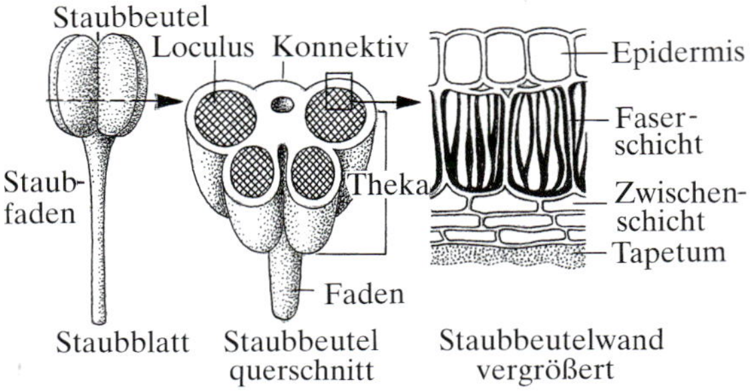

ren überdauern konnte. Die Untersuchung des Pollengehalts dieser geologischen Schichten durch eine sogenannte Pollenanalyse ermöglicht die Erkundung und Rekonstruktion früherer Vegetationsverhältnisse, da die Gestalt des Pollens für jede Pflanzenart charakteristisch ist und ein Vergleich mit dem Pollen heutiger Pflanzen meist eine eindeutige Bestimmung zuläßt.
Es gibt eine erstaunliche Vielfalt an Pollenkorntypen, von unterschiedlicher Form, mit durch Leisten, Warzen, Stacheln, Vorwölbungen usw. verschieden gestalteter Oberfläche, mit unterschiedlichen Austrittsstellen für den Pollenschlauch, die u. a. als Keimporen oder Keimfalten in verschiedener Zahl und Anordnung vorhanden sein können. Vor allem in den letzten Jahrzehnten wurden die einzelnen Details der Pollenmorphologie mit Hilfe des bis zu 100000fach vergrößernden Raster-Elektronenmikroskops in faszinierender Weise sichtbar gemacht und wissenschaftlich, z. B. für die taxonomische Gliederung der Bedecktsamer, genutzt.
Die Pollenkörner werden aus den Staubbeuteln nicht immer einzeln entlassen. Sie können z.T. zu Viererpaketen (Tetraden) oder auch in größerer Zahl, zu Polyaden, verklebt sein. Tetraden kommen u. a. beim Sonnentau, bei Heidekraut- und Binsengewächsen, Polyaden bei den Mimosen vor. Bei den meisten Orchideen und Seidenpflanzengewächsen (Asclepiadaceen) bildet sogar der gesamte Pollen eines Pollensacks ein einziges Paket, das als Pollinium bezeichnet wird. Gemeinsam mit einem daran zusätzlich ausgebildeten Klebkörper und Stielchen werden sie als sogenanntes Pollinarium verbreitet. Es ist in der Lage, eine große Anzahl (bei Orchideen mehrere tausend) Samenanlagen zu bestäuben.
Auch ganz verschiedene Öffnungsmechanismen der Antheren bildeten sich im Laufe der Entwicklung heraus. Manchmal platzen sie einfach z. T. explosionsartig auf, z. T. haben sie Poren, vorgefertigte Risse oder Öffnungen mit Deckel, die dann aufgeklappt werden. Einen solchen Klappenmechanismus besitzen die Staubblätter der Lorbeergewächse (Lauraceae). So zeigt die Blüte des zu dieser Familie gehörenden Zimtbaumes *(Cinnamomum verum)* beispielsweise diese Besonderheit (s. Abb.).

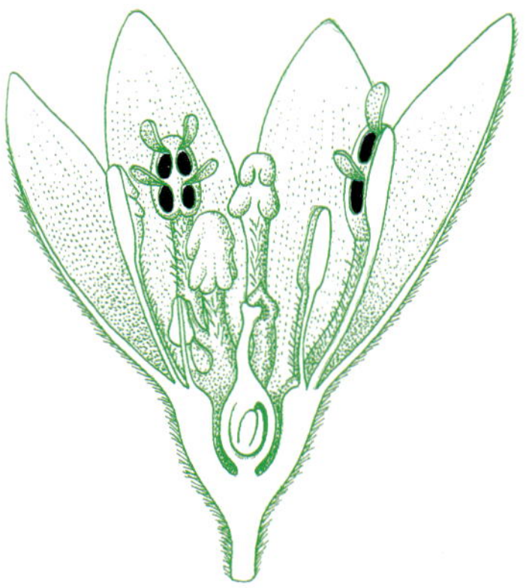

Zimtbaum – Antherenöffnung mit Klappen

Die weiblichen Anteile der Blüte, in der Gesamtheit als Gynoeceum bezeichnet, bestehen aus den Fruchtblättern (Karpelle) mit den Samenanlagen. Nur bei den Bedecktsamern umschließen Fruchtblätter die Samenanlagen, sie bedecken sie, wie der Name Bedecktsamer es ausdrückt, und schützen sie vor der Beschädigung durch bestäubende Tiere. Außerdem verhindern sie unerwünschten Kontakt mit dem Pollen der eigenen Blüte und ein mögliches Vertrocknen der empfindlichen Samenanlagen.
Ähnlich wie bei den Staubblättern sind in ursprünglichen Blüten, also beispielsweise wieder bei den verschiedenen Vertretern der Magnoliengewächse, zahlreiche einzeln stehende, an der Blütenachse spiralig angeordnete Fruchtblätter vorhanden. Die Entwicklung tendiert hier ebenfalls zur Verringerung der Fruchtblattzahl, die zudem in einem Kreis angeordnet sind (cyclisch). Im Extremfall ist dann nur noch ein einziges Fruchtblatt pro Blüte (Gräser, Korbblütler) vorhanden.
Die Fruchtblätter selbst sind ursprünglich noch schlauchartig ausgebildet und haben keine scharf abgesetzte Narbe (Stigma). Im Laufe der Evolution gliederten sich die Karpelle immer mehr in drei Abschnitte: den die

Die Blüten der seltenen Hummel-Ragwurz *(Ophrys holosericea)* zeigen deutlich die je zwei gelblichen Pollinarien, die bei der Bestäubung von bestimmten Schwebfliegen als Ganzes transportiert werden.

Samenanlagen einschließenden Fruchtknoten (Ovar), eine deutlich abgegrenzte, für die Pollenaufnahme spezialisierte Narbe und den beide verbindenden, der Weiterleitung und Ernährung des Pollenschlauchs dienenden Griffel (Stylus). Gleichzeitig kam es zu einer Verwachsung der ursprünglich einzeln stehenden, also freien Fruchtblätter, die unterschiedlich verlaufen ist. Entweder verwachsen die Seitenflächen mehrerer Fruchtblätter, so daß einzelne Fächer entstehen, oder die Trennwände dieser Flächen werden zurückgebildet, so daß daraus ein sekundär einfächeriger Fruchtknoten hervorgeht. Es gibt dafür, im Zusammenhang mit dem jeweiligen Sitz der Samenanlagen, zahlreiche Varianten und Möglichkeiten, deren spezielle Darstellung hier zu weit führt.

Auch für die Anzahl der Samenanlagen gilt die gleiche Entwicklungstendenz wie für andere Blütenteile: Sie ist in ursprünglichen Blüten noch groß und wird bei abgeleiteten Formen schließlich bis auf eine Samenanlage reduziert (z.B. wiederum bei Gräsern oder Korbblütlern). In den Samenanlagen, die bei den Bedecktsamern in aufrechter, herabgebogener oder gekrümmter Stellung auftreten, werden im zentralen Teil, dem Nucellus, schließlich die Eizelle und sie umgebende typische Begleitzellen gebildet. Alle zusammen sind im Embryosack vereint und zur Befruchtung bereit.

Typen der Samenanlage

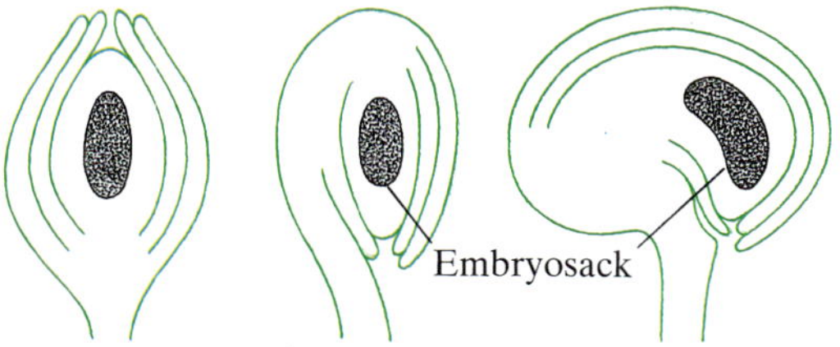

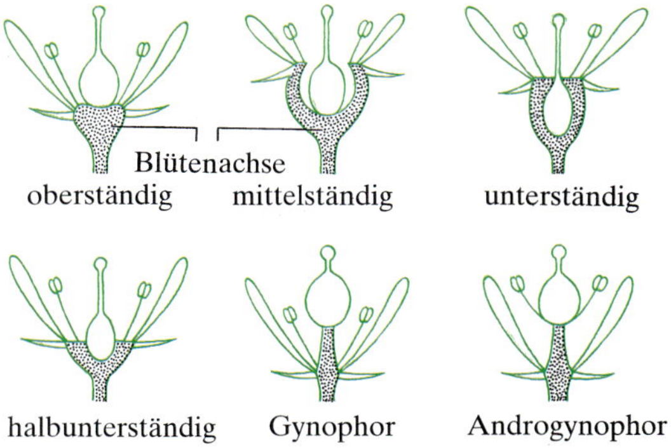

Stellung des Fruchtknotens

Die Stellung des Fruchtknotens in der Blüte ist in bezug auf die anderen Blütenglieder für die einzelnen Sippen charakteristisch und ein wichtiges Merkmal. Der Fruchtknoten kann entweder oberständig sein, d.h. er sitzt so an der Achse an, daß alle anderen Blütenglieder unter ihm entspringen. Schaut man in eine solche Blüte hinein, kann man den Fruchtknoten vollständig sehen, z.B. bei einer Tulpe. Der Fruchtknoten kann aber auch teilweise oder vollständig in die verbreiterte Blütenachse eingesenkt sein, dann ist er mittel- oder unterständig. Einen unterständigen Fruchtknoten hat z.B. das Schneeglöckchen. Hier sieht man ihn nur, wenn man die Blüte von unten betrachtet, in die Blüte hinein ragen lediglich Griffel und Narbe. Der Fruchtknoten kann auch auf einem verlängerten Achsenstück, dem Gynophor, in der Blüte hochgehoben werden, z.T. gemeinsam mit den Staubblättern, dann spricht man von einem Androgynophor. Das ist z.B. bei den Malvengewächsen der Fall (s. Abb. oben).

Es wurde schon erwähnt, daß die hier besprochenen Blütenteile, also die Blütenhülle, die Staub- und die Fruchtblätter zusammen nur in vollständigen (monoklinen) oder Zwitterblüten der Bedecktsamer zu finden sind. In einer Anzahl von Sippen, besonders im Zusammenhang mit der Windbestäubung, treten aber auch unvollständige (dikline), getrennt- oder eingeschlechtliche Blüten auf, die entweder nur Staub- oder

nur Fruchtblätter enthalten. Diese eingeschlechtlichen Blüten können gemeinsam an einer Pflanze gebildet werden. Solche Arten bezeichnet man als einhäusig (monözisch), wie z.B. den Haselstrauch, die Birken, Erlen, Buchen oder Eichen. Manchmal sind männliche und weibliche Blüten aber auch auf verschiedene Individuen verteilt, dann werden sie zweihäusig (diözisch) genannt, wie z.B. die Große Brennessel *(Urtica dioica)*, das Bingelkraut *(Mercurialis perennis)* oder die aus Ostasien stammende Kiwi *(Actinidia chinensis)*. Bei ihnen spricht man dann von weiblichen und männlichen Pflanzen.
Auch die Größe der Blüten ist je nach Pflanzenart sehr unterschiedlich. Von relativ wenigen, großen Einzelblüten ausgehend tendierte die Entwicklung zu deren Verkleinerung und unter gleichzeitiger Vermehrung ihrer Zahl zur Ausbildung von Blütenständen.

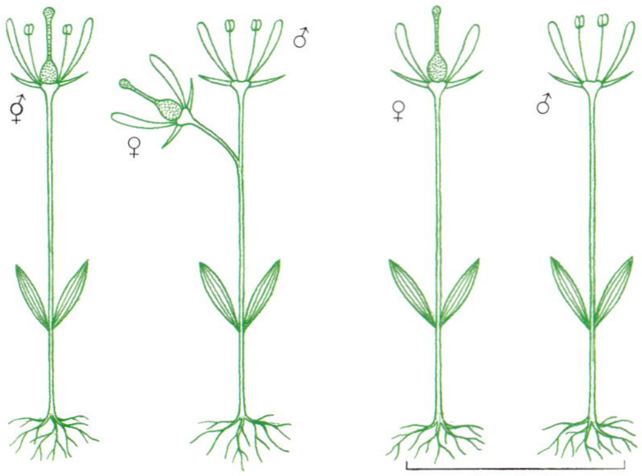

Zwitterblüte eingeschlechtliche Blüten

Die größten Blüten, die im Pflanzenreich bekannt sind, entwickeln die in tropischen Gebieten parasitisch auf Wurzeln oder Sprossen von Weingewächsen (Vitaceae) leben-

Die Blüten der im tropischen Südostasien auf verschiedenen Weingewächsen schmarotzenden *Rafflesia arnoldii* sind mit etwa 1 m Durchmesser die größten im Pflanzenreich.

den Vertreter der Rafflesiengewächse (Rafflesiaceae). Blüten mit einem Durchmesser von 40 bis 60 cm sind vor allem bei der Gattung *Rafflesia* nicht selten. Den absoluten Rekord aber hält *Rafflesia arnoldii,* deren Blüten bis zu 1 m Durchmesser erreichen. Daneben nehmen sich natürlich die »Blütenriesen« temperierter Gebiete, wie der Schlafmohn mit seinen etwa 16 cm Blütendurchmesser oder die noch etwas größeren Seerosenblüten (z.B. *Nymphaea alba*) mit etwa 20 cm Durchmesser recht klein aus. Die winzigsten Blüten hat naturgemäß die kleinste Blütenpflanze der Welt, die Zwerglinsenart *Wolffia arrhiza,* deren ungegliederter Sproß nur etwa 1,5 mm groß wird und einen noch kleineren, stark reduzierten Blütenstand mit nackten weiblichen und männlichen Blüten hervorbringt, die man lediglich mit einer starken Lupe erkennen kann. Mit bloßem Auge sieht man noch die kleinen Blüten des auf sandigen Äckern und Ruderalstellen Eurasiens wachsenden Hun-

Die Indische Lotosblume *(Nelumbo nucifera)* besitzt Blüten mit bis zu 35 cm Durchmesser. Sie haben eine fleischige Blütenachse, in die die Fruchtknoten eingesenkt sind.

Mit nur 1,5–2 mm Blütengröße gehört der Fenchel *(Foeniculum vulgare)* zu unseren kleinblütigsten Pflanzen. Seine Wirkung auf die Bestäuber geht von der Zusammenfassung vieler kleiner Blüten zu einfachen Dolden oder Döldchen und dieser zu zusammengesetzten oder Doppeldolden aus.

Durchmesser von Blüten (z. T. nach Flindt) (nach Blütengröße geordnet)

Art	Durchmesser in cm
Wolffie *(Wolffia arrhiza)*	<0,15
Petersilie *(Petroselinum crispum)*	0,2
Hungerblümchen *(Erophila verna)*	0,25
Ackergauchheil *(Anagallis arvensis)*	0,7
Maiglöckchen *(Convallaria majalis)*	0,9
Walderdbeere *(Fragaria vesca)*	1,2
Tüpfelhartheu *(Hypericum perforatum)*	2,0
Buschwindröschen *(Anemone nemorosa)*	3,0
Sumpfdotterblume *(Caltha palustris)*	4,0
Hundsrose *(Rosa canina)*	5,0
Petunie *(Petunia × hybrida)*	6,0–7,0
Madonnenlilie *(Lilium candidum)*	7,0–8,0
Blaue Prunkwinde *(Ipomoea tricolor)*	9,0–10,0
Gartenkürbis *(Cucurbita pepo)*	10,0–12,0
Gartenpfingstrose *(Paeonia officinalis)*	12,0–14,0
Gartenmohn *(Papaver orientale)*	14,0–16,0
Warners Cattleya *(Cattleya warneri)*	16,0–18,0
Seerose *(Nymphaea alba)*	~20,0
Königin der Nacht *(Selenicereus grandiflorus)*	20,0–22,0
Großblütige Magnolie *(Magnolia grandiflora)*	20,0–22,0
Großblütige Osterluzei *(Aristolochia grandiflora)*	30,0–35,0
Riesenseerose *(Victoria amazonica)*	30,0–40,0
Arnolds Rafflesie *(Rafflesia arnoldii)*	100,0

gerblümchens *(Erophila verna)*, die etwa einen Durchmesser von 2,5 mm erreichen. Die meisten Blüten der mitteleuropäischen Florenvertreter haben, bis auf einige Ausnahmen, Größenbereiche zwischen 5 und 50 mm. Viel größere Blüten sind vor allem den Pflanzen der Tropen vorbehalten.

Dem »Übersehenwerden« der kleinen Blüten durch die lebensnotwendigen Bestäuber wirkte die Entwicklung zu Blütenständen entgegen, die schließlich, wie bei der schon erwähnten Sonnenblume, wieder das Aussehen einer einzigen Blüte annahmen. Sie wurden zu Scheinblüten und waren für die Bestäuber deutlich sichtbar, besonders durch die Ausbildung auffälliger Randblüten oder von Hochblättern, die die anlockende Wirkung vervielfachen. Derartige Scheinblüten stellen bereits die Endglieder der Entwicklung verschiedenster Blütenstände dar.

Solche Blütenstände oder Infloreszenzen sind Sproßabschnitte, die stets eine größere Zahl von Blüten vereinigen und sich gegen den übrigen, laubblatttragenden Sproß deutlich abheben. Die Blätter im Bereich des Blütenstandes haben Hochblattcharakter oder sind Tragblätter, in deren Achseln die Blüten entspringen. Man unterscheidet zwischen einfachen Blütenständen, bei denen alle Seitentriebe unverzweigt der Hauptachse ansitzen, und komplexen, deren Seitentriebe verzweigt sind und Teilblütenstände bilden. Weiterhin ist ein grundlegender Unterschied zwischen geschlossenen Blütenständen, hier enden Haupt- und Nebenachsen stets mit einer Blüte, und offenen, wo diese Blüten als Abschluß nicht vorhanden sind. Ausgangsform aller Infloreszenzen ist wahrscheinlich eine geschlossene Rispe, wie sie z. B. der Blütenstand des Weinstocks *(Vitis vinifera)* zeigt, dessen Fruchtstand fälschlich als Weintraube bezeichnet wird. Von einer solchen Rispe ausgehend, lassen sich alle anderen Blütenstände ableiten. So entstanden durch Reduktion einfache, durch stärkere Verzweigung und Veränderung der Stellung der Teilblütenstände all jene Infloreszenzen, wie sie heute in mannigfaltiger Form in den verschiedensten Sippen vorhanden sind.

Blütenstände

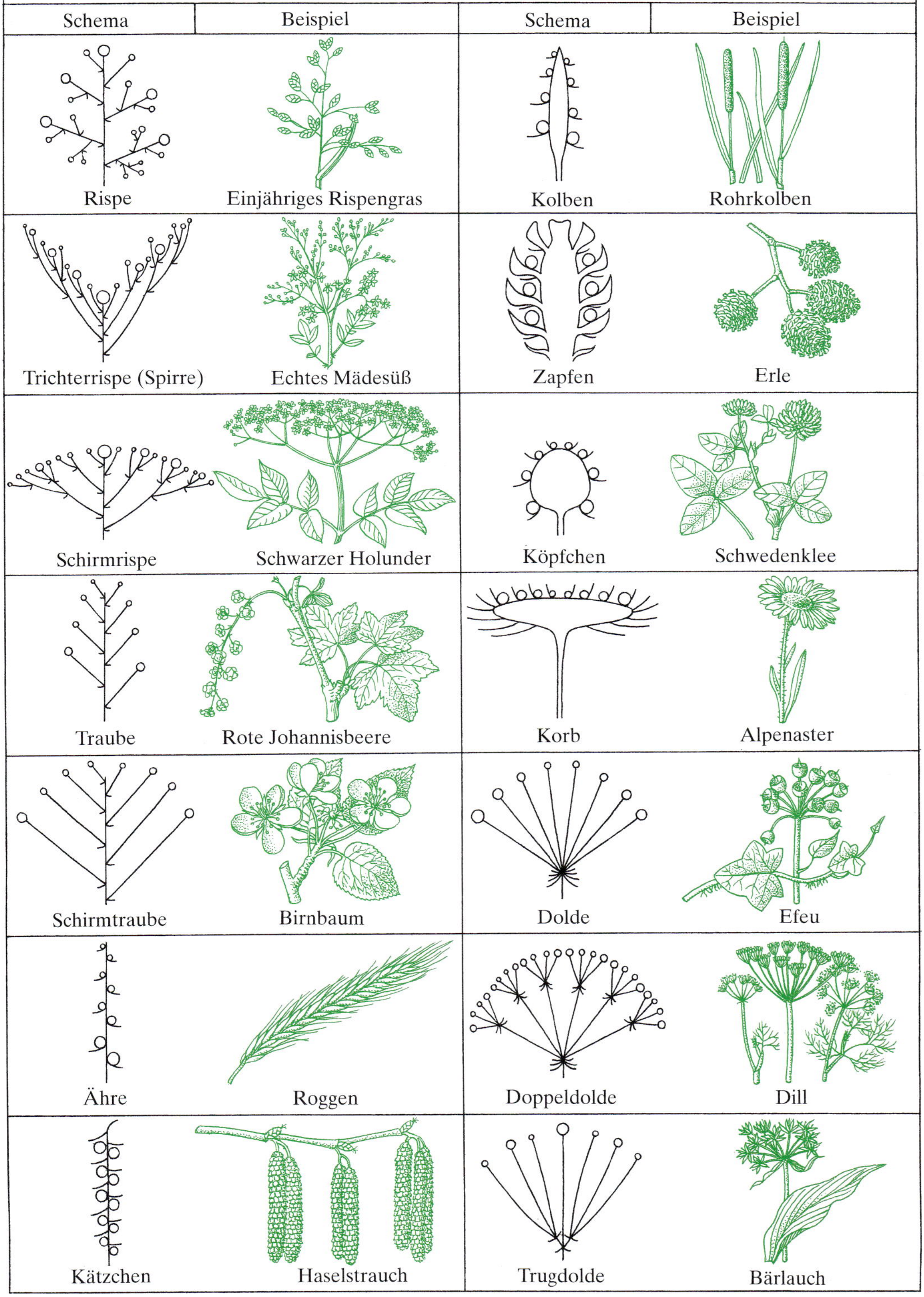

Wir wollen hier nur die wichtigsten, im täglichen Sprachgebrauch verwendeten Bezeichnungen für Infloreszenzen an Beispielen erläutern (vgl. Abb. S. 199).
Bei vielen Gräsern finden wir Rispen, wie beispielsweise bei der Gattung *Poa,* dem Rispengras. Hier sind die längs der Hauptachse angeordneten Seitenachsen verzweigt und mehrblütig. Wenn sich die Seitenachsen unter gleichzeitiger Wölbung nach oben verlängern, so daß ihre Anordnung einem Trichter gleicht, an dessen tiefster Stelle die Endblüte der Hauptachse sitzt, wird diese Rispenform auch Trichterrispe oder Spirre genannt. Unter anderem ist das Echte Mädesüß *(Filipendula ulmaria)* hierfür ein bekanntes Beispiel. Schließlich rücken bei der Schirmrispe alle Blüten in eine Ebene, wie beim Blütenstand des Schwarzen Holunders *(Sambucus nigra).* Bei einer Traube stehen die Seitenblüten alle auf unverzweigten Stielen längs der Hauptachse. Ein Beispiel dafür ist die Rote Johannisbeere *(Ribes rubrum).* Auch hier ist durch Verlängerung der Blütenstiele eine Abwandlung zur Schirmtraube möglich, deutlich erkennbar z. B. bei den Blütenständen des Birnbaums *(Pyrus communis).* Bei den Ähren schließlich sind die Seitenblüten längs der Hauptachse ungestielt und meist ziemlich dicht angeordnet. Als Beispiele können eine Anzahl von Gräsern dienen, genannt seien nur Weizen *(Triticum)* oder Roggen *(Secale).* Auch Ähren haben die unterschiedlichsten Ausbildungsformen. So sind beispielsweise die Kätzchen unserer windblütigen Holzgewächse hängende Ähren mit biegsamer Achse, nur bei den Weiden stehen sie häufig aufrecht. Die Kolben, wie der Blütenstand des Rohrkolbens *(Typha),* stellen Ähren mit verdickter Hauptachse und meist sehr zahlreichen, dicht gedrängt stehenden Blüten dar. Letztendlich sind auch die Zapfen unserer Nadelhölzer oder der Erlen (*Alnus*-Arten) Ähren, die zur Samenreife verholzen. Eine verkürzte und verdickte Blütenstandsachse mit gedrängt stehenden, ungestielten Blüten haben die Köpfchen, wie sie beispielsweise bei verschiedenen Kleearten *(Trifolium)* vorkommen, und auch die Einzelblüten eines Körbchens oder Korbes sitzen ungestielt auf einem napf-, kegel- oder scheibenförmigen Ende der Blütenstandsachse (hier Kopfboden genannt) mehr oder weniger zahlreich und mehr oder weniger dicht angeordnet. Der Korb weist oft eine Hülle aus Hochblättern auf. Wie schon mehrfach erwähnt, ist dieser Blütenstand für die Korbblütengewächse charakteristisch. Bei einer Dolde entspringen unverzweigte, einblütige Seitenachsen alle von einem Punkt der Blütenachse aus, wie beim Efeu *(Hedera helix),* während die Doppeldolde auf jeder Seitenachse statt einer Einzelblüte wieder eine, Döldchen genannte, kleine Dolde trägt. Dieser Blütenstand ist charakteristisch für die meisten Doldengewächse, wie Sellerie, Petersilie, Kümmel, Fenchel, Dill, Liebstöckel oder Möhre, um die wichtigsten Nutzpflanzen dieser Familie zu nennen.
Es gibt noch eine Reihe kompliziert gebauter, zusammengesetzter Blütenstände, wie Schraubel (z. B. Johanniskraut, *Hypericum*), Wickel (z. B. Teilblütenstände vieler Rauhblattgewächse), Sichel (z. B. Krötenbinse, *Juncus bufonius*), Fächel (z. B. verschiedene Schwertlilien, *Iris*), Büschel (z. B. Karthäusernelke, *Dianthus carthusianorum*) oder Knäuel (z. B. Königskerzen, *Verbascum*), für deren Verständnis Spezialkenntnisse der einzelnen Wuchsformen nötig sind.

Bestäuber

Wie wir wissen, ist bei Bedecktsamern die Eizelle für den Pollenschlauch und damit für die sich darin befindenden Spermazellen über Narbe und Griffel zu erreichen. Wenn der richtige Pollen erst auf der Narbe angelangt ist, dann dürfte es in den meisten Fällen kein Problem mehr sein, die Befruchtung zu vollziehen. Aber der Weg der Übertragung des Pollens auf die Narbe, meist von einer Blüte einer anderen Pflanze, die Bestäubung oder Pollination, gestaltete sich im Laufe der Entwicklung der Blütenpflanzen

Bestäubung bei Bedecktsamern
(Pollination)

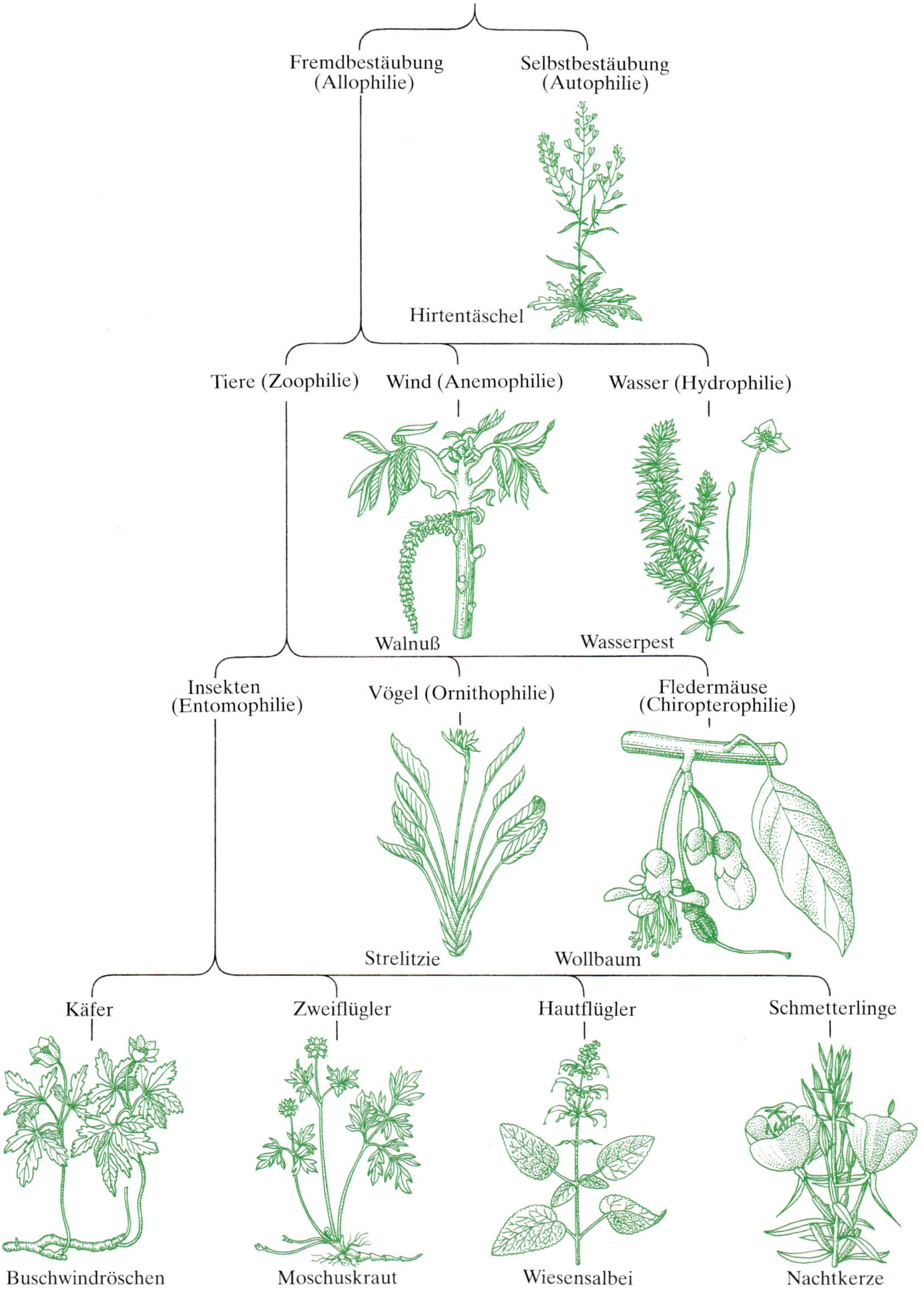

sehr unterschiedlich. Zwar waren die in den Pollenkörnern eingeschlossenen männlichen Geschlechtszellen vor Austrocknung geschützt, aber sie büßten dadurch ihre Beweglichkeit ein. Diese verlorengegangene Beweglichkeit mußte von anderen »geborgt«, der Blütenstaub »transportiert« werden. Als Transportmittel boten sich dreierlei Kräfte an: der Wind, das Wasser und flugfähige Tiere, wenn nicht der Pollen in der gleichen Blüte auf deren Narbe keimen konnte. Eine solche Selbstbestäubung (Autogamie) mit anschließender Selbstbefruchtung kommt bei den Pflanzen zwar vor, ist aber aus genetischen Gründen viel seltener als Fremdbestäubung (Allogamie) und aus dieser erst sekundär hervorgegangen. Manche Arten können beides, und es wird je nach Gegebenheit kombiniert. Einige Arten sind sogar obligate Selbstbestäuber. Darauf kommen wir am Schluß dieses Kapitels noch zurück.

Der ursprüngliche Pollenbote war natürlich der Wind. Er wehte den Pollen aus den männlichen Blüten heraus bzw. trug den schon herausgefallenen Pollen durch die Luft zu den weiblichen Blüten. Zuerst trat diese Windbestäubung (Anemophilie) bei den Nacktsamern auf, und sie kommt auch heute noch bei dieser Pflanzengruppe fast ausschließlich vor. Aber es gibt bei den Nacktsamern auch einige Vertreter mit Blüten, die von Tieren bestäubt wurden. Wahrscheinlich war Tierblütigkeit sogar schon bei den in der mittleren Kreidezeit, also vor etwa 130 Millionen Jahren ausgestorbenen, zu den Fiederblättrigen Nacktsamern gehörenden Benettitatae entwickelt. Diese Pflanzengruppe scheint bahnbrechend für die Insektenbestäubung bei den Bedecktsamern – die zu dieser Zeit gerade Bedeutung erlangten – gewesen zu sein.

Insekten – am Anfang vorzugsweise Käfer mit ihren beißenden Mundwerkzeugen – besuchten die Blüten, um sich vor allem von dem nährstoffreichen Pollen zu beköstigen. Auf diese an sich unerwünschte Tatsache mußten sich die Pflanzen natürlich einstellen. Der notwendige Schutz vor Fraßfeinden war sicher ein wichtiger Faktor bei der Blütenentwicklung der Bedecktsamer. Sowohl das Einschließen der Samenanlagen in den Fruchtknoten als auch die Zwittrigkeit der Blüten, die ja für die Bedecktsamer ein ursprüngliches Merkmal ist, resultiert mit Gewißheit aus der Bestäubung durch Tiere. Eingeschlechtliche weibliche Blüten hatten keine Nahrung aufzuweisen und boten damit keinen Anreiz zu einem Besuch. Pollen wäre von den nahrungssuchenden Insekten nur von einer männlichen Blüte zur anderen getragen worden, ein für die Pflanzen sinnloses Unterfangen. Die Nektarproduktion, und damit die Bereitstellung zusätzlicher Nahrung für die Bestäuber, trat bei der Entwicklung der Bedecktsamer erst später auf. Aber als dann diese »Zuckerlösung« in den Blüten angeboten wurde, konnten außer den Käfern auch Insektengruppen mit saugenden Mundwerkzeugen als Bestäuber wirksam werden.

Im Laufe der Evolution bildete sich eine enge Beziehung zwischen Bestäubern und Blütenpflanzen heraus. Eine gemeinsame Entwicklung, eine Co-Evolution, eine gegenseitige Anpassung oder Co-Adaptation bestimmte den Weg. Die ungeheure Vielfalt der Blüten, wie sie heute bei den Bedecktsamern vorhanden ist, kann man nur auf diese Art verstehen.

Die meisten der über 200 000 Bedecktsamer-Arten werden von Tieren, der größte Teil von Insekten, ein kleinerer von Vögeln und Fledermäusen bestäubt. Nur verhältnismäßig wenige Sippen dieser Pflanzengruppe sind sekundär wieder zur Windbestäubung übergegangen, und die Wasserbestäubung ist schließlich nur ein Spezialfall einiger Wasserpflanzen. Wind- und Wasserbestäubung sollen uns im nächsten Kapitel beschäftigen (vgl. Abb. S. 201 u. 203).

Hier wollen wir erst einmal die Tierbestäubung ansehen. Dabei ist gleich die Frage zu stellen, welche Voraussetzungen von seiten der Pflanzen zu erfüllen waren, um mit den Tierbestäubern einen »Vertrag« zum gegenseitigen Nutzen schließen zu können. Eine wichtige Voraussetzung war – wie wir sahen –, daß die Pflanzen den Tieren, von denen sie deren Beweglichkeit für die Über-

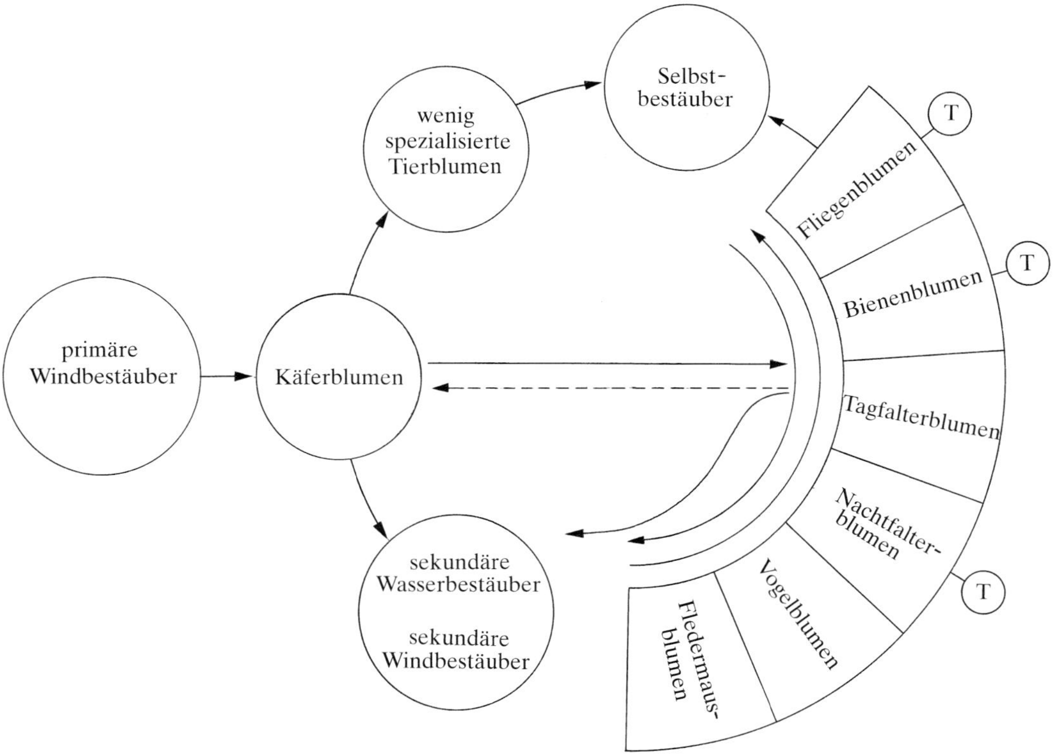

Die mutmaßliche Entwicklung der ökologischen Blumentypen. T Täuschblumen (nach Hess)

tragung des Pollens in Anspruch nehmen wollten, etwas bieten mußten, damit diese zu einem regelmäßigen Blütenbesuch veranlaßt wurden. Geboten wird den Tieren als Lockmittel in erster Linie Nahrung, vor allem Pollen und Nektar. Einige Pflanzen gewähren ihnen in ihren Blüten auch Schutz, Unterkunft und z.T. sogar die Möglichkeit der Brutfürsorge. Einige nutzen aber auch einseitig den Sexualtrieb der Tiere durch Nachahmung des Geschlechtspartners mit ihren Blüten aus. Angelockt werden die Tiere durch Farbe, Form oder Duft der Blüten bzw. Blütenstände. Natürlich müssen die Blüten den Besuch der Tiere auch »ertragen«, d. h. sie dürfen nicht unter der eventuellen Last, die sich auf ihnen niederläßt, Schaden nehmen. Schließlich muß der Besucher Staubblätter und Narben berühren können, um sich mit Pollen zu beladen und den mitgebrachten Pollen auf den Narben abzuladen, denn erst damit ist der Bestäubungsvorgang vollzogen. Durch klebrigen Pollenkitt auf der Oberfläche des Pollens oder Klebkörper bei den Pollinarien der Orchideen wird das Festhaften auf den Bestäubern von der Pflanze aus begünstigt. Die Tiere tragen durch ihre meist haarig-borstigen Oberkörper ihrerseits dazu bei. Blüten und Bestäuber müssen zusammenpassen. Oft werden von den Bestäubern ganz bestimmte Blütentypen favorisiert, selten haben sich Pflanzenarten nur auf eine einzige Bestäuberart spezialisiert.

Durch die gezielte Übertragung des Pollens von Blüte zu Blüte war es in vielen Fällen möglich, die Zahl der erzeugten Pollen gegenüber der bei der »zufälligen« Windbestäubung eingesetzten zu reduzieren. So erzeugt der windblütige heimische Haselstrauch 2,5 Millionen Pollen pro zu befruchtender Samenanlage. Bei verschiedenen insektenblütigen Orchideenarten kommt nur noch ein Pollenkorn auf eine Samenan-

Zahl der Pollenkörner pro bestäubungsfähiger Samenanlage

Windblütige Pflanzen:	
Haselnuß *(Corylus avellana)*	2548799
Rotbuche *(Fagus sylvatica)*	636594
Roggen *(Secale cereale)*	57310
Spitzwegerich *(Plantago lanceolata)*	15486
Mais *(Zea mays)*	14636
Moorbirke *(Betula pubescens)*	6734
Tierblütige Pflanzen:	
Roßkastanie *(Aesculus hippocastanum)*	451543
Bergahorn *(Acer pseudoplatanus)*	94078
Wildbirne *(Pyrus achras)*	60778
Winterlinde *(Tilia cordata)*	43500
Großer Wiesenknopf *(Sanguisorba officinalis)*	11040
Wiesenknöterich *(Polygonum bistorta)*	5678

lage. Allerdings sind auch bei vielen insektenblütigen Arten relativ große Pollenmengen bekannt, vor allem bei den sogenannten Pollenblumen, wo von den Bestäubern viel Pollen als Nahrung verzehrt wird.
Die absoluten Spitzenwerte an erzeugten Pollen pro Blüte – nicht pro Samenanlage – weisen die Pfingstrose mit etwa 3,6 Millionen und der Mohn mit etwa 2,6 Millionen auf. Beide werden durch Insekten bestäubt. Auch die Pollenproduktion von verschiedenen Rosen- und Zistrosenarten weist ähnlich hohe Werte auf. Der Pollen von Pflanzen mit Tierbestäubung ist meist relativ groß und enthält eine Reihe von Nährstoffen.
Einen besonders hohen Nährwert für Bienen, die in diesem Zusammenhang als unsere Honiglieferanten am besten untersucht wurden, haben u. a. die Pollen unserer heimischen Obstgehölze sowie die von Krokus-, Heide- und Weidenarten sowie verschiedenen Kreuzblütlern.
Aber es gibt auch Pollen, der für bestimmte Tiere und auch den Menschen giftige Stoffe enthält. Der daraus produzierte Honig kann gefährlich sein. Ein solcher, zum Glück seltener Fall wurde von der in Indien beheimateten *Lasiosiphon eriocephalus,* einem Vertreter der Spatzenzungengewächse (Thymelaeaceae) bekannt. Er ist mit unserem heimischen Seidelbast *(Daphne mezereum)* verwandt. Honig mit Pollenanteilen dieser Pflanze kann beim Menschen zu Übelkeit und Erbrechen führen. Auch verschiedene Hahnenfußarten sollen für Bienen giftigen Pollen besitzen.
Manche Pflanzenarten produzieren neben fertilem auch sterilen Pollen. Er wird den Besuchern als Nahrung angeboten. Der sterile Pollen, als reiner Fraßpollen, ist auffällig, der fertile in relativ unscheinbaren Staubgefäßen lokalisiert, damit er übertragen und nicht gefressen wird. Beispiele hierfür liefern verschiedene Vertreter der pantropisch-subtropisch verbreiteten Commelinengewächse (Commelinaceae), von denen einige, wie Tradeskantien, Zebrinen oder die Taschenpflanze *(Rhoeo spathacea)* beliebte Zimmerpflanzen sind. In anderen Blüten werden Pollen bzw. Staubblätter in Form und Farbe nur vorgetäuscht. Solche »Pollenmale« finden sich u. a. in den Blüten der seltenen Purpurkönigskerze *(Verbascum phoeniceum)*, bei verschiedenen Orchideen oder der in den Tropen verbreiteten Wasserhyazinthe *(Eichhornia crassipes)*. Man bezeichnet solche Blüten auch als Pollentäuschblumen.
Der Pollen ist den Tieren nicht ganztägig in

Nährstoffe im Pollen von insektenbestäubten Pflanzen (nach Heß)

Protein	16–30 %
Stärke	1–7 %
Zucker	0–15 %
Fette	3–10 %
Mineralien	1–9 %

Aufblühzeiten verschiedener Pflanzen

Art	Zeit
Hundsrose *(Rosa canina)*	4–5 Uhr
Klatschmohn *(Papaver rhoeas)*	5 Uhr
Ausdauernder Lein *(Linum perenne)*	5–6 Uhr
Wegwarte *(Cichorium intybus)*	6 Uhr
Schmalblättriges Weidenröschen *(Epilobium angustifolium)*	6–7 Uhr
Huflattich *(Tussilago farfara)*	7 Uhr
Ackerwinde *(Convolvulus arvensis)*	7–8 Uhr
Stengelloser Enzian *(Gentiana clusii)*	8–9 Uhr
Tulpen *(Tulipa spec.)*	9–10 Uhr
Zierliches Tausendgüldenkraut *(Centaurium pulchellum)*	10–11 Uhr
Blutwurz *(Potentilla erecta)*	11–12 Uhr
Jelängerjelieber *(Lonicera caprifolium)*	18 Uhr
Gemeine Nachtkerze *(Oenothera biennis)*	18–19 Uhr
Stechapfel *(Datura stramonium)*	19–20 Uhr
Nickendes Leimkraut *(Silene nutans)*	20–21 Uhr
Königin der Nacht *(Selenicereus grandiflorus)*	21–22 Uhr

den Blüten zugänglich. Viele Pflanzen öffnen ihre Staubbeutel nur zu bestimmten Tageszeiten in einem ungefähr eintägigen (circadianen) Rhythmus, so daß die Tiere lediglich zu dieser Zeit zur Pollenernte kommen können (s. Tabellen).

Im übrigen wird der Pollen von Vögeln, Fledermäusen, Käfern, aber auch von verschiedenen anderen Insektenarten gefressen, während ihn Bienen und Hummeln vorwiegend für die Aufzucht ihrer Nachkommenschaft benutzen.

Die zweite wichtige Nahrungsquelle für die bestäubenden Tiere ist der Nektar, ein zuckerhaltiges Sekret, das die Pflanze »billiger« herstellen kann als den eiweißreichen Pollen. Er wird meist von Honigdrüsen (Nektarien) ausgeschieden. Sie sind sehr vielgestaltig, verschiedenen Ursprungs und kommen überwiegend im Blütenbereich als florale, aber auch außerhalb dieses Bereichs an vegetativen Organen als extraflorale Nektarien vor. Die Bedeutung der extrafloralen Nektarien ist noch nicht überall geklärt.

Der Nektar weist in der Regel eine Zuckerkonzentration zwischen 25 und 75 % auf und enthält in verschiedenen Mischungsverhältnissen Rohr-, Frucht- und Traubenzucker. Pro Blüte und Tag werden von den einzelnen Pflanzen, aber auch von Blüten unterschiedlichen Alters an einem Baum, ganz ver-

Zeit der maximalen Pollendarbietung
(nach Kleber)

5.30–10.00 Uhr	Klatschmohn *(Papaver rhoeas)*
6.00–9.30 Uhr	Großblütige Königskerze *(Verbascum densiflorum)*
6.30–10.00 Uhr	Kriechende Rose *(Rosa arvensis)*
7.00–11.30 Uhr	Echtes Eisenkraut *(Verbena officinalis)*

Nektarproduktion und maximaler Bienenbesuch

Um:	Bei:
9 Uhr	Weißer Senf *(Sinapis alba)*
	Schwarzer Senf *(Brassica nigra)*
	Löwenzahn *(Taraxacum officinale)*
11 Uhr	Quirlsalbei *(Salvia verticillata)*
	Kornblume *(Centaurea cyanus)*
13 Uhr	Saatesparsette *(Onobrychis sativa)*
	Rotklee *(Trifolium pratense)*
	Weißer Steinklee *(Melilotus alba)*
	Schmalblättriges Weidenröschen *(Epilobium angustifolium)*
	Borretsch *(Borago officinalis)*
	Gemeiner Dost *(Origanum vulgare)*
15 Uhr	Wiesenflockenblume *(Centaurea jacea)*
	Gemeiner Natterkopf *(Echium vulgare)*

schiedene Nektarmengen und -qualitäten abgesondert. So sind die ersten Blüten unserer Linden *(Tilia)* fast nektarlos, später produziert eine Blüte durchschnittlich 2 mg Nektar pro Tag mit normalem Zuckergehalt, und bei den zuletzt aufblühenden sinkt der Zuckergehalt deutlich ab. Außer Zucker enthält der Nektar noch verschiedene andere, für die tierischen Bestäuber wichtige Stoffe, wie Eiweiße, Aminosäuren und Vitamine. Aber auch Lipide, also Fette und fettähnliche Substanzen kommen in den Blüten bestimmter Arten vor. Genau wie der Pollen wird auch der Nektar von den einzelnen Arten immer nur zu bestimmten Tageszeiten angeboten (s. Tab. S. 205).

Aber die Nahrungsstoffe der Blüten wirken nur in der Nähe auf die Tiere, denn für eine optische Fernwirkung sind sie nicht auffällig genug, und Gerüche mit großer Reichweite strömen sie ebenfalls kaum aus. Die Anlockung von Besuchern, auch solchen aus größerer Entfernung, muß daher mit anderen Mitteln geschehen. Die Reizmittel, die dabei zum Einsatz kommen, sind Farbe, Größe und Duft der Blütenhülle oder anderer Blütenorgane.

Vor allem die Blütenhülle ist bei tierblütigen Pflanzen als optisch wirksamer Schauapparat entwickelt, der zum »Auf sich aufmerksam machen« dient. Außer den meist lebhaft gefärbten Kronblättern können auch Kelch- oder Staubblätter die Auffälligkeit der Blüten bedingen, indem sie die Schauwirkung durch Vergrößerung oder Vervielfachung ihrer Zahl übernehmen. Für auffällig gefärbte und gleichzeitig vergrößerte Kronblätter gibt es eine Vielzahl von Beispielen. Der Kelch übernimmt die Funktion des Schauapparates oftmals dort, wo die Kronblätter fehlen oder wo diese klein und schnell hinfällig sind, wie beispielweise bei dem schon genannten Seidelbast *(Daphne mezereum)*, wo purpurrosa gefärbte Kelchblätter an die Stelle der Blumenkrone treten. Manchmal erhöht der Kelch die Schauwirkung der Kronblätter, weil seine innere Oberfläche die gleiche Färbung hat wie die Krone. So sind bei der Weißen Seerose *(Nymphaea alba)* die Innenseiten der Kelchblätter genau so strahlend weiß wie die Kronblätter, und nur die Außenseiten sind grün. Ähnlich ist es bei dem zu den Rosengewächsen gehörenden Blutauge *(Potentilla palustris)*. Hier sind Krone und Kelchoberseiten dunkelpurpurn.

Durch zahlreiche verlängerte farbige Staubfäden fallen vor allem die Blüten verschiedener Vertreter der tropisch-subtropischen Mimosengewächse auf, so z. B. die Mimosen selbst *(Mimosa)*, oder auch die echten Akazien *(Acacia)* sowie die durch ihre langen, meist roten Staubfäden gekennzeichneten Arten der Gattung *Calliandra* (Abb. S. 207). Ein Beispiel aus der heimischen Flora ist die Wiesenraute *(Thalictrum)* aus der Familie der Hahnenfußgewächse, deren Blütenhülle sehr klein und zeitig hinfällig ist.

Auch kronartig gefärbte Hochblätter, dicht unter den Blüten stehend, können den Schauapparat vervollständigen. So bilden z. B. beim einheimischen Hainwachtelweizen *(Melampyrum nemorosum)* die gelben Blüten in den Achseln tiefblauer Hoch- bzw. Deckblätter einen leuchtenden Farbkontrast. Rote Hochblätter umgeben dagegen die wenig auffallenden Blüten des aus Mittelamerika stammenden Weihnachtssterns *(Euphorbia pulcherrima)*, der bei uns als kleine Topfpflanze zur Weihnachtszeit gehandelt wird, in tropischen Gebieten aber zu großen Sträuchern heranwächst. Die leuchtend rote Farbe deutet darauf hin, daß die Blüten von Vögeln bestäubt werden. Intensives Rot ist bei den Vogelblumen häufig, aber auch leuchtendes Gelb und Orange sowie auffällige Farbkontraste sind nicht selten (Abb. S. 208).

Die umfangreiche Farbskala der Blüten ist nicht allein auf eine Anpassung an das »Farbsehen« oder »Nichtsehen« der Bestäuber zurückzuführen, obwohl die Wirkung anderer Faktoren z. T. noch nicht geklärt ist. Bei einer Übersicht über die geographische Verteilung der Blütenfarben kam man zu

Die Blüten der Mimosengewächse wirken vor allem durch ihre farbigen Staubfäden. Das zeigt sehr eindrucksvoll die mexikanische *Calliandra fulgens*.

Die roten Hochblätter des Weihnachssterns *(Euphorbia pulcherrima)* umgeben die unscheinbaren Blüten und bleiben lange erhalten.

dem Ergebnis, daß z. B. in höheren Gebirgen und polarnahen Gebieten 38 bis 40% der Pflanzen weiße Blüten haben, in Deutschland nur etwa 23%. Gelbe Blüten sind in Wüstengebieten und z.T. auch polarnahen Regionen mit 32 bis 33% vertreten, während dort blaublühende Pflanzen nur zu 4 bis 5%, in den Gebirgen mit 15% und in Deutschland mit 13% ermittelt werden konnten. Rote Farben überwiegen in den Tropen, wo Vögel als Bestäuber auftreten. In unserer heimischen Flora ist diese Blütenfarbe sehr selten, da mit Ausnahme einiger Tagfalter (Weißlinge) alle Insekten rotblind sind. Die von Bienen und Hummeln bestäubten leuchtendroten Blüten des Klatschmohns *(Papaver rhoeas)* erscheinen diesen Insekten ultraviolett. Die Wellenlängen dieser Farbe liegen außerhalb des Wahrnehmungsvermögens des menschlichen Auges.

Natürlich gibt es nicht nur einfarbige, sondern eine ganze Anzahl mehrfarbiger Blüten in der Natur, ohne daß etwa ein Züchter seine Hand im Spiel gehabt hätte. Als Beispiel sei hier nur das Wilde Stiefmütterchen *(Viola tricolor)* genannt, mit dessen wissenschaftlichem Artnamen *tricolor* auf die Dreifarbigkeit der Blüten verwiesen wird.

Oft sind andersfarbige Stellen um die Blütenmitte oder den Blüteneingang konzentriert. Solche »Blütenmale« können den bestäubenden Tieren eine Orientierungshilfe beim Auffinden von Pollen oder Nektar sein. Dagegen hat der Farbumschlag mancher Blüten im Laufe ihrer Blühzeit, wie z. B. beim Lungenkraut *(Pulmonaria officinalis)* von rötlich nach blau, nichts mit der Anlockung bestäubender Tiere zu tun. Er ist auf eine Änderung des pH-Wertes im Zellsaft der Blumenkrone beim Abblühen zurückzuführen.

Neben der Farbe spielt natürlich auch die Größe der Blüten bei der optischen Anlockung eine Rolle. Wir haben bereits auf die große Bandbreite der Blütengröße hingewiesen. Hier sei nur noch erwähnt, daß mit zurückgehender Blütengröße meist die Zusammenfassung der Blüten zu Blütenständen das Merkmal der größeren Einzelblüte

Bei der südeuropäischen Silberdistel *(Carlina acanthifolia)* bilden die inneren, strohigen Hüllblätter einen Schauapparat, der bei trockenem Wetter ausgebreitet ist und bei feuchtem sich über den unscheinbaren Röhrenblüten zusammenschließt und sie schützt.

ausgleicht. Bestimmte Besonderheiten an den Blütenständen können die Schauwirkung noch verstärken, z. B. eine Vergrößerung der Randblüten, wie beim Gemeinen Schneeball *(Viburnum opulus)*. Hier fungieren die Randblüten nur als optisches Reizmittel, denn sie sind steril und von den gelblichweißen fertilen Blüten durch ihr strahlendes Weiß unterschieden. Unfruchtbare, aber auffällige Randblüten haben auch die meisten Pseudanthien der Korbblütengewächse, wie z. B. die Zungenblüten bei der schon öfter erwähnten Sonnenblume. Auch die Hüllblätter des Blütenstandes können als Schauapparat dienen, wie bei der unter Naturschutz stehenden Silberdistel *(Carlina acaulis)* (vgl. Abb. S. 209).

Neben diesen umfangreichen optischen Reizen auf die bestäubenden Tiere gibt es auch chemische Mittel, die von den Pflanzen zur Anlockung eingesetzt werden. Vor allem die zahlreichen Duftstoffe der Blüten können über größere Entfernungen wirken. Dagegen kommen die verschiedenen Geschmacksstoffe nur bei direktem Kontakt der Tiere mit den Blüten zur Geltung, sie beschränken sich auf die dargebotene Nahrung. Nektar schmeckt süß wegen seines Zuckergehaltes, über die Geschmacksrichtungen der anderen Blütengaben, speziell des Pollens, liegen noch kaum Erkenntnisse vor. Pollen hat aber meist einen von der übrigen Blüte divergierenden, in den meisten Fällen für den Menschen widerwärtigen Eigengeruch nach Fußschweiß oder Käse, hervorgerufen durch bestimmte Amine (= organische, von Ammoniak abgeleitete Verbindungen). Auffällig ist dieser Käsegeruch z. B. bei den Blüten des Weißdorns *(Crataegus)* oder der Birnbäume *(Pyrus)*.

Viele andere Arten besitzen aber einen für uns angenehmeren Geruch, man denke nur an Rosen, Veilchen, Jasmin oder Nelken. Hier sind es vorwiegend die Kronblätter, die im Protoplasma ihrer Epidermis sowie darunterliegender Zellen Tröpfchen ätherischer Öle enthalten. Sie verflüchtigen sich bei bestimmten Temperaturen leicht, gelangen dann über die Oberfläche oder die Spaltöffnungen in die Umgebung und verursachen so den Duft. Bei manchen Pflanzen existieren auch spezielle Duftdrüsen, sogenannte Osmophoren. Meist sind die Gerüche der Blüten Gemische aus verschiedenen Duftstoffen, die speziell dort ausgeschieden werden, wo die Bestäuber ihre Aufgabe erfüllen sollen.

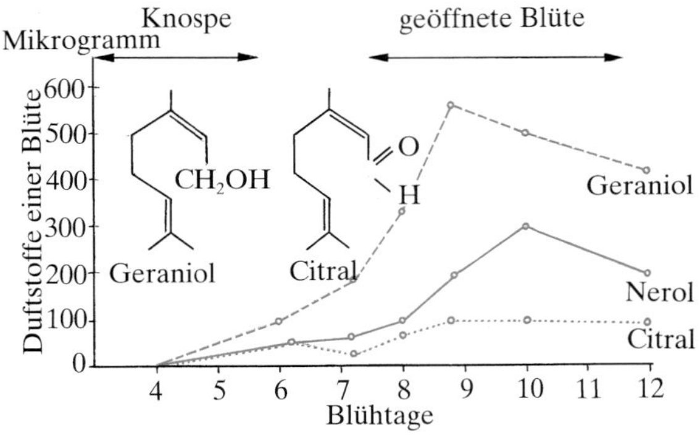

Produktion der Duftstoffe einer Rose

Die Produktion der Duftstoffe setzt in der Regel mit dem Aufblühen der Blüte ein, wie dies ein Diagramm für die wichtigsten Duftstoffe der Rosen verdeutlicht. Die erzeugte Duftstoffmenge ist sehr klein und liegt pro Rosenblüte bei etwa einem Tausendstel Gramm. Diese geringe Menge enthält aber immerhin 4×10^{20} Duftstoffmoleküle, in unserem Beispiel Moleküle der Hauptbestandteile des Rosenöls: Geraniol, Nerol und Citral. Es ist bekannt, daß eine Biene Duftstoffmoleküle noch in der Größenordnung von 4×10^{9} wahrnehmen kann, also könnte man die Duftstoffe einer Rosenblüte theoretisch in 10 000 m^3 Luft verteilen, selbst dann würde sie die Biene noch »riechen«.

Optische und chemische Reize können auch gekoppelt sein. So wirkt bei den Narzissen *(Narcissus)* die oft auffällig gefärbte und stark duftende Nebenkrone als Signal für Augen- und Geruchssinn der bestäubenden Tiere. Ähnlich verhält es sich mit den sowohl duftenden als auch intensiver gefärbten Blütenmalen auf der Unterlippe der Gefleckten Taubnessel *(Lamium maculatum)* bzw. des Bunten Hohlzahns *(Galeopsis speciosa)*.

Bei den Pflanzen haben sich aber auch einige Spezialanpassungen an die einzelnen Bestäubergruppen entwickelt. In Anlehnung an die schon genannten drei Hauptgruppen der tierischen Bestäuber unterscheidet man Insekten-, Vogel- und Fledermausblumen, die jeweils bestimmte, funktionell bedingte Baueigentümlichkeiten aufweisen.

Die Insektenblumen sind an die verschiedensten Arten der Insektenbestäubung (Entomophilie) angepaßt. Wegen ihrer spezifischen Beziehungen zu verschiedenen Insektengruppen kann man sie noch weiter untergliedern.

Die Käferblumen (Cantharophile) können als die ursprünglichsten angesehen werden, denn Käfer waren sicher die ersten Insekten, die als Bestäuber auftraten. Bei den meisten Käferblumen handelt es sich um relativ robuste Scheiben- oder Napfblumen mit einem reichlichen Angebot an Pollen. Die Käfer sind durch den Bau ihrer Mundwerkzeuge mehr oder weniger auf feste Nahrung angewiesen, obwohl einige mit Hilfe pinselartig behaarter Unterkiefer auch frei zugänglichen Nektar aufnehmen können, wie verschiedene Bockkäfer. Typisch für Käferblumen ist eine weißliche, grünliche bis leicht bräunliche Farbe und ein fruchtiger bzw. auch faulig-fruchtiger Geruch. Steriler Pollen als Nahrungsangebot ist in Käferblumen relativ häufig. So bei den tropischen *Cassia*-Arten aus der Familie der Johannisbrotbaumgewächse (Caesalpiniaceae), aber auch bei den ebenfalls tropisch verbreiteten Schwarzmundgewächsen (Melastomataceae) sowie den subtropisch-tropisch verbreiteten Kapernstrauchgewächsen (Capparaceae) und den schon erwähnten Commelinengewächsen (Commelinaceae).

Eine weitere Spezialanpassung sind die Bienenblumen (Melittophile), die nicht allein von Bienen, sondern auch von anderen Hautflüglern, wie Hummeln oder Wespen, bestäubt werden. Kennzeichnend für sie ist die Zweiseitigkeit (Dorsiventralität) der Blüten, die vorwiegend gelbe, blaue oder violette Farbe, süßer Duft und meist tief verborgener Nektar. Hierher zählen u. a. die meisten der Schmetterlings-, Rachen- und Lippenblüten, die den Insekten auf dem Schiffchen oder der Unterlippe Platz zum Landen anbieten. Der Pollen wird durch die Stellung der Staubbeutel entweder auf den Rücken oder den Bauch der Insekten abgestreift, z.T. wirken auch Explosionsmechanismen beim Ausstreuen der Pollen, wie z.B. bei dem im Mittelmeergebiet heimischen Rutenginster *(Spartium junceum)* und anderen Schmetterlingsblütlern.

Vor allem in den Tropen, wo Blüten- und Insektenreichtum um ein Vielfaches größer sind als unter europäischen Bedingungen, wurden viele Besonderheiten in den Beziehungen zwischen Blüte und Insekt entwickelt, die z.T. erst in den letzten Jahrzehnten bekannt geworden sind. So hat man Blüten mit Öldrüsen (Elaiophoren) erst Anfang der 70er Jahre entdeckt und beschrieben. Mehr als 1200 solcher »Ölblumen« konnten unter den untersuchten südamerikanischen und afrikanischen Arten nachgewiesen werden. Besonders zahlreich sind sie innerhalb der umfangreichen Gattung *Calceolaria,* den zur Familie der Braunwurzgewächse gehörenden Pantoffelblumen (Abb. S. 213), aber auch bei Vertretern der Orchideen und Schwertliliengewächsen kommen sie vor. Den Bestäubern, bei denen es sich ausschließlich um solitär lebende Pelzbienen handelt, wird hier fettes Öl als Nahrung geboten. Auch das einheimische Pfennigkraut *(Lysimachia nummularia)* und der Gemeine Gilbweiderich *(Lysimachia vulgaris)* verfügen über fettbildende Drüsenhaare an den Staubfäden, die von Schenkelbienen (*Macropsis*-Arten) zusammen mit Pollen gesammelt werden.

Bei einigen neotropischen Orchideen und Aronstabgewächsen konnte man feststellen, daß sie aus Duftdrüsen flüssiges, aromatisch riechendes Öl abscheiden, das von Prachtbienenmännchen (Euglossinen) in großen Mengen aufgenommen und unter Flügelschwirren wieder versprüht wird. Der Vorgang soll zur Markierung eines bestimmten Territoriums dienen. Von anderen Prachtbienenmännchen (*Centris*-Arten) wird berichtet, daß sie ein bestimmtes Revier besetzen und verteidigen, indem sie sich auf jeden Eindringling stürzen. Da es dort Orchideenarten (*Oncidium*-Arten) mit insektenähnli-

In Patagonien ist die Heimat der merkwürdigen Einblütigen Pantoffelblume *(Calceolaria uniflora)*.

chen Blüten an langen, leicht durch den Wind beweglichen Stielen gibt, fallen die Prachtbienen bei jedem Luftzug über diese vermeintlichen Rivalen her und vollziehen dabei die Bestäubung. Solche Pflanzen, die den Insekten nichts bieten, gehören zu den sogenannten Täuschblumen, die es auch unter den heimischen, leider sehr selten gewordenen und streng geschützten Ragwurzarten gibt. Ihre Blüten besitzen eine gewisse Ähnlichkeit mit Insekten, worauf schon die deutschen und wissenschaftlichen Namen Fliegenragwurz *(Ophrys insectifera)*, Bienenragwurz *(Ophrys apifera)* und Hummelragwurz *(Ophrys holosericea)* hinweisen

Der Purpurrote Fingerhut *(Digitalis purpurea)* ist mit seinen großen Rachenblüten eine typische Hummelblume.

(Abb. S. 194). Durch spezifische Düfte täuschen sie den Männchen bestimmter Insektenarten den Sexualpartner vor, so daß diese auf den Blüten Begattungsbewegungen durchführen und dabei der Fremdbestäubung dienstbar sind. Bei der Fliegenragwurz sind es Grabwespen, vor allem *Gorytes mystaceus,* die die Pollinien übertragen.
Auch unter den Fliegenblumen (Myophile) gibt es eine Anzahl Täuschblumen, die den Bestäubern in der Regel keinerlei Nahrung zukommen lassen, höchstens Wärme und Schutz in den zu Fallen umgebildeten Blüten bzw. Blütenständen. Als Kesselfallen werden solche Gebilde bezeichnet, in die die Insekten hineinkriechen oder -fallen und in denen sie wie in einem Kessel gefangen sind, bis die Bestäubung der Narbe vollzogen ist. Als Schulbeispiel dient hier meist der einheimische Gefleckte Aronstab *(Arum maculatum)*, dessen kolbiger Blütenstand von einem grünlichweißen Hochblatt, der Spatha, umgeben ist. Als Bestäuber treten meist winzige Schmetterlingsmücken der

Der Aronstab *(Arum maculatum)* ist der Prototyp eines Kesselfallen-Blütenstandes. Auf dem Bild rechts sieht man deutlich den Kolben mit den von unten nach oben zuerst weiblichen, dann männlichen Blüten und den aus Blüten umgebildeten Reusenhaaren.

Gattung *Psychoda* auf, die durch einen urinartigen Geruch bestimmter Amine angelockt werden und in den Kessel hineinkriechen. Der Rückweg ist so lange durch nach unten abspreizende Reusenhaare versperrt, bis die Narben der zahlreichen Einzelblüten bestäubt sind und danach die männlichen Blüten ihren Pollen auf die Insekten ausgestäubt haben. Nach neueren Untersuchungen sind auch Ölausscheidungen für die Glätte der Wände verantwortlich. Erst nach dem Eintrocknen des Ölfilms und dem Welken der Reusenhaare wird der Ausgang wieder freigegeben. Das gleiche Prinzip findet man bei den als Kesselfallen ausgebildeten Einzelblüten von Osterluzei- *(Aristolochia-)* und Leuchterblumen-*(Ceropegia-)*Arten (s. Abb. S. 215).

Anders funktionieren dagegen die kompliziert gebauten Klemmfallenblumen, die vor allem für bestimmte Sippen der fast rein tropisch verbreiteten Seidenpflanzengewächse (Asclepiadaceae) typisch sind. Die einzige heimische Art dieser Familie ist die Weiße Schwalbenwurz *(Vincetoxicum hirundinaria)*. Bei ihr sind die Staubbeutelränder mit einer Leitschiene versehen, in der die als Bestäuber in Frage kommenden größeren Fliegen mit ihrem Rüssel nach unten geleitet werden, wo sich je zwei durch einen sogenannten Klemmkörper verbundene Pollinien zweier benachbarter Pollensäcke an dem Rüssel festklemmen. Bei ihrem Bemühen, sich wieder zu befreien, zieht die Fliege die Pollinien mit heraus und kann sie nun auf die nächste Blüte übertragen. Bei anderen Arten geraten die Insekten auch mit ihren Gliedmaßen in diese Falle, die Pollinien bleiben dann an ihren Füßen hängen.

Eine merkwürdige Kesselfallenblüte besitzt die in Südafrika beheimatete Leuchterblume *Ceropegia distincta*. Die fünf Blütenabschnitte tragen exponiert einen Fortsatz, an dessen Rändern sich bewegliche Haare befinden, deren ständiges Zittern kleine Insekten anlockt, die ins Innere der Kesselfalle vordringen.

Schon Kerner von Marilaun, ein Botaniker des 19. Jahrhunderts, schrieb dazu: »Das Anklemmen der Pollinien an die Füße der Insekten gehört zu dem Merkwürdigsten, was man im Bereich der Blüten von dergleichen Vorgängen beobachtet hat, und es wäre nicht zu verwundern, wenn diejenigen, welche das alles nicht mit eigenen Augen gesehen haben, die betreffenden Schilderungen für Erfindungen der erhitzten Phantasie eines Botanikers halten würden.«
Die Kessel- und Klemmfallenblüten gehören jedoch zu den Besonderheiten der Fliegenblumen. Typische Fliegenblumen sind meist scheiben-, schalen- oder glockenförmig mit braunen, braunroten bzw. grünlichgelben oder weißen Kronblättern, z. T. mit Honigduft, oft aber auch sehr unangenehm riechend. Der Nektar ist meist frei zugänglich.
Viele Doldengewächse und eine ganze An-

Eine typische Klemmfallenblüte hat die nordamerikanische *Asclepias tuberosa*. Sie gehört wie unsere heimische Schwalbenwurz zu den Seidenpflanzengewächsen (Asclepiadaceae).

zahl von Korbblütengewächsen werden von Fliegen bestäubt, vorwiegend von Schwebfliegen, die meist einen relativ kurzen Rüssel haben. Im zeitigen Frühjahr kann man an warmen Tagen auch die hummelähnlichen Wollschweber als Blütenbesucher beobachten, deren vorgestreckter Rüssel immerhin bis 12 mm lang sein kann.
Außer Dolden- und Korbblütlern werden auch heimische Arten aus anderen Familien, wie z.B. Efeu, Schwarzer Holunder, Traubenkirsche, Vogelbeere, Baldrian, Minzen oder die Vogelmiere von Fliegen bestäubt. Das trifft auch auf die bei uns unter Naturschutz stehende Trollblume *(Trollius europaeus)* zu, die nur von einer ganz bestimmten Fliegenart *(Cliastochaeta trollii)* aufgesucht wird. Zwischen beiden hat sich eine enge Beziehung entwickelt. Die Fliege legt

Die mit den Stapelien verwandte *Edithcolea grandis* ist in Ostafrika von Somalia bis Tansania zu finden. Sie wird wie diese von Fliegen bestäubt.

Der Sommerflieder *(Buddleja davidii)* aus China ist eine typische Tagfalterblüte. Hier findet sich auf dem Blütenstand ein C-Falter *(Polygonia c-album)*.

nach der Bestäubung (also erst in der zweiten Blüte) ihre Eier an die Fruchtknoten ab. Die Larven bohren sich in die Fruchtknoten ein und ernähren sich von den sich entwickelnden Samenanlagen, lassen von diesen aber eine genügende Zahl unberührt, so daß sich auch normale Samen für die Erhaltung der Art ausbilden können.
Viele Fliegenarten suchen die Blüten vor allem an sonnigen Standorten auf, aber auch eine Reihe von Schattenpflanzen des Waldbodens haben eine an sie angepaßte Bestäubergruppe von Zweiflüglern. So werden z. B. das in feuchten Laubwäldern wachsende Moschusblümchen *(Adoxa moschatellina)* und auch die Milzkrautarten der Gattung *Chrysosplenium*, beide mit unscheinbaren, grünlichen Blüten ausgestattet, von Fliegen bestäubt.

Die Rotkelchige Nachtkerze *(Oenothera glaziovi-ana)* öffnet ihre Blüten erst in der Abenddämmerung. Sie ist eine typische Nachtfalterblume.

Aasartige Gerüche und fleischfarbene Blüten sind für zahlreiche Fliegenblumen tropischer Gebiete charakteristisch. Viele von ihnen gehören zu den Seidenpflanzengewächsen, wie z.B. die sukkulenten Vertreter der Gattungen *Stapelia*, *Hoodia*, *Trichocaulon* u.a. mit z.T. sehr großen radiären Blüten, die einigen Aasfliegen und -käfern als ein zur Eiablage geeignetes Substrat erscheinen und es dafür benutzen (s. Abb. S. 216).
Von den unzähligen Insektenblumen sind schließlich noch die wichtigen, an die Bestäubung durch Tag- oder Nachtschmetterlinge angepaßten Falterblumen (Lepidopterophile) zu nennen. Falterblumen sind Tagblüher (Psychophile) oder Dämmerungs- und Nachtblüher (Sphingophile). Sie haben meist in langen, engen Kronröhren verborgenen Nektar, der nur durch die Schmetterlinge mit ihren langen Saugrüsseln erschlossen werden kann. Die Blüten strömen in der Regel einen intensiven süßlichen Duft aus. Bei den Tagfalterblumen herrschen bunte, bei den Nachtfalterblumen weiße und gelbe Farben vor. Vor allem die Nachtschmetterlinge haben z.T. enorme Rüssellängen. Sie sind bei unseren einheimischen Schwärmern bis zu 80 mm, bei einigen tropischen Arten bis zu 250 mm lang. Eine der interessantesten Falterblumen ist die auf Madagaskar heimische Orchideenart *Angraecum sesquipedale,* die an ihren weißen Blüten einen 25 bis 30 cm langen Sporn besitzt, in dessen Spitze sich der Nektar befindet. Schon 1862 sagte Charles Darwin für diese Pflanzen einen Bestäuber voraus, der einen so langen Rüssel haben müsse, um an den Nektar zu gelangen. Erst 1903, also über 40 Jahre später, wurde der Schwärmer *Macrosilia morgani praedicta* mit einem solchen Rüssel entdeckt. Die Benennung praedicta (= vorhergesagt) weist auf die Darwinsche Prophezeiung hin.
Einheimische Nachtfalterblumen sind u. a. die intensiv gelb blühenden, an Ruderalstellen vorkommenden Nachtkerzen *(Oenothera)*, die weißblühende, auf Äckern, an Wegrändern oder Gebüschsäumen wachsende Weiße Lichtnelke *(Silene pratensis)* oder zwei der in Laubwäldern vorkommenden Geißblattarten, das kalkholde Echte Geißblatt *(Lonicera caprifolium)* und das kalkmeidende Deutsche Geißblatt *(Lonicera periclymenum)* mit weißlich-rötlichen Blüten (s. Abb.).
Natürlich gibt es außer den vorherrschenden Käfern, Zweiflüglern, Hautflüglern und Schmetterlingen noch andere Insektengruppen, die auch als Bestäuber fungieren können. Von diesen seien nur die zu den Fransenflüglern gehörenden Blasenfüße oder Thripse genannt, die zwar vorwiegend Pflanzenschädlinge sind, von denen aber zumindest die Art *Thaeniothrips ericae* die Be-

Das Deutsche Geißblatt *(Lonicera periclymenum)* zeigt einen auffälligen Farbwechsel der Blüten von Rot über Weiß in Gelb. Die hellen Farben der geöffneten Blüten sind in der Nacht von den Faltern gut zu erkennen.

stäubung des Heidekrautes *(Calluna vulgaris)* vollziehen kann. Die flugunfähigen Männchen dieser Art leben in den Blüten und werden von den flugfähigen Weibchen aufgesucht, die dann ihre befruchteten Eier in die verwachsenen Kronblätter ablegen. Die Eier überwintern in den Blüten, die Larven schlüpfen erst im folgenden Frühjahr.

Die Anpassung an die Bestäubung durch Vögel, die Vogelblütigkeit (Ornithophilie), kommt vor allem bei tropischen bzw. subtropischen Arten, aber immerhin bei rund einem Drittel aller Bedecktsamerfamilien vor. Bei den darauf eingerichteten Vogelblumen (Ornithophilen) herrschen Röhren-, Glocken-, aber auch Pinsel- oder Bürstenblüten vor, die in Amerika vorwiegend von Kolibris (Trochilidae), in der Alten Welt von Honigvögeln (Nectariniidae) und Honigfressern (Meliphagidae) aufgesucht werden. Daneben gibt es in beiden Arealen noch kleinere Vogelgruppen, die ebenfalls an die Nahrungssuche in Blüten angepaßt sind, wie die Zuckervögel (Coerebidae) in Mittel- und Südamerika oder die Kleidervögel (Drepanididae) auf Hawaii und verschiedene andere mehr. Die Vögel können entweder im Schwirrflug vor der Blüte in der Luft stehen, wie die Kolibris, oder sie lassen sich auf den Zweigen neben den Blüten nieder, denn die Blüten haben meist für die relativ schweren Vögel keine Landeplätze. Es gibt aber auch Ausnahmen. So sind bei der Ruhmesblume *(Clianthus speciosus)*, einem australischen Schmetterlingsblütler mit großen, scharlachroten Blüten, die Schiffchen so verlängert und stabil, daß die bestäubenden Vögel darauf Platz nehmen können.

Als Lockmittel dient der reichlich produzierte, ziemlich wäßrige Nektar, den die Vögel mit ihren verlängerten Zungen und Schnäbeln aufnehmen. Der Pollen bleibt dabei an Kopf oder Schnabel haften und kann so übertragen werden. Vogelblumen entströmt kaum Duft, der Geruchssinn der Vögel ist nur schwach ausgeprägt, um so mehr aber die visuelle Wahrnehmung greller Farben, die bei diesen Blüten vorherrschen. Zu den bekanntesten Pflanzen mit Vogelblüten, die z. T. auch bei uns als Zierpflanzen kultiviert werden, gehören unter anderem die aus der Neotropis stammenden Fuchsien *(Fuchsia)*, verschiedene Kakteen, rotblühende *Salbei*-Arten (z. B. *Salvia splendens*), Kapuzinerkresse *(Tropaeolum majus)*, Blumenrohr *(Canna indica)*, Weihnachtsstern *(Euphorbia pulcherrima)*, eine Anzahl von Ananasgewächsen, wie die als Topfpflanzen beliebten Billbergien *(Billbergia)* oder Aechmeen *(Aechmea)*, aber auch Zinnien *(Zinnia)* aus der Familie der Korbblütengewächse und vor allem der in tropischen Gebieten als Straßenbaum häufige Korallenbaum *(Erythrina crus-galli)* mit seinen tiefroten Schmetterlingsblüten. Aus der Alten Welt können von vogelbestäubten Pflanzen unter anderem die zahlreichen australischen *Eucalyptus*-Arten, Vertreter der Proteusgewächse Südafrikas und Australiens, verschiedene Amaryllisgewächse, wie *Clivia nobilis* oder *Haemanthus katharinae*, die zu den Bananengewächsen gehörende Papageienblume *(Strelitzia reginae)*, aber auch der beliebte Roseneibisch *(Hibiscus rosa-sinensis)* mit seinen auffallend großen, in verschiedenen Farben vorkommenden Blüten genannt werden.

Die Fledermausblütigkeit (Chiropterophilie) ist nur auf tropische Gebiete beschränkt. Bestäuber sind in der Alten Welt die Langzungen-Flughunde (Macroglossinae) und in Amerika die Langzungen-Vampire (Glossophaginae), die nur in der Dämmerung bzw. Nacht agieren. Durch ihre langausgezogenen Schnauzen und – wie der Name sagt – relativ langen Zungen sind sie an den Besuch von Blüten angepaßt. Auch sie setzen sich nicht auf die Blüten, sondern rütteln vor ihnen. Sie haken sich höchstens mit ihren Krallen in den Kronblättern fest, um Nektar und Pollen aufzunehmen.

»Schreiende« Farben sind für ornithophile Blüten charakteristisch. Die mit den Bananen verwandten Heliconien – hier *Heliconia rostrata* aus Südamerika – werden von Kolibris bestäubt.

Durch die Anpassung an die Vogelbestäubung hat sich die Schmetterlingsblüte beim Bunten Korallenbaum *(Erythrina variegata)* in eine schmale Röhre umgebildet.

Fledermausblumen (Chiropterophile) haben besonders weite Öffnungen, sind also meist Glocken- oder Rachenblumentypen, doch werden auch Pinsel- und Bürstenblüten von diesen Tieren besucht. Die Anlockung geschieht durch einen intensiv fruchtig-säuerlichen, muffigen oder auch kohlartigen Geruch der Blüten. Dagegen spielen wohl die überwiegend schmutziggelben, weißlichen oder trüben Farben keine Rolle, da Fledermäuse farbenblind sein sollen. Allerdings nutzen die Tiere ihre einzigartige Fähigkeit, durch Ultraschallotung Gegenstände zu orten, offenbar auch zum Auffinden der Blüten.

Vorwiegend die Blüten von Holzgewächsen werden von Fledermäusen bestäubt. Oft haben die Blüten oder Blütenstände eine exponierte Stellung, die sie für die Fledermäuse leichter zugänglich macht. Sogenannte Geißelblütigkeit (Flagelliflorie), d.h. Herabhängen der Blüten an langen, seilförmigen Ästen, und Stammblütigkeit (Cauliflorie), das Ansitzen der Blüten an dickeren Zweigen oder Stämmen, treten häufig auf. Ein typisches Beispiel für flagelliflore Pflanzen ist der afrikanische Leberwurstbaum *(Kigelia africana)*, ein Bignoniengewächs, dessen Rachenblüten und die daraus entstehenden Früchte wie Würste an langen Ästen von der Krone der Bäume herabhängen. Aber auch unter den Mimosen-, Johannisbrotbaum-, Schmetterlingsblüten-, Nachtschattengewächsen und anderen Familien, gibt es eine Anzahl derartiger Vertreter. Auch viele wichtige tropische Nutzpflanzenarten, wie Kalebassenbaum *(Crescentia cujete)*, Balsabaum *(Ochroma lagopus)*, Kapokbaum *(Ceiba pentandra)*, Affenbrotbaum *(Adansonia digitata)*, Bananen- *(Musa-)* oder *Agave*-Arten, werden von Fledermäusen bestäubt. Im übrigen ist es erst seit dem Ende des 19. Jahrhunderts bekannt, daß Fledermäuse als Bestäuber von Pflanzen bedeutsam sind.

Neben der vorherrschenden Fremdbestäubung spielt auch bei manchen Pflanzen die Selbstbestäubung eine Rolle. So kommen z.B. in extremen Lebensräumen, in denen bestäubende Tiere selten sind, wie in den Tundren der Polargebiete, in Hochgebirgen oder Wüsten, aber auch auf isolierten Inseln viele Selbstbestäuber vor. Die Blüten dieser Pflanzen sind oft klein und unscheinbar, da Bestäuber nicht angelockt werden müssen. Es ist nur die gezielte Übertragung des Pollens auf die Narbe innerhalb der Blüten zu sichern. Dies geschieht z. T. durch Krümmungsbewegungen der Staubblätter zur Narbe hin, Herabrieseln des Pollens auf die darunter stehende Narbe und ähnliche Einrichtungen. Erfolgt die Selbstbestäubung schon in den Blütenknospen, dann öffnen sich diese meistens nicht. Diese Erscheinung nennt man Geschlossenblütigkeit oder Kleistogamie. So sind z. B. bei der Stengelumfassenden Taubnessel *(Lamium amplexicaule)* und bei verschiedenen Veilchenarten

Eine chiropterophile Art ist der im tropischen Amerika heimische Kalebassenbaum *(Crescentia cujete)* aus der Familie der Bignoniaceae. Man beachte die caulifloren Blüten.

(Viola) häufig einige Blüten einer Pflanze kleistogam. Die genetische Voraussetzung für eine zu Samen führende Selbstbefruchtung ist die Aufhebung der Selbstinkompatibilität, d. h. die Selbststerilität muß ausgeschaltet werden.
Andererseits ist gerade die häufig vorkommende Selbststerilität ein Mittel vieler Pflanzen, die nicht erwünschte Autogamie zu verhindern. Dabei kann entweder schon auf der Narbenoberfläche die Pollenkeimung vereitelt werden, oder der Pollenschlauch wird beim Durchwachsen des Griffels durch bestimmte Stoffe gehemmt, so daß keine Befruchtung zustande kommt. Andere Möglichkeiten zur Ausschaltung der Selbstbestäubung sind die Verschiedengriffligkeit (Heterostylie), die zeitlich verschiedene Reifung von Staubblättern und Narben (Dichogamie) und eine genügend weite räumliche Trennung von Staubblättern und Narben innerhalb einer Blüte (Herkogamie).

An trockenen Standorten wächst die Bunte Schwertlilie *(Iris variegata)*. Ihre braunnervigen äußeren »Hängeblätter« heben sich deutlich von den inneren »Domblättern« ab. Narben und Staubblätter sind voneinander getrennt, so daß eine Selbstbestäubung vermieden wird.

Ein typisches Beispiel für Heterostylie bieten die Primeln *(Primula)*. Hier sind in den einzelnen Blüten entweder kurz- oder langgrifflige Narben vorhanden. Sie haben zusätzlich noch unterschiedlich große Narbenpapillen. Die Staubbeutel sitzen bei den langgriffligen Blüten unterhalb der Narbe, bei den kurzgriffligen oberhalb. Sie produzieren jeweils nur den Pollen, der in die Zwischenräume der Narbenpapillen der anderen Blüte paßt, so daß auch rein technisch nur eine gegenseitige Befruchtung möglich ist (vgl. Abb. S. 224).
Auch bei den heimischen Grasnelken *(Armeria)* ist eine derartige Verschiedengriffligkeit ausgebildet, und sogar in drei verschie-

Dichogamie bei Pflanzen

Vormännigkeit	
Familie	Gattung bzw. Art
Araliengewächse	Efeu *(Hedera helix)*
Baldriangewächse	Baldrian *(Valeriana)*
Balsaminengewächse	Springkraut *(Impatiens)*
Doldengewächse	die meisten Arten
Glockenblumengewächse	Glockenblume *(Campanula)*
	Teufelskralle *(Phyteuma)*
Hahnenfußgewächse	Akelei *(Aquilegia)*
	Eisenhut *(Aconitum)*
	Schwarzkümmel *(Nigella)*
Herzblattgewächse	Sumpfherzblatt *(Parnassia palustris)*
Korbblütengewächse	die meisten Arten
Lippenblütengewächse	Gamander *(Teucrium)*
	Salbei *(Salvia)*
Malvengewächse	die meisten Arten
Vorweibigkeit	
Braunwurzgewächse	Braunwurz *(Scrophularia)*
Osterluzeigewächse	Osterluzei *(Aristolochia)*
Rosengewächse	Apfel *(Malus)*
	Birne *(Pyrus)*
	Mehlbeere *(Sorbus)*
Gänsefußgewächse	Gänsefuß *(Chenopodium)*
Pfingstrosengewächse	Pfingstrose *(Paeonia)*

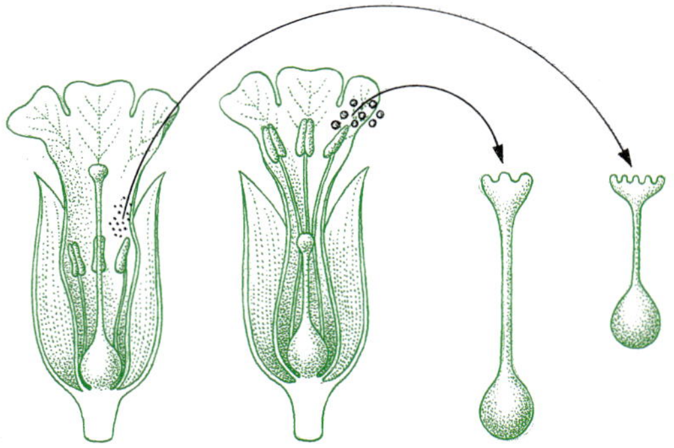

Verschiedengriffligkeit bei Primeln

denen Varianten sind die Griffel und Narben in den Blüten vom Blutweiderich *(Lythrum salicaria)* angeordnet. Hier liegt Dreigriffligkeit (Tristylie) vor, durch die eine Selbstbefruchtung verhindert wird.
Bei der Dichogamie gibt es zwei Wege: entweder die Narben reifen zuerst, dann liegt Vorweibigkeit (Proterogynie) vor, oder die Staubgefäße sind zuerst reif, dann spricht man von Vormännigkeit (Proterandrie).
Die Herkogamie schließlich kommt z. B. bei den Blüten der Schwertlilien *(Iris)* vor, wo die räumliche Anordnung der Narben und Staubgefäße eine Selbstbestäubung unmöglich macht (Abb. S. 223).

Nur wenige erreichen das Ziel

Wer unter Heuschnupfen leidet, ist vor allem im Frühjahr von dieser Allergie geplagt, wenn sich große Mengen von Baum- und Gräserpollen in der Luft befinden, die als Ursache der Krankheit wirksam sind. Für die betreffenden Pflanzen, die auf den Wind als Überträger ihres Blütenstaubes angewiesen sind, stellt dieser Vorgang aber eine Notwendigkeit zu ihrer Erhaltung und Fortpflanzung dar.
Windbestäubung oder Anemophilie kommt bei etwa einem Fünftel der in Mitteleuropa wachsenden Samenpflanzen vor. Gegenüber der Tierbestäubung ist die Windbestäubung die ursprünglichere. Sie ist – bis auf wenige Ausnahmen, die eindeutig als abgeleitet angesehen werden müssen – die Bestäubungsart bei fast allen Nacktsamern. Bei den Bedecktsamern hingegen ist die Tierbestäubung als primär zu betrachten. Die Anemophilie entstand dagegen mehrfach sekundär bei den verschiedensten Gruppen der Bedecktsamer, wenn sich dafür geeignete Bedingungen ergaben.
So überwiegt die Windbestäubung meist in insektenarmen Gebieten oder an Standorten, wo die Pflanzenindividuen in dichten Beständen frei und dem Wind ausgesetzt wachsen, wie das z. B. in Steppen und Savannen bei den dort vorherrschenden Gräsern der Fall ist. Sie tritt ebenso bei hochwachsenden Bäumen auf: bei den Nadelhölzern, aber auch bei den wichtigsten Laubbäumen unserer Heimat, bei Eichen, Buchen, Birken, Pappeln, Erlen und anderen.
Dagegen spielt die Windbestäubung in artenreichen Pflanzenbeständen, wie dem tropischen Regenwald, keine Rolle. Hier kommen die Individuen einer Art nur vereinzelt in relativ großen Räumen vor, so daß ausschließlich eine gezielte Pollenübertragung durch die zudem zahlreichen tierischen Bestäuber erfolgreich sein kann.
Windblütler sind in vielfältiger Weise an ihre Bestäubungsart angepaßt, um die Effektivität dieser »Zufallsübertragung« des Pollens zu erhöhen. Vielfach sind sie, wie schon erläutert wurde, getrenntgeschlechtlich. Die Blütenhülle wurde zur besseren Freilegung von Staubgefäßen und Narben stark zurückgebildet oder fehlt ganz.
Lock- und Reizmittel produzieren die Blüten nicht, das ist nicht nötig. Die Blütezeit liegt bei den windblütigen Laubhölzern fast immer vor der Blattentfaltung, denn die Blätter wären beim »Pollenab- oder -antransport« nur hinderlich. Die weiblichen Blüten besitzen zum besseren Auffangen des Pollens bestimmte Einrichtungen. So haben die Nacktsamer einen sogenannten Bestäubungstropfen, eine von der Samenanlage ausgeschiedene Flüssigkeit, die in wäßriger

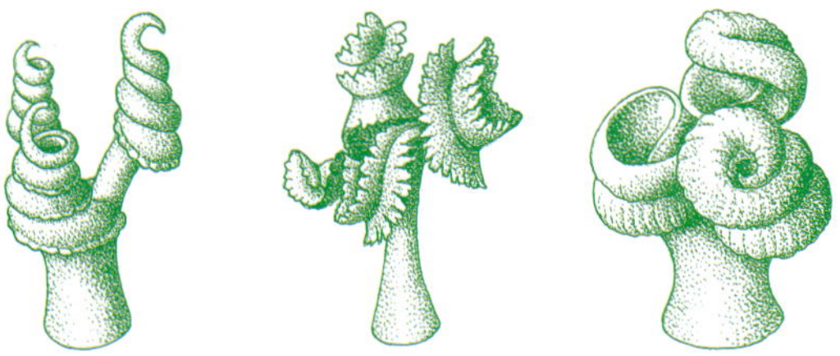

Narben einiger Binsen-Arten (nach Hegi)

Lösung Zucker und organische Säuren enthält. Sie dient zum Aufsaugen des Blütenstaubes und begünstigt die Keimung bzw. das Wachstum des Pollenschlauches. Bei den Bedecktsamern kommt ein Bestäubungstropfen nicht vor, dafür sind hier die Narben mit klebriger oder papillöser Oberfläche ausgebildet, auf der die Pollenkörner haften bleiben. Die Oberfläche der Narben ist oft stark vergrößert, z.B. durch Aufspaltung, durch spiralförmige, flächige oder federartige Beschaffenheit (Abb. oben).
Wichtig ist naturgemäß die große Menge des ausgebildeten Pollens. So können bis zu 2,5 Millionen Pollenkörner pro Samenanlage produziert werden. Außerdem ist ihre Beschaffenheit für den Lufttransport besonders geeignet, damit die Wahrscheinlichkeit des Erreichens der Narbe erhöht wird.
Pollen, der durch die Luft z.T. über weite Strecken transportiert werden soll, muß vor allem eine hohe Schwebefähigkeit besitzen, d.h. Masse und Volumen des Pollens müssen möglichst gering sein. Je größer und schwerer ein Pollenkorn ist, desto rascher wird es zu Boden sinken und für eine Bestäubung nicht mehr in Frage kommen. Der Pollendurchmesser beträgt bei Windblütlern in der Regel zwischen 20 und 30 µm. Aber es gibt Ausnahmen. So hat das von Insekten bestäubte Waldvergißmeinnicht *(Myosotis sylvatica)* unerklärlicherweise den kleinsten Pollen unter den Pflanzen der heimischen Flora. Sein Durchmesser beläuft sich lediglich auf 4 bis 6 µm. Andererseits verfügt der anemophile Mais *(Zea mays)* über »riesige« Pollenkörner mit einem Durchmesser von etwa 130 µm. Diese sinken wegen ihrer Größe und Schwere mit einer Geschwindigkeit von etwa 13 cm pro Sekunde, also ziemlich rasant, nach unten. Allerdings sind beim Mais die männlichen Blüten oberhalb der weiblichen entwickelt. Der ausgestäubte Pollen wird deshalb oft von den Narben derselben Pflanze aufgefangen. Diese sind etwa 20 cm lang. Es ist deshalb verständlich, daß ein so massereicher großer Pollen vorhanden sein muß, denn nur dadurch kann das extreme Wachstum des Pollenschlauches und somit der Transport der männlichen Geschlechtszellen bis zur Eizelle gewährleistet werden.
Auch verschiedene Nadelhölzer haben große Pollenkörner. So weisen z. B. die der Waldkiefer *(Pinus sylvestris)* einen Durchmesser von etwa 80 µm auf. Aber hier nehmen die Hälfte des Volumens zwei Luftsäcke, luftgefüllte Räume zwischen äußerer und innerer Pollenwand, ein, die wie kleine Luftballons wirken und das Schweben erleichtern. Die Sinkgeschwindigkeit beträgt bei der Kiefer etwa 3 cm pro Sekunde.
Im übrigen sind die Pollen in den Antheren noch ziemlich wasserreich. Sobald sie aber an die Luft gelangen, sinkt ihr Wassergehalt beträchtlich, zumal windblütige Pflanzen auch nur bei trockenem, die Wasserverdunstung begünstigendem Wetter stäuben. An der Luft werden also die Pollenkörner schnell kleiner und leichter, was ihre Schwebefähigkeit erhöht. Außerdem besitzen die Pollen von windblütigen Pflanzen meist eine glatte Oberfläche ohne oder mit geringen Resten von Pollenkitt, so daß sie nicht miteinander verkleben.
Von großer Bedeutung für ein längeres Verbleiben in der Luft ist selbstverständlich auch die jeweilige Luftbewegung oder Luftströmung. Dies belegen z.B. Zahlen vom Pollenflug einer einzeln stehenden Stieleiche *(Quercus robur)*, deren zu Boden gesunkene Pollenmengen in unterschiedlicher Entfernung vom Stamm bei verschiedenen Windstärken ausgezählt wurden. Bei schwachem Wind sank die Pollenmenge schon in 7 m Abstand vom Stamm auf fast die Hälfte, bei starkem Wind blieb sie in dieser Entfer-

Pollenflug einer Stieleiche *(Quercus robur)* (nach Pohl)

Auf einer Fläche von 60 mm² fand man innerhalb von 2 Stunden:

Abstand vom Stamm	bei schwacher	bei starker Luftströmung
	Pollenmenge	Pollenmenge
3 m	871	914
5 m	668	914
7 m	480	901

nung noch annähernd gleich groß. Bei höherer Luftbewegung werden – wie zu erwarten war – größere Pollenmengen weiter fortgetragen (s. Tab.).
Besonders Aufwinde können Pollen bis in Höhen von 2 000 m und mehr befördern und so über große Strecken transportieren. Obwohl der Pollen der Windblütler an der Luft sehr widerstandsfähig ist und auch einen längeren Aufenthalt in großen Höhen unbeschadet übersteht, hat allerdings ein solcher Pollenferntransport kaum eine Bedeutung für die Bestäubung. Wie nachgewiesen wurde, bestäuben sich z. B. in Fichtenforsten meist schon die Nachbarbäume.
Trotzdem ist die Menge des zu gewissen Zeiten in der Luft schwebenden und dann niedergehenden Pollens sehr groß. So kann man in Gebieten mit dichter Vegetation pro Quadratzentimer Boden Tausende von Pollen pro Jahr feststellen. Zur Blütezeit der heimischen Nadelhölzer ist manchmal geradezu ein gelber Pollenregen (»Schwefelregen«) zu beobachten. So wurden in Waldgebieten Schwedens pro Quadratzentimeter Boden bis zu 30 000 Pollen im Jahr gezählt. Welch ein Aufwand für die Bestäubung!
Es gibt verschiedene Möglichkeiten, die Pollenmengen dem Wind anzuvertrauen. Nach ihrem Bau unterscheidet man bei männlichen Blüten verschiedene Typen (s. Abb.).
Bei dem unbeweglichen Typus, den unsere Nadelhölzer, der Sanddorn, aber auch eine Reihe von krautigen Pflanzen, wie die Laichkräuter, der Tannenwedel, Igelkolben oder Rohrkolben, vertreten, sind Blüten und Staubblätter nicht beweglich, der Pollen fällt aus ihnen heraus oder wird aus den Blüten herausgeweht. Auch beim langstaubfädigen Typus, den vor allem die Grasartigen verkörpern, sitzen die Blüten fest an ihrer Achse, aber die Staubbeutel hängen an langen, dünnen Filamenten so günstig aus den Blüten, daß schon der geringste Luftzug den Pollen erfassen kann. Viele unserer Laubbäume, aber auch die windblütigen Palmen können dem kätzchenförmigen Typus zugeordnet werden. Hier sind die männlichen Blüten in hängenden, kätzchenartigen Blütenständen vereint, aus denen schon bei der

Männliche Blütentypen von windbestäubten Pflanzen

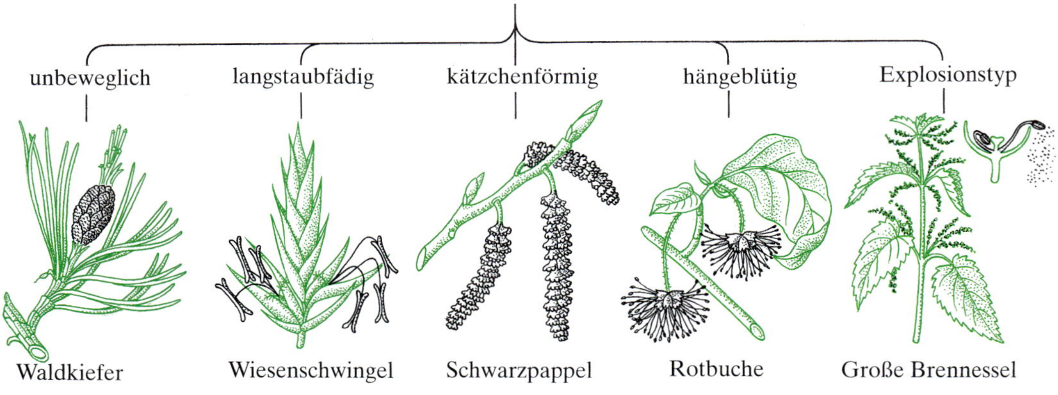

geringsten Erschütterung oder Bewegung der Pollen ausstäubt. Kugelige oder rispige Blütenstände, die ebenfalls leicht beweglich sind, haben dagegen die zum hängeblütigen Typus gehörenden Buchen, die Gemeine Esche, der Hanf und andere. Und schließlich gehören zu den Blütentypen mit Explosionsmechanismen der Staubblätter – wie schon erwähnt – unter anderem unsere Große Brennessel und weitere Vertreter der Brennesselgewächse sowie das Einjährige Bingelkraut. Hier werden die ausgeschleuderten Pollen dem Wind aktiv anvertraut.

Es gibt auch eine Anzahl von Pflanzen, die sowohl den Bestäubungsdienst der Insekten, als auch den des Windes für sich in Anspruch nehmen. Dazu gehört z. B. die Echte Kastanie *(Castanea sativa)*. Sie wird am Anfang ihrer Blütezeit von Käfern besucht, an denen der zuerst noch klebrige Pollen haften bleibt. Später wird der Pollen staubtrocken und kann durch den Wind übertragen werden. Auch bei verschiedenen Wegerich-*(Plantago-)*Arten, beim Sumpfherzblatt *(Parnassia palustris)*, der Einbeere *(Paris quadrifolia)* und anderen kommt dieses als Amphiphilie bezeichnete Verhalten vor.

Obwohl die Bestäubung durch das Wasser (Hydrogamie) über die ganze Erde verbreitet ist, sind nur relativ wenige Pflanzen an diese Bestäubungsart angepaßt. Viele der im Wasser wachsenden Pflanzen, die ihre Blüten bzw. Blütenstände an oder über der Wasseroberfläche entfalten, sind Tier- oder häufiger Windblütler. Wasserbestäubung ist wahrscheinlich sekundär aus diesen Bestäubungsarten entstanden, wie auch die Wasserpflanzen unter den Samenpflanzen vom ursprünglichen Landleben wieder ins Wasser zurückgekehrt sind.

Vor allem die Vertreter aus drei nahe verwandten Familien einkeimblättriger Wasserpflanzen entwickelten eine echte Hydrogamie mit Bestäubung der Blüten unter Wasser. Es sind dies die Seegras-(Zosteraceae), Teichfaden-(Zannichelliaceae) und Nixkrautgewächse (Najadaceae). Die Seegräser haben Zwitterblüten, die nur aus einem Frucht- und einem Staubblatt bestehen, sowie eigentümlichen, fadenförmigen Pollen von etwa 2000 µm Länge und nur 8 µm Breite. Die Vertreter der anderen Familien weisen eingeschlechtige Blüten und kugeligen Pollen auf, der aber schon in den geöffneten Staubbeuteln zu Schläuchen auskeimt, so daß diese Pollen auch als Fäden in das Wasser entlassen werden. Dies erhöht die Schwebefähigkeit im Wasser und damit wiederum die Wahrscheinlichkeit, auf eine passende Narbe zu gelangen.

Bekannte Beispiele für eine Bestäubung an der Wasseroberfläche bieten einige Vertreter der vorwiegend tropisch-subtropisch in Salz- oder Süßwasser verbreiteten Froschbißgewächse (Hydrocharitaceae), wie die Kanadische Wasserpest *(Elodea canadensis)*, die Wasserschraube *(Vallisneria spiralis)* oder die Grundnessel *(Hydrilla verticillata)*. In unseren Breiten vermehren sie sich nur vegetativ und werden als beliebte Aquarienpflanzen gehandelt. Wo die untergetaucht lebenden Pflanzen zur Blütenbildung gelangen, werden die weiblichen Blüten bei allen drei Arten an schraubigen Stielen an die Wasseroberfläche gebracht. Bei der Wasserpest kommen auch die männlichen Blüten durch Verlängerung ihrer Blütenstiele an die Wasseroberfläche, bei Wasserschraube und Grundnessel lösen sich die männlichen Blütenknospen dagegen unter Wasser von den Pflanzen ab, steigen nach oben und entfalten sich dort. Während bei der Wasserschraube die männlichen Blüten auf dem Wasser an die weiblichen heranschwimmen und sie bei Berührung bestäuben, wird bei der Grundnessel der Pollen durch die fast explosionsartige Entfaltung der Antheren etwa 20 cm hinausgeschleudert.

Der Pollen von normalen wind- oder insektenblütigen Wasserpflanzen wird übrigens durch einen Aufenthalt im Wasser ziemlich rasch geschädigt, wie man u. a. bei einigen Laichkräutern festgestellt hat. Schon nach 4 Stunden war der Pollen vom Knotenlaichkraut *(Potamogeton nodosus)* nicht mehr keimfähig, während bei dem teilweise wind-, teilweise wasserbestäubten Spiegelnden Laichkraut *(Potamogeton lucens)* das Wasser nach dieser Zeit keine schädigende Wirkung auf den Pollen hatte.

Merkmal Frucht

Früchte und Samen sind das krönende Ergebnis aller blütenbiologischen Einrichtungen, die in so vielfältiger Weise bei den Samenpflanzen entwickelt wurden.

Voraussetzung für die Bildung von Samen ist in den meisten Fällen die Befruchtung der Samenanlagen, die nach der Bestäubung vollzogen wird, allerdings nicht immer sofort. Bei den Bedecktsamern beträgt die Zeit zwischen den beiden Vorgängen meist nur Stunden oder höchstens einige Tage, bei verschiedenen Nacktsamern kann aber zwischen Bestäubung und Befruchtung eine Zeitspanne von mehreren Monaten bis zu einem Jahr liegen. So vergehen z. B. bei unseren Kiefern von der Bestäubung bis zum Entlassen der reifen Samen immerhin zwei Jahre. Nach der Bestäubung keimt der Pollen aus, wird aber vorläufig in der Samenanlage verwahrt. Erst im darauffolgenden Jahr werden die zur Befruchtung nötigen weiblichen Geschlechtszellen gebildet. In der anschließenden Vegetationsperiode entwickeln sich die Zapfen und behalten die reifenden Samen noch über den Winter bis zum nächsten Frühjahr, um sie erst dann zu entlassen.

Während bei den Nacktsamern aus den »nackten« Samenanlagen nur Samen entstehen können, werden bei den Bedecktsamern, deren Samenanlagen in den Fruchtknoten eingeschlossen sind, in der Regel Samen mit Früchten gebildet (s. Abb.).

Wie wir schon erörterten, ist die Zahl der Samenanlagen und der daraus entstehenden Samen je Fruchtknoten sehr unterschiedlich. So wird für die Befruchtung jeder Samenanlage ein Pollenkorn benötigt, dessen Pollenschlauch Narbe und Griffel durchwächst, wobei das Griffelgewebe Nährstoffe an den Pollenschlauch abgibt, ihn also ernährt, bis er das Innere der Samenanlage, den im Nucellus befindlichen Embryosack, erreicht hat. Die Samenanlage wird von den Integumenten, einer aus ein oder zwei Schichten gebildeten sterilen Hülle, umge-

Befruchtung und Samenentwicklung

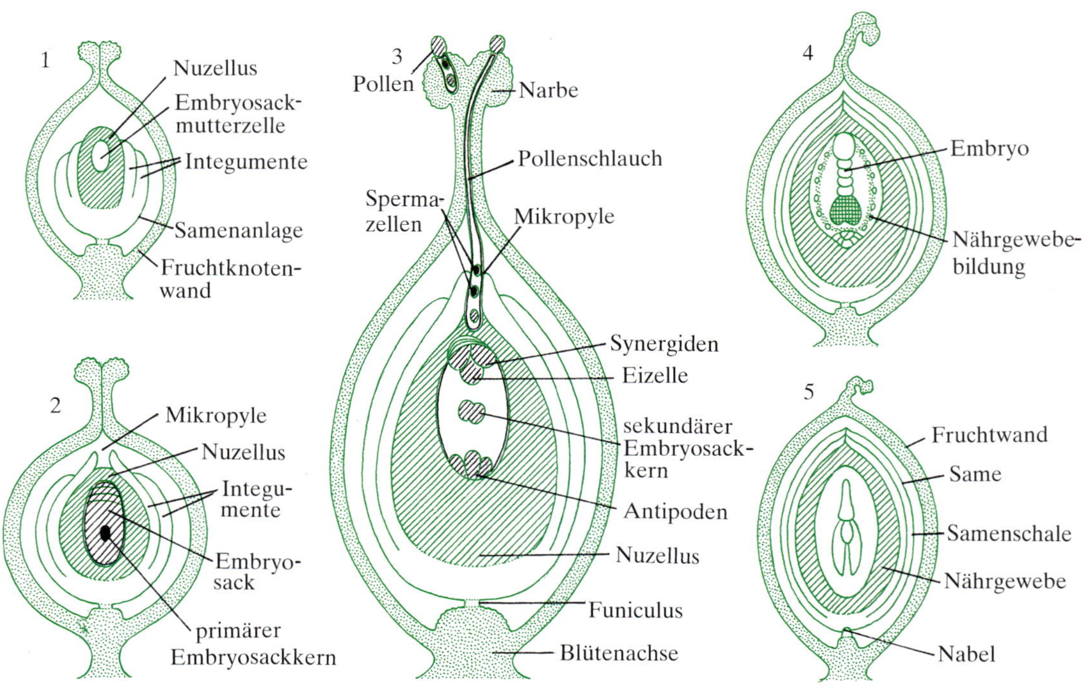

Samenzahlen pro Fruchtknoten einiger Pflanzen

Art	Samenzahl
Kokospalme *(Cocos nucifera)*	1
Walnuß *(Juglans regia)*	1
Süßkirsche *(Cerasus avium)*	1
Pflaume *(Prunus domestica)*	1
Erdnuß *(Arachis hypogaea)*	3–4
Apfel *(Malus domestica)*	5–10
Birne *(Pyrus communis)*	5–10
Erbse *(Pisum sativum)*	8–12
Bittersüßer Nachtschatten *(Solanum dulcamara)*	25–35
Hirtentäschel *(Capsella bursa-pastoris)*	30–40
Bilsenkraut *(Hyoscyamus niger)*	300–400
Schlafmohn *(Papaver somniferum)*	2 000
Klatschmohn *(Papaver rhoeas)*	5 000
Geflecktes Knabenkraut *(Dactylorhiza maculata)*	6 200
Schwanenorchidee *(Cycnoches chlorochilum)*	3 770 000
Anguloa ruckeri (Orchidee)	3 933 000

ben. Im Embryosack befindet sich der mehrzellige Eiapparat mit der Eizelle, der durch Reduktionsteilung nur noch einen Chromosomensatz aufweist, also den haploiden weiblichen Gametophyten darstellt. Wenn der Pollenschlauch (der haploide männliche Gametophyt) bis zum Eiapparat vorgedrungen ist, entläßt er die beiden Spermazellen in den Embryosack. Eine Spermazelle dringt nun in die Eizelle ein. Plasma und Kerne verschmelzen miteinander, und es entsteht eine jetzt wieder zwei Chromosomensätze enthaltende (diploide) Zygote, die sich zum Embryo entwickelt.

Die zweite Spermazelle vereinigt sich mit dem in der Mitte des Embryosackes liegenden diploiden Embryosackkern. Daraus entsteht in der Regel ein triploides Nährgewebe. Diese sogenannte »doppelte« Befruchtung kommt nur bei den Bedecktsamern vor und ist für sie ein typisches Merkmal. Embryo und Nährgewebe werden von der sich aus den Integumenten entwickelnden Samenschale (Testa) umgeben und stellen den Samen dar. Die reifen Samen werden entweder allein oder in den Früchten von der Mutterpflanze losgelöst. Sie sind Verbreitungseinheiten (Diasporen) der Samenpflanzen. Die jährlich gebildete durchschnittliche Samenanzahl einiger Arten der Bedecktsamer ist in der Übersicht auf S. 234 zusammengestellt.

Bei einigen Bedecktsamern ging die sexuelle Fortpflanzungsfähigkeit verloren. Sie können Embryonen in den Samenanlagen ohne vorherige Befruchtung ausbilden, die dann wieder zu normalen Pflanzen auswachsen, ein Vorgang, der als Apomixis bezeichnet wird. Er beruht meist auf dem Wegfall der sonst zur Bildung der Gametophyten nötigen Reduktionsteilung. Alle Zellen bleiben also von vornherein diploid, seltener werden haploide Sporophyten aus haploiden Gametophyten gebildet.

Dabei entstehen die Embryonen entweder aus unbefruchteten Eizellen (Parthenogenese), aus anderen Zellen des Embryosacks (Apogamie) oder aus somatischen Zellen der Samenanlage, also des Nucellus oder der Integumente (Adventivembryonie).

Besonders häufig ist Apomixis bei den zu den Korbblütlern gehörenden Habichtskräutern *(Hieracium)* und den Löwenzahnarten *(Taraxacum)* bzw. den zu den Rosengewächsen zählenden Brombeeren *(Rubus)*, Mehlbeeren *(Sorbus)*, den Frauenmantelarten (*Alchemilla* bzw. *Lachemilla*) und den Fingerkräutern *(Potentilla)* sowie verschiedenen Gräsern (z. B. *Poa* und *Calamagrostis)*. Dieses Fortpflanzungsverhalten hat bei den genannten Pflanzen zur Ausbildung einer großen Zahl von sogenannten Kleinarten geführt, die oft nur geringe, aber konstant bleibende Merkmalsunterschiede auf-

weisen. Die exakte Bestimmung dieser Kleinarten ist oft lediglich Spezialisten möglich.
Nur bei den Bedecktsamern kommt es durch Umwandlung der Fruchtblätter zur Ausbildung von Früchten, bei einigen auch unter Beteiligung anderer Blütenteile, wie der Achse (Erdbeere und Apfel), der Blütenhülle (Maulbeere) oder auch der Blütenstiele (Kaschunuß).
Eine Frucht ist eine Blüte im Zustand der Samenreife. Die Fruchtbildung (Fruktifikation), das Heranwachsen der Frucht, wird durch bestimmte Phytohormone korrelativ gesteuert. Vor allem das Auxin spielt dabei eine große Rolle. So setzt die Fruchtentwicklung meist schon nach der Bestäubung ein, wenn der sehr auxinreiche Pollen auf die Narbe gelangt ist. Sogar artfremder Pollen, der keinen Befruchtungsvorgang auslöst, kann die erste Phase der Fruchtbildung verursachen, wenn Auxin abgegeben wird. Im Experiment gelingt dies schließlich sogar ohne Pollen, allein durch Besprühen mit Auxin. Allerdings können die meisten Pflanzen die Fruchtentwicklung daraufhin nicht fortsetzen. Diese zweite Phase erfolgt meist erst nach der Befruchtung. Aber es gibt auch Arten, bei denen die Hormongaben zur Ausbildung von vollständig reifen Früchten führen. Man bezeichnet den Vorgang der Fruchtbildung ohne Befruchtung – also ohne Beteiligung der männlichen Geschlechtszellen – als Parthenokarpie. Es kommt dann aber nicht zur Samenbildung. Beispielsweise bei Tomate, Tabak, Gurke, Feige oder Johannisbeeren kann durch Auxin eine solche Fruchtbildung erreicht werden, bei Rosen, Kirschen, Äpfeln und anderen gelingt es durch Gibberelline, bei Feigen und Wein sowohl mit Auxin und Gibberellinen als auch mit Cytokininen.
Bei den auf natürliche Weise, also ohne künstliche äußere Beeinflussung, parthenokarp gebildeten Früchten läßt sich stets ein hoher Hormongehalt im Nucellusgewebe der Samenanlagen feststellen. Die Früchte entstehen auch hier teilweise ohne Bestäubung, teilweise mit Bestäubung und nachfolgender Befruchtung. Aber es kommt dann

Der Apfelsinenbaum *(Citrus sinensis)* ist als Kulturpflanze wahrscheinlich in China entstanden. Heute gibt es auch kernlose Sorten.

nicht zur Weiterentwicklung des Embryos. Er wird abgestoßen, und es setzt keine Samenbildung ein. Solche Früchte sind vor allem bei den Kultursorten der Bananen, Apfelsinen und anderen kernlosen Zitrusfrüchten, Ananas, Gurken, Feigen und Tomaten bekannt.
Normalerweise werden aber alle unbestäubten Blüten abgeworfen. Dabei bildet sich, ähnlich wie beim Blattfall im Herbst, ein Trenngewebe am Grunde des Blütenstiels aus. Auch zur Vermeidung von zu starkem Fruchtansatz entledigt sich mancher Baum eines Teils der heranwachsenden Früchte. So sind viele Gartenbesitzer enttäuscht, wenn von ihrem über und über blühenden Apfelbaum nach einiger Zeit eine große Zahl junger Früchte abfallen. Es handelt sich dabei aber meist um eine natürliche Ausdünnung.
Während des Wachstums der Früchte wird die Fruchtknotenwand zur Fruchtwand, dem Perikarp, umgebildet. Meist ist sie dreigeteilt und besteht aus einem inneren Endokarp, einem äußeren Exokarp (beide oft nur einschichtig) und dem dazwischenliegenden mehrschichtigen Mesokarp.
An das Wachstum der Früchte schließt sich deren Reifung an. Dann werden die sippenspezifisch unwahrscheinlich vielfältigen Anpassungen an ihre Verbreitung wirksam. Der Bau der Früchte und Samen steht nämlich in engstem Zusammenhang mit ihren Verbreitungsmöglichkeiten, worauf wir später noch eingehen werden.
Eine natürliche systematische Gliederung der Fruchtformen ist wegen der vielen parallel entstandenen, ineinander übergreifenden Ausbildungen nicht möglich. Man unterscheidet generell zwischen Einzelfrüchten, die aus einblättrigen oder verwachsenblättrigen Fruchtknoten hervorgehen, Sammelfrüchten, die aus freiblättrigen Fruchtknoten entstehen, und Fruchtständen, die umgewandelte Blütenstände dar-

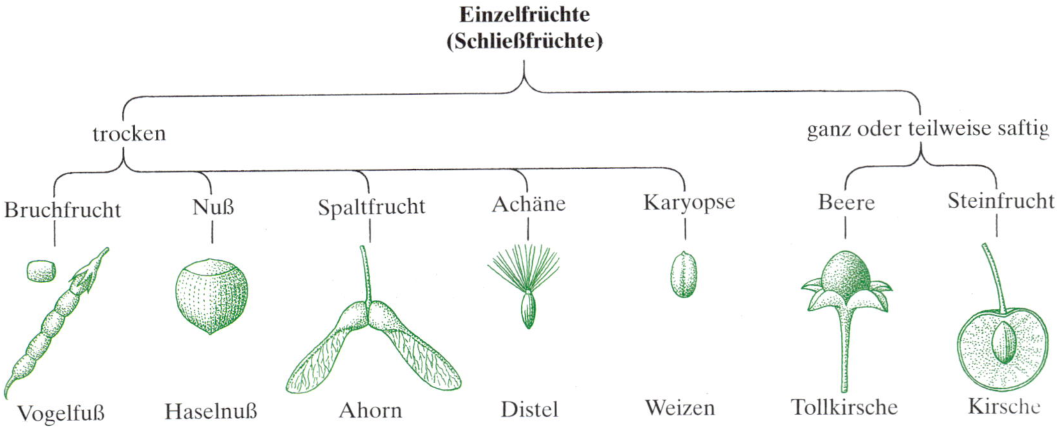

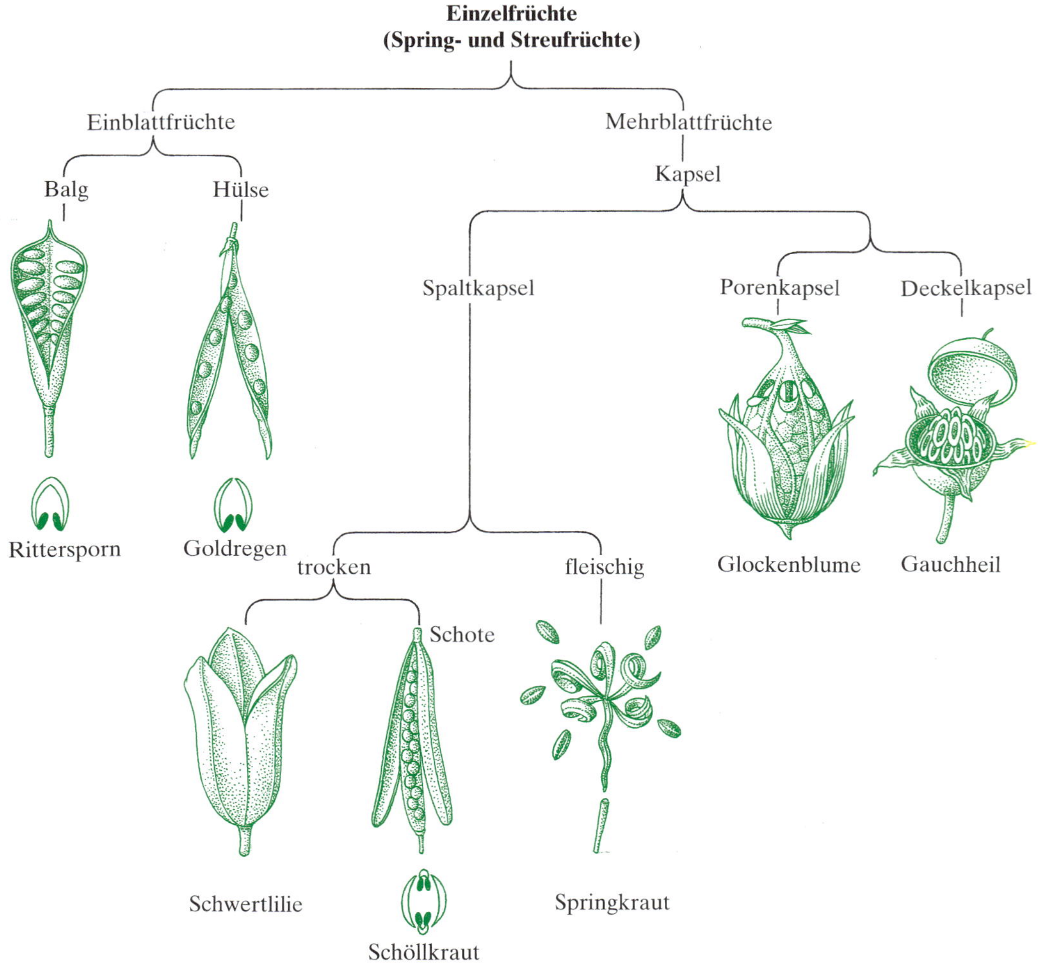

stellen. Innerhalb dieser drei Kategorien wird zur weiteren Untergliederung vor allem die Beschaffenheit der Fruchtwand und deren Öffnungsweise berücksichtigt (vgl. Abb.).

Sammelfrüchte

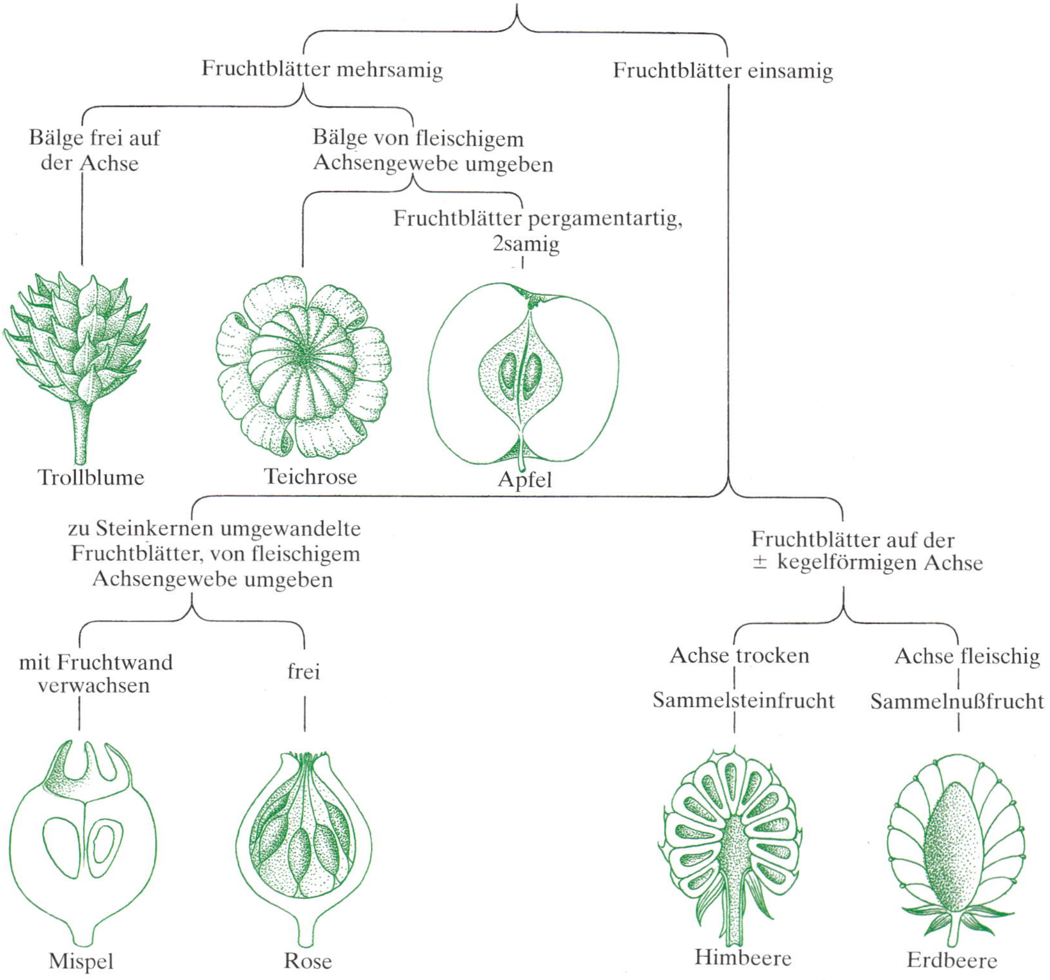

Fruchtstände

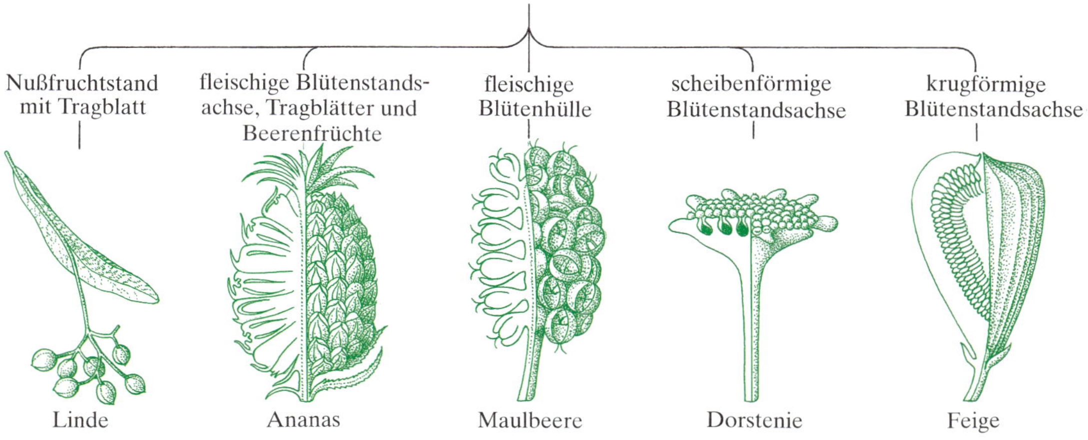

Bei saftigen Früchten, wie Beeren oder Steinfrüchten, baut sich die Fruchtwand ganz oder teilweise aus lebenden fleischigen Zellen auf, bei trockenen Früchten, wie Schoten oder Kapseln, sterben die Zellen der Fruchtwand ab und trocknen aus. Man unterscheidet auch je nach der Art der Fruchtöffnung zwischen Schließ- und Öffnungsfrüchten, wobei es bei den letztgenannten mehrere Möglichkeiten gibt.

Es seien aber noch einige Besonderheiten aufgeführt. In bezug auf Größe und Länge der Früchte sind die Kürbisgewächse die Rekordhalter. Die größten Früchte auf der Erde überhaupt stammen von einer Sorte des Riesenkürbis *(Cucurbita maxima)* aus dem südamerikanischen Peru. Sie haben einen Durchmesser bis zu 150 cm und erreichen ein Gewicht von etwa 120 kg. Eine andere Art aus der Familie der Kürbisgewächse, ein Flaschenkürbis *(Lagenaria siceraria),* der aus altweltlichen tropischen Gebieten stammt, soll die längsten Früchte erzeugen, die es gibt: 3 m lang werdende Kalebassen, wie man die Flaschenkürbisse auch bezeichnet. Die Schlangengurke oder Haarblume *(Trichosanthes cucumerina),* ein südostasiatischer Kletterstrauch mit bizarren, tiefgeschlitzten Blütenblättern bringt bis 2 m lange Gurkenfrüchte hervor.

Die längsten Leguminosenhülsen hat die zu den Mimosengewächsen gehörende neotropische Riesenhülse *(Entada gigas),* deren Länge ebenfalls 2 m beträgt mit einer Breite von etwa 10 bis 15 cm. Die Früchte dieser Art sind »seetüchtig«, können also auf dem Wasserweg verbreitet werden (s. S. 244).

Diese genannten Riesen unter den Früchten treffen wir ausschließlich bei Lianen an. Die größten Früchte eines Baumes sind nicht etwa die Kokosnüsse, sondern die einer anderen Palmenart, der Seychellennußpalme *(Lodoicea maldivica).* Sie können bis 25 kg schwer und bis zu 45 cm lang werden und enthalten nur einen Samen.

Die kleinsten Samen mit etwa 0,1 mm Länge haben Vertreter der Orchideen und der Sommerwurzgewächse.

Die volkstümlichen Bezeichnungen mancher Früchte und Samen sind teilweise irreführend. So sind Kokosnüsse botanisch gesehen keine Nüsse, sondern Steinfrüchte wie Kirschen, Pflaumen oder Pfirsiche. Dagegen sind Kürbisse und Gurken Beeren, die wegen ihres dickschaligen Exokarps auch als Panzerbeeren bezeichnet werden. Himbee-

Jährliche Samenzahlen einiger Pflanzen (nach Flindt) (geordnet nach der Zahl der Samen pro Pflanze)

Art	Samenzahl
Kokospalme *(Cocos nucifera)*	70
Hederich *(Raphanus raphanistrum)*	160
Rote Taubnessel *(Lamium purpureum)*	200
Ackerwinde *(Convolvulus arvensis)*	550
Ackersenf *(Sinapis arvensis)*	1200
Kornblume *(Centaurea cyanus)*	1600
Wildes Stiefmütterchen *(Viola tricolor)*	2500
Wilde Möhre *(Daucus carota)*	4000
Löwenzahn *(Taraxacum officinale)*	5000
Vogelmiere *(Stellaria media)*	15000
Ackerkratzdistel *(Cirsum arvense)*	19000
Klatschmohn *(Papaver rhoeas)*	20000
Schöllkraut *(Chelidonium majus)*	36000
Hirtentäschel *(Capsella bursa-pastoris)*	64000
Geflecktes Knabenkraut *(Dactylorhiza maculata)*	200000
Geruchlose Kamille *(Matricaria maritima)*	210000
Virginischer Tabak *(Nicotiana tabacum)*	360000
Gemeiner Beifuß *(Artemisia vulgaris)*	700000
Sommerflieder *(Buddleja davidii)*	20000000
Schwarzpappel *(Populus nigra)*	28000000

ren und Brombeeren sind exakt bezeichnet Sammelsteinfrüchte, Erdbeeren Sammelnußfrüchte. Und schließlich gibt es keinen Grassamen, sondern Grasfrüchte, ebenso wie von den Korbblütlern, z. B. der Sonnenblume, die Früchte und nicht die Samen in den Handel kommen. Bei den Grasfrüchten und bei den Korbblütlerfrüchten verwachsen Frucht- und Samenschale und bilden diese besonderen Nußfrüchte aus. Sie werden bei den Gräsern als Karyopsen, bei den Korbblütlern als Achänen bezeichnet.

Vom Winde verweht ...

Schon bei der Übertragung des Pollens haben wir die große Bedeutung der bewegten Luft für die Pflanzen kennengelernt. Die Verbreitung der Samen und Früchte von höheren Pflanzen durch den Wind (Anemochorie) spielt auf der ganzen Erde eine ebenso große Rolle. Der Wind weht zwar nicht überall gleich häufig und mit der gleichen Heftigkeit. In Wüsten, Steppen, Gebirgen und vor allem an den Meeresküsten ist er ungleich wirksamer als an weniger exponierten Standorten. Deshalb sind die meisten anemochoren Pflanzen in besonders windreichen Regionen zu finden. Aber grundsätzlich kommen sie überall vor, zumal sie sich z. T. durch entsprechende Ausbildungen an ihren Früchten und Samen auf das Wegtragen durch den kleinsten Luftzug eingerichtet haben. Wenn derartige Einrichtungen fehlen, garantieren ihnen Kleinheit und Leichtigkeit der Samen – genau wie beim Pollen – eine Ausbreitung durch die bewegte Luft.

Der Wind kann mittelbar zur Verbreitung der Samen beitragen, indem er Früchte oder

Verbreitung der Früchte und Samen

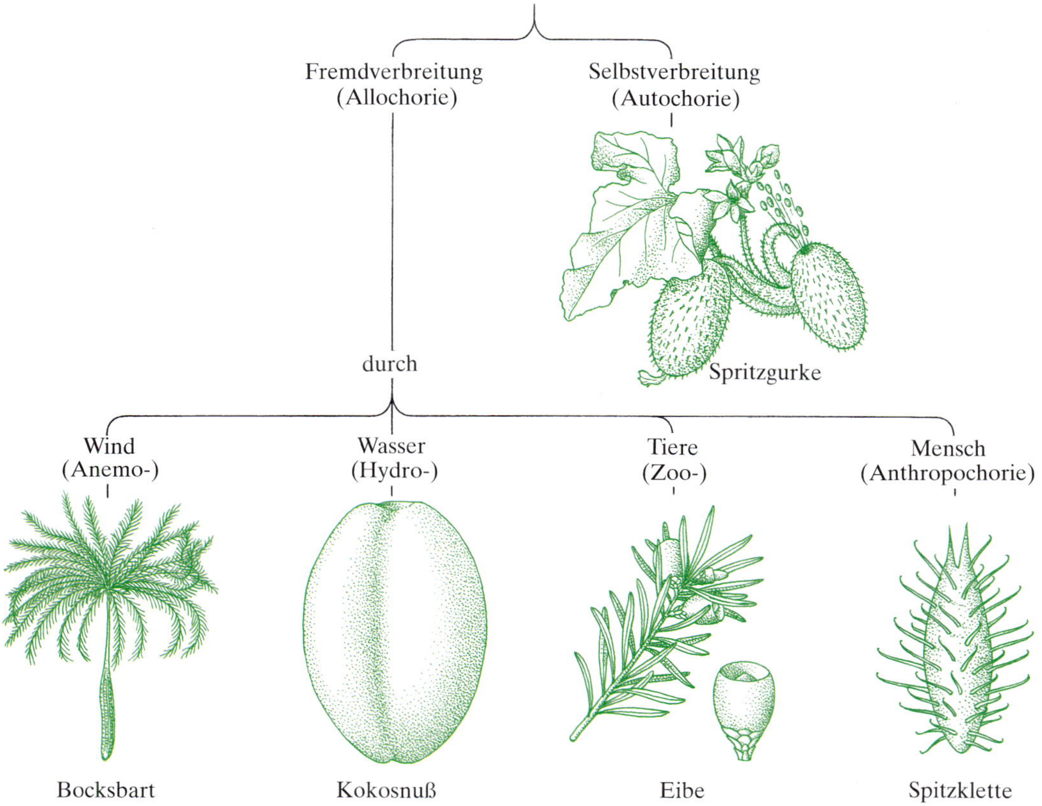

Fruchtstände, die sich an steiffedernden Achsen befinden, hin- und herbewegt und die Samen dabei herausschüttelt oder ausstreut. Man nennt diese Pflanzen auch Windstreuer. Meist handelt es sich um Arten mit Kapselfrüchten (Poren- oder Deckelkapseln), durch deren vorgefertigte Öffnungen die zahlreichen kleinen Samen wie aus einer Streudose herausfallen, wie bei Mohn, Leinkraut oder Löwenmaul.

Unmittelbar wirkt der Wind bei solchen Pflanzen als Verbreiter, wo er Früchte bzw. Samen aus geöffneten Früchten direkt erfassen und forttragen kann. Hier gibt es die vielfältigsten Möglichkeiten von Flugeinrichtungen.

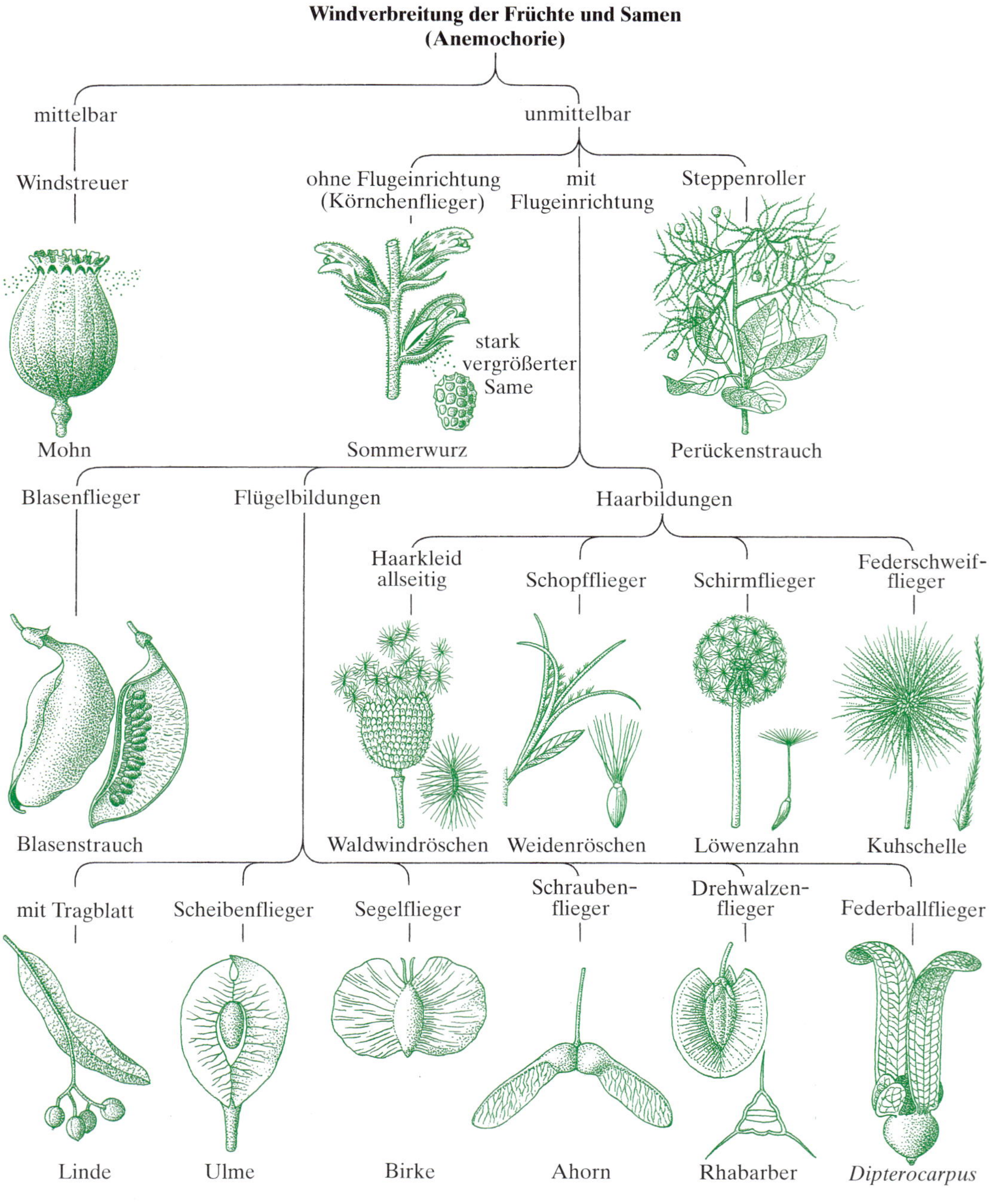

Gewicht einiger Samen
(nach Flindt)

Art	Gramm pro Samenkorn
Sommerwurz *(Orobanche ionantha)*	0,000001
Einblütiges Wintergrün *(Moneses uniflora)*	0,000004
Gemeine Birke *(Betula pendula)*	0,0006
Schwarzerle *(Alnus glutinosa)*	0,002
Fichte *(Picea abies)*	0,007
Douglasie *(Pseudotsuga menziesii)*	0,01
Robinie *(Robinia pseudoacacia)*	0,02
Weißtanne *(Abies alba)*	0,04
Spitzahorn *(Acer platanoides)*	0,1
Saaterbse *(Pisum sativum)*	0,2
Rotbuche *(Fagus sylvatica)*	0,2
Stieleiche *(Quercus robur)*	3,0
Paranuß *(Bertholletia excelsa)*	25,0
Avocado *(Persea americana)*	60,0

Besitzen Samen oder Früchte keine derartigen Ausbildungen und sind trotzdem auf Windverbreitung angewiesen, so sind sie meist ganz winzig und leicht, wie das bei den sogenannten Körnchenfliegern der Fall ist. Den absoluten Rekord an geringem Gewicht halten die Samen der parasitisch auf anderen Pflanzen lebenden Sommerwurzarten *(Orobanche)* mit z. T. nur einem Millionstel Gramm. Die 40 000 Samen, die eine Pflanze durchschnittlich pro Jahr produziert, wiegen also nur 4 mg. Da die Flugfähigkeit dieser »Leichtgewichte« noch durch ein Netzwerk von Leisten an der Oberfläche erhöht wird, kann man sich vorstellen, wie weit sie vom Wind weggetragen werden können. Auch die Samen verschiedener Wintergrüngewächse (Pyrolaceae) und vieler Orchideen wiegen nur 3- bis 4mal mehr, also ebenfalls nur wenige Millionstel Gramm (s. Tab.).

Die außerordentlich vielfältigen Flugeinrichtungen der Samen und Früchte kann man in drei Kategorien zusammenfassen. Sie besitzen entweder blasig aufgetriebene Frucht- oder Samenteile, häutige Flügel oder besondere Haarbildungen (s. S. 236).

Ein typischer Blasenflieger ist der bei uns als Zierstrauch angepflanzte, vom Mittelmeergebiet bis nach Westasien beheimatete Blasenstrauch *(Colutea arborescens)*, dessen pergamentartige Hülsen mit Luft gefüllt sind und eben wie aufgeblasen wirken. Die relativ großen, sich meist mit einem kleinen Spalt an der Vorderseite öffnenden Hülsen haben nur ein ganz geringes Gewicht und werden vom Wind nach dem Abfallen vom Strauch leicht fortgeblasen.

Außer diesem Schmetterlingsblütler gibt es noch andere Vertreter dieser Familie mit solchen blasig aufgetriebenen Früchten, z. B. bei den in wärmeren Gebieten vorkommenden Arten der Gattung *Crotalaria* oder der in großem Umfang als Gemüse angebauten Kichererbse *(Cicer arietinum)*. Aber auch in anderen Familien kommen diese blasigen Früchte vor, so bei den vorwiegend tropisch-subtropisch verbreiteten Seifenbaumgewächsen (Sapindaceae) oder den Rosengewächsen (Rosaceae). Von der erstgenannten Familie bilden die als tropische Unkräuter weit verbreiteten Arten der Gattung *Cardiospermum* und die aus Nordchina stammende, in Europa als Parkbaum anzutreffende Blasenesche *(Koelreuteria paniculata)* dünnwandige Kapseln aus, die leicht vom Wind wie kleine Luftballons fortgeweht werden. Von den Rosengewächsen ist die in Nordamerika beheimatete Schneeballblättrige Blasenspiere *(Physocarpus opulifolius)* ein ebenfalls häufig angepflanztes Ziergehölz, dessen blasig aufgedunsene Früchte unter Druck geräuschvoll aufplatzen. Dies verlieh der Pflanze den Namen Knackbusch.

Die als Zierpflanze verbreitete Blasenkirsche ist eine in Ostasien vorkommende Sippe, die auch Lampionblume *(Physalis franchetii)* genannt wird.

Bei den bisher genannten Blasenfliegern ist die Frucht selbst als »Flugblase« ausgebildet. Aber es gibt auch Pflanzen, bei denen diese Flughilfen aus anderen Blütenteilen hervorgehen. So ist sicher vielen die zu den Nachtschattengewächsen gehörende Blasenkirsche oder Ballonpflanze *(Physalis franchetii)* bekannt, deren umgewandelter, lufterfüllter, meist leuchtend roter Kelch als Flugeinrichtung dienen kann. Allerdings werden die Beerenfrüchte dieser und anderer Arten der Gattung auch durch Tiere verbreitet, die sie verzehren.

Zur Fruchtzeit stark aufgeblasene Kelche zeichnen auch einige Kleearten aus, wie den von Europa bis Westasien auf feuchten, nährstoffreichen Böden, aber auch auf Salzwiesen vorkommenden Erdbeerklee *(Trifolium fragiferum)* und den Persischen Klee *(Trifolium resupinatum),* der ähnliche Standorte besiedelt.

Auch bei verschiedenen Baldriangewächsen wird der Kelch zur Fruchtreife umgebildet und in den Dienst der Samenverbreitung gestellt, wie beispielsweise bei verschiedenen Rapünzchenarten *(Valerianella),* bei denen der Kelch entweder blasig aufgetrieben oder saumartig verbreitert ist. Das leitet schon zu Samen und Früchten über, die sich richtige Flügel für ihre Luftreise zugelegt haben.

Zuerst sei von diesen Flügelbildungen eine Form erwähnt, die nicht an der Frucht erfolgt, sondern wo das Tragblatt des Fruchtstandes dieses Flugorgan darstellt. Es ist dies das Charakteristikum der Gattung *Tilia,* der Linden. Dabei handelt es sich um eine Ausnahme, denn sonst erfolgt die Flügelbildung in der Regel an der Frucht oder den Samen.

Je nach Ausbildung der Flugorgane und der danach möglichen Flugart bzw. Flugbahn unterscheidet man verschiedene Flieger-Kategorien. So zählt man die von einem mehr oder weniger breiten, dünnhäutigen Saum umgebenen Nüsse der Ulmen *(Ulmus)* zu den Scheibenfliegern. Für sie gibt es auch aus anderen Familien zahlreiche Beispiele. Eins davon sind die als Judaspfennig bezeichneten Früchte des zu den Kreuzdorngewächsen gehörenden Christusdorns (*Paliurus spina-christi),* der von Südeuropa bis zum Iran vorkommt. Ein anderes Beispiel stellen die zu den Schmetterlingsblütlern gehörenden, pantropisch verbreiteten *Pterocarpus*-Arten dar. Es handelt sich um Bäume, deren Hülsen von einem mehr oder weniger breiten Flügel ringförmig umgeben sind. Ausschließlich Holzpflanzen umfaßt auch die im tropisch-subtropischen Amerika verbreitete Gattung *Aspidosperma,* ein Hundsgiftgewächs, dessen Samen mit bis zu 10 cm Durchmesser ebenfalls als Scheibenflieger ausgebildet sind.

Bei den Segelfliegern unter den Früchten und Samen fungieren zwei seitliche häutige Anhängsel als Flugorgane, wie bei der kleinen Flügelnuß unserer Birken. Wesentlich größere Beispiele von Segelfliegern sind dagegen die Samen der im tropischen Regenwald von Indien bis Neuguinea vorkommenden *Zanonia javanica,* einem Kürbisgewächs, mit 13 bis 15 cm breiten Flügeln, deren Samen früher sogar für die Konstruktion motorloser Segelflugzeuge als Vorbild gedient haben sollen.

Besonders reich an Vertretern mit Segelfliegersamen sind die Bignoniengewächse, zu denen u.a. auch die aus dem tropischen Afrika stammende, überall in den Tropen wegen ihrer prächtigen tulpenartigen Blüten als Zierbaum angepflanzte *Spathodea campanulata* zählt (Abb. S. 240).

Scheiben- und Segelflieger mit ihren gleichmäßig ausgebildeten Flügeln und den Samen oder Früchten als Schwerpunkt in der Mitte, sind in der Lage, gleitende Flüge auszuführen. Dagegen geraten Früchte oder Samen mit nur einem, meist seitlich sitzendem Flugorgan in eine rotierende Bewegung. Ihre Flugbahn beschreibt Windungen gleich einer Schraube. Diese Verbreitungseinheiten bezeichnet man als Schraubenflieger. Bekanntestes Beispiel hierfür sind wohl die geflügelten Spaltfrüchte der Ahornarten *(Acer),* von denen man Spitz- und Berg-

Von Vögeln bestäubt wird die signalrote Blüte von *Spathodea campanulata*. Der in den Tropen viel angepflanzte Baum stammt aus dem tropischen Afrika. Seine geflügelten Samen sind typische Segelflieger.

ahorn (*Acer platanoides* und *Acer pseudoplatanus)* häufig auch in den Städten als Straßen- oder Parkbäume anpflanzt. Sicherlich hat jeder schon solche schraubig herabtrudelnden Früchte beobachten können. Die meisten Samen der heimischen Kieferngewächse (Pinaceae) sind ebenfalls Schraubenflieger.

Eine schraubige Flugbahn beschreiben auch die nicht einseitig, sondern allseitig mit Flügelkanten versehenen Drehwalzenflieger, wie beispielsweise die Früchte des Rhabarbers *(Rheum)* oder des Wiesensauerampfers *(Rumex acetosa)* und anderer Vertreter der Knöterichgewächse. Großausgaben dieser Früchte finden wir wiederum bei tropischen Arten, speziell bei den Wollbaumgewächsen, aber auch bei einigen Schmetterlingsblütlern und Malvengewächsen. So hat die im tropischen Südamerika beheimatete Gattung *Cavanillesia* etwa 25 cm lange keulenförmige Früchte mit 5 papierdünnen, 8 bis 9 cm breiten Flügeln. Trotz dieser Ausmaße wiegt eine solche Frucht nur etwa 10 Gramm.

Schließlich gibt es noch Früchte, die einem Federball gleichen, da sie an ihrem oberen Ende einen aus Kelch- und Kronblättern gebildeten Kranz von länglichen Flügeln besitzen. Diese Federballflieger, die ebenfalls drehende Bewegungen ausführen, sind unter den im tropischen Asien beheimateten Dipterocarpaceen zu finden, so bei der Gattung *Dipterocarpus.* Ihre Vertreter tragen als mächtige Bäume auch große Früchte: An 6 bis 7 cm langen Nüssen sitzen jeweils zwei 16 bis 25 cm lange Flügel und außerdem noch drei kürzere, die das Flugorgan vervollständigen (s. Abb. S. 236).

Häufiger als häutige Flügel dienen bestimmte Haarbildungen an Früchten und Samen zum Fliegen, wobei die Haare der

Früchte meist mehrzellig, die der Samen in der Regel einzellig sind. Auch hier werden wieder nach Anordnung und Ausbildung der Haare bestimmte Fliegertypen unterschieden.

Die bekanntesten Samen mit einem allseitigen Haarkleid als Verbreitungshilfe sind wohl die der Baumwolle *(Gossypium)*, spielen doch diese Haare als Textilfasern eine große Rolle. Ihre eigentliche Bestimmung ist es aber, den Samen eine entsprechende Flugfähigkeit zu verleihen.

Auch bei den einheimischen Windröschen, wie dem Waldwindröschen *(Anemone sylvestris)*, tragen die Samen ein solches, wenn auch kürzeres Haarkleid.

Wirksamer in ihren Flugleistungen sind aber schopf- oder schirmartige Haarbildungen, die an den Samen einseitig ansitzen und oft wie Fallschirme fungieren.

Den Typ des Schopffliegers finden wir auch in unserer heimischen Flora in reichem Maße, so z. B. bei Pappeln *(Populus)* und Weiden *(Salix)*, deren Samen einen grundständigen, dichten, meist weißen Haarschopf tragen, mit dessen Hilfe sie durch die Luft befördert werden. Zur Zeit der Samenreife können sie in der Nähe dieser Bäume den Boden wie Schnee bedecken. Wie schon erwähnt, kann eine Pappel bis zu 28 Millionen Samen erzeugen, gehört also in dieser Hinsicht zu den produktivsten Pflanzen.

Auch verschiedene Weidenröschen *(Epilobium)* aus der Familie der Nachtkerzengewächse bilden Samen mit Haarschopf, die aus der aufspringenden Kapsel herausgeweht werden. Beim Rohrkolben *(Typha)* und bei den Wollgräsern *(Eriophorum)* wird der grundständige Haarschopf aus den Perigonborsten, also aus umgewandelten Blütenhüllblättern gebildet, die sich vor allem bei den Wollgräsern zur Fruchtreife in ein

Fruchtstände des Löwenzahns *(Taraxacum officinale)* mit bereits weggewehten und noch vorhandenen Früchten. Die schirmartige Flugeinrichtung ist der umgebildete Kelch und wird Pappus genannt.

dichtes Büschel auffälliger weißer Flughaare verwandeln.
Natürlich gibt es auch bei den nicht heimischen Pflanzen eine große Zahl von Schopffliegern. Genannt sei hier nur die nordamerikanische Seidenpflanze *(Asclepias syriaca)* aus der Familie der Seidenpflanzengewächse, deren lange Samenhaare zu vegetabilischer Seide verarbeitet werden.
Die weltweit bekannteste Art mit Flugeinrichtung an ihren Früchten ist wohl der Löwenzahn *(Taraxacum officinalis)* mit seinem zu einem Fallschirm umfunktionierten Kelch, an dem die aus dem unterständigen Fruchtknoten hervorgegangene Frucht (eine Achäne) hängt. Sicher haben die meisten Kinder schon einmal »Wind« gespielt und in den kugelartigen, zart filigran aussehenden Fruchtstand hineingeblasen, um die Fallschirme zur Erde schweben zu sehen. Solche Schirmflieger kommen bei uns vorwiegend in drei Pflanzenfamilien vor: den Korbblütlern (Asteraceae), zu denen der Löwenzahn gehört, den Baldriangewächsen (Valerianaceae) und den Kardengewächsen (Dipsacaceae). Natürlich gibt es auch tropische Vertreter mit derartigen Fallschirmen an Früchten oder Samen, wie beispielsweise die zu den Hundsgiftgewächsen zählende Gattung *Strophanthus,* von der einige Arten das Herzstärkungsmittel Strophanthin liefern.

Es besteht aber noch eine Möglichkeit für die Pflanzen, den Wind in den Dienst der Verbreitung zu stellen. Sie lassen nicht nur die Früchte und Samen durch die Gegend wehen, sondern gleich die ganze Pflanze, um an verschiedenen Stellen des »Weges« die Verbreitungseinheiten auszustreuen. Diese als Steppenroller oder Steppenläufer bezeichneten Arten kommen vorwiegend in offenen Landschaften, wie Wüsten, Steppen oder Küstengebieten vor. Sie trocknen zur Samenreife aus und lösen sich entweder als Ganzes aus dem Boden heraus oder brechen an dünnen Stellen oberhalb des Wurzelansatzes ab. Es können sich aber auch nur ihre Fruchtstände loslösen. Oft verhaken sich mehrere Pflanzen ineinander und bilden große Ballen, die durch das Gelände geweht werden. Einige solcher Arten sind zudem hygroskopisch und rollen sich bei Trockenheit mehr oder weniger kugelig ein, was der Verwehung förderlich ist. Meist handelt es sich um Vertreter wärmerer Gebiete. Wir wollen hier noch einige derartige Pflanzen anführen, die auch bei uns anzutreffen bzw. heimisch sind. So werden die langbehaarten, wie Perücken aussehenden Fruchtstände des vom Mittelmeergebiet bis Westasien verbreiteten, in Mitteleuropa als Zierstrauch angepflanzten Perückenstrauchs *(Cotinus coggygria)* zur Samenverbreitung durch die Gegend geweht. Auch der bei uns auf Trocken- und Halbtrockenrasen oder auf ruderal beeinflußtem Sandtrockenrasen vorkommende Feldmannstreu *(Eryngium cam-*

Steppenläufer

Kalisalzkraut

Gemeine Sichelmöhre

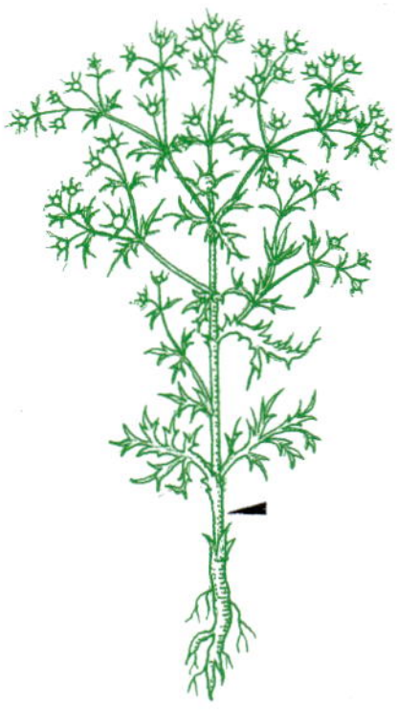

Feldmannstreu

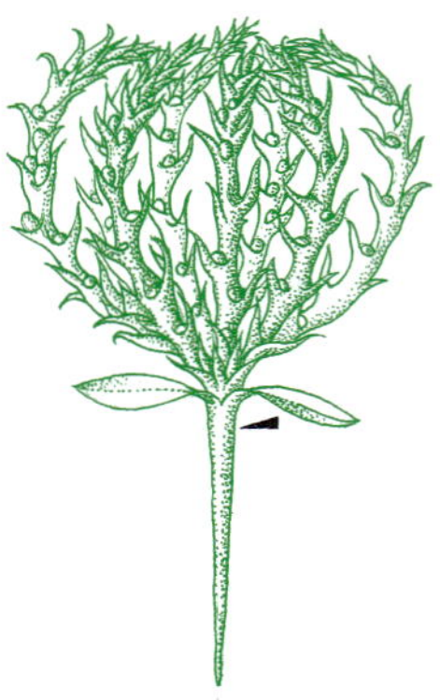

Afrikanischer Baldrian

pestre) ist ein Steppenroller. Die distelartige Pflanze, die sich im Frühherbst von den Wurzeln löst und beim Rollen über den Boden nach und nach ihre Früchte verliert, wird auch als Laufdistel bezeichnet. Ebenso verhält sich die zur gleichen Familie gehörende Gemeine Sichelmöhre *(Falcaria vulgaris)*, die auf ähnlichen Standorten von Mittel- und Südeuropa bis Vorderasien vorkommt. Auch das Kalisalzkraut *(Salsola kali)*, ein Gänsefußgewächs salzhaltiger Spülsäume der Küsten bzw. Ruderalstellen Europas und Asiens, das als Unkraut aber fast kosmopolitisch verbreitet ist, kann als typischer Steppenläufer bezeichnet werden.

Übers Meer

Wasser spielt für die Verbreitung von Früchten und Samen bei weitem nicht die Rolle wie der Wind. Nur eine geringe Zahl der über 200000 Samenpflanzenarten hat Früchte oder Samen, die einen längeren Aufenthalt im Wasser unbeschadet überstehen. Vor allem das Meerwasser mit seinem für die meisten höheren Pflanzen schädlichen Salzgehalt ist nur für speziell angepaßte Arten ein geeignetes Ausbreitungsmedium. So ist eine erfolgreiche Reise übers Meer eher die Ausnahme als die Regel unter den Verbreitungsmechanismen.

Voraussetzung für die direkte Wasserverbreitung (Hydrochorie) ist natürlich, daß die Pflanzen im oder nahe am Wasser wachsen, damit ihre Verbreitungseinheiten rasch in das Wasser gelangen. Eine andere Voraussetzung ist die Schwimmfähigkeit der Früchte und Samen und ihr Vermögen, einen Aufenthalt im Wasser über eine bestimmte Zeit zu ertragen, ohne Schaden zu nehmen. Vor allem die Samen benötigen in den meisten Fällen Schutz vor einem direkten Zutritt des Wassers, damit sie erst am geeigneten Ort und zum geeigneten Zeitpunkt mit dem Keimen beginnen.

Früchte und Samen vieler Wasser- und Sumpfpflanzen, die durch den Wind verbreitet werden, halten sich nur wenige Tage auf dem Wasser oder gehen sofort unter, wie die verschiedener Froschlöffel-*(Alisma-)*, Laichkraut-*(Potamogeton-)* oder auch Wollgras-*(Eriophorum-)*Arten.

Eine erhöhte Schwimmfähigkeit der Früchte und Samen wird entweder durch spezifisch leichtes Schwimmgewebe aus großen luftgefüllten Zellen bzw. Interzellularen erreicht, oder es sind Schwimmblasen (luftgefüllte Hohlräume) vorhanden, die ein Absinken verhindern. Beide Möglichkeiten können auch kombiniert sein.

Die Früchte einer Reihe von Pflanzen, die ihren Standort an den Küsten tropischer Meere haben, besitzen Schwimmgewebe. Das bekannteste Beispiel dafür ist wohl die Kokospalme *(Cocos nucifera)* mit ihren einsamigen Steinfrüchten, den Kokosnüssen. Sie stammt aus Polynesien, kommt aber heute, dank der Schwimmfähigkeit ihrer Früchte und der Verbreitung als Nutzpflanze durch den Menschen, an allen Küsten tropischer Länder vor. Nur in einem tropischen Seeklima gelangt sie zum Blühen und Fruchten. Etwa 3 bis 4 Monate können die Kokosnüsse im Wasser zubringen, dann keimen sie und gehen unter. In dieser Zeit legen sie aber teilweise große Strecken über das Meer zurück. Aus ihrem Schwimmgewebe, dem lufthaltigen, faserigen Mesokarp, werden die unter anderem zur Mattenherstellung benutzten Kokosfasern gewonnen.

Auch die Früchte einiger weiterer Palmenarten sowie Arten anderer Familien, die an tropischen Meeresstränden und in Lagunen wachsen, weisen einen solchen Bau auf. Von den Palmen ist hier besonders die südasiatische stammlose Nipapalme *(Nipa fruticans)* mit ihren etwa 6 m langen Blättern zu nennen, die im Schlickwasser der Mangrovezone zu Hause ist.Sie hat ähnliche, aber kleinere Früchte als die Kokospalme, nur daß bei ihr das Schwimmgewebe aus Zellen mit großen Interzellularen besteht. Auch die *Nipa*-Früchte können über weite Strecken von Meeresströmungen mitgeführt werden. Als Schutz gegen das Meerwasser ist ein hartes undurchlässiges Exokarp ausgebildet.

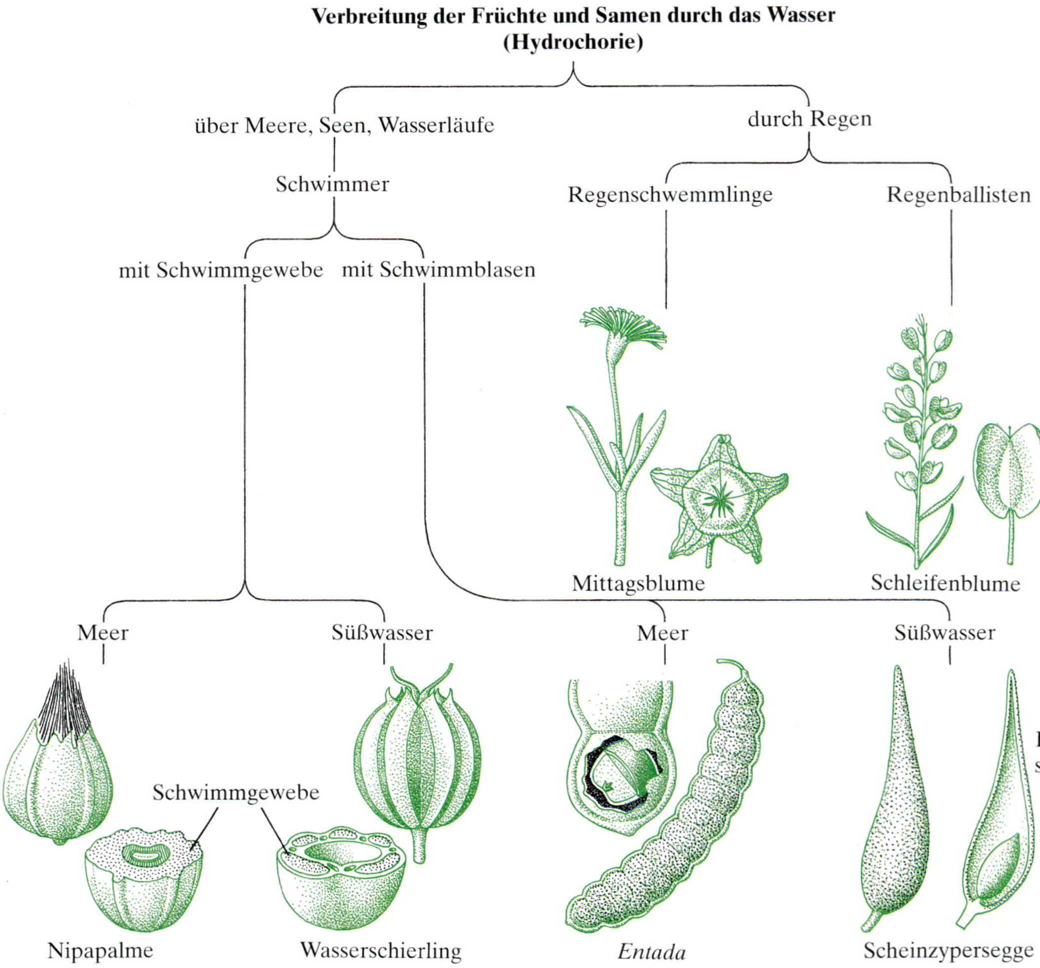

Die holzig-harten Hülsen der in tropischen Küstenbereichen vorkommenden *Entada*-Arten (Familie Mimosengewächse), die, wie schon erwähnt, mit ihren 2 m Länge zu den längsten Früchten der Erde gehören, haben teilweise eine beachtliche Schwimmfähigkeit. Ihre bis zu taschenuhrgroßen Samen sitzen im Innern der Hülsen in luftgefüllten Höhlungen, die blasig aufgetrieben sind und als Schwimmblasen fungieren. Diese Früchte können eine Reise über das Meer überstehen, gelangen doch die Hülsen der Art *Entada gigas* von Mittelamerika oder den Karibischen Inseln aus nicht selten mit dem Golfstrom über den Atlantik bis an die Küsten Englands oder Norwegens. Ihre Samen, auch Seebohnen genannt, sind nach einer so langen Seereise mitunter noch jahrelang keimfähig. Bei vielen tropischen Pflanzen erlischt die Keimfähigkeit sonst häufig schon nach wenigen Tagen oder Wochen.

Schwimmfrüchte kommen natürlich auch bei Sumpf- und Wasserpflanzen außerhalb der Tropen vor, so z. B. bei den in Deutschland unter Naturschutz stehenden Fieberkleegewächsen (Menyanthaceae), wie dem in Sümpfen und Flachmooren wachsenden, durch seine dreizähligen Blätter kleeartig wirkenden Fieber- oder Bitterklee *(Menyanthes trifoliata)* und der in stehenden bzw. langsam fließenden Gewässern nur noch relativ selten zu findenden Seekanne *(Nymphoides peltata)*. Die Samen der Kapselfrüchte des Fieberklees können allerdings auch durch den Wind verbreitet werden. Eine Anzahl der in oder am Wasser wachsenden Dolden-(Apiaceae), Riedgras-(Cyperaceae), Froschlöffel-(Alismataceae) und Igelkolbengewächse (Sparganiaceae) sowie die Blasenbinse *(Scheuchzeria palustris)* und die Wasserschwertlilie *(Iris pseudacorus)* verfügen ebenfalls über Schwimmfrüchte. Bei der Wasserschwertlilie können die Samen, genau wie beim Fieberklee, aber auch durch den Wind verbreitet werden.

Der im Mittelmeerraum und von den Kanarischen Inseln bis England als Strandpflanze vorkommende Korbblütler *Otanthus maritimus*, ein naher Verwandter unserer heimischen Schafgarbe, umgibt seine Früchte regelrecht mit einem Schwimmgürtel. Er besteht aus der mit einem Schwimmgewebeanhängsel versehenen Blumenkronröhre und verwächst mit der Frucht.

Typische Schwimmblasenfrüchte haben einige der zu den Riedgrasgewächsen gehörenden Seggenarten *(Carex)*. Als Schwimmblase wird das zu einem Schlauch, dem sogenannten Utriculus, verwachsene Tragblatt der weiblichen Blüte genutzt. Es schließt erst den Fruchtknoten und dann die reife Frucht samt einer Luftblase in sich ein. Bei den Seerosen befindet sich unter der Schale des Samens eine Luftschicht, die die Schwimmfähigkeit bewirkt.

Es gibt auch eine Reihe von Pflanzen, die nicht das Oberflächenwasser der Erde, also Meere, Seen, Flüsse, Bäche usw. für die Verbreitung ihrer Samen benutzen, sondern Wasser in Form von Niederschlägen, und zwar ausschließlich des Regens. Bei der Besprechung der Bewegungen von Pflanzen wurde schon davon berichtet, daß sich vor allem die Kapselfrüchte bestimmter Arten durch hygroskopische Bewegungen bei Feuchtigkeit öffnen. Der Regen fällt in die geöffneten Kapseln und schleudert oder schwemmt die Samen heraus. Solche als Regenschwemmlinge bezeichnete Pflanzen können an feuchten Standorten vorkommen, wie die Sumpfpflanzen Bachehrenpreis und Blauer Wasserehrenpreis (*Veronica beccabunga* und *Veronica anagallis-aquatica*) oder der Schlammling *(Limosella aquatica)*. Vorwiegend handelt es sich jedoch um Arten trockener Standorte. Der Regen durchfeuchtet gleichzeitig den sonst trockenen Boden so intensiv, daß die herausgeschwemmten Samen gute Bedingungen zum Keimen vorfinden. Viele Steppen- und Wüstenpflanzen sind an eine derartige Verbreitung ihrer Samen angepaßt, beispielsweise verschiedene südafrikanische Mittagsblumenarten *(Mesembryanthemum)*.

Aber auch der einheimische, an sandigen Ruderalstellen, in trockenen Kiefernwäldern und auf Sandtrockenrasen wachsende Scharfe Mauerpfeffer *(Sedum acre)*, ein Dickblattgewächs, bildet nach dem Abblühen seiner leuchtend gelben, sternförmigen Blüten hygroskopische Kapseln aus, deren Samen durch Regen ausgeschwemmt werden.

Schließlich gibt es neben den Regenschwemmlingen noch die sogenannten Regenballisten. Bei ihnen wird – wie der Name andeutet – geschossen! Sie wandeln die Kraft der auftreffenden Regentropfen in eine Bewegung ihrer meist an federnden Stielen sitzenden Früchte um, wodurch die Samen herausgeschossen werden. Einen derartigen Verbreitungsmechanismus benutzen z. B. die Kreuzblütler Hellerkraut *(Thlaspi)*, Schleifenblume *(Iberis)* und Steintäschel *(Aethionema)* für ihre in den breiten Schötchen sitzenden Samen. Auch verschiedene Lippenblütler, wie die Braunelle *(Prunella)* und das Helmkraut *(Scutellaria)* vermögen auftreffende Regentropfen für die Verbreitung ihrer Samen zu nutzen.

Blinde Passagiere

»Die süßesten Früchte fressen nur die großen Tiere«, heißt es im Refrain eines vor Jahren viel gespielten Schlagers. Aus biologischer Sicht hätte man hinzufügen können: Sie verbreiten damit vielleicht deren reife

Samen, wenn sie sie nach dem Passieren ihres Darmes wieder ausscheiden. Obwohl der Schlagertext symbolisch gemeint ist, stimmt es wirklich, daß nur die größeren Tiere, vor allem Vögel und Säugetiere, durch den Verzehr bestimmter Früchte und Samen eine wesentliche Rolle bei deren Verbreitung spielen. Obwohl auch Wespen und andere Insekten die »süßen« Früchte nicht verschmähen, nehmen sie doch keine Samen in ihren Darm auf und tragen nicht zu ihrer Verbreitung bei.

Trotzdem sind einige Insekten – vor allem die Ameisen – wichtige Helfer bei der Verbreitung bestimmter Samen und Früchte, die sich in diesem speziellen Fall ganz auf die Ameisen eingestellt haben.

Schließlich gibt es eine Reihe von Früchten und Samen, die sich durch bestimmte Einrichtungen wiederum meist an Vögel und Säugetiere ankleben oder anheften, wenn diese mit ihrem Feder- oder Haarkleid in ihre unmittelbare Nähe geraten. Sie werden dann als »blinde Passagiere« befördert und können auf diese Weise über weite Strecken transportiert werden.

Damit sind die Hauptverbreitungsarten der Früchte und Samen durch Tiere (Zoochorie) umrissen: der Weg durch den Verdauungstrakt größerer Tiere (Endozoochorie), die Verbreitung durch Ameisen (Myrmekochorie) und schließlich das Anheften der Diasporen an die Oberfläche von Tieren (Epizoochorie).

Beginnen wir mit der Endozoochorie, der Verbreitung durch das Fressen und Wiederausscheiden. Wie müssen die Früchte beschaffen sein, wenn sie die Tiere zum Fressen animieren und ihre Samen gleichzeitig die Darmpassage überstehen sollen? Vögel

Verbreitung der Früchte und Samen durch Tiere (Zoochorie)

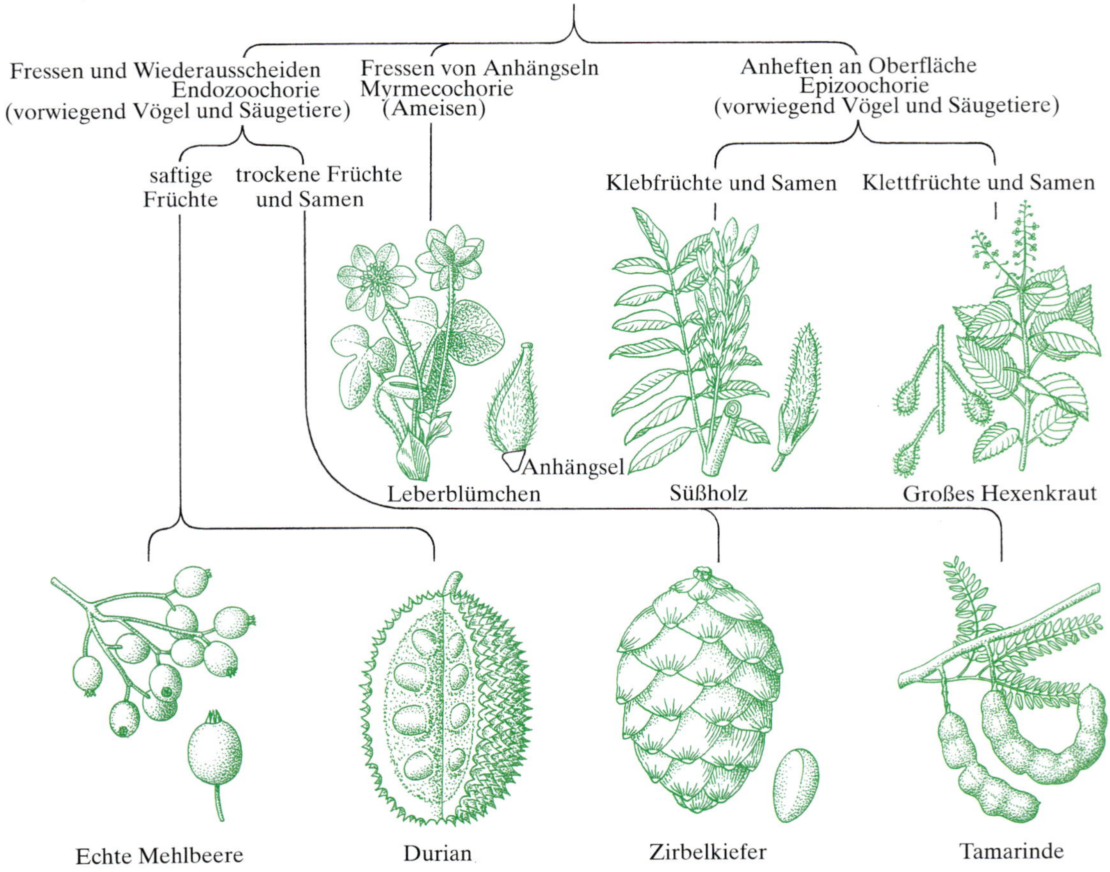

stellen dabei in der Regel andere Ansprüche als Säugetiere. Beide verzehren zwar sowohl saftige als auch trockene Früchte, aber Vögel erspähen die Früchte mit den Augen, während bei den Säugetieren wohl der Geruch und der Geschmack bei der Anlockung die größere Rolle spielt.

Deshalb sind vor allem die saftigen Früchte, die von Vögeln verzehrt werden sollen, oft auffällig gefärbt und reifen zudem, wenn die Blätter noch grün sind. Durch diesen Farbkontrast erhöht sich ihre Auffälligkeit. Oft stellen sie im Winter noch an den kahlen Zweigen deutlich sichtbare Farbflecke dar (s. Abb. S. 248).

Häufig dominiert, wie bei den vogelbestäubten Blumen, die rote Farbe. Denken wir an die Hagebutten, Vogelbeeren und Vogelkirschen, die Früchte des Sauerdorns, Weißdorns, Roten Holunders oder die von einem roten Samenmantel umgebenen Samen der Eibe. Dieser fleischige, süßschmeckende Samenmantel ist der einzige Teil dieses Nadelholzes, der nicht das giftige Alkaloid Taxin enthält, also eindeutig auf die Verbreitung durch Tiere angelegt ist.

Auch dunkelblaue oder fast schwarze Früchte heben sich vor allem im Herbst gut von dem buntgefärbten Laub ab, wie die des Wilden Weins, der Heidelbeere, des Schwarzen Holunders, des Kreuzdorns, der Brombeere oder die Beerenzapfen des Wacholders.

Weiße Früchte sind besonders auffällig bei der Schneebeere oder der Mistel. Auch sie dienen den Vögeln als Nahrung.

Die Trockenfrüchte vieler Wasserpflanzen werden vorwiegend durch Wasservögel verbreitet, wie vom Laichkraut *(Potamogeton)*, Froschlöffel *(Alisma)*, Pfeilkraut *(Sagittaria)* und anderen. Die Körnerfresser unter den Vögeln, die z. B. Sonnenblumen- und Früchte anderer Korbblütler sowie Gräser mit Vorliebe als Nahrung aufnehmen, zerkleinern diese in der Regel so stark, daß sie vollständig zerstört werden und den Darm verdaut wieder verlassen. Sie können deshalb kaum noch als Saatgut dienen. Trotzdem werden auch von diesen Vögeln derartige Samen und Früchte verbreitet, wenn sie aufgenommen und vor dem Verzehr wieder fallengelassen werden.

Pflanzliche Verbreitungseinheiten, die die Darmpassage der Vögel gut überstehen sollen, dürfen also möglichst nicht zerkleinert werden und müssen durch harte Samenschalen, wie beim Steinobst, gegen den Angriff der Verdauungssäfte geschützt sein. Steinobstkerne kann unter den heimischen Vögeln nur der seinen Namen zu Recht tragende Kirschkernbeißer zerkleinern und damit für die Verbreitung unbrauchbar machen.

Die hohe Verdauungsgeschwindigkeit bei den Vögeln verringert die Gefahr, daß die Samen allzusehr, wie durch starke Quellung, in dem mehr oder weniger flüssigen Milieu des Vogeldarms geschädigt werden. Im Durchschnitt wird der unverdaute Teil der Nahrung schon nach einer halben Stunde von den Vögeln wieder ausgeschieden.

Die vorwiegend durch Säugetiere verbreiteten Früchte und Samen zeichnen sich, wie schon festgestellt, durch einen bestimmten Geruch und Geschmack aus, die Farbe tritt in den Hintergrund. Geruch und Geschmack können auch für uns Menschen angenehm sein, wie z. B. bei den vielen Obstarten, die von den Säugetieren ebenfalls als Nahrung geschätzt werden. Vor allem in den wärmeren Gebieten sind es neben Nagetieren auch Affen, Halbaffen und Fledermäuse, die sich von dem reichhaltigen Angebot an Südfrüchten, wie Feigen, Bananen, Zitrusfrüchten und anderen, ernähren und zu deren Verbreitung beitragen.

Die typischen Fledermausfrüchte haben meist eine dünne Schale und süßes, saftiges Fruchtfleisch, wie z. B. der aus Mittelamerika stammende Breiapfel oder Sapotill *(Manilkara zapota)*, ein auch in Südamerika häufig kultivierter Obstbaum, oder der ebenfalls im tropischen Amerika beheimatete Mammiapfel *(Mammea americana)*.

Als Beispiel einer für den Menschen sehr übelriechenden (nach Käse und faulen Eiern), jedoch genießbaren, für Tiere aber äußerst anziehenden, da erotisierend wirkenden Frucht, sei hier der aus Südostasien stammende Durian *(Durio zibethinus)* aus

Geöffnete Frucht des Durians *(Durio zibethinus)* mit dem rahmweißen Samenmantel, der gegessen wird.

der Familie der Wollbaumgewächse angeführt. Diese großen, weichfleischigen Früchte werden vielfach von Affen, aber auch von Elefanten, Nashörnern, Büffeln, Hirscharten und vor allem Zibetkatzen mit Vorliebe gefressen.

Trockene Früchte verschleppen bei uns vorwiegend Vorräte sammelnde Säuger, wie Hamster, Eichhörnchen oder auch Mäuse. In den wärmeren Gebieten sind es wiederum Affen und Nagetiere, die unter anderem das Fruchtmark verschiedener Leguminosenhülsen verzehren und dabei die Samen verbreiten. Beispiele hierfür liefern der im Mittelmeergebiet beheimatete Johannisbrotbaum *(Ceratonia siliqua)*, oder die aus dem tropischen Afrika stammende Tamarinde *(Tamarindus indica)*.

Ein auffälliger Farbkontrast, der auf Vogelverbreitung hindeutet, zeigt sich bei dem südostasiatischen *Clerodendrum dichotomum*. Die grünblaue Frucht wid von einem blutroten Kelch umgeben.

Viele Früchte schützen ihre Samen vor dem Gefressenwerden durch besondere Einrichtungen. Unreife Samen sind noch nicht keimfähig, und deren Verbreitung hätte wenig Sinn. So ist die grüne, fleischige Außenschicht der Walnüsse *(Juglans regia)* in unreifem Zustand durch Gerbstoffe recht bitter und durch bestimmte Harze außerdem sehr klebrig. Erst bei der Reife trocknet diese Schicht ein und platzt auf, so daß das Innere zugänglich wird. Auch die aus Vorblättern gebildeten Hüllen der Haselnüsse *(Corylus avellana)* haben auf ihrer Oberfläche klebrige Drüsenhaare, die erst bei Fruchtreife eintrocknen. Bei den Buchengewächsen ist der die Früchte schützende Fruchtbecher, die Cupula, entweder mit Stacheln versehen, wie bei der Echten Kastanie *(Castanea sativa)* und der Rotbuche *(Fagus sylvatica)*, oder die Cupula umschließt die jungen Früchte ganz eng und gibt sie erst bei der Reife frei, wie bei den Eichen *(Quercus)*.

Die durch Ameisen verbreiteten Samen und

Früchte haben eiweiß-, zucker- oder fettreiche Anhängsel (Elaiosomen) unterschiedlicher Größe und Gestalt. Sie werden von den Ameisen gefressen, die dabei Früchte und Samen verschleppen. In den gemäßigten Gebieten gehören vor allem die Frühjahrsblüher in den Laubwäldern, deren Früchte schon im Spätfrühling reifen, zu den myrmecochoren Pflanzen. Zwischen Spätfrühling und Frühsommer sind die Ameisen wegen der Pflege ihres Nachwuchses besonders aktiv im Sammeln dieser Früchte und Samen, die sich an diese Verbreitungsart völlig angepaßt haben. Beispiele hierfür sind Buschwindröschen *(Anemone nemorosa)* und Leberblümchen *(Hepatica nobilis)*, Lerchensporn-*(Corydalis-)*, Goldstern-*(Gagea-)* und Veilchenarten *(Viola)*, Schneeglöckchen *(Galanthus nivalis)*, Kriechender Günsel *(Ajuga reptans)*, verschiedene Taubnesseln *(Lamium album, L. maculatum, Galeobdolon luteum)* und Vergißmeinnichtarten *(Myosotis)*, aber auch einige Seggen *(Carex)* und Gräser, wie das Perlgras *(Melica)*. Zum Teil handelt es sich um obligat myrmecochore Arten, teilweise werden lediglich einige ihrer Früchte oder Samen durch Ameisen verbreitet, der Rest durch den Wind oder durch Selbstverbreitung. Wind und Ameisen sind z. B. bei der Ackerwitwenblume *(Knautia arvensis)* gemeinsame Verbreiter.
In tropischen Waldbereichen kommen viele myrmecochore Pflanzen vor, denn Ameisen spielen in diesen Gebieten eine große Rolle, sie sind dort außerordentlich zahlreich, und ihr Zusammenleben mit den Pflanzen hat vielfältige Formen angenommen.
Vorwiegend wieder Vögel und Säugetiere gestatten es den epizoochoren Pflanzen, durch das Anheften von Früchten und Samen an ihr Gefieder bzw. Haarkleid ihre Verbreitungseinheiten auf die Reise zu schicken. Auch dafür haben sich einige wirksame Besonderheiten herausgebildet.
Für diese Pflanzengruppe ist es natürlich vorteilhaft, daß ihre Samen nicht den Verdauungstrakt von Tieren passieren müssen. Unangenehme mechanische oder chemische Einflüsse fallen deshalb weg. Angeheftete Samen oder Früchte können im Feder- oder Haarkleid bestimmter Tiere über weite Strecken transportiert werden, also größere Entfernungen überwinden. So verdanken viele Pflanzen ihre weltweite Verbreitung dieser Ausbreitungsart. Allerdings wurde festgestellt, daß sich Vögel durch häufiges Putzen des Gefieders relativ schnell solcher

Früchte und Fruchtstände mit Klettvorrichtungen durch

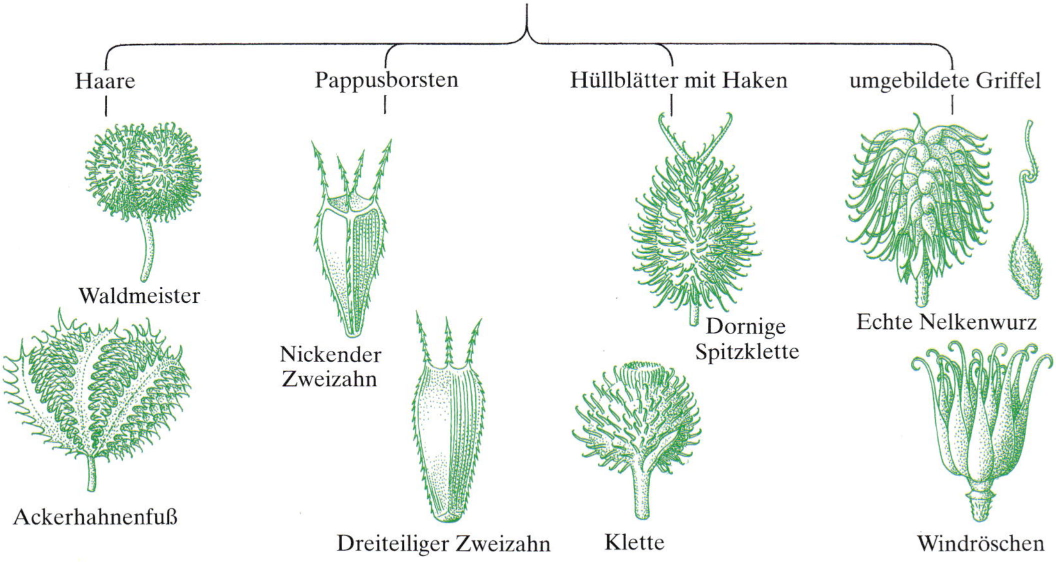

angehefteter Fremdkörper entledigen. Bei verschiedenen Säugetieren haften sie länger und verfitzen sich z. B. in der Wolle der Schafe so intensiv, daß sie oft selbst aus der geschorenen Wolle schlecht entfernt werden können und mit der Wolle, aber auch mit anderen Produkten, auf die Reise gehen. Ein typisches Beispiel dafür ist die Dornige Spitzklette *(Xanthium spinosum)*, ein Korbblütler, der ursprünglich in Südamerika beheimatet, jetzt wegen seiner hakendornigen, sich überall anheftenden Fruchtstände auf allen Kontinenten als Unkraut vorkommt. Bei der Spitzklette und auch bei unseren einheimischen Klettenarten *(Arctium)*, sind die Hüllblätter des Blütenkörbchens zu Widerhaken umgebildet, während sich bei den Zweizahnarten *(Bidens)* die mit Widerhaken versehenen Kelchborsten an alles heften, was mit ihnen in Berührung kommt.

Bei anderen Pflanzen, darunter bei vielen weitverbreiteten Unkräutern, treten als Klettvorrichtungen Hakenhaare auf, wie beispielsweise beim Kleblabkraut *(Galium aparine)*, beim Waldmeister *(Galium odoratum)* oder bei den Hexenkräutern *(Circaea)*. Bei anderen sind es Emergenzen, mehrzellige Auswüchse der Epidermis mit Hakenbildungen, wie beim Ackerhahnenfuß *(Ranunculus arvensis)*, der Ackerhaftdolde *(Caucalis platycarpos)* oder dem Strahlenbreitsame *(Orlaya grandiflora)*. Schließlich wird bei einer Reihe von Arten der verholzende, hakig gebogene Griffel zum Haftorgan, wie bei der Echten Nelkenwurz *(Geum urbanum)*, einem Rosengewächs.

Wie auf dem Boden liegende Reißzwecken, die man sich leicht in die Schuhsohlen eintritt, wirken einige Früchte auf die ungeschützten Füße größerer Tiere, vor allem der Huftiere. Diese vorwiegend in wärmeren Gebieten vorkommenden, als Trampelkletten bezeichneten Früchte, können für die Tiere sehr lästig werden. Sie versuchen sie durch Aufstampfen auf den Boden wieder loszuwerden und tragen dabei zu ihrer Verbreitung bei. Beispiele dafür sind einige Vertreter der Sesamgewächse (Pedaliaceae) und der im Mittelmeergebiet beheimatete, jetzt weltweit verbreitete Burzeldorn *(Tribulus terrestris)*, ein Jochblattgewächs (Zygophyllaceae).

Andere Pflanzen versuchen ihre Früchte oder Samen mit Hilfe klebriger oder schleimiger Substanzen an die Tiere anzuheften, oft auch durch klebrige Drüsenhaare, die mehr oder weniger dicht auf der Oberfläche der Verbreitungseinheiten angeordnet sind.

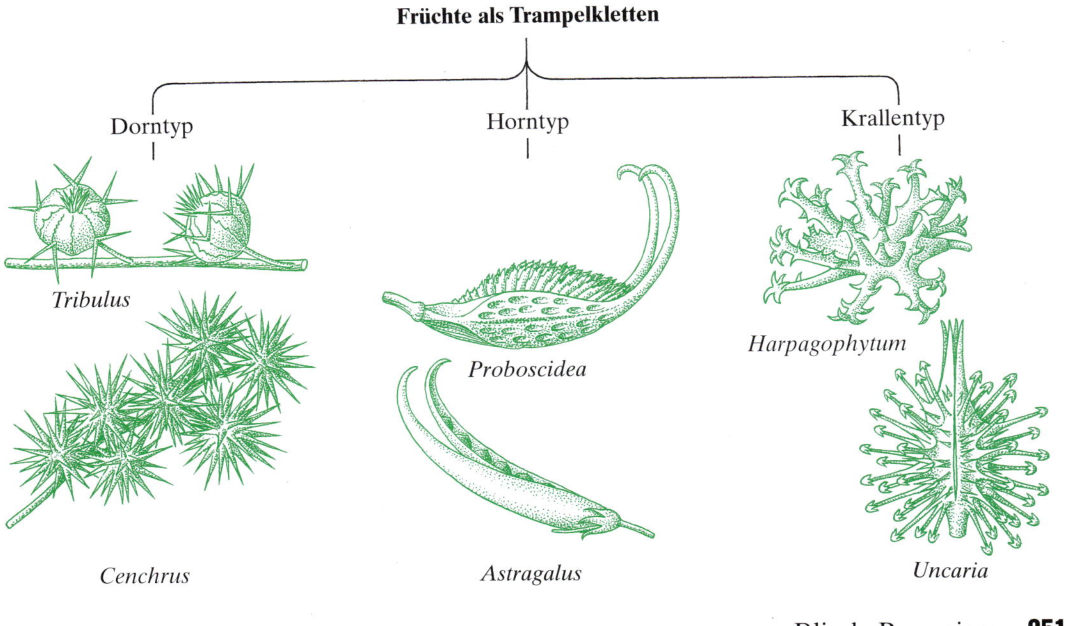

Klebrige Samen haben viele Binsenarten, so die an feuchten Standorten häufigen Flatterbinsen *(Juncus effusus),* Krötenbinsen *(Juncus bufonius)* und die Zarte Binse *(Juncus tenuis).* Ihre aus den Kapseln austretenden Samen verschleimen zu froschlaichartigen Gallertklumpen. Auch die Samen der Herbstzeitlose *(Colchicum autumnale)* haben Klebwarzen, mit deren Hilfe sie sich an Tieren festkleben können, um auf diese Weise verbreitet zu werden. Besonders auffällige, langgestielte Drüsenhaare sind an den Hülsen der zu den Schmetterlingsblütlern gehörenden, vor allem im Mittelmeergebiet heimischen Süßholzarten *(Glycyrrhiza)* ausgebildet. Diese Hülsen platzen nicht auf, wie bei vielen anderen Vertretern dieser Familie, sondern bleiben geschlossen und kleben sich als Ganzes an die sie verbreitenden Tiere an.

Eine Kombination der Verbreitung durch Anheftung mit klebrigen Substanzen einerseits sowie Verdauung und Ausscheidung andererseits stellen die Früchte der Misteln dar. Sie werden gern im Winter von Vögeln, besonders von Misteldrosseln und Seidenschwänzen gefressen, die die unverdaulichen, von einem steinigen Endokarp umhüllten Samen wieder häufig auf Zweigen und Ästen ausscheiden, wo diese auskeimen können. Oft versuchen die Vögel auch die am Schnabel klebenbleibenden Früchte oder Fruchtteile an den Zweigen abzustreifen und sorgen auf diese Weise für ihre Verbreitung. Diese kautschukartigen klebrigen Schleime sind übrigens in den Früchten aller parasitischen Mistelgewächse (Loranthaceae) vorhanden.

Außer den Tieren ist auch der Mensch seit Jahrtausenden der wichtigste Verbreiter der

Das Zottige Franzosenkraut *(Galinsoga ciliata)* ist ein Neophyt, der um die Mitte des vorigen Jahrhunderts aus Nordamerika eingeschleppt wurde. Es ist genau wie das 50 Jahre früher eingeschleppte Kleinblütige Franzosenkraut *(Galinsoga parviflora)* ein häufiges Unkraut in Gärten und auf Äckern geworden.

Pflanzen über weite Gebiete der Erde hinweg. Man bezeichnet diese Art der Verbreitung als Anthropochorie. So führte er nicht nur die Kulturpflanzen weltweit in die verschiedensten Regionen ein, er verschleppte mit ihnen auch die sie begleitenden Unkräuter, die sich dann in anderen Gebieten mehr oder weniger einbürgern konnten. Durch Handel mit Saatgut, Viehfutter, Früchten oder Wolle gelangten viele Arten von Land zu Land, von Kontinent zu Kontinent und breiteten sich je nach den gegebenen Umständen aus.

Auch aus den durch die Menschen seit dem Mittelalter angelegten lebenden Pflanzensammlungen in den botanischen Gärten gelangten eine Reihe fremder Florenelemente in bestimmte Gebiete, wenn sie von dort aus in die nähere oder weitere Umgebung entweichen und sich dann vermehren konnten. Ein typisches Beispiel dafür ist das Kleinblütige Franzosen- oder Knopfkraut *(Galinsoga parviflora),* ein Korbblütler aus Mexiko. Es wurde wahrscheinlich bereits von den Indianern mit dem Mais als Unkraut nach dem westlichen Südamerika gebracht und von Peru aus nach Frankreich eingeführt. Ende des 18. Jahrhunderts blühte es erstmals im Botanischen Garten von Paris und verbreitete sich von hier aus über ganz Europa. Nach Deutschland gelangte es zur Zeit der Napoleonischen Kriege, und da es schien, als hätten es die Franzosen mitgebracht, erhielt es im Volksmund den Namen Franzosenkraut (s. Abb. S. 252).

Diese mit Hilfe des Menschen eingebürgerten Fremdpflanzen eines Gebietes werden als Adventivpflanzen bezeichnet. Wenn sie in geschichtlicher Zeit nach 1500 eingeschleppt wurden, wie das Franzosenkraut in Europa, so werden sie Neophyten, Neubürger, genannt. Dann ist von ihnen auch meist das Jahr ihres ersten Auftretens bekannt, vom Franzosenkraut z. B. das Jahr 1805.

In unserer Flora gibt es eine große Zahl derartiger Neophyten. Die bekanntesten sind das aus Asien stammende Kleinblütige Springkraut (*Impatiens parviflora,* seit 1837), die Kanadische Wasserpest (*Elodea canadensis,* seit 1859), das Frühlingskreuzkraut (*Senecio vernalis,* seit 1850) aus Vorderasien und die aus Amerika stammende Zarte Binse (*Juncus tenuis,* seit 1834).

Wenn die Pflanzen schon in vor- oder frühgeschichtlicher Zeit eingebürgert wurden, bezeichnet man sie als Archaeophyten oder Altbürger. So kamen z. T. schon etwa 4 500 Jahre vor unserer Zeitrechnung mit der Einführung des Ackerbaus gemeinsam mit den Getreidearten aus Vorderasien auch viele Ackerunkräuter, aber auch Schutt- und Wegrandpflanzen nach Mitteleuropa. Hierzu gehören z. B. die heute sehr selten gewordene Kornrade *(Agrostemma githago),* die Kornblume *(Centaurea cyanus),* der Spitzwegerich *(Plantago lanceolata)* oder die Große Klette *(Arctium lappa).* Natürlich sind von diesen Arten die genauen Jahreszahlen der Einbürgerung nicht bekannt.

Lebende Abschußrampen

Viele Pflanzen verlassen sich nicht auf »fremde Mächte«, die ihre Früchte und Samen befördern, sondern übernehmen dies durch bestimmte Einrichtungen in eigener Regie. Die Diasporen werden also durch die jeweilige Mutterpflanze allein, ohne Einwirkung äußerer Kräfte, verbreitet. Solche Pflanzen weisen Selbstverbreitung oder Autochorie auf, die allerdings bei einigen Arten auch mit bestimmten Formen der Zoochorie kombiniert sein kann.

Wir können drei Hauptgruppen von Autochorie unterscheiden: erstens die Verbreitung mit Hilfe spezieller Schleudervorrichtungen, zweitens durch negativen Photobzw. positiven Gravitropismus induzierte Ablegevorrichtungen und schließlich durch ganz simple Fallvorrichtungen für Früchte und Samen. Alle drei Vorrichtungen sollen die Samen so weit und so günstig von der Mutterpflanze entfernen, daß sie »ungestört« neue Individuen der Art bilden können.

Pflanzen mit Schleudereinrichtungen brin-

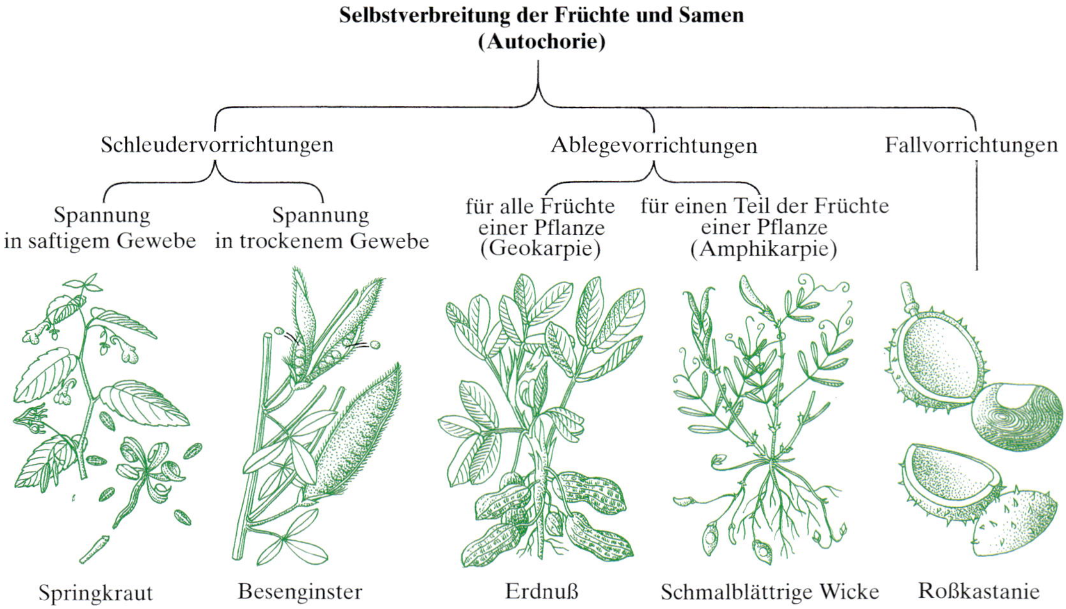

gen ihre Früchte und Samen am weitesten von der entsendenden Mutterpflanze weg. Es werden teilweise enorme Wurfweiten erzielt. Trotzdem treten die meisten Pflanzen mit dieser Verbreitungsart bestandsbildend auf. Vielfach handelt es sich um einjährige Arten schattiger oder feuchter Standorte, darunter eine große Zahl von Waldpflanzen.

Grundlage der Schleudervorrichtungen sind Turgor- oder hygroskopische Bewegungen, wie wir schon an anderer Stelle (s. S. 163) erläutert haben. Sie sind unter den höheren Pflanzen relativ weit verbreitet. Wenn auch die Bildung »lebender Abschußrampen«, also die Samenausschleuderung durch Spannung bzw. Turgordruck lebender Gewebe, seltener ist als durch Spannung in trockenen Geweben, so gibt es doch auch dafür eine stattliche Zahl von Beispielen. Eines der bekanntesten ist die bereits erwähnte, im Mittelmeergebiet als Unkraut vorkommende Spritzgurke *(Ecballium elaterium)*, ein Kürbisgewächs, das beim Ablösen der Frucht vom Fruchtstiel durch den inneren Flüssigkeitsdruck seine Samen explosionsartig bis über 12 m ausspritzen kann (Abb. S. 235). Auch die in Mitteleuropa bekanntere Gattung *Impatiens*, das Springkraut, wurde schon genannt. Alle hierher gehörenden Arten – weltweit immerhin 450 – sind durch elastisch aufspringende Kapseln gekennzeichnet, die aus 5 verwachsenen Fruchtblättern gebildet werden. Die inneren und äußeren Schichten der Fruchtwand differieren in ihrer Gewebespannung, wobei die innere Schicht aus festen Zellen ein Widerlager bildet, das die äußere Schicht, ein Schwellgewebe aus dünnwandigen Zellen, hindert, sich bei Wasseraufnahme maximal auszudehnen. Diese Spannung bleibt so lange stabil, wie die Verwachsung der Fruchtblätter intakt ist. Mit fortschreitender Fruchtreife lösen sich die Mittellamellen der Verwachsungsnähte auf, bis sich von selbst – oder bei Berührung von außen – alle Karpelle voneinander trennen und nach innen einrollen. Dabei werden die Samen weggeschleudert. Bei dem aus Asien stammenden, bei uns als Zierpflanze oder eingebürgert an Ufern und in Auengebüschen vorkommenden Drüsigen Springkraut *(Impatiens glandulifera)* fliegen sie immerhin bis zu 6 m weit.

Solche »Rollschleudern« haben auch die Schotenfrüchte verschiedener Schaumkrautarten *(Cardamine)*. Ihre Schotenklappen lösen sich von der Scheidewand im Inneren abrupt los und rollen sich nach außen

Maximale Wurfweite der Samen durch Schleuderfrüchte (nach Flindt, verändert)

Art	Wurfweite in Metern
Springschaumkraut *(Cardamine impatiens)*	0,90
Hundsveilchen *(Viola canina)*	1,00
Sumpfstorchschnabel *(Geranium palustre)*	2,50
Kleinblütiges Springkraut *(Impatiens parviflora)*	3,00
Waldveilchen *(Viola reichenbachiana)*	3,75
Stiefmütterchen *(Viola tricolor)*	4,75
Drüsiges Springkraut *(Impatiens glandulifera)*	6,00
Lupine *(Lupinus digitatus)*	7,00
Akanthus *(Acanthus mollis)*	9,50
Spritzgurke *(Ecballium elaterium)*	12,70
Sandbüchsenbaum *(Hura crepitans)*	14,00
Bauhinie *(Bauhinia purpurea)*	15,00

ein, wobei die Samen weit fortgeschleudert werden. Vor allem das in Wäldern und an Waldsäumen zerstreut vorkommende Springschaumkraut *(Cardamine impatiens)* und das auf Äckern, in Gärten und auf Schutt wachsende Viermännige Schaumkraut *(Cardamine hirsuta)* benutzen diese Explosionsbewegung ihrer Früchte zur Samenverbreitung.
Auch die als völlig chlorophylloser Schmarotzer auf Wurzeln von Gehölzen parasitie-

Eine der buntesten Blüten trägt das im tropischen Ostafrika wild wachsende Springkraut *Impatiens niamniamensis.*

Nur auf Kalkböden wächst der Diptam *(Dictamnus albus)*. Die Wolke ätherischen Öles, die ihn bei intensiver Sonneneinstrahlung umgibt, kann man anzünden. Deshalb heißt die Pflanze im Volksmund auch Brennender Busch.

rende Schuppenwurz *(Lathraea squamaria)* hat Springkapseln, deren Samen durch ein sich vergrößerndes Schwellgewebe im Inneren der Kapsel ausgeschleudert werden (s. Abb. S. 133). Direkt an den Samen ist bei einigen Pflanzenarten ein Schwellgewebe ausgebildet, wie es z. B. bei unseren einheimischen Sauerkleearten *(Oxalis)* beobachtet werden kann. Hier gelangen die Samen durch die Spalten der laternenartig durchbrochenen Fruchtkapselwand ins Freie. Ein ähnliches Prinzip herrscht auch bei den tropischen kraut- oder halbstrauchartigen *Dorstenia*-Arten aus der Familie der Maulbeergewächse. Die hier in einer verbreiterten Fruchtstandsachse eingesenkten kleinen Nußfrüchte werden durch Reste der Blütenhülle wie zwischen zwei Fingern festgehalten, um schließlich durch das sich vergrößernde Schwellgewebe wie ein Kirschkern davongeschnipst zu werden.
Auch die Samenausschleuderung durch Spannung in trockenem Gewebe wurde schon kurz angesprochen. Viele Früchte besitzen derartige Austrocknungsmechanismen, die zu einem plötzlichen Aufreißen führen und dabei die Samen fortschleudern. Dies ist bei den Spaltfrüchten der Storchschnabelgewächse oder den Hülsen der Leguminosen der Fall, von denen die meisten beim Öffnen noch eine zusätzliche Drehbewegung ausführen. Dabei erweisen sich die pantropisch verbreiteten *Bauhinia*-Arten als wahre Meisterwerfer. So wurden bei *Bauhinia purpurea*, einer der insgesamt 250 Arten, bis zu 15 m Wurfweite gemessen.
Ausgeprägt sind derartige Mechanismen auch bei vielen Vertretern der Wolfsmilchgewächse, sowohl unter den einheimischen, als auch den tropischen Arten. Bei dem im tropischen Amerika beheimateten Sandbüchsenbaum *(Hura crepitans)* ist sogar ein lauter Knall zu hören, wenn die an einer Mittelsäule angeordneten Teilfrüchte bei der Reife abspringen und dadurch die immerhin etwa 2 cm großen, linsenförmigen Samen bis zu 14 m weit fortschleudern. Sie sind gleichsam die Vizemeister in den Wurfdisziplinen. Nicht so große Weiten beim Ausschleudern ihrer Samen erreichen unsere heimischen Wolfsmilch- und Bingelkrautarten.
Das Ausschleudern der Samen bei verschiedenen Rautengewächsen wird durch die austrocknende und sich dabei ruckartig umstülpende innere Kapselwand hervorgerufen, wie bei dem in Deutschland unter Naturschutz stehenden, wärmeliebenden Diptam *(Dictamnus albus)* und der als Heil- und Gewürzpflanze kultivierten Weinraute *(Ruta graveolens)* (vgl. Abb.).

Trockene Schleuderfrüchte

Sandbüchsenbaum — Sumpf-storchschnabel — Diptam — Wildes Stiefmütterchen — *Acanthus mollis*

Typische Schleuderkapseln besitzen auch einige Vertreter der Portulak- und Nelkengewächse, deren Öffnung durch Schrumpfung bestimmter Gewebeschichten bewirkt wird. Dagegen beruht das Ausschleudern der Samen bei den meisten Veilchenarten zwar auch auf Schrumpfungsunterschieden, doch mit einem anderen Prinzip. Hier öffnen sich die Kapseln, ohne vorerst die Samen zu entlassen. Dies erfolgt später durch das Quereinrollen der einzelnen Kapselklappen nach unten, wobei deren Oberseiten stark gewölbt und die Samen dadurch fortgeschleudert werden.

Eine Besonderheit weisen manche Arten der fast ausschließlich tropisch-subtropisch verbreiteten Akanthusgewächse (Acanthaceae) auf. Hier sitzen die flachen Samen in den zweifächerigen Kapseln an der verholzenden, dornartigen Verlängerung des Samenstranges an. Diese Gebilde – auch als Jakulator, Ausstoßer bezeichnet – funktionieren wie federartige Schleudern und schießen die Samen in zwei verschiedene, den jeweiligen Fruchthälften gegenüberliegende Richtungen davon. Oft verschleimen die Samen an ihrer Oberfläche und können dann zusätzlich durch Tiere verbreitet werden.

Im übrigen sind Schleudereinrichtungen bei den zweikeimblättrigen Pflanzen viel häufiger als bei den einkeimblättrigen. Nur die aus dem tropischen Amerika stammende Inkalilie *(Alstroemeria)* besitzt von unten nach oben aufreißende Kapseln, aus denen die Samen bis zu 4 m weit fortgeschleudert werden können. Bei einer Anzahl tropischer Orchideen enthalten die Früchte zu hygroskopischen Bewegungen fähige Haare. Sie tragen zum Ausstreuen der Samen bei trockenem Wetter bei, ähnlich wie die Elateren in den Kapseln der Lebermoose.

Eine Reihe von Pflanzen benutzt zur Selbstverbreitung ihrer Früchte und Samen ein Prinzip, das unter dem Begriff »Ablegevorrichtungen« zusammengefaßt werden kann. Wir sind unter anderem Aspekt schon kurz darauf eingegangen, als der Photo- und Gravitropismus besprochen wurde. Bei allen Pflanzen mit diesen Ablegevorrichtungen findet nämlich ein Wechsel in ihrem tropistischen Verhalten zwischen Blüh- und Fruchtphase statt. Während die Blütenstiele positiv phototrop – also zum Licht hin – reagieren, verhalten sich die Fruchtstiele gerade umgekehrt. Sie wenden sich vom Licht ab, sind also negativ phototrop.

Ein typisches Beispiel für dieses Verhalten ist das Zimbelkraut *(Cymbalaria muralis)*, ein Braunwurzgewächs, das seine Früchte in Mauer- oder Felsspalten hineinzubringen versucht. Auch einige zur gleichen Familie gehörende Ehrenpreisarten *(Veronica agrestis, Veronica persica, Veronica hederifolia)* und Tännelkräuter *(Kickxia elatine, Kickxia spuria)* krümmen durch Wachstumsbewegungen ihre Fruchtstiele dem Boden zu, um die Früchte hier abzulegen.

In der Fruchtbiologie bezeichnet man dieses Verhalten, alle Früchte einer Pflanze zur Verbreitung durch Eigenleistung in die Erde zu bringen, als Geokarpie. Sie kommt außer bei Sumpf- und Wasserpflanzen bei Arten der verschiedensten Standorte vor, ist aber bei Bewohnern trockener Gebiete häufiger und stellt eine Anpassung an die dort herrschenden Lebensbedingungen dar, wo durch Trockenheit und starke Sonneneinstrahlung die heranreifenden Früchte leicht vertrocknen können. Die Nähe der Erde oder das Einbringen in die Erde schützt sie dagegen. Die Ausbildung erdnaher Blüten entzieht sie allerdings vielfach der Bestäubung durch Insekten, so daß bei diesen Arten Selbstbestäubung und Kleistogamie vorherrscht.

Neben der Erdnuß *(Arachis hypogaea)*, dem bekanntesten Beispiel für Geokarpie, sind noch eine Reihe anderer Arten zu erwähnen, deren Früchte im Boden reifen, wie die Erd- oder Angolaerbse *(Vigna subterranea)* oder die Kandelabohne *(Kerstingiella geocarpa)*. Bei beiden handelt es sich um in Afrika heimische Schmetterlingsblütler. Ein anderer Schmetterlingsblütler, der im Mittelmeergebiet verbreitete Erdklee *(Trifolium subterraneum)*, verankert gleich seine ganzen Blütenköpfchen im Boden, wobei die nach rückwärts gerichteten, wie Widerhaken wirkenden Kelchzipfel ein Herausrutschen aus dem Boden verhindern sollen. Es gibt aber auch Pflanzen, die verschiedene

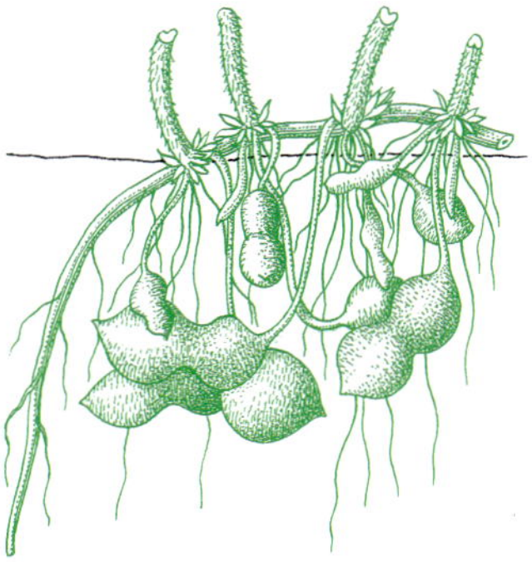

Kandelabohne

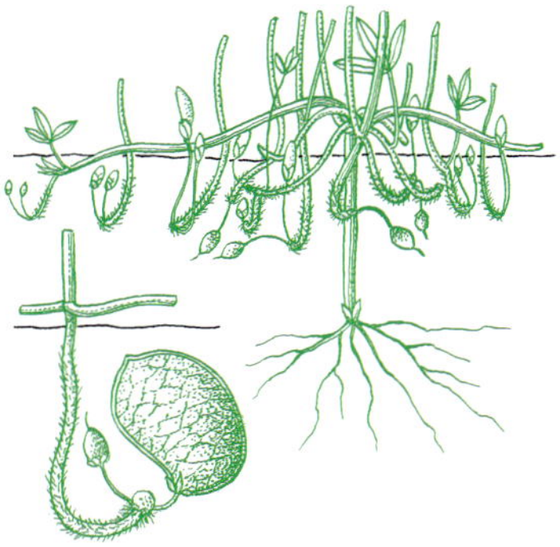

Erderbse

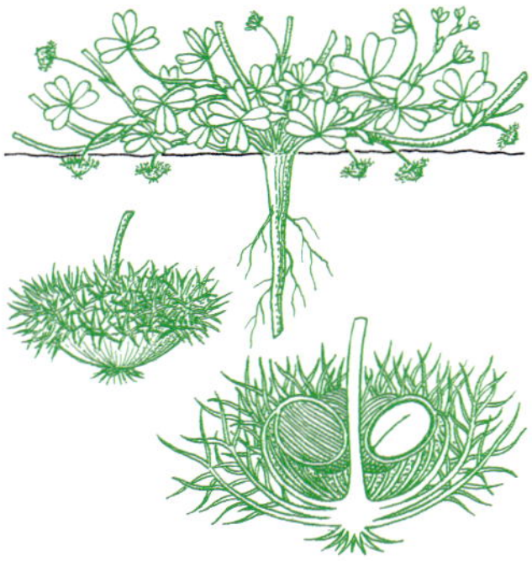

Erdklee

Geokarpie

Möglichkeiten der Samenverbreitung entwickelt und dafür unterschiedliche Blüten ausgebildet haben. Aus den »normalen« Blüten am oberen Teil der Stengel gehen »Luftfrüchte«, aus den kleistogamen Blüten am Grunde des Stengels dagegen »Erdfrüchte« hervor. Ein solches Verhalten wird als Amphikarpie bezeichnet.

Wiederum die Schmetterlingsblütler bieten eine Anzahl solcher Beispiele. So sind einige Wickenarten *(Vicia)* amphikarp. Ihre Luftfrüchte stellen normale, bei Fruchtreife aufspringende Hülsen dar, während ihre Erdfruchthülsen geschlossen bleiben und stets weniger Samen enthalten. Auch bei den Veilchen mit kleistogamen Blüten kann Amphikarpie ausgebildet sein, wie beim Rauhhaarveilchen *(Viola hirta)*.

Die einfachste Art der Selbstverbreitung ist schließlich das Loslösen der Früchte von der Mutterpflanze, die dann durch ihr Eigengewicht auf den Boden fallen. Bei vielen Pflanzen wird unter Einwirkung verschiedener Phytohormone am Grunde der Fruchtstiele ein Trenngewebe ausgebildet, so daß die Früchte abfallen können. Es ist der gleiche Vorgang wie beim herbstlichen Blattfall der Laubbäume und Sträucher. Oft platzen die Früchte durch den Aufprall am Boden auf, und die Samen werden einige Meter fortgeschleudert. Dies ist besonders wirksam, wenn die Samen rund und glatt sind und aus großen Höhen herabfallen, wie bei der Roßkastanie *(Aesculus hippocastanum)*, was sich im Herbst besonders gut beobachten läßt.

Die Sensation von Rhynie

Wie der erste Fundort des Neandertalers, die kleine Feldhofer Grotte im schluchtartigen Neandertal bei Düsseldorf, oder das im südlichen Fränkischen Jura gelegene Solnhofen, wo man den Urvogel *Archaeopteryx* in den dort anstehenden Plattenkalken fand, rückte auch das verträumte schottische Dorf Rhynie nordwestlich von Aberdeen durch eine sensationelle Entdeckung in den Mittelpunkt der Fachwelt. Die dort in einem Steinbruch aufgeschlossenen, etwa 380 Millionen Jahre alten Hornsteine bargen geradezu einmalig durch kieselsäurehaltige Wässer konservierte Reste von Pflanzen eines Moores. In einer eindrucksvollen wissenschaftlichen Bearbeitung beschrieben die beiden britischen Botaniker Kidston und Lang von 1917 bis 1921 das reichlich vorkommende Material. Die ihnen am bedeutendsten erscheinende Gattung benannten sie nach dem Fundort *Rhynia.* Sie unterschieden von ihr zwei Arten: die kleinere, etwa 20 cm hohe *Rhynia gwynnevaughanii* und die größere, etwa 50 cm hohe *Rhynia maior.* Der Typus der ersten Landpflanze – so wie man ihn sich vorstellte – war entdeckt! Das Material gab alles her, was man erwartete. Anhand sorgfältiger An- und Dünnschliffe konnten anatomische und histologische Strukturen erkannt werden, wie sie auch an rezentem Material kaum besser zu sehen sind. Alle vorausgesagten Merkmale der ersten Landpflanzen wurden sichtbar: ein einfaches Leitbündel, das einen Zentralstrang von wasserleitenden Tracheiden und um diesen herum Assimilate leitende dünnwandige Rindenzellen aufweist; einfach gebaute Spaltöffnungen, die dem Gasaustausch dienen; Substanzen wie Lignin und Kutin, die als biochemische »Neuerwerbungen« entweder für die Festigung des Pflanzenkörpers bedeutsam sind oder die Transpiration einschränken.

Die Abbildung S. 261 zeigt, daß sich die nackten, dichotom gegabelten Sproßachsen von *Rhynia maior* aus einem kriechenden Erdsproß erheben, der mit Rhizoiden im Boden verankert ist. An den Sproßspitzen können längliche, etwa 12 mm lange Sporangien ausgebildet sein. Wir haben also den Sporophyten vor uns. *Rhynia gwynnevaughanii* besitzt zusätzlich an der Basis etwas eingeschnürte Seitentriebe, die häufig als »Brutäste« gedeutet werden. Außerdem ist diese Art an der Oberfläche nicht völlig glatt, sondern etwas warzig. Neben den *Rhynia*-Arten kamen zwei weitere zu den Urfarnen (Psilophytatae) (s. S. 265) zu stellende Pflanzen in den Hornsteinen vor. Die erste ist die den Rhynien ähnliche *Horneophyton lignieri* – eine nur etwa 15 cm hohe Pflanze – die an-

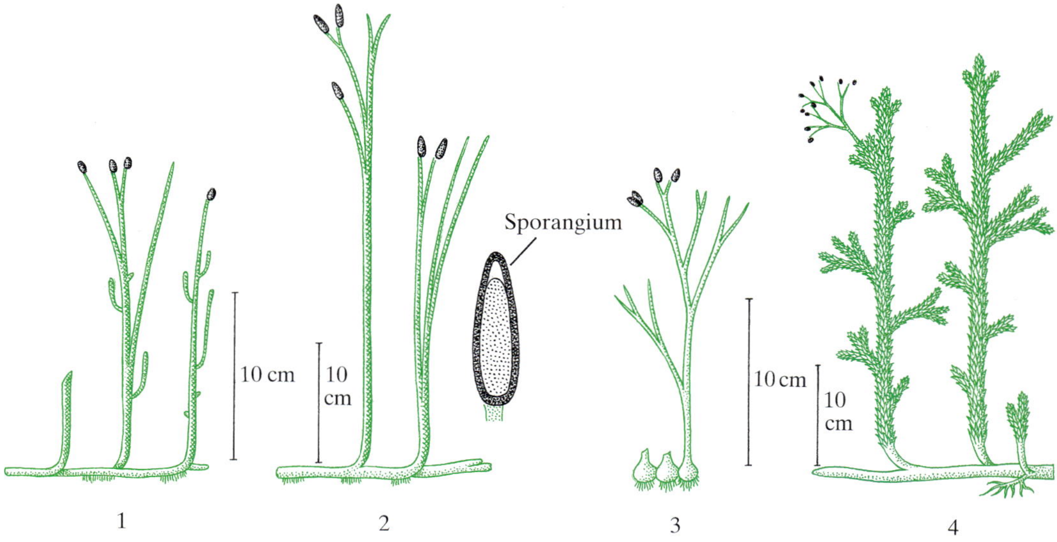

Die Funde von Rhynie
1 *Rhynia gwynnevaughanii,* 2 *Rhynia major,*
3 *Horneophyton lignieri,* 4 *Asteroxylon mackiei*

stelle der kriechenden Erdsprosse knollenartige Rhizome besitzt. Sie unterscheidet sich vor allem durch das andersartige Sporangium, das im Inneren eine sterile Mittelsäule, eine Columella, aufweist und damit den Kapseln der Hornmoose ähnlich ist. Noch bemerkenswerter ist die zweite, zu den Bärlappartigen vermittelnde Pflanze mit blattartigen, die Sproßachse bedeckenden Emergenzen. Die komplizierter gebauten Spaltöffnungen und die bereits weiterentwickelten Leitbündel weisen auf ein höheres Entwicklungsstadium hin. Das bezeugen auch die schon vorhandenen echten Wurzeln. Kidston und Lang beschrieben diese Pflanze als *Asteroxylon mackiei.*

Es darf nicht unerwähnt bleiben, daß der Sensation von Rhynie bereits mehr als 50 Jahre vorher eine Entdeckung voranging, die für die damalige Zeit etwas so Unglaubliches darstellte, daß niemand sie wahrhaben wollte. Der amerikanische Paläontologe William Dawson beschrieb bereits 1859 aus dem Unterdevon des östlichen Kanada eine urtümliche Landpflanze, die nur aus einfachen, dichotom verzweigten Sproßachsen ohne deutliche Blätter aufgebaut war. Der herausragenden Bedeutung seines Fundes bewußt, nannte er die Pflanze *Psilophyton princeps* (= die erste Nacktpflanze). Doch leider waren ihm bei der Darstellung einige Fehler unterlaufen (u.a. bei der zeitlichen Einordnung des Fundmaterials), so daß es seinen Kritikern leicht fiel, seine Erkenntnisse in Bausch und Bogen zu verurteilen und sie sogar der Lächerlichkeit preiszugeben. Erst die Entdeckungen von Rhynie haben Dawsons Funde ins rechte Licht gerückt.

Obwohl *Rhynia* noch heute allgemein als der Typus der ersten Landpflanze schlechthin in den Lehrbüchern dargestellt wird, darf dies nicht darüber hinwegtäuschen, daß sie wesentlich später vorkam als einige andere, inzwischen bekannt gewordene Beispiele von Landpflanzen. Die zeitliche Einordnung von *Rhynia* ist noch nicht eindeutig geklärt. Man deklariert die Hornsteine von Rhynie nämlich teilweise als oberes Unterdevon, teilweise als unteres Mitteldevon.

Heute kennt man bereits Beispiele von Landpflanzen aus dem Silur und rechnet damit, daß sie vielleicht schon im Ordovizium entstanden sind. Als älteste Vertreter gelten gegenwärtig die zierlichen, nur wenige Zentimeter großen Pflanzen der Gattung *Cooksonia,* die vom Untersilur bis zum Unterdevon gefunden wurden. Sie bestehen – ähnlich wie *Rhynia* – aus einem mehrfach dichotom verzweigten nackten Stengel, haben aber mehr rundliche, quer verbreiterte Sporangien.

Einen anderen Typ repräsentiert die teilweise gemeinsam mit *Cooksonia* vorkommende Gattung *Zosterophyllum* (s. Abb. S. 269), die weltweit verbreitet war. Bei ihr stehen die sich durch einen Querspalt öffnenden Sporangien ährenartig gedrängt an der Spitze der rundlichen Sproßachsen. Man glaubte, daß die Pflanze im seichten Wasser vorkam und (ähnlich einem Laichkraut) die Sporangienstände über den Wasserspiegel emporhob, während die mehrfach gegabelten Sprosse im Wasser fluteten. Inzwischen hat man aber Spaltöffnungen nachweisen und damit bestätigen können, daß es sich um eine echte Landpflanze handelte.

An der Grenze zwischen Obersilur und Unterdevon treten schon Typen erster »beblätterter« Landpflanzen auf. Der im Unterdevon weltweit verbreitete, etwa 50 cm hohe *Drepanophycus spinaeformis* besaß dornartige Mikrophylle, in die Abzweigungen des zentralen Leitbündels einmündeten. Die Sporangien befanden sich auf der Oberseite der Mikrophylle und ließen damit deutliche Unterschiede zu den sonst endständigen Sporangien der Psilophyten erkennen. Ähnlich, aber mit bis zu 4 cm langen, nadelförmigen, dicht gestellten Mikrophyllen ist die im Obersilur Australiens gefundene Gattung *Baragwanathia.* Beide Sippen kann man an die Basis der Entwicklung der Bärlappartigen stellen.

Diese frühen Funde geben den Paläontologen einige Rätsel auf, und der in jeder Hinsicht so ideale Prototyp der ersten Landpflanze, die Gattung *Rhynia,* erschien in einem ganz anderen Licht. Es wurde die Meinung geäußert, daß die »Blattlosigkeit« als reduziertes Merkmal aufzufassen ist. Andere vermuteten hingegen, daß *Rhynia* eine Reliktform darstellt, die sich in Mooren – wie bei Rhynie – erhalten konnte, um das relativ späte Auftreten dieser morphologisch einfachsten Form der Psilophytatae zu erklären.

Im Mittel- und Oberdevon vollzog sich dann eine schnelle Entfaltung der Basisgruppen von Bärlappen, Schachtelhalmen und Farnen, die darauf in der Karbonzeit mit einer gewaltigen Formenfülle eine üppige Vegetation entwickelten.

Die Entwicklung der Bärlappgewächse läßt sich im Mittel- und Oberdevon recht gut verfolgen. Anklänge an den schon genannten *Drepanophycus* zeigt die Gattung *Protolepidodendron,* die noch an der Spitze gegabelte Mikrophylle besitzt und deren Sporangien auf den Blättern sitzen. Ihre Arten sahen dem heimischen Tannenbärlapp *(Huperzia*

Psilophyten des Silurs und Devons

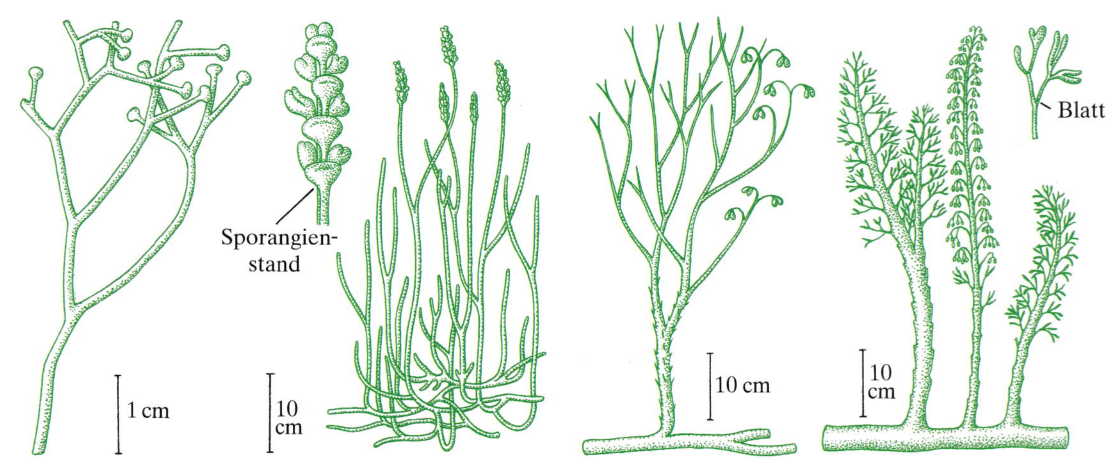

Cooksonia *Zosterophyllum* *Psilophyton* *Hyenia*

selago) ähnlich (vgl. Abb. S. 52). Als Vorläufer der Schuppen- und Siegelbäume sind die im Mittel- und Oberdevon vorkommenden, etwa 2 bis 5 m hohen Vertreter der Gattungen *Protolepidodendropsis, Archaeosigillaria* und *Lepidosigillaria* anzusehen. Die aus dem Oberdevon der gesamten Erde bekannte *Cyclostigma kiltorkense,* ein Baum von etwa 8 m Höhe, kann schon zur Ordnung der Schuppenbaumartigen (Lepidodendrales) gestellt werden.

Die Anfänge der Evolution der Schachtelhalme liegen noch im Dunkeln. Nachdem sich die *Hyenia*-Arten, die längere Zeit als die ursprünglichsten Vertreter der Schachtelhalme angesehen wurden, nach neueren Untersuchungen als Zwischenglieder von Psilophytatae und Filicatae erwiesen haben, gilt die oberdevonische, schon hochentwickelte, bis 10 m hohe, baumartige *Pseudobornia ursina* als frühester Repräsentant der Schachtelhalme. Von den im Karbon häufigen Keilblattgewächsen und den Riesenschachtelhalmen traten im Oberdevon auch bereits die ersten Arten in Erscheinung.

Der Beginn der Entwicklung der Farne ist auch im Mitteldevon – wenn nicht früher – zu suchen. Die ursprünglichsten Sippen weisen einerseits noch viele Merkmale der Psilophyten auf, andererseits sind die Anklänge an die Farne unverkennbar, wie die charakteristische endständige Stellung der Sporangien und die noch nicht in eine Ebene gerückten Fiederabschnitte der Seitenzweige, so daß der Eindruck eines Raumwedels vermittelt wird. Die hierher gehörenden Sippen werden meist unter dem Begriff der Primofilices (Erstfarne) zusammengefaßt, wobei dies keine systematische Einheit, sondern nur die besondere Organisationsstufe zum Ausdruck bringen soll. Beispiele dafür stellen *Hyenia, Pseudosporodochnus, Cladoxylon* und *Protopteridium* dar.

In diesem Übergangsfeld zwischen den Psilophyten und den Farnen ist auch zugleich der Beginn der Entwicklung der Samenpflanzen zu suchen. Die in diesem Bereich als Vorläufer der Nacktsamer zu wertenden Sippen werden unter der Sammelbezeichnung Progymnospermae (Vornacktsamer) zusammengefaßt. Sie stellen Bindeglieder zwischen den noch nicht in Achsen-, Blatt- und Wurzelbereich gegliederten Psilophytatae und den frühesten echten Nacktsamern dar, wobei die Entwicklung der verschiedenen Unterabteilungen der Nacktsamer, der Coniferophytina und der Cycadophytina – vielleicht auch der Ginkgoatae – von Anfang an getrennt verlief, so daß der Begriff der Nacktsamer lediglich als Organisationsstufe aufzufassen ist.

Die Kenntnis über die Vorfahren der heutigen Nadelhölzer geht auf eine bemerkenswerte Leistung des amerikanischen Paläobotanikers Beck zurück. Er entdeckte 1962 den Zusammenhang zwischen einem bis dahin unter verschiedenen Namen beschriebenen gymnospermenartigen Holz und farnartigen, heterosporen Wedeln und schrieb sie einer Art, *Archaeopteris macilenta,* zu. Inzwischen kennt man von dieser Gattung mehrere Arten, die im Oberdevon weltweit verbreitet waren. Die etwa 20 m hohen Bäume mit sekundärem Dickenwachstum hatten bereits einen ähnlichen Habitus wie unsere Nadelhölzer.

Den Ursprung der Cycadophytina sucht man hingegen bei Formen, die bereits gefiederte, komplex aufgebaute Wedel und durch Markstrahlenbildung stärker aufgelockertes Holz aufwiesen. Diese Merkmale besitzen die mittel- und oberdevonischen Aneurophytales. Es handelt sich z. B. bei *Aneurophyton germanicum* um ein baumförmiges Gewächs, das etwa 2 bis 5 m hoch ist und stattliche, mehrfach gefiederte Wedel trägt.

Auch bei den *Ginkgo*-Verwandten, die im Mesophytikum eine große Rolle in der Vegetation gespielt haben, ist die Entwicklung möglicherweise von Anfang an getrennt von den anderen beiden Nacktsamer-Unterabteilungen vor sich gegangen, wenn man die Verwandtschaft der mitteldevonischen *Barrandeina dusliana* als deren Basisgruppe ansieht. So zeigt es sich, daß bereits im Devon die Weichen klar gestellt wurden für die Entwicklung aller bedeutenden Gruppen der Farn- und Samenpflanzen. Nur die Bedecktsamer, die Magnoliophytina, sind erst später ausgeformt worden.

Die Evolution der Gefäßpflanzen
1 Bärlappe, 2 Moosfarn, 3 Brachsenkraut, 4 Schachtelhalme, 5 Natternzungenfarne, 6 Farne, 7 Ginkgo, 8 Nadelbäume, 9 Palmfarne, 10 *Welwitschia,* 11 Palme, 12 Laubbaum (Birke), 13 Keilblattgewächs, 14 *Rhynia,* 15 Cordaitenbaum, 16 *Aneurophyton,* 17 Samenfarne, 18 Bennettitatae

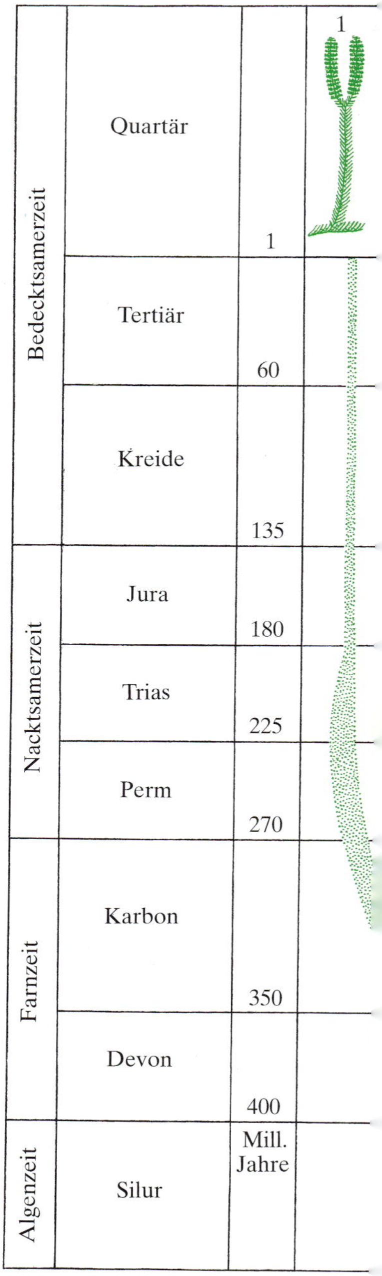

Es rauscht in den Schachtelhalmen

Obwohl die Überschrift dieses Abschnitts der Anfang eines Liedes ist, das vom Untergang der Saurier in der Kreidezeit berichtet, trifft dies doch eher auf die Wälder der Karbonzeit zu, in der riesige Bärlappbäume, gewaltige Schachtelhalme und Farne die Vegetation der Erde beherrschten.

Die »Pteridophyten-Zeit« erstreckte sich über einen Zeitraum von etwa 100 Millionen Jahren und reichte vom Unterkarbon bis zum Rotliegenden, also noch über die Karbonzeit hinaus.

Unter optimalen Klimabedingungen ent-

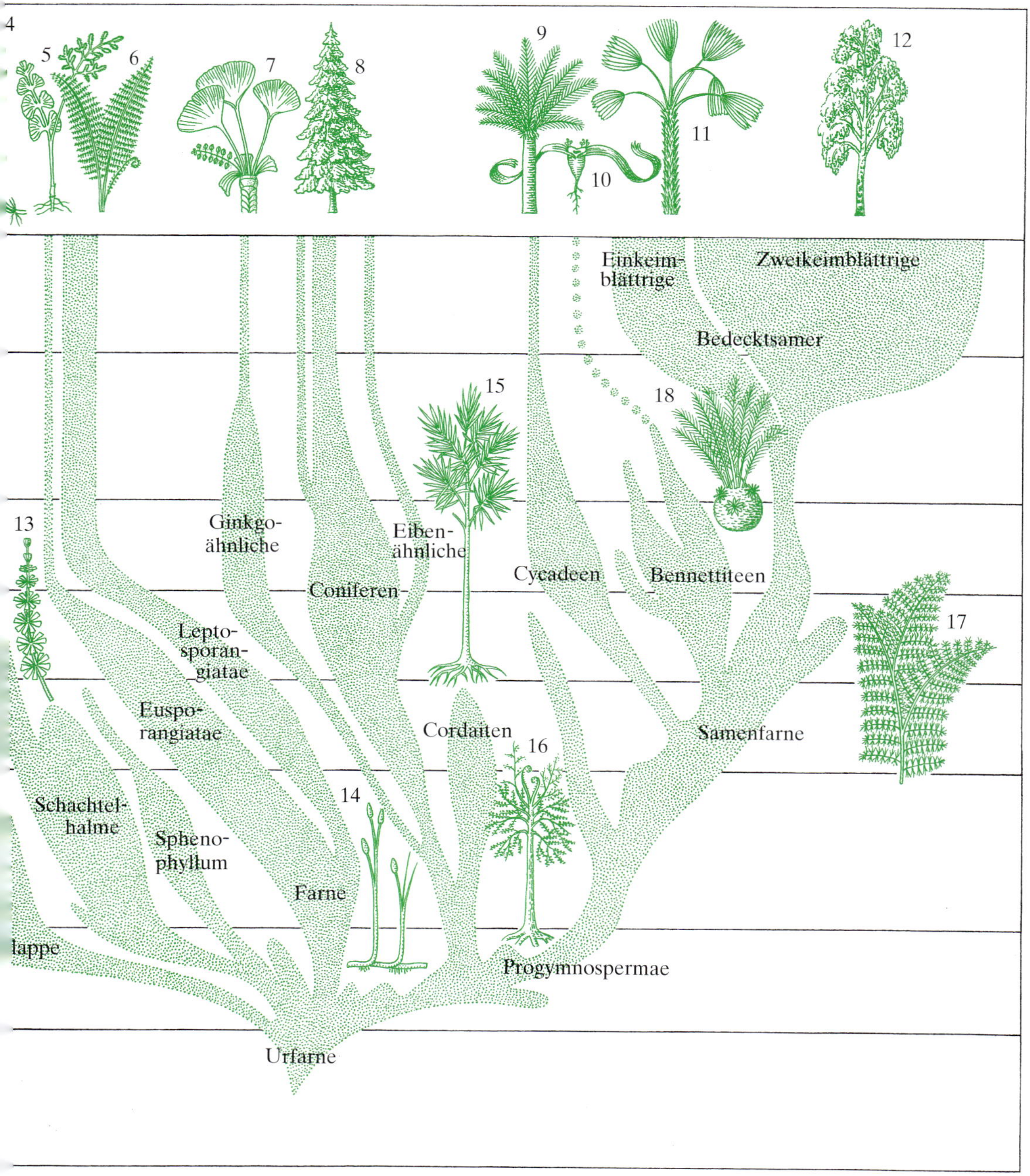

standen damals üppige Wälder und Moore, deren pflanzliche Substanz stellenweise als Steinkohlelager erhalten geblieben ist. Sie legen Zeugnis ab von der immensen Biomasseproduktion, die in dem warmen Klima am Ende des »Paläophytikums« entstanden ist. Heute sind die fossilen Energieträger Ausdruck der gespeicherten Sonnenenergie der damaligen Vegetation. Diese Epoche stellt auch einen der wichtigsten Zeitabschnitte in der Entwicklung der Landpflanzen dar. Alle drei wichtigen Klassen der Farnpflanzen (Pteridophyta) waren mit unterschiedlichen Vertretern an der Vegetation beteiligt, und auch die Nacktsamer sind in dieser Zeit bereits vorhanden.

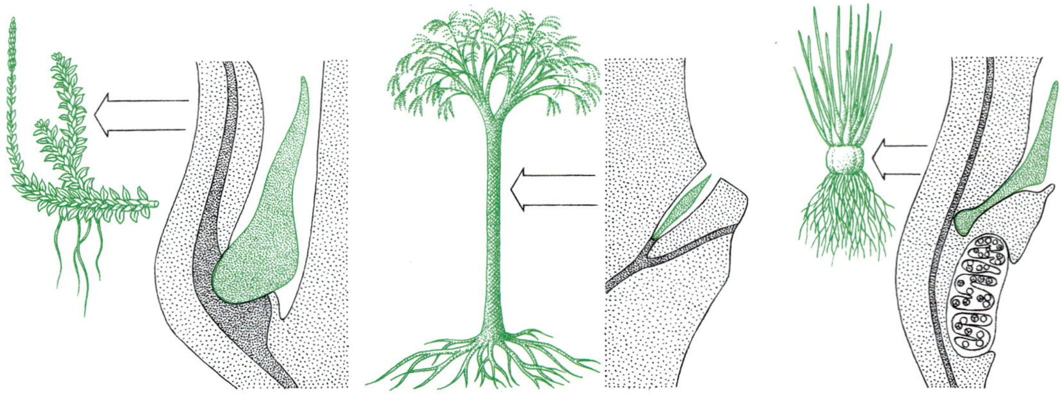

Moosfarne Schuppenbäume Brachsenkräuter

Organe der Wasseraufnahme *(Ligulae)* bei verschiedenen Bärlappgewächsen. Habitus der Pflanze und Längsschnitt durch die Blattbasis. Ligula grün, Leitgewebe schwarz.

Am eindrucksvollsten waren sicherlich die Schuppenbäume *(Lepidodendron)* und die Siegelbäume *(Sigillaria)*, die vor allem in den Moorwäldern dominierten. Sie sind die imposantesten Gestalten, die die Bärlappe (Lycopodiatae) hervorgebracht haben. Die Schuppenbäume erhielten ihren Namen von dem schuppenartigen regelmäßigen Muster der Stämme. Es wird durch die rhombischen Narben der Blattansätze verursacht. Vier kleine Öffnungen in ihnen kennzeichnen die Ausfuhrgänge eines verzweigten Belüftungssystems, das die Rinde des Stammes durchzog, eine weitere Öffnung die Abbruchstelle des in das Blatt führenden Leitbündels. Bemerkenswert ist auch eine kleine Vertiefung oberhalb des Blattansatzes, die sogenannte Ligulargrube, die eine Schuppe enthielt, die heute noch bei den Moosfarnen und Brachsenkräutern, aber nicht bei den Bärlappgewächsen vorhanden ist. Sie diente wahrscheinlich zur zusätzlichen Wasseraufnahme aus dem am Stamm herabrinnenden Regenwasser. Da der Holzteil der bis zu 2 m im Durchmesser großen Stämme relativ schwach entwickelt ist, muß man annehmen, daß die bis 30 m hohen Bäume eine solche zusätzliche Wasserversorgung brauchten.

Steinkohlenwald am Rand eines Sees

Cordaiten Baumfarn

Gegenüber dem Holzteil, der nur etwa 10 bis 20% des Stammdurchmessers betrug, war der Rindenteil so mächtig entwickelt, daß diese Bäume, die auch sekundäres Dickenwachstum aufwiesen, als »Rindenbäume« bezeichnet werden. Ihr Prinzip, mit besonderen Aufnahmeorganen an den Stämmen und Ästen das Wasser der Niederschläge in das Rindengewebe zu leiten, wurde später von Bäumen nie wieder realisiert.

Die Blätter der Schuppenbäume waren nadelförmig bis bandartig und befanden sich an den oberen Ästen und Zweigen. Wie die heutigen Moosfarne und Brachsenkräuter waren die Schuppenbäume heterospor. Ihre zapfenartigen Sporangienbehälter enthielten im unteren Teil die Megasporangien und im oberen Teil die Mikrosporangien.

Erstaunlich ist das Auftreten erster samentragender Bärlappbäume im Oberkarbon, die als Schuppensamer *(Lepidocarpon)* bezeichnet werden. Sie entwickelten im Megasporangium nur eine Megaspore, die auf der Mutterpflanze ein Prothallium mit Archegonien ausbildet und dort befruchtet wird. Es handelt sich also um eine Samenbildung, die zwar in anderer Form vorliegt als bei den echten Samenpflanzen, die aber mit jenen durchaus vergleichbar ist. Der Übergang von den Schuppenbäumen zu den Schuppensamern scheint fließend gewesen zu sein. Beide Formgruppen standen sich also sehr nahe.

Den Schuppenbäumen verwandt waren die Siegelbäume, die ebenfalls als Steinkohlebildner im Oberkarbon und Rotliegenden auftraten. Sie erreichten bis zu 40 m Höhe, waren meist unverzweigt, nur selten an der Spitze ein- oder zweimal gegabelt. Am Gipfel der Stämme befanden sich Blattschöpfe aus langen, schmalen Blättern. Die Stammstruktur war ähnlich derjenigen der Schuppenbäume. Es handelte sich auch um sogenannte Rindenbäume. Wie die Schuppenbäume besaßen sie dichotom verzweigte, astdicke Wurzelträger, die sie im Boden verankerten und an denen sich die eigentlichen Wurzeln befanden. Auch die zapfenähnlichen Sporophyllstände an den oberen Enden mit heterosporen Sporangien sind mit denen der Schuppenbäume vergleichbar.

Die Verlandungsvegetation am Rande der Wasserflächen wurde vor allem von dichten Gebüschen verschiedener Riesenschachtelhalme *(Calamites)* gebildet, die ebenfalls baumförmige Ausmaße erreichten. Das üppige Wachstum dieser Calamiten, das mit dem unserer heutigen Bambusarten vergleichbar ist, führte zu 20 bis 30 m hohen Exemplaren, die einen Stammdurchmesser bis zu einem Meter aufwiesen. Sie entsprangen einem dicken unterirdischen Rhizom mit reichlichen Adventivwurzeln. Die Gattung *Calamites* war sehr vielgestaltig, vor allem in der Verzweigung und Beblätterung. Allen gemeinsam war aber der mit einer großen

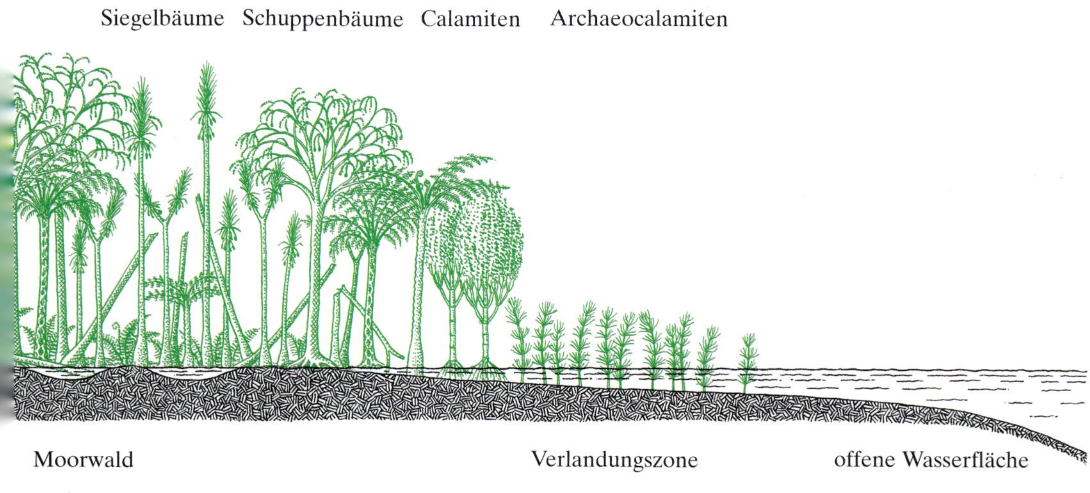

Markhöhle, einem Sekundärholzkörper sowie einer kräftigen Rindenschicht ausgestattete Stamm. Wegen der auffälligen Markhöhle werden die Calamiten auch als »Röhrenbäume« bezeichnet.
Die Blätter waren gut ausgebildet, quirlständig und nicht, wie bei unseren heutigen Schachtelhalmen, zu einer Scheide verwachsen. Bemerkenswert ist innerhalb der Gattung der Übergang von der Isosporie zur Heterosporie.
Auch bei den Calamiten kommt Samenbildung ähnlich wie bei den Schuppensamern vor. Diese Samenschachtelhalme *(Calamocarpon)* aus dem Oberkarbon enthalten ebenfalls nur eine Megaspore im Megasporangium, die noch im Sporangium das Megaprothallium entwickelt.
Auch eine weitere Gruppe von Pflanzen, die in den Steinkohlenwäldern häufig anzutreffen war, gehört zu den Verwandten der Schachtelhalme. Es sind die Keilblattgewächse (Sphenophyllaceae). Ihr Name rührt von den keilförmigen Blättern her, die wirtelig am Stengel angeordnet sind, ähnlich wie es bei unserem Waldmeister oder den Labkräutern der Fall ist. Einige Keilblattgewächse wiesen auch Heterophyllie auf, das heißt, sie besaßen neben den keilförmigen Blättern noch stärker zerteilte, wie jetzt verschiedene Wasserpflanzen. Da ihre Blätter aber ziemlich hartlaubig sind und ihnen auch das für Wasserpflanzen typische Durchlüftungsgewebe fehlt, waren sie sicherlich keine Wasserpflanzen.
Trotzdem geben uns ihre Lebensverhältnisse einige Rätsel auf. Obwohl eine Unmenge fossiles Material geborgen wurde, kennt man kein Stück mit einem Wurzelansatz. Das gehäufte Vorkommen läßt vermuten, daß die Sphenophyllen im Reinbestand wuchsen und ihre bis 1 m hohen Sprosse sich gegenseitig stützten. Die Keilblattgewächse waren isospor und trugen ährenförmige Sporophyllstände.
Neben den spektakulären Erscheinungen der Schuppen- und Siegelbäume sowie der Calamiten traten in den Steinkohlenwäldern auch die Farne mit vielen unterschiedlichen Typen auf. Allerdings ist ihre Abtrennung von den ebenfalls zahlreich vorkommenden ersten Farnsamern, den Pteridospermae, häufig sehr schwierig und bei sterilen Wedeln oft unmöglich. Deshalb bedarf es noch einer intensiven Forschung der Paläobotaniker, um einen gesicherten Überblick über die Anteile beider Gruppen zu bekommen. Vorläufig dominiert noch die Gliederung nach Formgruppen.
In einigen Fällen gelang aber auch die Kombination verschiedener Einzelfunde zu Gesamtdarstellungen. Dabei zeigte sich, daß ein großer Teil dieser Farne baumförmige Vertreter der Kapselfarne (Marattiidae) sind. Etwa 200 Arten dieser altertümlichen Farne leben auch heute noch in den Tropen der Alten und Neuen Welt.
Die Marattiidae der Steinkohlenzeit besaßen Stämme bis zu 15 m Höhe, die relativ

Als *Annularia stellata* werden Sproßteile mit Blättern von *Calamites*-Arten bezeichnet (aus dem Rotliegenden von Manebach in Thüringen).

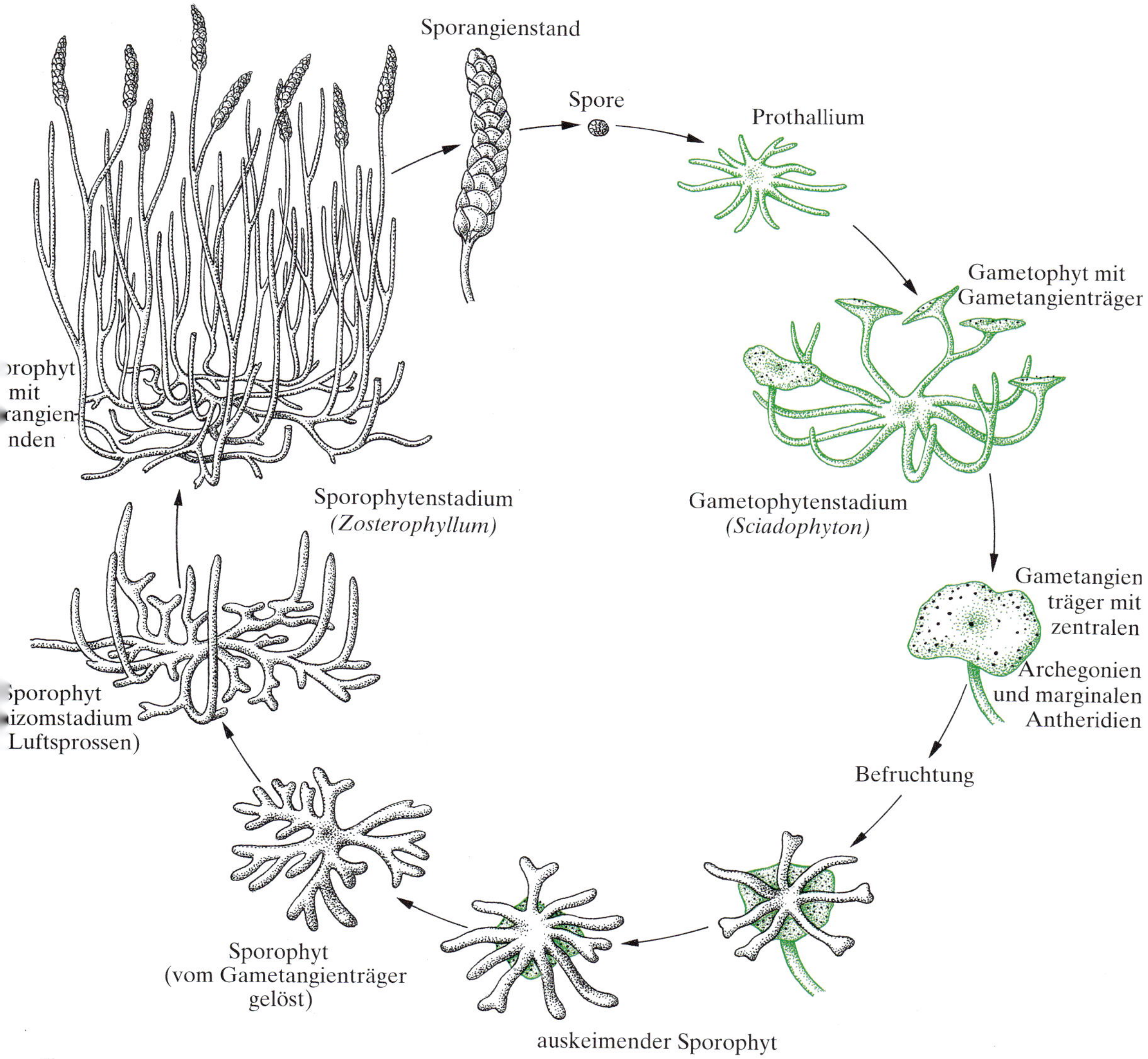

Entwicklungskreislauf eines Urfarnes *(Zosterophyllum rhenanum)* (nach Schweitzer)

dünn waren, aber von einem Mantel aus Luftwurzeln, die z. T. vom äußeren Rindengewebe umschlossen sind, gestützt wurden. Gleichzeitig diente dieser Luftwurzelmantel, der sich ziemlich weit am Stamm hinaufzog, der Wasseraufnahme und -leitung. Ein sekundäres Dickenwachstum gab es nicht.
Es gelang auch in einigen Beispielen die Rekonstruktion der Farnsamer (Lyginopteridatae). Am bekanntesten ist *Lyginopteris hoeninghausii,* ein wichtiges Leitfossil des unteren Oberkarbon. 1904 erforschten die Engländer Oliver und Scott den Zusammenhang zwischen den bis dahin unterschiedlich beschriebenen Wedelresten, Stammstücken, Wurzeln und einfachen Samenanlagen. *Lyginopteris* war eine bis zu 4 m hohe Kletterpflanze mit sekundärem Dickenwachstum und farnartigen, in der Jugend eingerollten Wedeln von etwa 50 cm Länge. Die Samenanlagen sind von einem Integument und einer becherartigen Hülle (Kupula) umgeben und haben eine ähnliche Pollenkammer wie die Cycadeen, in der so-

gar noch Pollen nachgewiesen werden konnten. Sicherlich erfolgte die Befruchtung durch Spermatozoide. Da keine Embryonen in den Samen festgestellt wurden, wird die Befruchtung erst nach dem Abfallen der Samen stattgefunden haben.
Auch baumförmige Farnsamer wurden gefunden. Sie sind aus einzelnen Stämmchen zusammengesetzt, die ein sekundäres Dickenwachstum besitzen. Dadurch entstehen Verwachsungen, die den Stamm nach außen hin einheitlich erscheinen lassen. Solche Stämme können bis zu 20 cm dick werden.
Eine weitere wichtige Pflanzengruppe der Steinkohlenwälder sind die Cordaiten (Cordaitidae). Auch sie waren Bäume, die eine Höhe von 30 m erreichen konnten. Sie hatten ein ausgeprägtes sekundäres Dickenwachstum, das ähnlich wie die heutigen Nadelhölzer ein starkes Sekundärholz entwickelte. Die bis 1 m langen und schmalen Blätter an den Ästen waren xeromorph und trugen die Spaltöffnungen tief eingesenkt auf der Blattunterseite. Die eingeschlechtlichen Blüten befanden sich in kätzchenartigen Blütenständen. Sie hatten charakteristische herzförmige Samen.
Die Cordaiten starben bereits im Rotliegenden wieder aus. Gemeinsam mit ihnen traten schon die ersten Koniferen auf, die als Vorfahren unserer heutigen Nadelhölzer anzusehen sind. Sie wurden allerdings nicht in den Kohleschichten gefunden, weil sie offenbar trockenere Standorte besiedelten. Die Vertreter dieser in ihrem Habitus den heutigen Zimmertannen ähnlichen kleinen Bäume wurden in der Familie der Lebachiaceen zusammengefaßt. Ihre Erforschung – insbesondere durch den schwedischen Botaniker Rudolf Florin – war sehr wichtig für das Verständnis der Blütenverhältnisse der heute lebenden Koniferen. Mit ihnen ließ sich nachweisen, daß der weibliche Zapfen unsere Nadelbäume nicht eine Blüte, sondern einen Blütenstand darstellt.

Verkieselte Stämme von *Cordaites*-Arten vor dem Naturkunde-Museum in Chemnitz.

Die Revolution in der Kreide

Die beiden großen Phänomene der Kreidezeit waren der rätselhafte Untergang der Saurier und das explosionsartige Auftreten der Bedecktsamer (Angiospermen). Nach dem tiefen Einschnitt an der Wende vom Silur zum Devon, als die Landpflanzen ihre Entwicklung begannen, stellte das Erscheinen der bedecktsamigen Pflanzen in der Unterkreide eine zweite wahrhafte Revolution in der Pflanzenentwicklung dar. Während die frühen Landpflanzen als Basis für die Entfaltung der Amphibien und Reptilien dienten, ist die Entwicklung der Vögel, der Säugetiere und verschiedener Insektengruppen ohne die Bedecktsamer kaum denkbar. Das stellt die eminente Bedeutung dieses Ereignisses für das Leben auf der Erde her-

aus. In einem relativ kurzen Zeitraum von etwa 25 Millionen Jahren gewann diese Pflanzengruppe seit ihrem Erscheinen in der Unterkreide die Vorherrschaft in fast allen Pflanzenformationen der Erde. Mit mehr als 250 000 Arten ist sie heute die bei weitem artenreichste Einheit des Pflanzenreiches.
Ihr plötzliches Auftreten in einer breiten Formenfülle stellt ein Rätsel dar, das bis jetzt nicht überzeugend gelöst werden konnte. Der russische Angiospermen-Phylogenetiker Armen Takhtajan stellte die Hypothese auf, daß die »Ur-Angiospermen« Gebirgspflanzen waren, die nicht als Fossilien erhalten geblieben sind, weil sich in diesen Regionen keine Sedimente bilden. Man nahm an, daß sie in den einzelnen Gebirgsabschnitten voneinander isoliert waren und sich verschiedene kleine Populationen entwickelten. Diese stellten dann die Ausgangspunkte für die von Anfang an hohe Variabilität dar.
Ob diese Hypothese zutrifft, ist zweifelhaft. Sie erklärt eigentlich nur das Fehlen von Fossilien, gibt aber keine Auskunft über die Herkunft der Bedecktsamer.
Über diese kann man nur Aussagen machen, wenn man die frühesten Funde analysiert und sich über die phylogenetische Wertigkeit bestimmter Merkmale im klaren ist.
So besitzen die ursprünglichen Bedecktsamer im Gegensatz zu den Nacktsamern Zwitterblüten. Eingeschlechtliche Blüten lassen sich bei ihnen immer von zwittrigen ableiten. Sie weisen häufig Rudimente des anderen Geschlechts auf. Die Staubblätter stehen stets unterhalb der Fruchtblätter, es ist kein einziger gegenteiliger Fall bekannt. Auch kommt nur bei ihnen die doppelte Befruchtung vor (s. S. 61).
Die Lücke entscheidender Merkmalsunterschiede zwischen Bedecktsamern und Nacktsamern ist außerdem wesentlich deutlicher als irgendeine Merkmalslücke zwischen den Gruppen der Bedecktsamer.
So spricht alles für einen gemeinsamen Ausgangspunkt aller Bedecktsamer. Ihre monophyletische Entstehung wird deshalb allgemein angenommen. Damit ist aber ihre Herkunft immer noch nicht geklärt.
Zuerst war es naheliegend, sie bei den in der Kreidezeit ausgestorbenen, also etwa zum Zeitpunkt des Auftretens der Bedecktsamer verschwundenen Bennettitatae zu suchen, die gleichfalls zwittrige Blüten besaßen. Aber deren völlig andersartig gestaltete Blüten mit eigenartig gestielten Samenanlagenträgern anstelle der Fruchtblätter und den zwischen ihnen schraubig angeordneten »Interseminalschuppen«, die dann während der Fruchtzeit mehr oder weniger fleischig werden, lassen eine solche Schlußfolgerung nicht zu.
Noch unwahrscheinlicher sind die Ableitungen von den Cycadatae oder Gnetatae.
Heute vertritt man die Meinung, die Herkunft der Bedecktsamer sei bei mesozoischen Vertretern der Samenfarne (Lyginopteridatae) zu suchen, die bereits den Übergang zwischen Wind- und Tierbestäubung (wahrscheinlich durch Käfer) darstellen. Ausgangspunkt waren »Blüten«, die blattartige und gefiederte Sporophylle aufwiesen, welche wiederum zahlreiche Mikrosporangien und Samenanlagen trugen.
Die große Lücke, die zwischen den uns durch Fossilien bekannten Samenfarnen und den Bedecktsamern existiert, kann man vielleicht damit erklären, daß die Entstehung der ersten Bedecktsamer weit früher erfolgte als nach den plötzlich einsetzenden Funden in der oberen Unterkreide angenommen wird.
Die Entwicklung der Bedecktsamer innerhalb der Kreidezeit ging in bemerkenswerter Schnelligkeit vor sich. Während sie in der oberen Unterkreide noch in der Minderzahl gegenüber den verschiedenen Farnen und Nacktsamern waren, haben sie in der Oberkreide nach etwa 25 Millionen Jahren in den fossilen Floren die absolute Vorherrschaft erreicht. Dabei waren am Anfang der Entwicklung solche Sippen von besonderer Bedeutung, die auch heute zu den ursprünglichen Gruppen der Bedecktsamer gehören, wie Vertreter von Familien, die den Magnolienähnlichen (Magnoliidae) zugeordnet werden, wie die Magnoliengewächse (Magnoliaceae), Lorbeergewächse (Lauraceae), Mondsamengewächse (Menispermaceae)

Der Katsurabaum *(Cercidiphyllum japonicum)* aus China und Japan ist bei uns ein Parkbaum. Er gehört einer eigenen Familie an und ist zweihäusig.

und Seerosengewächse (Nymphaeaceae). Auch sekundär wieder windblütig gewordene Sippen, wie die zu den Zaubernußähnlichen (Hamamelididae) gehörigen Platanengewächse (Platanaceae), Judasbaumblattgewächse (Cercidiphyllaceae), Birkengewächse (Betulaceae) und Buchengewächse (Fagaceae), sind schon in den ersten Bedecktsamerfloren der Kreidezeit nachgewiesen worden. Schließlich waren auch Vertreter der einkeimblättrigen Pflanzen vorhanden, und zwar aus allen drei Unterklassen, den Froschlöffelähnlichen (Alismatidae), Lilienähnlichen (Liliidae) und den Palmenähnlichen (Arecidae).

Die Fundorte fossiler Bedecktsamer in der Unterkreide lassen darauf schließen, daß die Hauptverbreitung im damaligen Tropengürtel lag. Damals waren die Kontinente noch weitgehend miteinander verbunden, so daß die weltweite Verbreitung mancher Basisgruppen der Bedecktsamer verständlich ist.

Mit dem weiteren Auseinanderdriften der Kontinente läßt sich auch die Evolution innerhalb der Bedecktsamer in ein Beziehungsgefüge bringen. So wirkte sich die bis weit ins Tertiär hinein funktionierende Landbrücke der Antarktis als Verbindungsmöglichkeit zwischen den südhemisphärischen Kontinenten aus, und die sehr spät erfolgte Trennung von Nordamerika und Eurasien führte zu einer großen Anzahl nordhemisphärischer bzw. holarktischer Verbreitungsmuster.

Die Einteilung der Erde in sieben verschiedene Florenreiche (s. Karte S. 278) geht im wesentlichen auf die Zeitpunkte der Trennung der Kontinente zurück. Einige charakteristische Beispiele für unterschiedliche Verbreitungstypen sind in der Übersicht über die Florenreiche der Erde (s. S. 279) zusammengestellt.

Glückliche Überlebende

1954 machte der Heidelberger Botaniker Werner Rauh eine der bemerkenswertesten botanischen Entdeckungen dieses Jahrhunderts. Oberhalb der peruanischen Hauptstadt Lima fand er auf der Andenhochfläche in etwa 4 000 m Höhe am Rande eines Gletschersees eine kleine polsterbildende, noch unbekannte Pflanze. Äußerlich zeigte sie große Ähnlichkeit mit den weltweit verbreiteten *Isoëtes*-Arten, den Brachsenkräutern, jener isoliert stehenden Pflanzengruppe von etwa 100 Arten, die den Bärlappen (Lycopodiatae) zugerechnet werden und die als kleine ausdauernde Kräuter meist untergetaucht in der Uferzone klarer, nährstoffarmer Gewässer vorkommen.
Doch von diesen bekannten Arten der Gattung *Isoëtes* unterschied sich die neue Art durch ein bis zu 20 cm langes, teilweise sogar gegabeltes Stämmchen und unverzweigte, relativ lange Wurzeln. Diese Merkmale wurden als ausreichend für die Zuordnung zu einer eigenen Gattung angesehen, und die Pflanze erhielt den Namen *Stylites andicola.* Allerdings ist man nach eingehenden Untersuchungen heute meist der Auffassung, daß die Art doch zur Gattung *Isoëtes* gestellt werden muß und *Isoëtes andicola* heißen sollte, sind doch auch bei den anderen Arten kleine, wenn auch kaum sichtbare Stämmchen ausgebildet. Aufgrund der deutlichen Stammbildung handelt es sich aber um eine bemerkenswerte Ausnahme, die für die Aufklärung der Phylogenie von *Isoëtes* eminente Bedeutung hat.
Eine ähnliche Pflanze kannte man bis dahin nur fossil aus der Unterkreide, wo sie zuerst um die Jahrhundertwende in den Sandsteinbrüchen des Stadtgebietes von Quedlinburg gefunden wurde. Man deutete sie trotz ihrer geringen Größe von etwa 10 cm als Nachfahre der karbonzeitlichen Siegelbäume, brachte sie aber zugleich mit den Brachsenkräutern in Verbindung. Nach dem schwedischen Paläobotaniker A. G. Nathorst wurde sie als *Nathorstiana arborea* beschrieben.
Die Vorstellung, daß es sich um einen Nachfahren der Siegelbäume handeln könnte, wird durch eine inzwischen gut bekannte fossile Pflanze genährt, die in der Buntsandsteinzeit offenbar weit verbreitet war, denn sie wurde an vielen Stellen der Erde gefunden. Ihre Entdeckung knüpft sich ebenfalls an merkwürdige Umstände. Die erste Kenntnis von dieser Pflanze, die als *Pleuromeia sternbergii* beschrieben wurde, erhielt man von einem Sandsteinblock, der vor reichlich 100 Jahren bei Reparaturarbeiten am Magdeburger Dom aus großer Höhe herunterfiel und zersprang. Im Innern dieses Blockes zeigte sich das Stammstück einer zu dieser Zeit noch unbekannten Art. Man forschte nach seiner Herkunft und fand heraus, daß der Stein aus einem Steinbruch in der Nähe von Bernburg stammte. Durch intensive Nachforschungen wurde dort reichlich gut erhaltenes Material für eine komplette Rekonstruktion dieser vor etwa 230 Millionen Jahren im Buntsandstein lebenden Pflanze gefunden.
Sie zeigte noch deutliche Beziehungen zu den Siegelbäumen, war aber mit einer Höhe von 2 Metern bereits auffällig kleiner als diese. Wenn uns auch noch weitere Zwischenformen unbekannt sind und die Entwicklung nicht geradlinig von *Sigillaria* über *Pleuromeia* und *Nathorstiana* zu *Isoëtes* verlaufen ist, so kann man doch anhand dieser Funde eine deutliche »Reduktionsreihe« der Entwicklung feststellen und die Änderung des Grundbauplanes anhand der inzwischen bekannten Sippen verfolgen. Danach sind die heutigen Brachsenkräuter als lebende Zeugen der Urzeit anzusehen. Offenbar hat sie die fehlende Konkurrenz anderer Pflanzen an ihren Standorten vor dem Untergang bewahrt, denn sie kamen in fast gleicher Form schon im Jura vor. Diese »Dauertypen« des pflanzlichen Lebens, die sich über viele Millionen Jahre auf der Erde gehalten haben, bezeichnen wir nach Charles Darwin als »lebende Fossilien«.
Ein klassisches Beispiel ist der Ginkgobaum *(Ginkgo biloba).* Dieser etwa 30 m hohe, stattliche Baum aus dem östlichen China, den man heute in vielen Parkanlagen der gemäßigten Breiten findet, ist der letzte

Nachkomme einer vielgliedrigen Verwandtschaft, die vom Perm bis zum Tertiär auf der Erde vorkam. Die Gattung *Ginkgo* trat bereits im unteren Jura auf, und im Tertiär existierten Formen, die als identisch mit unserem *Ginkgo biloba* angesehen werden können. Bis zum Pliozän war der Ginkgobaum auch in Europa vertreten, und das fernöstliche Areal hatte damals noch eine weite Ausdehnung, bis es mehr und mehr reduziert wurde und sich das Überleben der Art auf ein kleines Gebiet in China, das Tien-Mu-Shan-Gebirge an der Grenze der Provinzen Anhui und Zhejiang beschränkte (S. 288).

Ein besonders spektakuläres Beispiel für die Entdeckung eines »lebenden Fossils« ist der sogenannte Urweltmammutbaum *(Metasequoia glyptostroboides)*. Es handelt sich hier um den einmaligen Fall, daß eine höhere Pflanze zuerst als Fossil beschrieben und dann nachträglich als noch lebende Pflanze gefunden wurde. 1941 hatte der japanische Paläontologe Miki tertiäres Material eines Nadelbaumes, das dem Mammutbaum *(Sequoia sempervirens)* ähnlich war, aber gegenständige Zapfenschuppen aufwies, als neue Gattung *Metasequoia* beschrieben. Im gleichen Jahr entdeckte ein chinesischer Botaniker im Grenzgebiet der Provinzen Sichuan und Hubei in Zentralchina diesen sommergrünen Nadelbaum, sammelte aber kein Material. Erst 1944 wurden von ihm Zweige und Zapfen gesammelt, die bestätigten, daß dieser Baum bisher in China nicht bekannt war. Weitere Expeditionen dienten der Erforschung der genauen Verbreitung und der Standortbedingungen, bis 1948 die chinesischen Botaniker Hu und Cheng die Art als *Metasequoia glyptostroboides* beschrieben und ihre Identität mit der fossilen Art von Miki bestätigten. Inzwischen hat der wegen seiner Entdeckungsgeschichte bemerkenswerte, bis 35 m hohe, relativ anspruchslose Baum eine weite Verbreitung in den Parkanlagen und Arboreten (= lat. Baumpflanzung) Europas, Nordamerikas und Asiens gefunden. Damit nimmt er, allerdings angepflanzt, wieder ein Areal ein, wie er es in der oberen Kreide und im Tertiär schon einmal besiedelte.

Auch die meisten anderen Vertreter der Sumpfzypressengewächse (Taxodiaceae), zu denen der Urweltmammutbaum gestellt wird, sind isoliert stehende »lebende Fossilien«. Das trifft besonders auf den Immergrünen Mammutbaum *(Sequoia sempervirens)* und die Schirmtanne *(Sciadopitys verticillata)* zu, deren verwandte Arten sich bis in die Jurazeit zurückverfolgen lassen. In der Braunkohlenzeit waren beide noch auf der nördlichen Hemisphäre verbreitet. Heute ist *Sequoia sempervirens*, der mit 112 m höchste Baum der Erde, nur in Kalifornien und *Sciadopitys verticillata* in Südjapan beheimatet. Es gibt noch einige weitere Beispiele von anderen Familien der Koniferen, die ein beträchtliches Alter aufweisen, wie die Araucarien (Araucariaceae), Stieleiben (Podocarpaceae) und Eiben (Taxaceae). Sogar von unserer heimischen Kiefer *(Pinus sylvestris)* gab es bereits im Jura Vorläufer.

Bei einigen Pflanzen lassen nicht die Reste aus früheren Erdepochen, die man gefunden hat, sondern ihre isolierte systematische Stellung und bestimmte altertümliche Merkmale vermuten, daß es sich bei ihnen um »lebende Fossilien« handelt. Das trifft z. B. auf die in der nördlichen Namib-Wüste Angolas und Namibias vorkommende *Welwitschia mirabilis* zu. Als sie der österreichische Naturforscher Friedrich Welwitsch 1859 entdeckte, glaubte er eine Fata morgana zu sehen, so außergewöhnlich war ihre Gestalt. Es gibt nichts Vergleichbares unter den heute lebenden Pflanzen. Bis zu einundeinhalb Meter hoch erhebt sich der dicke, rübenförmige Stamm über die Erde und öffnet sich schüsselartig zu einer zweilappigen »Krone«. Am Rande dieser vertieften Scheibe treten die zwei einzigen, oft meterlangen, zerschlitzten, lederartigen Laubblätter hervor. Sie sterben an den Spitzen, die dem Boden aufliegen, ab und wachsen durch ein interkalares Meristem am Grunde im-

Der Riesen-Mammutbaum *(Sequoiadendron giganteum)* kann eine Höhe von mehr als 120 m erreichen. Er kommt heute noch in einem kleinen Areal in Kalifornien vor.

mer weiter. Zwischen der »Krone« und dem Ansatz der Laubblätter entspringen die Blütenstände. Sie sind verzweigt und tragen zapfenartige Teilblütenstände. Sie haben bei den weiblichen Pflanzen die Größe von Fichtenzapfen, bei den männlichen Pflanzen sind sie nicht größer als ein Fruchtkätzchen der Birke. Die Pflanzen können ein hohes Alter erreichen. So wurden mit der Radiokarbonmethode bei einer Pflanze 600 Jahre ermittelt.

Obwohl keine Fossilfunde gemacht wurden, muß man diese in jeder Hinsicht altertümliche Pflanze als ein »lebendes Fossil« ansehen. Manches deutet darauf hin, daß es sich um den letzten Vertreter der in der Kreidezeit verbreiteten Bennettitatae handelt, die mit der rasanten Entwicklung der Bedecktsamer wohl nicht mehr konkurrenzfähig waren und ausstarben. Wegen ihrer Seltenheit, ihren altertümlichen Merkmalen und dem isolierten Vorkommen war *Welwitschia mirabilis* die erste Pflanze, die unter strengen Naturschutz gestellt wurde. Seit 1916 wurde sie in Südwestafrika, 1936 weltweit geschützt.

So zeigt es sich, daß der Begriff des »lebenden Fossils« nicht allein durch das absolute Alter geprägt wird, sondern daß es sich um »stammesgeschichtliche Dauertypen« handelt, die durch einen altertümlichen, über Jahrmillionen hinweg kaum veränderten Bauplan gekennzeichnet sind. Auch die Armleuchtergewächse (Characeae), die sich seit dem Devon in gleicher Form erhalten haben, oder die schon in der unteren Kreidezeit vorkommenden Platanen sind beides relative Beispiele für einen gewissen Stillstand der stammesgeschichtlichen Entwicklung über einige geologische Zeitalter hinweg.

Für ihre Erhaltung sind dabei bestimmte äußere Faktoren ausschlaggebend, wie über lange Zeit konstante Umweltverhältnisse und vor allem das Fehlen von ihnen am gleichen Ort überlegenen Konkurrenten. Deshalb konzentrieren sich »lebende Fossilien« auch häufig an isolierten Orten, wo aus historischen oder ökologischen Gründen die Konkurrenten fehlen, so z. B. auf Inseln, wie Madagaskar und Neuseeland, oder an Extremstandorten.

Ergeben sich für solche »erstarrte« Sippen durch tiefgreifende ökologische Veränderungen neue günstige Lebensbedingungen, dann können sie sich wieder auffächern. Beispiele dafür sind verschiedene Koniferen, die sich in der im Pliozän gebildeten Taigazone wieder ausbreiten konnten, weil sie unter den gegebenen neuen Bedingungen den Laubbäumen überlegen waren.

Auch die altertümliche Gattung *Ephedra*, die aus eigenartigen, an Schachtelhalme erinnernden Rutensträuchern besteht und deren systematische Zuordnung (zu den Coniferophytina oder zu den Cycadophytina) noch immer nicht eindeutig geklärt ist, hat sich weltweit mit etwa 40 wenig unterschiedenen Arten in den jungen Wüstengebieten (westliches Nordamerika, Anden, Innerasien, Mittelmeergebiet, Nordafrika) wieder ausgebreitet.

Verbreitung

Tropische Palmen – nordische Birken

Jeder, der aus den gemäßigten Breiten in die feuchten Tropen reist, ist von der Üppigkeit der Pflanzenwelt beeindruckt. Lianen ranken an den Bäumen empor, Epiphyten besetzen ihre Äste und Zweige, riesige Stauden bringen meterlange Blätter hervor und wetteifern in der Höhe mit manchen Holzgewächsen. Geradezu ein Inbegriff der tropischen Landschaft sind die imposanten Erscheinungen der Palmen.
Ganz anders sieht es polwärts in den borealen Zonen der Erde aus. Hier begegnen uns auf den ersten Blick eintönig erscheinende Nadelwälder, lichte Birkenbestände und – jenseits der Baumgrenze – die moos- und flechtenreiche Tundra. Ein aufmerksamer Besucher fremder Länder wird bald herausfinden: Jede Region besitzt ihre eigene typische Vegetation.
Die Kakteenlandschaften Mexikos, die Eukalyptuswälder Australiens, die Nadelwälder Sibiriens, die Savannen Afrikas und die Pampas Argentiniens sind fast jedem geläufig, und jeder verbindet mit ihnen bestimmte Vorstellungen.
Aber nicht nur die Vegetation, die man als die Summe verschiedener Pflanzengesellschaften ansieht, sondern auch die Flora, die Summe der in einem Gebiet vorkommenden Pflanzensippen, ist von Land zu Land verschieden. So enthält die Flora von Mitteleuropa 2700 Arten an Samenpflanzen, während allein die Flora von Kolumbien in Südamerika etwa 35 000 Arten umfaßt. Nur wenige der in beiden Gebieten vorkommenden Arten sind dabei identisch.
Die Ursache der Unterschiede von Flora und Vegetation auf der Erde scheint auf den ersten Blick das jeweils verschiedene Klima zu sein. Da bekannt ist, daß jede Pflanzenart unterschiedliche Ansprüche an ihre Umwelt stellt, liegt diese Erklärung auf der Hand. Eine Birke im tropischen Regenwald oder eine Palme am Ostseestrand ist auch für den Laien unvorstellbar!
Andererseits gibt es erhebliche Unterschiede der Flora in Gebieten, die sich klimatisch gleichen oder sehr ähnlich sind. So existieren z. B. tropisch-subtropische Halbwüstengebiete in Amerika, Afrika und Australien, und doch ist ihre Flora jeweils gänzlich verschieden. In Amerika sind es die Kakteen, die als dominierende Elemente diese Vegetation kennzeichnen; in Afrika kommen keine Kakteen vor, dafür wachsen an den vergleichbaren Standorten sukkulente Wolfsmilcharten. In Australien fehlen dagegen sukkulente Gewächse in den Wüsten- und Halbwüstengebieten des Landesinneren.
Ein anderes Beispiel ist der Eukalyptus-

Eucalyptus globulus – Forst in den ekuadorianischen Anden. Man achte auf die Lichtfülle am Boden, die sogar Gräsern das Gedeihen ermöglicht.

oder Blaugummibaum *(Eucalyptus globulus)*, der zwar in allen subtropischen Gebieten der Erde angepflanzt wird und auf weiten Strecken fast eingebürgert ist, so daß er vom Nichtfachmann häufig als dort ursprünglich beheimatet angesehen wird. Aber seine Heimat liegt in Australien, wo die mehr als 600 Arten umfassende Gattung *Eucalyptus* in fast allen Vegetationsformen auftritt. Nur wenige Arten sind darüber hinaus noch bis Neuguinea, zu den Philippinen und zum indomalaiischen Raum vorgedrungen.

Diese begrenzte Verbreitung bestimmter Sippen läßt sich nur historisch begründen. Da die Entstehung vieler Pflanzenfamilien der Bedecktsamer bereits zu einem Zeitpunkt erfolgte, als die Kontinente noch weitgehend miteinander verbunden waren, gibt es nicht so gravierende Unterschiede, wie sie sich bei der Säugetierfauna am Beispiel Australiens ergeben haben, aber trotzdem trat im Verlauf der Evolution der Bedecktsamer durch die Isolierung großer Regionen oft eine Eigendynamik in Erscheinung, die sich heute noch gut belegen läßt.

Die oberste Einheit der durch bemerkenswerte floristische Unterschiede gekennzeichneten Gebiete wird als Florenreich bezeichnet. Man unterscheidet 7 Florenreiche, die sich in Florenregionen, Florenprovinzen und Florenbezirke gliedern lassen (s. Tab.).

Die einzelnen Florenreiche weisen eine grundlegend verschiedene Flora auf. Sie sind vor allem durch das ausschließliche oder schwerpunktartige Auftreten höherer taxonomischer Einheiten, wie Pflanzenfamilien oder Großgattungen, und durch das Vorkommen endemischer Pflanzenarten charakterisiert. Abgegrenzt werden sie voneinander an den Stellen, wo das stärkste Florengefälle, d. h. die stärkste Abnahme der für das Gebiet kennzeichnenden Sippen, festgestellt werden kann.

Florenreiche der Erde

Florenreich	Kennzeichnende Sippen (Auswahl)	Vegetationsformen (Auswahl)
1. Holarktisches Florenreich *(Holarktis)*	Kieferngewächse *(Pinaceae)*, Birkengewächse *(Betulaceae)*, Weidengewächse *(Salicaceae)*, Geißblattgewächse *(Caprifoliaceae)*	Tundren, boreale Nadelwälder, sommergrüne Laubwälder, Steppen, Lorbeerwälder, Hartlaubvegetation, Halbwüsten
2. Paläotropisches Florenreich *(Paläotropis)*	Flügelfruchtgewächse *(Dipterocarpaceae)*, Kannenpflanzengewächse *(Nepenthaceae)*, Schraubenbaumgewächse *(Pandanaceae)*	Tropische Regenwälder, Monsunwälder, tropische Trockenwälder, Savannen, Halbwüsten, Trockenwüsten
3. Neotropisches Florenreich *(Neotropis)*	Kakteengewächse *(Cactaceae)*, Ananasgewächse *(Bromeliaceae)*, Kapuzinerkressengewächse *(Tropaeolaceae)*, Blumenrohrgewächse *(Cannaceae)*	Tropische Regenwälder, Monsunwälder, tropische Trockenwälder, Savannen, Sukkulentenformationen, Steppen, Halbwüsten, Trockenwüsten
4. Kapländisches Florenreich *(Capensis)*	Mittagsblumengewächse *(Aizoaceae)*, Pelargonien *(Pelargonium)*, Aasblumen *(Stapelia)*, Eriken *(Erica)*	Lorbeerwälder, Hartlaubvegetation, Steppen, Halbwüsten, Trockenwüsten
5. Australisches Florenreich *(Australis)*	Eukalyptus *(Eucalyptus)*, Känguruhbaumgewächse *(Casuarinaceae)*, Grasbaumgewächse *(Xanthorrhoeaceae)*, Akazien (phyllodienbildende Arten)	Tropische und temperierte Regenwälder, Monsunwälder, Lorbeerwälder, tropische Trockenwälder, Hartlaubvegetation, Dornsavannen, Halbwüsten, Trockenwüsten
6. Antarktisches Florenreich *(Antarktis)*	Südbuchengewächse *(Nothofagaceae)*, Stachelnüßchen *(Acaena)*, Azorella *(Azorella)*	Temperierte Regenwälder, Hartpolstervegetation, Halbwüsten
7. Ozeanisches Florenreich *(Ozeanis)*	Seegrasgewächse *(Zosteraceae)*, Meeresalgen	Seegras- und Tanggesellschaften

Das größte Florenreich ist die Holarktis. Es umfaßt die gesamte nördliche Hemisphäre der Erde. Seine Südgrenze führt durch das Bergland von Mexiko, die Wüstengebiete Nordafrikas und der nördlichen arabischen Halbinsel hinüber zum Himalaja und nach Südchina. Das Gebiet dieses Florenreiches, das heute in Nordamerika und Eurasien getrennt ist, war bis zum Eozän miteinander verbunden und enthielt die sogenannte boreotropische Flora. Über die Landbrücke der Beringstraße konnte sogar bis zum Miozän ein Florenaustausch stattfinden. So erklärt sich die einheitliche Ausstattung dieses Gebietes, in dem es kaum Unterschiede auf der Familien-Ebene gibt. Bezeichnend für die Holarktis ist das schwerpunktmäßige Vorkommen der aus der heimischen Flora vertrauten Familien der Kieferngewächse (Pinaceae), Birkengewächse (Betulaceae), Weidengewächse (Salicaceae), Hahnenfußgewächse (Ranunculaceae), Kreuzblütengewächse (Brassicaceae), Nelkengewächse (Caryophyllaceae), Rosen- (Rosaceae) und Doldenblütengewächse (Apiaceae).

An die Holarktis schließen sich im Süden die beiden tropischen Florenreiche an. Die Tropen der Alten Welt sind in der Paläotropis, die der Neuen Welt in der Neotropis zusammengefaßt.

Die Florenreiche der Erde (nach Good)

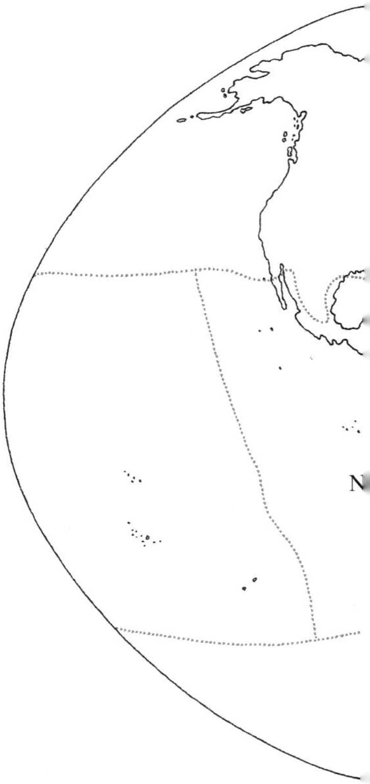

Da sich Südamerika erst seit der Kreidezeit von Afrika löste und westwärts driftete, besitzen beide tropischen Florenreiche neben den charakteristischen Unterschieden auch viele Gemeinsamkeiten. Eine ganze Anzahl bedeutender Pflanzenfamilien mit tropischer Schwerpunktverbreitung ist in beiden Florenreichen vertreten. Das trifft z. B. auf die Pfeffergewächse (Piperaceae), Begoniengewächse (Begoniaceae), Aronstabgewächse (Araceae), Ingwergewächse (Zingiberaceae), Bananengewächse (Musaceae) und die Palmen (Arecaceae) zu.

Die Paläotropis besteht aus drei unterschiedlichen Bestandteilen: dem ursprünglich an den eurasischen Teil der Holarktis angeschlossenen südostasiatischen Raum und den beiden Teilen des ehemaligen Gondwana-Kontinents, nämlich Afrika und Indien. Indien löste sich schon im späten Jura von Gondwana und stieß nach einer 100 Millionen Jahre währenden Drift über den Ozean im Eozän mit Asien zusammen. Da es keine endemischen Familien aufweist, dürfte seine ursprüngliche Flora von den südostasiatischen Elementen verdrängt worden sein. Allerdings kann nicht ausgeschlossen werden, daß die heute so reiche Flora des tropischen Südostasiens, in der eine große Anzahl ursprünglicher Sippen vorkommt, auch durch die Vermischung zweier unterschiedlicher Angiospermenfloren zustande gekommen ist.

Der Florenaustausch zwischen dem tropischen Asien und Afrika konnte seit dem frühen Miozän erfolgen, als das flache Meer austrocknete und eine Landbrücke entstand. An der urtümlichen Flora von Madagaskar, das bereits in der frühen Kreidezeit eine Insel war, kann man erkennen, welche Florenelemente im benachbarten Afrika – vielleicht durch die Einwanderung aus Asien – verschwunden sind. So finden wir auf Madagaskar z. B. die kleine Familie der Didiereaceen, die als die nächstverwandte Familie der neotropischen Kakteen angesehen wird. Auf dem afrikanischen Kontinent kommt von ihr kein Vertreter mehr vor.

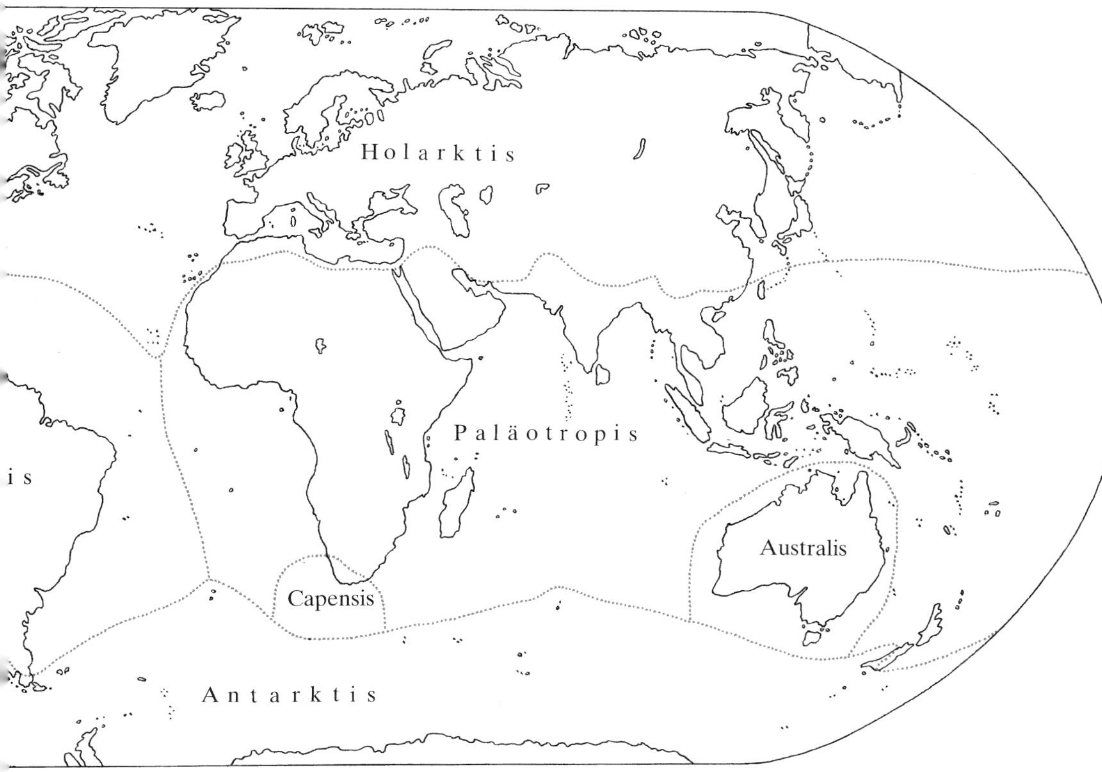

Die Neotropis hat durch die langzeitige Isolierung eine Sonderentwicklung genommen, die noch durch die große Auffaltung der Anden im Pleistozän verstärkt wurde. Weite Gebiete östlich der Anden wurden trockener, da die feuchten, vom Pazifik kommenden Winde nicht mehr wirksam wurden. So breiteten sich wüsten- und steppenartige Landschaften mit einer Fülle von Xerophyten aus. Die Entwicklung der Kakteen und Bromeliaceen ist dafür ein beredtes Zeugnis.

Da etwa zur gleichen Zeit über die Landbrücke von Panama der Anschluß zu Nordamerika hergestellt wurde, konnte die neotropische Flora bis in das Hochland von Mexiko vordringen. Umgekehrt wanderten holarktische Elemente über die Andenkette bis nach Chile und Argentinien. Aber gegenüber den neotropischen Elementen, die nach Norden wanderten, blieben sie in der Minderzahl. Spektakuläre Beispiele sind die Andenerle *(Alnus jorullensis)* und die Humboldteiche *(Quercus humboldtii)*, die sogar bis nach Chile bzw. Kolumbien vordrangen.

Während sich die Holarktis als einziges Florenreich über die gesamte Nordhemisphäre erstreckt, wurden im Anschluß an die tropischen Florenreiche in der Südhemisphäre von den Pflanzengeographen drei weitere Florenreiche ausgeschieden: die Australis, die Capensis und die Antarktis. Auch sie stellen Bruchstücke des ehemaligen Gondwana-Kontinents dar, der von der Kreidezeit ab – etwa mit dem Beginn des Auftretens der Bedecktsamer – langsam zerfiel. Wir wissen, daß seine Flora u. a. aus Koniferen bestand, die wie die Stieleiben (Podocarpaceae) und Araukarien (Araucariaceae) auch heute noch südhemisphärisch verbreitet sind. Einige Bedecktsamer-Familien waren ebenfalls schon vorhanden und sind heute charakteristische Elemente der südhemisphärischen Florenreiche, so z. B. die Proteaceen, Gunneraceen, Escalloniaceen, Restionaceen, Epacridaceen und die waldbildenden Südbuchen (Nothofagaceae).

Die Familie der Ingwergewächse (Zingiberaceae) ist in den Tropen weit verbreitet. Im tropischen Asien kommen verschiedene *Curcuma*-Arten vor.

Paläotropisch ist die Verbreitung der Schraubenbaumgewächse (Pandanaceae). Die auf den Philippinen beheimatete *Freycinetia luzonensis* besitzt die Blütenstände umschließende farbige Hochblätter, die eine Schauwirkung ausüben.

Am bemerkenswertesten ist die Flora Australiens. Dieser Kontinent, der sich zuerst von der antarktischen Landmasse löste, wurde im Verlauf seiner Wanderung nach Norden immer trockener, so daß sich die ursprünglich vorhandenen *Nothofagus*-Regenwälder in Hartlaubgebiete umwandelten, deren Vegetation sich weitgehend aus der endemischen Flora entwickelte. Besonders typisch sind dafür die mehr als 600 Arten der Gattung *Eucalyptus* (Familie Myrtaceae), die noch heute den Übergang vom riesigen, etwa 100 m hohen breitlaubigen Regenwaldbaum bis zum sklerophyllen Trockenbusch in allen Variationen demonstrieren. Auch die phyllodientragenden Akazien sind in einer großen Vielfalt vorhanden, und von den in Australien endemischen Gattungen der Proteusgewächse gibt

Die Ananasgewächse (Bromeliaceae) charakterisieren das neotropische Florenreich. Sie sind vorwiegend als Epiphyten vertreten, wie die hier abgebildete *Neoregelia concentrica* aus Brasilien.

Die Familie der Proteusgewächse *(Proteaceae)* ist rein südhemisphärisch. Ihre Vertreter besiedeln Australien, Südafrika und Südamerika. Ein typischer Vertreter ist *Protea cynaroides* vom Kapgebiet.

Die Gattung *Erica* ist besonders zahlreich im Kapländischen Florenreich vertreten. Ein Beispiel ist die hier abgebildete *Erica abietina*. Die »ericoide« Ausbildung der Blätter kommt auch bei anderen Familien dieses Florenreiches vor.

es Arten, die kiefernähnliche Nadelblätter ausbilden und so den Eindruck von Koniferen hervorrufen, zumal ihre Früchte im Aussehen ebenfalls an Kiefernzapfen erinnern. 45% der sklerophyllen Gattungen der australischen Flora sind endemisch.

Eine Besonderheit stellt auch die Kapflora in Südafrika dar. Durch die Wüstengebiete im Norden gegen die Paläotropis abgegrenzt, zeichnet sich diese Flora durch mehr als 6 000 Arten und vor allem durch ihre extrem hohe Zahl an endemischen Gattungen aus. Die Herkunft der südhemisphärischen Proteaceen und Restionaceen ist wahrscheinlich ein Erbe des Gondwana-Konti-

Die Familie der Myrtengewächse (Myrtaceae) hat in Australien eine große Mannigfaltigkeit entwickelt. Ein charakteristischer Vertreter ist der vogelblütige, durch seine farbigen Staubfäden auffallende Zylinderputzerstrauch *(Callistemon speciosus)* aus Westaustralien. Unterhalb der Blütenstände und der senkrecht gestellten Blätter sind die vorjährigen Fruchtstände zu sehen.

Die Mittagsblumengewächse (Aizoaceae) sind mit etwa 2500 Arten hauptsächlich in Südafrika vertreten. Eine Besonderheit stellen die Fensterpflanzen dar, die hier durch *Fenestraria aurantiaca* repräsentiert sind. Deutlich sieht man auf den sukkulenten Blättern das »Fenster«, das die Lichtstrahlen aufnimmt und zu den chlorophyllführenden Zellen weiterleitet.

nents. Andere Sippen haben ihre nächsten Verwandten in den nördlichen Gebirgen. Sie dürften durch das heißer und trockener werdende Klima Afrikas nach Süden ausgewichen sein und dort ein neues Entwicklungszentrum gefunden haben. So ist z. B. die Gattung *Erica* mit mehr als 600 Arten in der Capensis vertreten. Auch verschiedene Narzissengewächse *(Amaryllis, Clivia)*, Schwertliliengewächse *(Gladiolus, Freesia)* und Liliengewächse *(Aloë, Kniphofia, Gasteria, Haworthia)* haben in der Capensis einen Verbreitungsschwerpunkt. In den randlichen Wüstengebieten entwickelten sich besonders stamm- und blattsukkulente Pflanzen in z. T. hoher Artenzahl (Aizoaceae, *Stapelia* und verwandte Gattungen, sukkulente Wolfsmilch-Arten). Auch die Gattung *Pelargonium* ist charakteristisch für dieses Florenreich.

Das Antarktische Florenreich besteht außer

Von den in Südafrika vorkommenden etwa 250 *Pelargonium*-Arten sind verschiedene Arten die Stammeltern unserer Zierpflanzen geworden. Sie werden in vielen Sorten zumeist als Geranien oder Pelargonien angeboten. Abgebildet ist eine Wildform aus Südafrika, *Pelargonium incrassatum*.

dem eisbedeckten antarktischen Kontinent nur aus der Südspitze Südamerikas, den antarktischen Inseln und der Südinsel Neuseelands. Da unwirtliche klimatische Bedingungen vorherrschen, ist die Flora sehr verarmt. Neben der Südbuche *(Nothofagus)* sind vor allem einige Polsterpflanzen und Zwergsträucher der Gattungen *Azorella* (Apiaceae), *Acaena* (Rosaceae), *Maihuenia* (Cactaceae), *Hebe* (Scrophulariaceae) als charakteristisch anzusehen. Auf dem antarktischen Kontinent wurden bisher nur zwei Samenpflanzen gefunden: ein Gras *(Deschampsia antarctica)* und ein Nelkengewächs *(Colobanthus crassifolius)*.
Das als siebente Einheit ausgeschiedene Ozeanische Florenreich läßt sich durch die verschiedenen Seegräser aus den Familien der Zosteraceen und Ruppiaceen und besonders durch die Vielzahl an Meeresalgen kennzeichnen und gliedern.

Weltbürger und Lokalmatadoren

Für einen Botaniker ist es immer wieder ein Erlebnis, wenn er sich in anderen Erdteilen aufhält und plötzlich inmitten der für ihn meist fremden Pflanzen etwas Bekanntes, Vertrautes aus der Heimat antrifft. So kann man in den Anden plötzlich mitten im tropischen Bergregenwald auf einen Hang stoßen, der über und über mit dem auch bei uns heimischen Adlerfarn *(Pteridium aquilinum)* bewachsen ist. Das Gleiche ist auch in Afrika, Asien und Australien möglich – von anderen Gegenden Europas und Nordamerikas ganz zu schweigen!
Man nennt diese weitverbreiteten Pflanzen Weltbürger oder Kosmopoliten. Es sind Pflanzen, die auf allen Kontinenten der Erde außer der Antarktis vorkommen können. Im strengen Sinne gibt es nicht allzuviel von ihnen. Meist handelt es sich um Arten, die passiv durch Vögel oder das Wasser verbreitet werden. Deshalb sind eine Reihe von Wasser- und Sumpfpflanzen unter ihnen, wie der Tannenwedel *(Hippuris vulgaris)* oder die Strandsimse *(Bolboschoenus maritimus)*. Das Beispiel des Adlerfarns zeigt auch, daß Sporenpflanzen, deren leichte Verbreitungsorgane sich über große Strecken durch die Luft ausbreiten können, dafür prädestiniert sind. Bei den Moosen ist es z. B. das Brunnenlebermoos *(Marchantia polymorpha)*, das man an geeigneten Standorten, feuchten Mauern oder Brunnen, auf allen Erdteilen antreffen kann. Die bekanntesten Kosmopoliten sind heute Pflanzen, die der Mensch selbst in alle Erdteile verschleppte: Segetal- und Ruderalpflanzen. So kann man den ursprünglich in Europa und Westasien beheimateten Breitwegerich *(Plantago major)* sowohl in den Prärien Nordamerikas als auch an der pazifischen Küste Chiles sowie in Südafrika, Australien, Japan und China finden. Die »Fußstapfen des Weißen Mannes« nannten ihn die nordamerikanischen Indianer, weil sie beobachteten, daß er überall dort auftauchte, wo die Europäer hingekommen waren.
Im Gegensatz zu den Kosmopoliten sind Endemiten solche Pflanzen, die nur eine eng begrenzte Verbreitung besitzen. Dabei kann ihr ursprüngliches Verbreitungsgebiet durch bestimmte äußere Einflüsse so geschrumpft sein, daß sie heute als Paläoendemiten (Altendemiten) nur noch ein Reliktareal besiedeln. Das ist z. B. bei dem allseits bekannten Ginkgobaum *(Ginkgo biloba)* der Fall, auf den schon mehrfach hingewiesen wurde. Ähnliches gilt für die Mammutbäume *(Sequoia, Sequoiadendron, Metasequoia)* und die Welwitschie *(Welwitschia mirabilis)*, die als alte Relikte (lebende Fossilien) an eng begrenzten Orten überlebt haben.
Häufiger sind die sogenannten Neoendemiten (Neuendemiten), die sich erst in neuerer Zeit durch Isolation in Gebirgen oder auf Inseln herausgebildet haben. Manche Inseln, die schon lange Zeit weit abgeschieden vom Festland oder anderen Inseln isoliert waren, haben einen hohen Anteil an Endemiten. Das trifft z. B. auf Hawaii zu, wo 94,4 % der dort vorkommenden Bedecktsamer Endemiten sind. Auch stärker isolierte Gebirge besitzen mehr Endemiten als weniger stark

Als »lebendes Fossil« gilt der heute in den gemäßigten Breiten kultivierte Ginkgobaum *(Ginkgo biloba)*, dessen Heimat auf das Grenzgebiet der chinesischen Provinzen Anhui und Zhejiang beschränkt ist.

isolierte. So haben die räumlich weiter voneinander entfernten Gebirge Südeuropas 36 bis 38 % endemische Arten, die enger verbundenen Mitteleuropas (Pyrenäen bis Karpaten) nur 12 bis 18 %.

Diese Beispiele von Kosmopoliten und Endemiten verdeutlichen die Extreme der Arealgestaltung. Dazwischen gibt es eine große Anzahl von Übergängen. Obwohl kein Areal dem anderen gleicht, bestehen doch Gesetzmäßigkeiten, die durch die standörtlichen Bedingungen und die Ausbreitungsgeschichte der Sippen bedingt sind. Bestimmte ähnliche Areale kann man zu Arealtypen zusammenfassen. Die in sehr ähnlichen Arealen vorkommenden Sippen werden als Geoelemente bezeichnet. So gibt es z. B. das arktisch-alpine Geoelement. Es sind Pflanzen, die eine circumarktische Verbreitung aufweisen, aber auch in den Alpen und benachbarten europäischen Hochgebirgen vorkommen können. Dabei handelt es sich um eine sogenannte arktisch-alpine Disjunktion, d. h. es befindet sich zwischen den beiden Verbreitungsgebieten eine Lücke, die nicht mehr ohne weiteres durch die Ausbreitungseinheiten überbrückt werden kann. Die Entstehung dieser arktisch-alpinen Disjunktion ist in den Eiszeiten zu suchen, wo beide Gebiete so vereinigt waren, daß an diese Klimaverhältnisse angepaßte Pflanzen von den Alpen bis zum Eisrand der nordischen Gletscher vorkommen konnten. Durch den Rückzug des Eises zerriß das kontinuierliche Areal, und es blieb das charakteristische Verbreitungsbild der arktisch-alpinen Disjunktion.

Ein typisches Beispiel für dieses Geoelement ist die Silberwurz *(Dryas octopetala)*, die in der Nacheiszeit – wie man durch Fossilfunde feststellen konnte – in den Zwischengebieten so verbreitet war, daß man noch heute von einer sogenannten Dryas-Flora spricht. Einige Arten der Dryas-Flora

Die Silberwurz *(Dryas octopetala)* ist die namengebende Pflanze der sogenannten *Dryas*-Flora.

zeigen genau wie die Leitpflanze eine arktisch-alpine Verbreitung, so z. B. der Rote Steinbrech *(Saxifraga oppositifolia)* oder das Stengellose Leimkraut *(Silene acaulis)*. Es gibt aber auch Arten, die heute nur noch in der Arktis, wie die Polarweide *(Salix polaris)*, oder ausschließlich in den Alpen vorkommen, wie das Goldfingerkraut *(Potentilla aurea)*. Andere Arten besitzen auch noch Exklaven zwischen den beiden Gebieten in den Mittelgebirgen, wie die Zwergbirke *(Betula nana)*, die z. B. im Erzgebirge, auf dem Brocken und im Bayrischen Wald vorkommt.

Die Beschreibung der Areale kann nach den Florenzonen vorgenommen werden, die sich gürtelartig vom Äquator zu den Polen erstrecken (z. B. tropische oder boreosubtropische bzw. austrosubtropische Zone). Hinzu kommt eine Gliederung nach den Ozeanitätsstufen (ozeanisch, subozeanisch, subkontinental, kontinental) und den Höhenstufen.

Vom Regenwald zur Wüste

Das üppigste Pflanzenleben entsteht dort, wo Temperatur und Niederschläge optimale Werte erreichen: in der äquatorialen Zone der Erde. Gleichmäßige Temperaturen zwischen 24 und 30 °C und gleichmäßig verteilte Niederschläge von mehr als 2000 mm im Jahr sind die Voraussetzungen für das Entstehen der produktivkräftigsten Pflanzenformation der Erde, des tropischen Regenwaldes mit einer für den Laien unvorstellbaren Fülle an Arten, Lebensformen und ökologischen Strukturen. Mit ihm verglichen sind alle übrigen Pflanzenformationen auf der Erde weniger produktiv und ärmer an Vielfalt von Arten und Lebensformen.

In den Tropen und Subtropen ist die Menge und die jahreszeitliche Verteilung der Niederschläge der regulierende Faktor, der die Ausprägungen der Pflanzenformationen bedingt. Nach den Polen und gegen die Gipfel der Gebirge hin spielen die Abnahme der Temperatur, ihre jahreszeitliche Verteilung und die unterschiedlichen Niederschläge die wesentliche Rolle für die Ausbildung der Vegetation.

Vom tropischen Regenwald zur vegetationslosen Trockenwüste auf der einen Seite und zu der mit Eis und Schnee bedeckten Kältewüste auf der anderen Seite gibt es eine breite Palette von unterschiedlichen Pflanzenformationen.

Sehen wir uns den tropischen Regenwald, jene einzigartige, faszinierende und leider jetzt in vieler Hinsicht bedrohte Biozönose zuerst etwas näher an!

Auffällig ist auf den ersten Blick der Artenreichtum des Waldes. Oft trifft man über längere Strecken nicht zwei Exemplare der gleichen Art an, und bis zu 200 Baumarten pro Hektar sind keine Seltenheit. Die Bäume haben eine so unterschiedliche Höhe, daß es schwer fällt, sie verschiedenen Schichten zuzuordnen. Aus der oberen Baumschicht ragen noch einzelne Überbäume von 70 bis 90 m Höhe heraus, darunter sind mehrere, nicht deutlich abgrenzbare mittlere und untere Schichten. Die Stämme haben an der Basis häufig Brettwurzeln, die den flach wurzelnden Bäumen eine höhere Standfestigkeit verleihen. Sie streben gerade zum Lichte empor und sind im Kronenbereich wenig verzweigt. Wegen der hohen Luftfeuchte benötigen sie keine dicke Borke. Charakteristisch ist auch die Gestalt der Blätter, vor allem der Bäume der oberen Baumschicht. Sie müssen sowohl an die hohe Sonneneinstrahlung als auch an die fast täglich niedergehenden Starkregen angepaßt sein. So sind sie relativ gleichförmig gestaltet, auch wenn die Bäume ganz verschiedenen Pflanzenfamilien angehören. In der Regel handelt es sich um elliptische bis eiförmige Blätter mit einer sogenannten Träufelspitze, die das Regenwasser schnell ablaufen läßt. Die Konsistenz der Blätter ist lederartig, ein Schutz gegen die Sonneneinstrahlung. Die Blüten erscheinen oft an den Stämmen oder starken Ästen. Man bezeichnet diese in den Regenwäldern häufige Erscheinung als Kauliflorie oder Stammblütigkeit.

Ein bekanntes Beispiel dafür ist der Kakaobaum *(Theobroma cacao),* dessen kleine weißrosa Blüten aus dem Stamm hervorbrechen. Erklärt wird dieses Phänomen z. T. mit der Ausbildung schwerer, fleischiger Früchte, die durch Tiere verbreitet werden, z. T. mit der Möglichkeit für die Bestäuber, z. B. Fledermäuse, sich besser an den Stämmen und starken Ästen festhalten zu können als an dünnen Zweigen.

Echte Sträucher gibt es kaum, aber häufig sind Riesenstauden, wie z. B. verschiedene Bananen- und Aronstabgewächse. Auch Bodenpflanzen, die an die dort herrschenden ungünstigen Lichtverhältnisse angepaßt sind, kommen reichlich vor. Dabei fällt vor allem die Buntlaubigkeit auf, weswegen viele Regenwaldbodenpflanzen als Zierpflanzen kultiviert werden, wie Begonien, Marantaceen, Urticaceen, Acanthaceen und andere. Besonders auffällige Lebensformen des tropischen Regenwaldes sind die zahlreichen Lianen und Epiphyten.

Ein eindrucksvolles Phänomen dieses Lebensraumes ist die Speicherung des größten Teils der Biomasse in der Vegetation und nicht im Boden. Wegen der hohen Temperaturen und der ständig vorhandenen Feuchtigkeit geht die Zersetzung organischen Materials außerordentlich schnell vor sich. So wird es rasch wieder mineralisiert und von den Pflanzen aufgenommen. Dies ist aber auch die Ursache für die schweren Schäden, die diesem Ökosystem zugefügt werden, wenn eine Rodung des Waldes erfolgt. Mit der Vernichtung der Vegetation wird der Standort auch seiner Nährstoffe beraubt. Nie kann sich auf ihm in den nächsten Jahrzehnten wieder der gleiche tropische Regenwald entwickeln. Es entstehen auf solchen Rodungsflächen Sekundärwälder, die völlig anders strukturiert sind.

In Gebieten, wo jahreszeitlich bedingt eine Trockenzeit auftritt, wächst anstelle des immergrünen Regenwaldes der saisongrüne Regenwald. Die Bäume verlieren dann mit Beginn der Trockenzeit z. T. ihr Laub, erreichen im Durchschnitt eine geringere Höhe, verzweigen sich stärker und besitzen auch eine dickere Borke als Schutz gegen die saisonale Trockenheit. Hierher gehören die besonders im tropischen Asien bekannten Monsunwälder. Nehmen die Gesamtniederschläge weiterhin ab und überschreiten die Trockenzeiten mehr als zwei Monate, dann macht sich das in einer zunehmenden Auflichtung der Baumbestände bemerkbar. Der saisongrüne Regenwald verändert sich stufenweise zu einem regengrünen Trockenwald.

Lianen und Epiphyten am Bestandesrand eines tropischen Regenwaldes in Ekuador

In diesem Wald weisen die bis etwa 20 m hohen Bäume ein weitreichendes Wurzelsystem auf (bei *Acacia*-Arten wurden bis zu 50 m gemessen) und sind stärker verzweigt als die der Regenwälder. Sie besitzen einen

charakteristischen Knospenschutz und eine dicke Borke, die sie sowohl vor zu hoher Transpiration als auch gegen häufige Waldbrände schützt. Die Blätter sind meist klein und glänzend. Der Boden ist mit trockenheitsresistenten, lichtliebenden Gräsern und krautigen Pflanzen bedeckt, die bei weiterem Rückgang der Niederschläge dominieren, so daß nur noch einzelne Baum- oder Strauchgruppen bzw. Einzelbäume auftreten.
Diese besonders aus Afrika bekannte Pflanzenformation nennt man Savanne und unterscheidet Feuchtsavannen (Trockenzeit $2\frac{1}{2}$ bis 5 Monate) mit dicht stehenden hohen Gräsern, Trockensavannen (Trockenzeit 5 bis 7 Monate) mit dicht stehenden niedrigen Gräsern und Dornsavannen (Trockenzeit 8 bis 10 Monate) mit locker stehenden niedrigen Gräsern. Durch die Großtiere, wie Elefanten, Giraffen, Nashörner, Zebras, Antilopen und andere, über deren Leben in der Wildnis viele Filme gedreht wurden, sind uns diese Pflanzenformationen vertraut.
Aber Savannen sind nicht allein auf Afrika beschränkt. Auch in Amerika (Brasilien, Venezuela) und Australien gibt es verschiedene Ausprägungen dieser Vegetation.
Wahrscheinlich sind die meisten Savannen bereits durch menschliche Einwirkung entstanden. So vermutet man, daß der plötzliche Übergang vom tropischen Regenwald zu den Feuchtsavannen in Afrika nicht natürlich bedingt ist, sondern Brandrodung und Beweidung einen starken Einfluß auf die Vegetation ausübten. Obwohl auch durch Gewitter ausgelöste Brände und die Beweidung durch Wildtiere in der Vergangenheit bei der Gestaltung der Vegetationsformationen eine Rolle gespielt haben, dürfte die sich schon über Jahrhunderte erstreckende Einwirkung des Menschen ungleich größer sein.
Mit der Dornsavanne korrespondierend ist in tropischen Gebieten Afrikas, Südamerikas und Süd- bzw. Südostasiens eine Vegetationsformation ausgebildet, die als Dornbusch bezeichnet wird. Enthält dieser auch sukkulente Pflanzen, dann spricht man vom Sukkulenten-Dornbusch. Ein typisches Beispiel dafür ist die im Nordosten Brasiliens verbreitete Caatinga, in der neben dornigen Xerophytensträuchern auch Flaschen- oder Faßbäume (*Cavanillesia arborea,* Familie Bombacaceae), viele Kakteen (z. B. Säulenkakteen der Gattung *Cereus*) und stachlige Erdbromelien vorkommen.
Sinken die Niederschläge unter 500 mm im Jahr, dann wird die Vegetation noch lockerer oder sporadischer. Es handelt sich um Halbwüsten- oder – beim Absinken auf unter 200 mm im Jahr – um Vollwüstenvegetation. Die an solche extreme Bedingungen (starke Strahlungsintensität, Lufttrockenheit, schnelle Verdunstung der Niederschläge, hohe Temperaturgegensätze zwischen Tag und Nacht) angepaßten Pflanzen kann man zwei verschiedenen Gruppen zuordnen: Bei der einen Gruppe handelt es sich um ephemere »Regenpflanzen«, die nach Niederschlägen schnell keimen oder auch aus ruhenden unterirdischen Überdauerungsorganen (Knollen, Zwiebeln, Rhizomen) austreiben und vor der wieder einsetzenden Trockenheit zum Blühen und Fruchten gelangen. Die vielfach beschriebene »blühende Wüste« ist dafür ein Beispiel (s. Abb. S. 86).
Die zweite Gruppe besteht aus den eigentlichen Wüstenxerophyten, die sich durch extreme Anpassungen an die Einschränkung der Transpiration auszeichnen. Häufig handelt es sich um niedrige, dornige Sträucher mit einem ausgedehnten Wurzelsystem oder um Sukkulente mit Wasserspeicherung. Auch bestimmte Abweichungen des Photosynthese-Stoffwechsels (CAM-Pflanzen) kommen vor (s. S. 25).
Der Wechsel der Pflanzenformationen wird aber nicht nur durch die unterschiedlichen Niederschläge bestimmt. In der Abfolge der Vegetation vom Äquator zu den Polen macht sich neben den wechselnden Niederschlägen auch der Einfluß der Temperatur deutlich bemerkbar. An die tropischen Regenwälder würde sich polwärts bei gleich-

Die australischen Scrubs sind savannenähnliche Trockenwälder, in denen auch imposante Flaschenbäume *(Brachychiton rupestris)* vorkommen.

bleibenden hohen Niederschlägen eine Zone warmtemperierter Feucht- und Lorbeerwälder anschließen, die aber in vielen Regionen bereits in Kulturland umgewandelt ist. Es handelt sich um Wälder aus immergrünen Gehölzen, deren Blätter ähnlich denjenigen des Lorbeers ausgebildet sind. Ihr Unterwuchs aus Farnen und Moosen erinnert an tropische Gebirgsregenwälder. Sie werden häufig auch als subtropische Regenwälder bezeichnet. Es fehlen ihnen aber weitgehend die in den tropischen Regenwäldern vorkommenden Lianen und Epiphyten sowie die Großstauden aus verschiedenen tropischen Pflanzenfamilien, z. B. Bananengewächse (Musaceae), Ingwergewächse (Zingiberaceae), Pfeilwurzgewächse (Marantaceae) und Aronstabgewächse (Araceae).

Manchmal sind neben den immergrünen Laubgehölzen auch Nadelhölzer oder einige laubwerfende Elemente sommergrüner Laubwälder vorhanden. Beispiele für diese warmtemperierten Feuchtwälder gibt es auf den atlantischen Inseln (Kanaren, Madeira), am Westrand des Kaukasus in der Kolchis, in Florida und Ostasien sowie in Südamerika, Australien und Neuseeland.

Im Mittelmeergebiet mit heißen, trockenen Sommern und milden, feuchten Wintern ist eine Hartlaubvegetation aus relativ niedrigen Gehölzen mit kleinen bis mittelgroßen lederartigen Blättern ausgebildet. Immergrüne Eichen, wie Steineiche *(Quercus ilex)* und Kermeseiche *(Quercus coccifera)*, Lorbeer *(Laurus nobilis)*, Johannisbrotbaum (*Ceratonia siliqua,* Familie Caesalpiniaceae), Mastixstrauch (*Pistacia lentiscus,* Familie Anacardiaceae), Erdbeerbaum (*Arbutus unedo,* Familie Ericaceae – s. Abb.) und einige Nadelhölzer, wie Pinie *(Pinus pinea)* und Zypresse *(Cypressus sempervirens)*, sind typische Elemente dieser Vegetation. Meist ist sie jedoch durch menschliche Einflüsse zu einer dichten Buschvegetation degradiert, die als Macchie bezeichnet wird und z. B. durch das Vorkommen der Myrte *(Myrtus communis)*, verschiedener Zistrosen-*(Cistus-)*Arten, dem Immergrünen Schneeball *(Viburnum tinus)* und der Baumheide *(Erica arborea)* charakterisiert wird. Ein vorwiegend aus Zwergsträuchern, Knollen-, Zwiebel- und Rhizompflanzen sowie einjährigen Pflanzen zusammengesetztes weiteres Degradationsstadium wird – regional verschieden – Garigue, Tomillares oder Phrygana genannt.

Ein Vertreter der Hartlaubvegetation des Mittelmeergebietes ist der Erdbeerbaum *(Arbutus unedo)* mit seinen eßbaren Früchten.

Hartlaubgebiete befinden sich auch in Kalifornien, Mittelchile, in Südafrika im Kapgebiet und in Australien.

In den kühlgemäßigten Gebieten der Nordhemisphäre, die durch Niederschläge zu allen Jahreszeiten und eine warme Vegetationszeit ausgezeichnet sind, befindet sich die

Zone sommergrüner Laubwälder. Sie reicht in Europa von der Atlantikküste bis zum Ural, nach Osten hin sich immer mehr verengend. Große Ausdehnung besitzen auch die sommergrünen Laubwälder im östlichen Nordamerika und in Ostasien.

Charakteristische waldbildende Elemente dieses Laubwaldes sind in Europa Rotbuche *(Fagus sylvatica)*, Eichen-*(Quercus-)*Arten, Hainbuche *(Carpinus betulus)* und Linden-*(Tilia-)*Arten; aber auch Birken-*(Betula-)*, Pappel-*(Populus-)*, Weiden-*(Salix-)*, Ahorn-*(Acer-)*, Ulmen-*(Ulmus-)*, Erlen-*(Alnus-)* Arten und die Gemeine Esche *(Fraxinus excelsior)* kommen häufig vor.

In Nordamerika und Ostasien treffen wir wesentlich artenreichere Wälder an. Dort sind viele Elemente erhalten, die vor der Eiszeit auch in Europa vorhanden waren, so z.B. Magnolien *(Magnolia)*, Tulpenbäume *(Liriodendron)*, Zaubernüsse *(Hamamelis)*, Hickory *(Carya)* und Zürgelbäume *(Celtis)*.

Je kontinentaler das Klima wird, desto mehr lockert sich der Wald auf, und die Gras- und Krautvegetation gewinnt die Oberhand. Diese vorwiegend von Gräsern beherrschte Vegetation wird als Steppe bezeichnet, ihre Übergangsformen zum Wald als Waldsteppe. Sie erstreckt sich anschließend an den sommergrünen Wald von Osteuropa bis Zentralasien. In Nordamerika schließt sie sich westlich an den sommergrünen Laubwald an und wird dort Prärie genannt. Ein weiteres Steppengebiet ist in Südamerika ausgebildet. Es handelt sich um die in Ostargentinien und Uruguay verbreitete Pampa, in der allerdings keine so kalten Winter auftreten wie in den anderen Steppengebieten.

Charakteristische Pflanzen dieser Steppen sind z. B. Arten der Federgräser *(Stipa)*, Bartgräser *(Andropogon, Bothriochloa)*, Schillergräser *(Koeleria)* und Quecken *(Agropyron)*.

Bezeichnend für die Steppen sind die fruchtbaren Böden, die meist aus tiefgründigen Schwarzerden mit einem hohen Humusanteil bestehen. Sie stellen hervorragende Kulturböden für Getreide dar und wurden deshalb in hohem Maße in Kulturland umgewandelt.

Bei weiterem Rückgang der Niederschläge schließen sich an die Steppen – besonders im mittelasiatischen Bereich – Halbwüsten und Wüsten an. Von den subtropischen Wüsten, die meist an Savannen angrenzen und in deren Oasen man Dattelpalmen kultiviert, sind diese Halbwüsten und Wüsten durch ihre Winterkälte unterschieden. Ihre spärliche Vegetation wird vor allem durch das Vorkommen von verschiedenen Beifuß-*(Artemisia-)*Arten und Gräsern *(Agropyron, Aristida, Festuca, Koeleria)* gebildet. Auch Sträucher sind für diese Wüstengebiete charakteristisch, so z. B. die zu den Gänsefußgewächsen (Chenopodiaceae) gehörenden sukkulenten Saksaularten *(Haloxylon)*.

Polwärts folgt auf die nordhemisphärischen sommergrünen Laubwald- und Steppenzonen das breite Band des borealen Nadelwaldes, die mit Abstand größte geschlossene Vegetationszone der Erde. Die Nord-Süd-Ausdehnung beträgt sowohl in Eurasien als auch in Nordamerika im Durchschnitt 1 000 bis 1 200 km. 70 % des auf der Erde verwendeten Nutzholzes stammen aus diesem Gebiet. In Eurasien wird dieser Wald Taiga genannt. Das Klima ist durch extreme Temperaturgegensätze ausgezeichnet. Im Sommer herrschen Temperaturen bis zu 30 °C und mehr, im Winter sinkt dagegen das Thermometer bis unter –50 °C. Manchmal differieren die Temperaturen um mehr als 100 °C. Im Taigagebiet Ostsibiriens befindet sich auch der Kältepol der Erde. Die Niederschläge sind relativ niedrig (jährlich etwa bis 300 mm), aber beim Auftauen des tiefgefrorenen Bodens steht im Frühjahr genügend Feuchtigkeit zur Verfügung, da auch die Verdunstung ziemlich gering ist.

Vier Nadelholzgattungen enthalten die wichtigsten waldbildenden Arten dieses Gebietes. Es sind Fichte *(Picea)*, Kiefer *(Pinus)*, Tanne *(Abies)* und Lärche *(Larix)*. In den winterkältesten Gebieten dominiert ein sommergrünes Nadelholz, die Dahurische Lärche *(Larix dahurica)*. Diesen Koniferen sind noch verschiedene Birken, Erlen, Pappeln und Weiden beigemischt.

Nördlich an die boreale Nadelwaldzone grenzt schließlich zirkumpolar als letzte große Vegetationsformation die arktische Tundrenzone. Charakteristisch ist hier die kurze Vegetationszeit, die meist 3 Monate nicht übersteigt und an ihrer nördlichen Grenze zur vegetationslosen Kältewüste nur ein bis eineinhalb Monate umfaßt. Auch in der Tundra sind die Niederschläge gering, sie erreichen jährlich nur etwa 200 bis 300 mm, aber wegen der minimalen Verdunstung steht genügend Wasser zur Verfügung. Nicht selten sind sogar umfangreiche Moore ausgebildet. Typisch ist im Sommer der Dauertag, der den Pflanzen eine Photosyntheseak-

Höhenstufengliederung in Mitteleuropa
1 Eichenmischwald, 2 Buchenwald, 3 Buchen-Tannen-Fichtenwald, 4 Krummholz (Waldgrenze), 5a Zwergstrauch-Vegetation, 5b Grasheide-Vegetation, 6 Polsterpflanzen-Vegetation, 7 Schneestufe

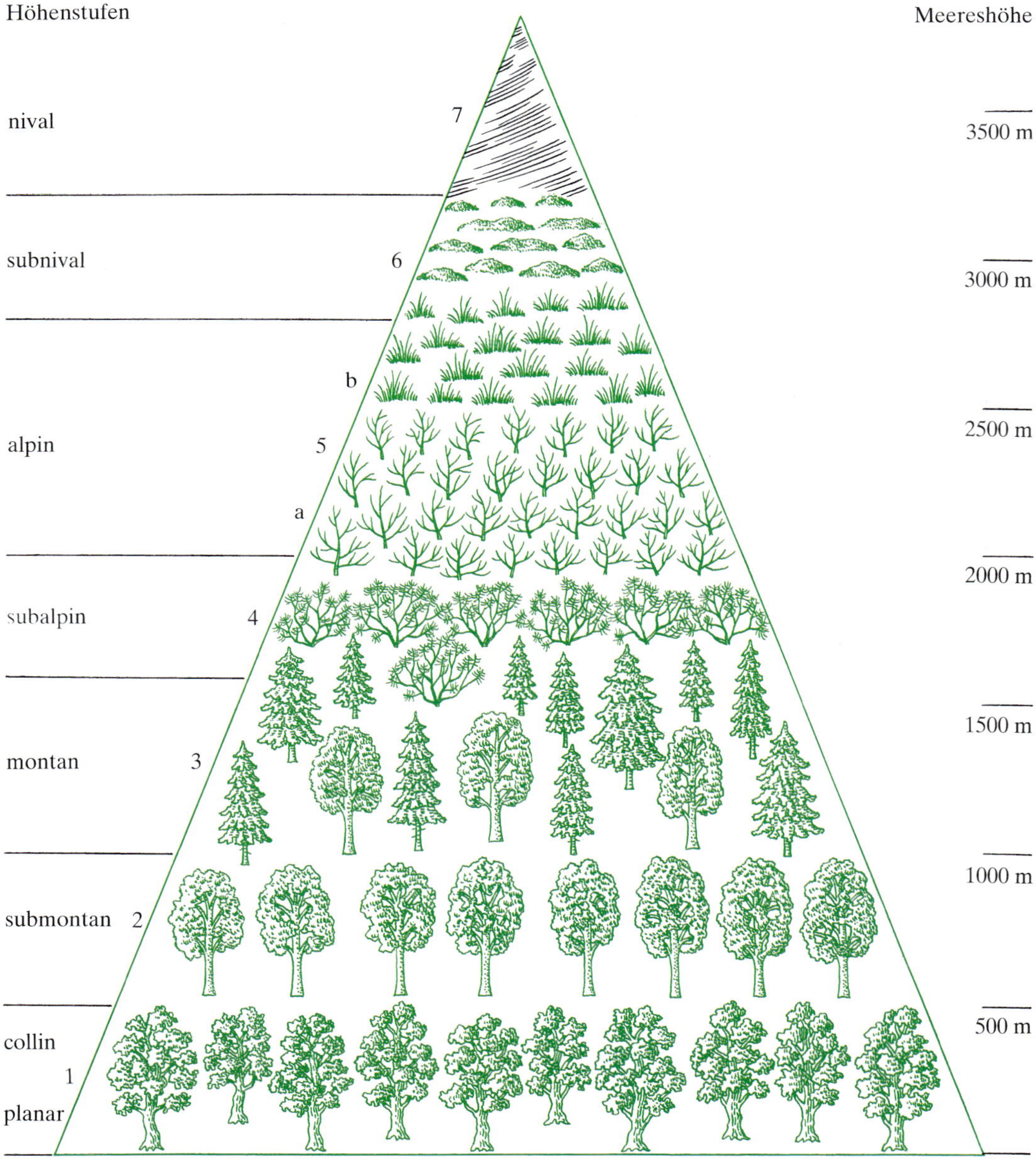

tivität rund um die Uhr erlaubt. Die Vegetation der Tundra ist relativ artenarm und umfaßt kaum 200 bis 300 Arten. Es handelt sich vor allem um Zwergsträucher, wie Zwergbirke *(Betula nana)*, verschiedene Strauchweiden (*Salix*-Arten) und Heidekrautgewächse, z. B. Sumpfporst *(Ledum palustre)*, Rosmarinheide *(Andromeda polifolia)*, Preiselbeere *(Vaccinium vitis-idaea)*, Rauschbeere *(Vaccinium uliginosum)* und Bärentraube *(Arctostaphylos uva-ursi)*. An manchen Stellen sind Moose (Moostundra) und Flechten (Flechtentundra) besonders häufig, aber sie kommen auch überall in der Zwergstrauchtundra vor.

Höhenstufengliederung in tropischen Gebirgen
(Andenostseite)
1 Tropischer Regenwald, 2 Bergregenwald, 3 Nebelwald, 4a Paramo, 4b Polsterpflanzen-Vegetation, 5 Schneestufe

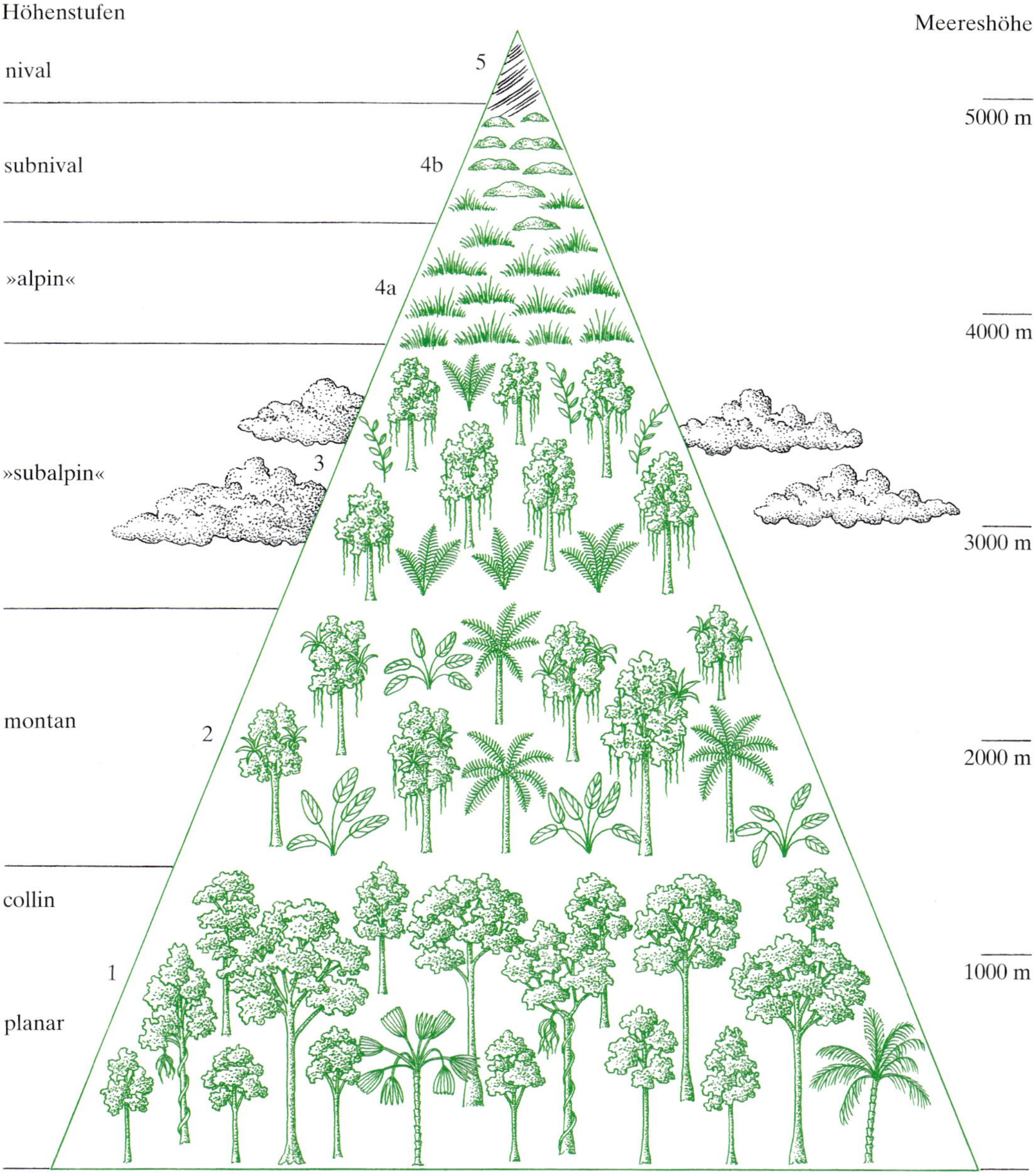

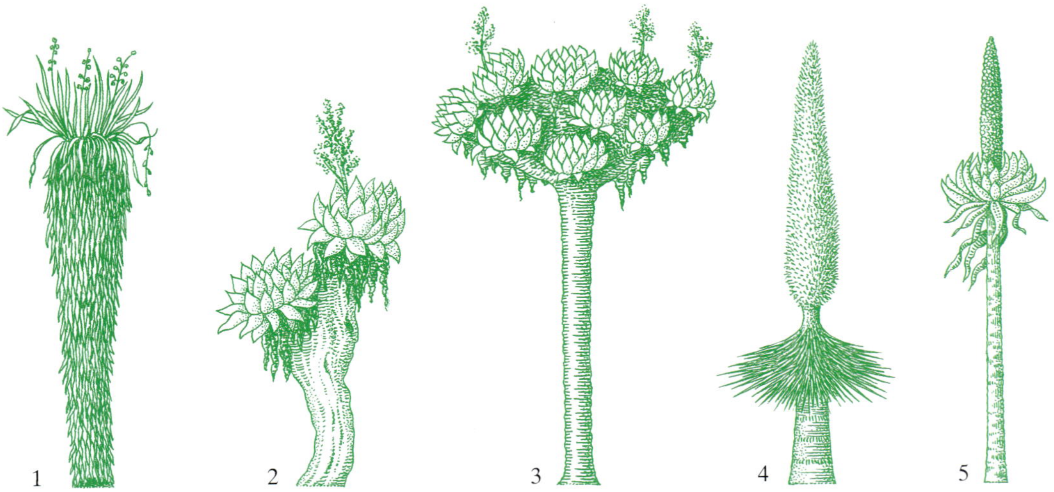

Schopfbäume in tropischen Hochgebirgen
1 *Espeletia semiglobulata* (Asteraceae)-Venezuela, 4350 m, 2 *Senecio keniodendron* (Asteraceae)-Kenia, 4300 m, 3 *Senecio gardneri* (Asteraceae)-Uganda, 3900 m, 4 *Puya raimondii* (Bromeliaceae)-Peru, Bolivien, 4200 m, 5 *Lobelia rhynchopetalum* (Lobeliaceae)-Gebirge Afrikas, 3600 m

So wie sich großräumig der Wandel der Vegetation auf der gesamten Erde vollzieht, so gestaltet sich der Wechsel in den Gebirgen kleinräumig. Da mit zunehmender Höhe die Temperatur abnimmt – durchschnittlich etwa alle 200 m um etwa 1 °C – macht sich dieser Einfluß in ähnlicher Weise bemerkbar wie bei den zunehmenden Breiten auf den Erdhemisphären. Man unterscheidet nach der Gliederung durch unterschiedliche Vegetationsgürtel in den Gebirgen und ihrem Umland verschiedene Höhenstufen. Dabei ist grundsätzlich eine ähnliche Abfolge festzustellen wie in den Vegetationszonen der Erde. In den gemäßigten Klimaten beginnen die untersten Stufen mit dem sommergrünen Laubwald und gehen dann in Nadelwälder über. Oberhalb der Waldgrenze finden sich – vergleichbar mit der Offenvegetation der Tundra – alpine Zwergstrauchgesellschaften, Matten und Polsterpflanzengesellschaften, die sich bis zur Grenze ewigen Schnees erstrecken. Natürlich sind die Grenzen der einzelnen Vegetationsstufen von Gebirge zu Gebirge verschieden, ebenso wie die floristische Zusammensetzung der Vegetation.
Besondere Verhältnisse existieren in den tropischen Hochgebirgen. Aber auch dort kann man die Abfolge verschiedener Waldgesellschaften (tropischer Regenwald, Bergregenwald, Nebelwald) bis zur Waldgrenze und verschiedener Offengesellschaften bis zur Schneegrenze registrieren. Diese liegt in den äquatorialen Gebirgen der Tropen etwa bei 5 000 m (s. Abb. S. 296, 297).
Besonderheiten der tropischen Hochgebirgsformationen, die als Páramo, oder in trockeneren Ausprägungen, z. B. der Anden, auch als Puna bezeichnet werden, sind die Schopfbäume. Es handelt sich um eine einheitliche Wuchsform von Pflanzen, die verschiedenen Familien angehören (Asteraceae, Lobeliaceae, Bromeliaceae) und sowohl in den altweltlichen (Afrika) als auch in den neuweltlichen Tropen (Südamerika) vorkommen. Offenbar hat sich diese Wuchsform für die stark wechselnden Temperaturen dieser Regionen als besonders geeignet erwiesen. Die stark behaarten, großen Rosettenblätter sind bei den tiefen Nachttemperaturen zusammengeneigt ein guter Schutz für die jungen Knospen. Es ist ein schönes Beispiel für eine konvergente Entwicklung in verschiedenen Verwandtschaftskreisen!

Nach der Eiszeit

Wer hat nicht schon im Frühling die in unseren Gärten oder Parkanlagen stehenden, herrlich blühenden Magnolienbäume bewundert? Mancher wird sich vielleicht gefragt haben, woher dieser Baum stammt, wo eigentlich viele der Zierbäume und -sträucher, die unsere Garten- und Parkflora beleben, beheimatet sind: die Forsythien, Robinien, Zaubernüsse, Rhododendren, Hortensien und viele andere mehr. Verblüffend häufig stößt man dann in Nachschlagewerken darauf, daß die Herkunft vieler unserer Ziergehölze in Ostasien (Japan, China, Korea) oder im östlichen Nordamerika zu suchen ist.

Beim Vergleich der Floren dieser Regionen mit der von Mitteleuropa fällt sofort die Verarmung unserer Flora ins Auge. Von den z.B. etwa 120 Ahornarten kommen nur 5 in Mitteleuropa vor, in Ostasien sind es dagegen 76 und in Nordamerika 16 Arten. Die übrigen sind in Südeuropa, Nordafrika, Vorder- und Mittelasien beheimatet. Bei vielen anderen Baumgattungen, von denen nur eine oder wenige Arten in unseren Wäldern vorkommen, wie Eiche, Buche, Hainbuche, Linde, Ulme, Esche, Erle, Pappel, Birke, aber auch Tanne, Fichte, Kiefer und Eibe, verhält es sich ähnlich.

Die Ursache für diese Verarmung der Flora Europas im Vergleich zu Amerika und Ostasien ist die Eiszeit. Der mehrmalige Wechsel zwischen Kalt- und Warmzeiten veranlaßte eine ständige Veränderung der Vegetation, die sich in einem Ausweichen nach Süden während des Beginns der Kaltzeiten und in einer Rückwanderung während der Warmzeiten äußerte. In Nordamerika konnte diese »Wanderung« ziemlich reibungslos vonstatten gehen, da die Gebirge in Nord-Süd-Richtung, also in der Richtung der Wanderwege lagen. Anders war es in Europa, wo die Pyrenäen, Alpen und Karpaten einen Querriegel bildeten, der sich dem Ausweichen und der Rückbesiedlung hemmend in den Weg stellte. Ostasien besaß die günstigsten Voraussetzungen, da sich dort die Eiszeit nicht so gravierend auswirkte.

Viele Pflanzengattungen, die nachweislich noch am Ende des Tertiärs in Mitteleuropa vorhanden waren, konnten diesen Wandel nicht überstehen. So erging es auch den Magnolien, die noch die erste Kaltzeit überdauerten, aber dann aus Europa verschwanden. Nach der zweiten Kaltzeit kamen noch Mammutbäume vor, nach der dritten existierten noch Hemlockstannen, nach der vierten Flügelnüsse und Hickorynüsse, nach der fünften Lebensbäume und nach der sechsten nur noch die Gattungen, die heute vorhanden sind.

Einige Gehölzarten, die als Bäume und Sträucher unsere Anlagen zieren, überlebten in europäischen Refugialgebieten, z. B. der Flieder *(Syringa vulgaris)* in Südeuropa, die Roßkastanie *(Aesculus hippocastanum)* in Bulgarien und Nordgriechenland und die Platane *(Platanus orientalis)* im südöstlichen Balkan und Westasien, konnten nach der Eiszeit nicht auf natürlichem Wege nach Mitteleuropa zurückkehren.

Bei der Eiszeit handelte es sich also nicht um eine einheitliche Epoche, sondern um einen ständigen Wechsel zwischen Kalt- und Warmzeiten. Man bezeichnet diesen Zeitraum des Quartärs, der auf das Pliozän folgte, als Pleistozän. Es begann vor etwa 2,5 Millionen Jahren und endete vor etwa 12500 Jahren, als die Nacheiszeit, das Holozän, anfing. Nach neueren Untersuchungen umfaßte das Pleistozän – wie schon angeführt – 6 Kaltzeiten und 5 Warmzeiten. In den Kaltzeiten bedeckten gewaltige Gletscher große Räume Nord- und Mitteleuropas, Nordwestsibiriens und Nordamerikas, während in den dazwischen liegenden Warmzeiten z.T. Temperaturen erreicht wurden, die deutlich über denen der Gegenwart lagen. Da für die letzte Warmzeit ein Zeitraum von etwa 65000 Jahren veranschlagt wird, ist noch nicht geklärt, ob wir uns gegenwärtig nur in einer Warmzeit vor der nächsten Kaltzeit befinden, oder ob das Ende der Eiszeit angezeigt ist. Jede Kaltzeit und Warmzeit ist außerdem nicht als eine einheitliche Klimaperiode anzusehen. Im-

Die Roßkastanie *(Aesculus hippocastanum)* ist heute ein beliebter Park- und Alleebaum. Sie konnte sich nach der letzten Kaltzeit von ihrem Refugialgebiet im Balkan ohne Hilfe des Menschen nicht weiter ausbreiten.

mer gab es eine Reihe von Schwankungen. In den Kaltzeiten unterscheidet man wärmere Interstadiale, aber auch die Warmzeiten waren durch kältere Zwischenphasen gekennzeichnet.

Pollendiagramm vom Ende der Eiszeit (I) über die Späteiszeit (II–IV), Vorwärmezeit (V), Frühe Wärmezeit (VI–VII), Mittlere Wärmezeit (VIII), Späte Wärmezeit (IX–X) zur Nachwärmezeit (XI–XII). Pollenzonen nach Overbeck. Baumpollen grün, Hasel und Nichtbaumpollen schwarz (nach Steinberg und Bertsch aus Strasburger)

Über die nacheiszeitliche Vegetationsentwicklung sind wir gut informiert. Auskunft darüber gibt uns die Methode der Pollenanalyse, die um die letzte Jahrhundertwende entwickelt wurde. Sie basiert auf der guten Erhaltungsfähigkeit der äußeren Pollenhaut, wenn die Pollen unter Luftabschluß aufbewahrt werden. Das ist z.B. in Mooren und Seesedimenten der Fall. Da die Pollen von Windblütlern, also unseren Nadelbäumen, den wichtigsten waldbildenden Laubbäumen und verschiedenen krautigen Arten, unter anderem Gräsern und Sauergräsern, in großen Mengen erzeugt werden und auf alle Flächen ihrer engeren und – je nach Flugvermögen – weiteren Umgebung niederfallen, wurden sie auch in den Torfschichten der Moore abgelagert.
Moore und unter Luftabschluß stehende Sedimente, die über Jahrtausende gewachsen

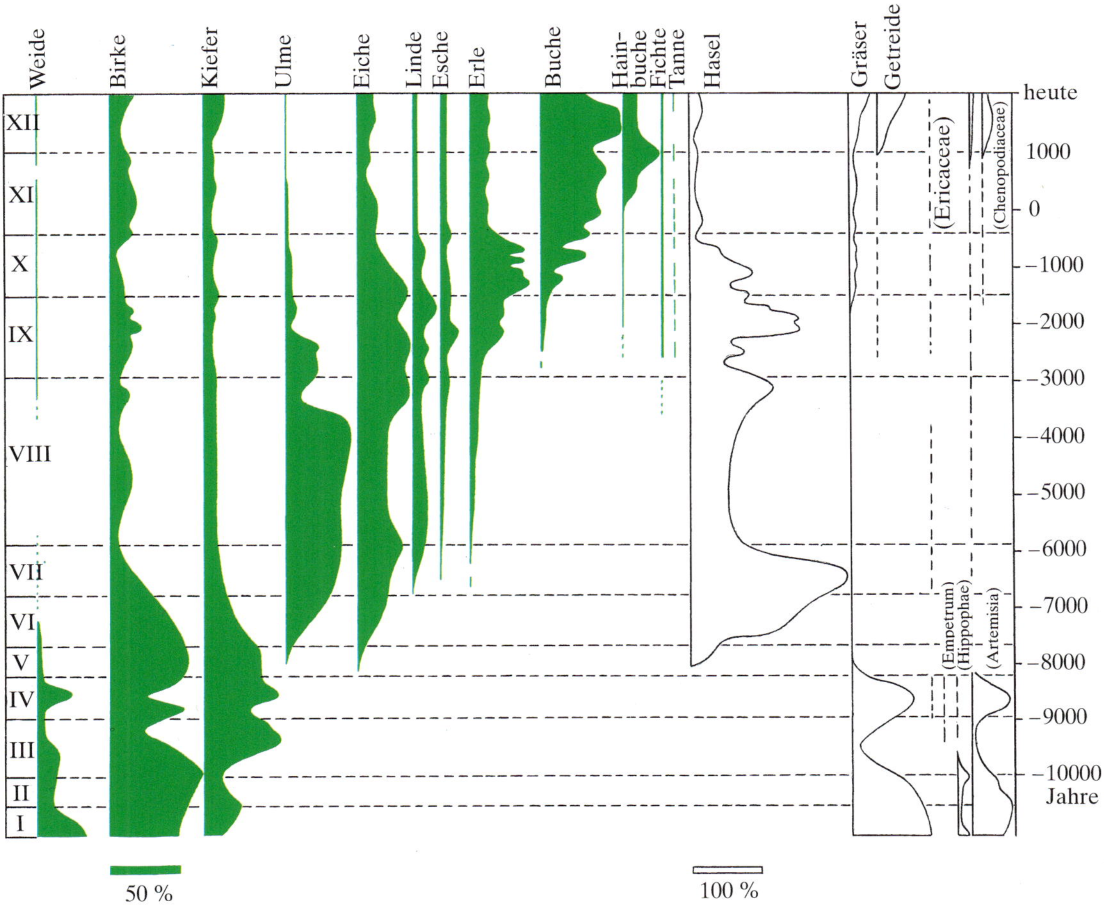

Gliederung der Spät- und Nacheiszeit in Mitteleuropa (nach Walter 1986)

Zeitangabe	Klima	Vegetation	Vorgeschichte
1. Späteiszeit			
10500–10000 v. Chr.	Ältere subarktische Zeit	Tundra	Altsteinzeit
10000–9000 v. Chr.	Mittlere subarktische Zeit	Birken-Kiefernwald	
9000–8250 v. Chr.	Jüngere subarktische Zeit	Tundra	
2. Nacheiszeit			
8250–7700 v. Chr.	Vorwärmezeit (Präboreal)	Birken-Kiefernwald	Mittelsteinzeit
7700–5800 v. Chr.	Frühe Wärmezeit (Boreal)	Hasel-Kiefernwald	
5800–3000 v. Chr.	Mittlere Wärmezeit (Atlantikum)	Eichen-Mischwald	Jungsteinzeit
3000–500 v. Chr.	Späte Wärmezeit (Subboreal)	Eichen-Mischwald	Bronzezeit
seit 500 v. Chr.	Nachwärmezeit (Subatlantikum)	Buchenwald	Eisenzeit
			Geschichtliche Zeit

sind, geben bei entsprechend sorgfältiger Bergung der einzelnen Schichten und ihrer Altersbestimmung Aufschluß über die Zusammensetzung der sie umgebenden Vegetation. Das erbohrte Torfprofil enthält verschiedene Pollenproben, die einzeln ausgezählt werden und ein »Pollenspektrum« ergeben. Die Gesamtzahl der Pollenspektren eines Profils bildet dann ein »Pollendiagramm«, das uns mit der jeweiligen Häufigkeit der wichtigsten Baum- und Nichtbaumpollen in den betreffenden Zeiträumen bekannt macht. Natürlich muß man berücksichtigen, daß die Pollenproduktion der einzelnen Arten unterschiedlich ist, Fernwirkungen eine Rolle spielen können und die um das Moor stehenden Arten überrepräsentiert sind. Da die gegenwärtigen Bedingungen überprüfbar sind, kann man sie aber als Bezugsgrößen für Korrekturen benutzen. Aus den Ergebnissen der Pollenanalysen in verschiedenen Gebieten Mitteleuropas lassen sich die Etappen der Vegetationsentwicklung ableiten.

Die unmittelbar auf den Rückgang des Eises folgende erste Periode ist durch eine der heutigen Tundra vergleichbare Vegetation gekennzeichnet, in der typische Pflanzen der Tundren und Hochgebirge, wie Silberwurz *(Dryas octopetala),* Zwergbirke *(Betula nana),* Krautweide *(Salix herbacea),* Krähenbeere *(Empetum nigrum)* und andere vorkamen. Diese fossile Flora wird – wie schon erwähnt – als »Dryas-Flora« bezeichnet. Daneben muß es auch Ausprägungen der Vegetation gegeben haben, die den heutigen Kältesteppen Mittelasiens ähnlich waren und deren Charakterarten enthielten. So waren z.B. Beifuß-*(Artemisia-)*Arten, verschiedene Gänsefußgewächse (Chenopodiaceae), das Meerträubel *(Ephedra)* neben verschiedenen Gräsern (Poaceae) und Sauergräsern (Cyperaceae) häufig. Etwa um 10000 v.Chr. begann eine rasche Erwärmung, die zu einer Bewaldung mit Birken und Kiefern, den ersten eingewanderten Baumarten neben strauchigen Weiden, führte. Nach einem erneuten Kälteeinbruch um 9000 v.Chr., der wiederum eine Tundrenvegetation hervorrief, endete die Späteiszeit etwa um 8250 v.Chr. mit einer stetigen Erwärmung, die die sogenannte Nacheiszeit ankündigte. Nochmals wanderten Birken und Kiefern ein. Die Tundrenflora verschwand, und es folgte die Ausbreitung der Hasel *(Corylus avellana),* die erst den Unterwuchs der Kiefern- oder Birkenwälder bildete und später – gegen 6000 v.Chr. – gemeinsam mit den inzwischen eingewanderten Eichen und Ulmen Eichenmischwälder bildete. Inzwischen waren die Temperaturen auf Werte angewachsen, die den heutigen vergleichbar sind. Etwas später traten zu diesen Eichenmischwäldern noch Linden,

Eschen und Erlen. Auch die nichtwindblütigen Ahorne und Wildobst dürften diesen Wäldern beigemischt gewesen sein. Einige wärmeliebende Arten wie der Buchsbaum *(Buxus sempervirens)* waren damals weiter verbreitet und wiesen darauf hin, daß zu jener Zeit ein Klimaoptimum bestand. Die Jahresmitteltemperaturen müssen ungefähr drei bis vier Grad höher als heute gewesen sein.

Dieser artenreiche Eichenmischwald hatte seine stärkste Entfaltung in der mittleren Wärmezeit und zu Beginn der späteren Wärmezeit etwa zwischen 6000 und 2000 v. Chr. Das entsprach der Jungsteinzeit (Neolithikum), gegen deren Ende der Mensch auch seßhaft wurde und mit Ackerbau und Waldnutzung in die Natur eingriff. Das Auftreten von Getreidepollen in dieser Zeit ist dafür ein untrügliches Zeichen. Vielleicht war die seitdem relativ kontinuierliche Besiedlung bestimmter wärmebegünstigter Landschaften auch ein Anlaß für die Erhaltung vieler wärmezeitlicher Geoelemente, die aus dem Mittelmeergebiet einwanderten, wie Kornelkirsche *(Cornus mas)* oder wärmeliebende Orchideen, insbesondere die heute seltenen Ragwurz-*(Ophrys-)*Arten (S. 194).

Gegen Ende der späten Wärmezeit macht sich eine deutliche Temperaturabnahme und ein Steigen der Niederschläge bemerkbar. Gleichzeitig wandern erstmalig Rotbuche, Hainbuche, Tanne und Fichte ein, die allmählich den Eichenmischwald zurückdrängen. Die Rotbuche kam aus dem Südwesten, die Tanne aus dem Süden und die Fichte aus dem Osten.

Etwa zwischen dem Jahr 1000 v. Chr. und der Zeitenwende, zu Beginn der Nachwärmezeit, kommt es zu einer Dominanz der Rotbuche, die mit Ausnahme der kontinentalen Gebiete des Ostens, wo die Hainbuche stärker die Vorherrschaft erringt, auch in die Gebirge vordringt, dort gemeinsam mit Tanne und Fichte. Die dichten Buchenmischwälder würden auch heute weite Flächen einnehmen, wenn der Mensch nicht entscheidend in die Vegetationsentwicklung eingegriffen hätte. Zuerst förderte er durch die Waldweide die Eichenmischwälder, weil die Eiche der Hauptmastbaum für die von ihm gehaltenen Schweine war. Außerdem entstanden durch den Ackerbau Offenlandschaften, die nur teilweise bewirtschaftet wurden, teilweise als Brachen liegenblieben und so einer Menge von Ackerwildpflanzen und auch thermophilen Elementen mediterraner oder kontinentaler Offenvegetation Gelegenheit zum Gedeihen boten.

Trotzdem war für den Römer Tacitus das damalige Germanien ein von Wäldern starrendes und von Sümpfen entstelltes Land. Das mag aus der Sicht des aus dem waldarmen Süditalien stammenden Römers verständlich gewesen sein. Waren doch im Gegensatz zu heute immerhin noch 70 bis 80 % des Landes mit Wald bedeckt. Die große Rodungsperiode setzte erst im 8. Jahrhundert ein und dauerte etwa bis zum 12. Jahrhundert. Sie dezimierte die Waldanteile erheblich, so daß in manchen Gebieten weniger Wald als heute existierte. Nachdem im 13. und 14. Jahrhundert wieder viele Ortschaften zu Wüstungen geworden waren, stellte sich im 15. Jahrhundert die jetzt vorherrschende Waldverteilung (etwa 28 %) in Deutschland ein. Als mit dem Kartoffelanbau zugleich die Stallfütterung der Schweine eingeführt wurde, änderte sich im 18. Jahrhundert das Waldbild nochmals beträchtlich. War vorher die Eiche gefördert worden, so wurde jetzt die Rotbuche, die man als Brennholz und zur Holzkohleherstellung benötigte, bevorzugt angepflanzt.

Doch als sich in der zweiten Hälfte des 19. Jahrhunderts die Steinkohlenfeuerung durchsetzte, brauchte man kein Brennholz mehr, sondern schnell wachsendes Bauholz. Das konnte besser durch Nadelhölzer aufgebracht werden, so daß viele Laubholzforsten damals in Monokulturen von Fichten und Kiefern umgewandelt wurden. Heute beträgt der Anteil von Laubbäumen in unseren Wäldern nur noch etwa 35 % gegenüber 65 % Nadelbäumen. Die Fichte mit 44 % und die Rotbuche mit 20 % sind gegenwärtig die häufigsten Baumarten unserer Wälder.

Pflanze und Mensch

Rohstoff, Nahrung und vieles mehr

Vom Morgen bis zum Abend begleiten uns Pflanzen und ihre Produkte ständig: von der Tasse Kaffee und dem Marmeladenbrötchen zum Frühstück bis zum Glas Bier oder Wein und dem Margarinebrot zum Abendessen. Auch sonst sind fast überall Pflanzen mit im Spiel: das Hemd aus Baumwolle, der Schreibtisch aus Eichenholz, das Papier dieses Buches aus Pappelholz, der Tennisball aus Kautschuk. Oft wird man sich dessen erst bewußt, wenn man darüber nachdenkt. Wer weiß schon, daß die äußere Schale des Edamer Käses ihr intensives Rot dem Farbstoff einer Pflanze verdankt, die im südamerikanischen Regenwald beheimatet ist, dem Bixin des Orleansstrauches *(Bixa orellana)*. Wem ist geläufig, daß das Gelbfärbemittel Safran (»Safran macht den Kuchen gel«) ein kostbares, in kleinen Mengen verkauftes Pulver, aus den Narben einer Krokusart *(Crocus sativus)* gewonnen wird. Für 1 Gramm benötigt man die Narben von 150 Blüten.

Der Mensch kann ohne Pflanzen nicht leben. Als Nahrungs- und Genußmittel, als Futterpflanzen für die von ihm gehaltenen Nutztiere, als Rohstoff für die Herstellung von Fasern, Farben oder Papier, als Arzneipflanzen, als Zierpflanzen, als Nutzhölzer, als Baustoffe und zur Kautschukgewinnung sind sie unentbehrlich.

Die Geschichte der Menschheit ist zugleich eine Geschichte der vielfältigen Nutzung der Pflanzen. Einige Nahrungsmittel- und Faserpflanzen sind schon seit einigen Tausenden von Jahren vom Menschen in Kultur genommen. Sie wandelten sich von den Nutzpflanzen in der dem Menschen umgebenden Natur zu von ihm bewußt angebauten und züchterisch bearbeiteten Kulturpflanzen. An der Spitze dieser ältesten Kulturpflanzen stehen die Getreidearten, und von diesen vor allem Weizen und Gerste. Man nimmt heute an, daß die Gerste bereits seit etwa 10000 Jahren im Vorderen Orient, in der Region zwischen dem heutigen Syrien und dem Iran kultiviert wurde. An dem um etwa 7000 v.Chr. datierten Fundplatz von Jarmo im Irak ist neben einer Frühform des Weizens, dem Emmer *(Triticum dicoccon)*, auch eine zweizeilige Gerste mit deutlichen Kulturmerkmalen enthalten, die darauf hindeutet, daß die Inkulturnahme noch weiter zurückreichen muß.

Ein sehr hohes Alter hat auch die Kultur vom Mais, der im Tehuacantal in Mexiko in domestizierter Form schon um 5000 v.Chr. bekannt war. Er ist offenbar bereits sehr frühzeitig nach Peru gekommen, wo ein zweites Mannigfaltigkeitszentrum entstand. Sehr alt ist ebenfalls die Kultur des Reises.

Der Anbau läßt sich bereits 2800 v. Chr. in China nachweisen, hat aber bestimmt noch früher begonnen. In den tropischen Regionen Südchinas gibt es mehrere Wildreisarten, aus denen der Kulturreis *(Oryza sativa)* entstanden sein müßte. Von dort hat sich die Kultur dann nach Japan und Korea einerseits und nach Indonesien, den Philippinen, Burma und Indien andererseits ausgebreitet. Noch vor Christi Geburt gelangte er nach Persien und ins Zwischenstromland. Heute steht der Reis in der Körnerproduktion an 2. Stelle in der Welt. Er hat eine überragende Bedeutung für die Ernährung der Menschen in den Entwicklungsländern Asiens, Afrikas und Lateinamerikas.
Dagegen ist der Roggen eine wesentlich jüngere Kulturpflanze. Er trat zuerst nur als Unkraut in den Weizen- und Gerstenfeldern Vorder- und Mittelasiens auf, zeigte sich aber gegenüber Kälte, Trockenheit und Nährstoffmangel widerstandsfähiger und war deshalb in bestimmten Regionen im Vorteil. So wurde er in den nördlicheren Gebieten etwa ab 1000 v. Chr. als Kulturpflanze angebaut. Ähnliches trifft auf den Hafer zu. Auch andere Kulturpflanzen begleiten den Menschen bereits seit einigen Jahrtausenden auf der Erde, wie z.B. der Lein, die Erbse, die Ackerbohne, die Gartenbohne, die Baumwolle, der Kürbis, die Zwiebel und das Zuckerrohr. Einige haben keine so lange Vergangenheit. Trotzdem besitzen sie oft eine durch Auslesezüchtung erreichte Formenmannigfaltigkeit, die es kaum glaubhaft erscheinen läßt, daß diese Variationsbreite aus einer relativ einheitlichen Wildpflanze entstanden sein soll.

Weltproduktion der wichtigsten Kulturpflanzen
(in Millionen Tonnen pro Jahr)

Körnerfrüchte:	
Weizen	520
Reis	470
Mais	450
Gerste	170
Hirsen	90
Hafer	40
Roggen	30
Knollenfrüchte:	
Kartoffel	300
Maniok	135
Batate	110
Zuckerpflanzen: (Frischgewicht)	
Zuckerrohr	730
Zuckerrübe	270
Eiweißpflanzen: (Hülsenfrüchte)	
Bohnen	15
Erbsen	11
Kichererbsen	6,5
Ackerbohnen	4
Linsen	1,5
Ölpflanzen:	
Sojabohne	90
Baumwolle (Samen)	35
Erdnuß	20
Sonnenblume	16
Raps	16
Ölbaum (Oliven)	10
Gemüsepflanzen:	
Tomaten	50
Kohl	35
Zwiebeln	20
Gurken	10
Möhren	10
Obstpflanzen:	
Bananen	60
Weintrauben	58
Zitrusfrüchte (Orangen, Mandarinen, Pampelmusen, Zitronen)	57
Äpfel	35
Wassermelonen	25
Mangos	14
Birnen	9
Ananas	8
Pfirsiche	7
Zuckermelonen	7
Genußmittelpflanzen:	
Tabak	6,5
Kaffee	6,0
Tee	2,3
Kakao	1,8
Faserpflanzen:	
Baumwolle	14
Jute	4
Flachs	0,6
Sisal	0,5

Mannigfaltigkeitszentren wichtiger Kulturpflanzen
1 Mais, 2 Süßkartoffel, 3 Baumwolle, 4 Ölbaum, 5 Kohl, 6 Raps, 7 Wein, 8 Möhre, 9 Kichererbse, 10 Ackerbohne, 11 Erbse, 12 Apfel und Birne, 13 Roggen, Weizen, Gerste, 14 Zwiebel, 15 Aprikose, 16 Sojabohne, 17 Pfirsich, 18 Kakao, 19 Tomate, 20 Gartenbohne, 21 Tabak, 22 Kartoffel, 23 Erdnuß, 24 Ananas, 25 Maniok, 26 Kaffee, 27 Zitrone, 28 Gurke, 29 Mango, 30 Sesam, 31 Banane, 32 Hirse, 33 Zuckerrohr.
A Mittelamerika, B Mittelandenraum, C Brasilien, Paraguay, D Äthiopien, E Mittelmeergebiet, Vorderasien, F Mittelasien, G Indien, H Ostasien, I Indonesisch-pazifischer Raum

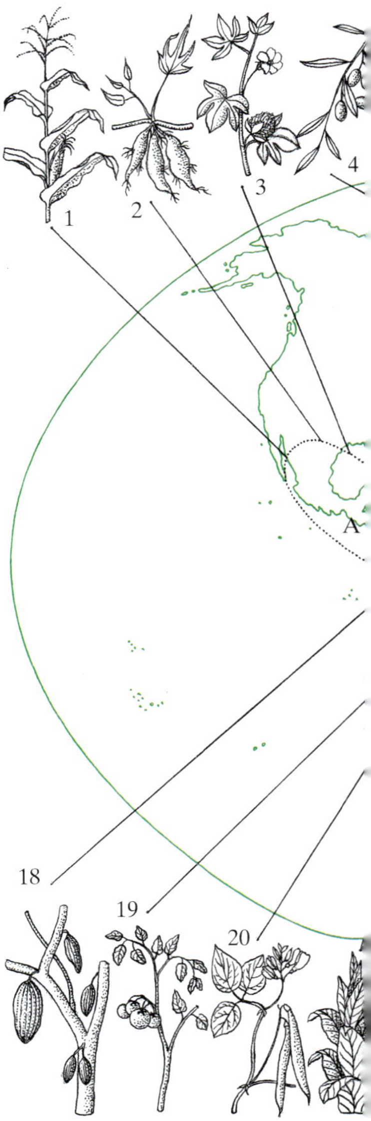

Ein spektakuläres Beispiel sind die verschiedenen Sippen des Kohls, die wahrscheinlich alle von einer im Mittelmeergebiet und Westeuropa vorkommenden Strandpflanze, dem Wildkohl (*Brassica oleracea* ssp. *oleracea*) abstammen. Die morphologische Vielfalt ist in diesem Fall durch die unterschiedlichen Nutzungsziele entstanden, die die Züchtung in einem Zeitraum von etwa 1000 Jahren anstrebte. Sie betrafen z.B. das Dickenwachstum der Sproßachse (Markstammkohl, Kohlrabi), die Anlage von Seitensprossen (Rosenkohl), die Stauchung der Hauptachse (Weiß- und Rotkohl, Wirsing), die Gestalt der Blätter (Grünkohl) und Blüten (Blumenkohl, Brokkoli). Manche Kulturpflanzen sind erst wenige Jahrzehnte intensiv in Kultur. So wurde die aus China stammende und dort seit langer Zeit genutzte Kiwi *(Actinidia chinensis)* erst in diesem Jahrhundert in Neuseeland angebaut und züchterisch bearbeitet. 1953 hat man die ersten Früchte von dort exportiert. Die gute Aufnahme, die die haltbaren

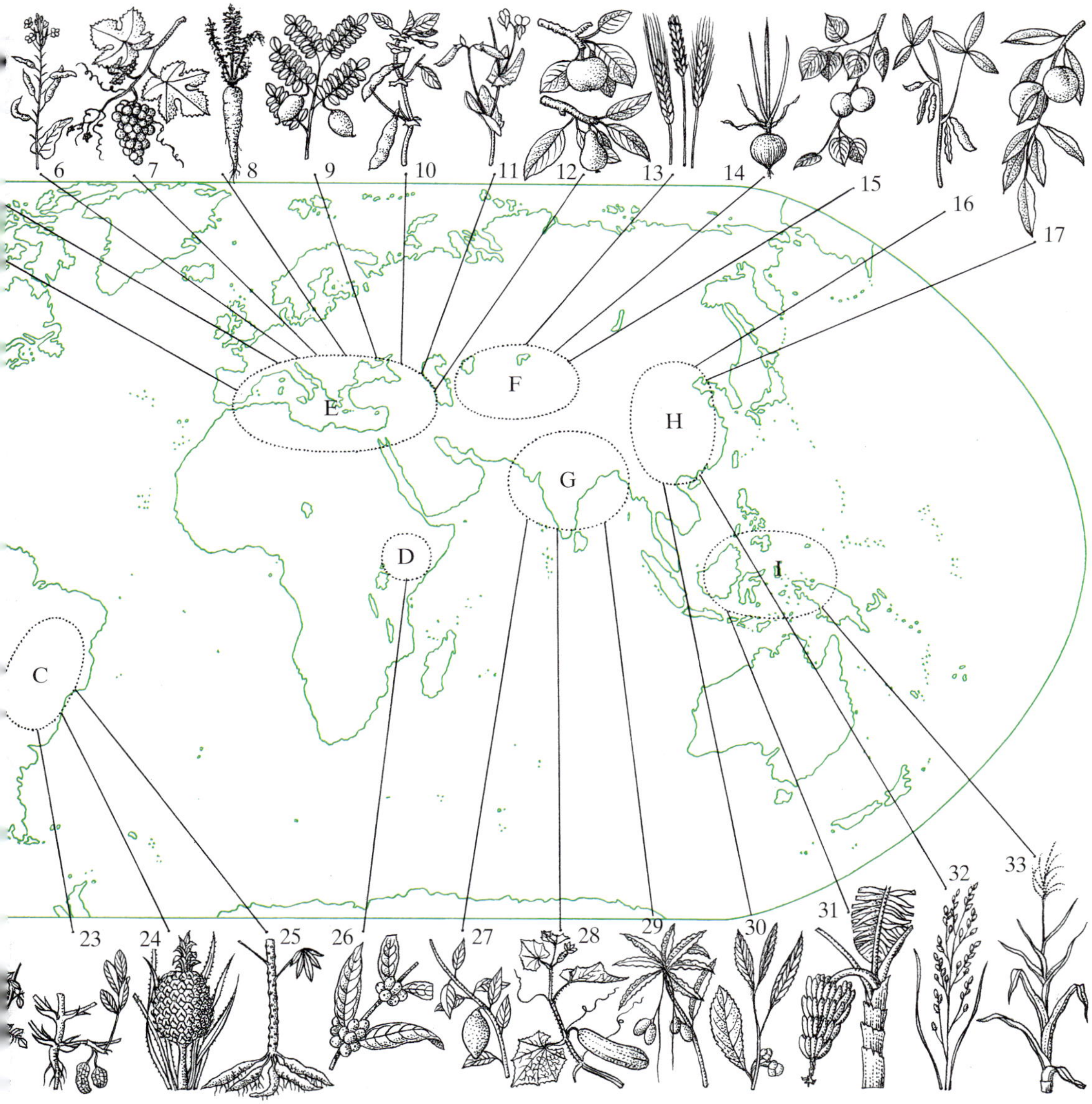

Früchte vor allem in Europa und Nordamerika fanden, führten nun auch zu ihrem Anbau im Mittelmeergebiet (Italien, Spanien, Frankreich) und in Kalifornien.
Wenn man die Herkunft der wichtigsten Kulturpflanzen der Erde in Augenschein nimmt, wird man feststellen, daß es nur einige bestimmte, eng begrenzte Gebiete sind, in denen sich die Wiege unserer Kulturpflanzen befindet. Dort scheinen sich die ökologischen Faktoren besonders günstig auf die Variabilität ausgewirkt zu haben. Einige dieser Mannigfaltigkeitszentren, die der russische Botaniker Vavilov auch als Genzentren bezeichnete, haben eine Vielzahl von Kulturpflanzen hervorgebracht. Solche Genzentren sind in Europa z. B. das Mittelmeergebiet, in Asien der vorderasiatische Raum zwischen der Türkei und dem Transkaukasus, das zentralasiatische Gebiet zwischen Nordwestindien und Tadschikistan sowie Ostasien. In Afrika ist es das Hochland von Äthiopien, und in Amerika sind es Mexiko und der mittelamerikanische Raum,

die Andenregion in Ekuador, Peru und Bolivien sowie das Grenzgebiet zwischen Brasilien und Paraguay. Die Mehrzahl unserer Kulturpflanzen hat dort ihre Heimat.
Vor etwa 50 Jahren waren die einzelnen Kulturpflanzen auf der Welt genetisch sehr verschieden. Es herrschte eine große Sortenvielfalt. Durch die Züchtung neuer, besonders ertragreicher Kulturpflanzen erhöhte sich die Weltproduktion außerordentlich. Das landwirtschaftliche Programm der »Grünen Revolution« erwies sich als sehr erfolgreich. So erhöhte sich die Weizenproduktion in Mexiko seit dieser Zeit um das Vierfache, und im bevölkerungsreichsten Land der Erde, in China, war man aufgrund des Anbaus der neugezüchteten Getreidesorten in der Lage, sich selbst zu versorgen, ohne daß die Menschen hungern mußten.
Allerdings bringt diese Entwicklung einige schwierig zu lösende Probleme mit sich. Die Hochzuchtsorten der Kulturpflanzen benötigen meist intensivste Pflege, da sie nur dann hervorragende Ernteergebnisse bringen, wenn sie ausreichend gedüngt und umfangreiche Maßnahmen des Pflanzenschutzes getroffen werden. Durch die dafür notwendigen Investitionen, deren Aufwand sich bei den steigenden Energiekosten ständig erhöht, entstehen wiederum neue Anforderungen an die Züchtung. Sie mußte nicht nur Hochleistungssorten entwickeln, sondern laufend deren Resistenz gegenüber Krankheiten verbessern. Durch die Beschränkung des Anbaus auf wenige Sorten wurde jedoch das früher zur Verfügung stehende Genpotential erheblich eingeschränkt. Deshalb ist es eine der wichtigsten Aufgaben der Gegenwart, möglichst viele alte Sorten, die noch eine lokale Bedeutung besitzen, zu erhalten, um ihre z. T. günstigen Eigenschaften bei Bedarf nutzen zu können. Ihr Material muß in »Genbanken« gesammelt werden, um es jederzeit wieder zur Verfügung zu haben. Solche »Genbanken«, inzwischen in mehreren Regionen der Erde gegründet, erfüllen mit der Bewahrung der Mannigfaltigkeit der Kulturpflanzen eine der wichtigsten Voraussetzungen für eine erfolgreiche Pflanzenzüchtung.

Was ausstirbt, kommt nie wieder

Sollte unsere Erde, der »Blaue Planet«, wie ihn die Kosmonauten aus ihrer Perspektive sehen, nicht besser der »Grüne Planet« genannt werden? Sind doch die grünen Pflanzen die Voraussetzung allen höheren Lebens auf dieser im unendlichen Kosmos so einzigartigen Welt!
Ihre phototrophe Lebensweise sichert die Produktion organischer Stoffe, die die heterotrophen Konsumenten (Tiere und Mensch) und Reduzenten (Bakterien und Pilze) unmittelbar oder mittelbar für ihre Existenz benötigen.
Pflanzen stehen am Anfang aller Nahrungsketten, sie erzeugen seit Hunderten von Millionen Jahren den lebensnotwendigen Sauerstoff, und sie schufen den einzigartigen Ozonschild, der das Leben nicht nur im Wasser, sondern auch auf dem Lande ermöglichte.
Wir Menschen haben allen Anlaß, uns dessen bewußt zu sein und aus diesem Bewußtsein heraus vernünftig mit der Natur umzugehen. Leider kennt die Geschichte der Menschheit viele Beispiele unvernünftigen, nur auf egoistische Interessen ausgerichteten Handelns, weil die Kenntnis der Kausalität des Geschehens und die Einsicht in die Folgen unvollkommen entwickelt waren und sind.
Erinnert sei nur an die nahezu vollständige Vernichtung der Wälder in den besiedelten Regionen des Mittelmeergebietes, die während der Blüte des römischen Imperiums erfolgte und kahle, trockene Felslandschaften hinterließ, weil die ausgetrocknete und ungeschützte Fläche fruchtbaren Bodens einer großflächigen Erosion ausgesetzt wurde.
Man möchte annehmen, die Situation hat sich heute, wo die Einsicht in die Zusammenhänge von Ursache und Wirkung ungleich höher ist, grundlegend geändert. Doch weit gefehlt! Nicht immer ist das Wissen, das zudem nur wenige besitzen, gepaart mit der Weisheit, nach diesem Wissen zu handeln.
Wozu früher Hunderte oder Tausende Jahre

Einwirkung des Menschen benötigt wurden, um die Natur irreversibel zu verändern, das vollzieht sich heute in kürzester Zeit. Die gleiche Waldfläche, die auf der Erde im Zeitraum von 3000 Jahren zerstört wurde, ist allein in den letzten 30 Jahren vernichtet worden. Das unaufhaltsame Anwachsen der Weltbevölkerung führt zu einer ständig steigenden Inanspruchnahme von noch unberührten oder wenig beeinflußten Flächen. Es wachsen ja nicht nur die Ansprüche an mehr Siedlungsraum, sondern auch an Kulturfläche, Industrie- und Verkehrsstandorte und Deponiestätten. Durch die großflächig, z. T. mit Flugzeugen durchgeführte Düngung und Bekämpfung von Schädlingen mit Pflanzenschutzmitteln werden weitere Gebiete beeinflußt, ja, es gibt auf unserer Erde kaum noch Regionen, auf die nicht unmittelbar oder mittelbar vom Menschen eingewirkt wird.

Generell sind die anthropogenen Einflüsse meist mit einer Vereinheitlichung der Standorte verbunden. Vor allem die Anreicherung mit Stickstoff ist dafür verantwortlich zu machen, weil sie eine großflächige Eutrophierung auslöst. Nivellierung bedeutet aber, daß vieles auf der Strecke bleibt, was sich nicht an diese neuen Verhältnisse anpassen kann. Die »opportunistischen« Pflanzenarten sind standhafter als diejenigen, die eine geringe ökologische Toleranz aufweisen.

Deshalb ist heute auch ein hoher Prozentsatz von Pflanzenarten vom Aussterben bedroht. Nach verläßlichen Zusammenstellungen sind davon etwa 20% aller Samenpflanzen betroffen. Besonders endemische Arten, die nur in kleinen Arealen vorkommen, z.B. auf Inseln oder isolierten Sonderstandorten, sind gefährdet. In tropischen Gebieten, in denen staatliche Naturschutzmaßnahmen weitgehend fehlen, ist die Ausrottung von Pflanzenarten geradezu vorprogrammiert. Von den 240000 Samenpflanzenarten sind zwei Drittel in den Tropen beheimatet. Da sich die Bevölkerung in diesen Gebieten alle 20 bis 25 Jahre verdoppelt, findet eine immer größere Landverwüstung statt. Jedes Jahr werden mindestens 250000 km^2 tropischer Wälder zerstört, so daß bis heute bereits mehr als die Hälfte der Tropenwälder in Mitleidenschaft gezogen ist. Aber jede Art, die ausstirbt, ist ein unersetzlicher Verlust. Abgesehen von den moralischen und ästhetischen Gründen, die für die Erhaltung der uns anvertrauten Geschöpfe auf dieser Erde sprechen; es gehen mit dem unwiederbringlichen Aussterben einer Sippe auch genetische Ressourcen verloren, zu deren Aufbau oft Millionen Jahre gebraucht worden sind. Schon aus diesem Grunde sollte dem Artenschutz höchste Priorität eingeräumt werden. Doch hat es wenig Sinn, wenn einzelne Arten isoliert oder in kleinen Refugien geschützt werden. Untersuchungen haben gezeigt, daß nur ausreichend große Schutzgebiete die Erhaltung der gefährdeten Sippen sichern. Hinzu kommt, daß genaue Kenntnisse über ihre Biologie vorhanden sein sollten, um wirksame Schutzmaßnahmen veranlassen zu können.

Mit der Erhaltung der genetischen Ressourcen unserer Wildflora sichern wir uns auch ein z.T. noch unerschlossenes Potential nutzbarer Stoffe, die für die gesamte Menschheit bedeutungsvoll werden können. So schätzt man ein, daß sich mindestens 5% der Pflanzenarten tropischer Wälder für medizinische Zwecke eignen könnten. Nach der Ansicht amerikanischer Mediziner könnten die tropischen Wälder auch mindestens ein Dutzend Pflanzenarten beherbergen, die Stoffe enthalten, die sich erfolgreich als Medikamente gegen Krebs einsetzen ließen. Da nur 3 bis 4% aller Pflanzenarten bisher genau auf ihre Inhaltsstoffe untersucht worden sind, ist das erklärlich. Ein spektakuläres Beispiel ist die Entdeckung von hochmolekularen Polysacchariden in den nordamerikanischen Präriepflanzen der Gattung *Echinacea* und weiteren Korbblütengewächsen, die als wirksame Stimulantien des Immunsystems eine neue Gruppe von Arzneimitteln begründeten (s. Abb. S. 310).

Große Bedeutung erlangte in den letzten Jahren auch die Jojoba-Pflanze *(Simmondsia chinensis),* eine Buxacee, die ein spezielles Flüssigwachs liefert, das für das nicht mehr zur Verfügung stehende Spermazetöl

Der Purpur-Sonnenhut *(Echinacea purpurea)* wächst im östlichen Nordamerika in lichten Wäldern und Prärien. Bei uns ist er eine beliebte Gartenpflanze.

des Pottwals u. a. als Schmiermittel für technische Präzisionsgeräte verwendet wird. Schließlich sei auch an die Bedeutung der Pflanzen für das Leben vieler Tier- und Pilzarten erinnert. Stirbt nur ein Baum des tropischen Regenwaldes aus, so verschwinden mit ihm mehrere Tierarten, die mit der Existenz dieser Pflanzen verknüpft sind. Oft handelt es sich um mehr als 100 Tierarten, vor allem Insekten, deren Fortbestehen dann gefährdet ist.

Auch deshalb muß es das höchste Ziel des Menschen sein, die Vielfalt des Pflanzenlebens auf der Erde zu bewahren. Stirbt erst der Wald, dann stirbt zuletzt auch der Mensch! Aber beides läßt sich vermeiden.

Literatur

Borriss, H. und Libbert, E. (Hrsg.), Pflanzenphysiologie. Jena 1984.

Brockhaus – ABC der Biologie. Leipzig 1986.

Bünning, E., Der Tropische Regenwald. Berlin 1956.

Bünning, E., Die physiologische Uhr. Berlin–Heidelberg–New York 1977.

Ellenberg, H., Zeigerwerte der Gefäßpflanzen Mitteleuropas. Scripta Geobotanica 9, 1974.

Ellenberg, H., Vegetation Mitteleuropas mit den Alpen. Stuttgart 1986.

Fellenberg, G., Entwicklungsphysiologie der Pflanzen. Stuttgart 1978.

Fellenberg, G., Pflanzenwachstum. Stuttgart–New York 1981.

Flindt, R., Biologie in Zahlen. Stuttgart 1985.

Fott, B., Algenkunde. Jena 1971.

Frohne, D. und Jensen, U., Systematik des Pflanzenreiches. Stuttgart 1992.

v. Guttenberg, H., Lehrbuch der Allgemeinen Botanik. Berlin 1952.

Hegi, G., Illustrierte Flora von Mitteleuropa. München ab 1906.

Hess, D., Entwicklungsphysiologie der Pflanzen. Freiburg–Basel–Wien 1975.

Hess, D., Die Blüte. Stuttgart 1983.

Jacob, F., Jäger, E. und Ohmann, E., Botanik. Jena 1994.

Laatsch, W., Dynamik der mitteleuropäischen Mineralböden. Dresden 1954.

Larcher, W., Ökologie der Pflanzen. Stuttgart 1984.

Lexikon der Biologie. Freiburg 1983–1987.

Libbert, E., Lehrbuch der Pflanzenphysiologie. Jena 1993.

Libbert, E., Allgemeine Biologie. Jena 1991.

Mengel, K., Ernährung und Stoffwechsel der Pflanze. Jena 1991.

Mohr, H. und Schopfer, P., Lehrbuch der Pflanzenphysiologie. Berlin–Heidelberg–New York 1992.

Raven, P. H., Evert, R. F. und Curtis, H., Biologie der Pflanzen. Berlin 1988.

Rothmaler, W. (Begründer), Exkursionsflora. Bd. II und III, Berlin 1994.

Schweitzer, H.-J., Pflanzen erobern das Land. Kleine Senckenberg-Reihe Nr. 18, Frankfurt 1990.

Slack, A., Karnivoren. Stuttgart 1985.

Strasburger, E. (Begründer), Lehrbuch der Botanik. Stuttgart 1991.

Takhtajan, A., Evolution und Ausbreitung der Blütenpflanzen. Jena 1973.

Troll, W., Vergleichende Morphologie der Höheren Pflanzen. Berlin 1937–1943.

Troll, W., Allgemeine Botanik. Stuttgart 1973.

Tykac, J., Kletterpflanzen und rankende Pflanzen. Prag 1985.

Ulbrich, E., Biologie der Früchte und Samen. Berlin 1928.

Urania-Pflanzenreich. Höhere Pflanzen. Leipzig–Jena–Berlin 1992–1994.

Vareschi, V., Vegetationsökologie der Tropen. Stuttgart 1980.

Vogel, St., Ölblumen und ölsammelnde Bienen. Trop. subtrop. Pflanzenwelt 7, 1974.

Walter, H., Vegetation der Erde. Stuttgart 1968, 1974.

Walter, H., Allgemeine Geobotanik. Stuttgart 1979.

Warburg, O., Die Pflanzenwelt. Leipzig–Wien 1913.

Weberling, F., und Schwantes, H. O., Pflanzensystematik. Stuttgart 1992.

Weberling, F., Morphologie der Blüten und Blütenstände. Stuttgart 1981.

Weymar, H., Buch der Moose. Radebeul–Berlin 1958.

Erläuterung fremdsprachlicher Begriffe

Abscission (lat. abscissio = Abriß, Abtrennung): Das Abwerfen von Blättern, Früchten und anderen Pflanzenteilen nach Ausbildung einer Trennschicht
Absorption (lat. absorbere = aufsaugen): Aufnahme von Stoffen durch Zellen oder Gewebe bzw. von Lichtquanten durch Pigmente
Adaptation (lat. adaptare = sich anpassen): Anpassung, Abgleichung
Adhäsion (lat. adhaerere = anhaften): Anhaftung zweier Substanzen durch die Anziehungskraft ihrer Moleküle
adult (lat. adultus = erwachsen): Blühreif
Adventivembryonie (lat. adventus = hinzugekommen + gr. embryon = Keim): Die Entstehung von Keimlingen ohne Befruchtung aus Zellen der Samenanlage
Adventivpflanzen (lat. adventus = hinzugekommen): In ein bestimmtes Gebiet meist durch Einwirkung des Menschen eingewanderte, dort nicht einheimische Pflanzen
äquifazial (lat. aequus = gleich + facies = Aussehen): Gleichseitigkeit
Aerenchym (gr. aer = Luft + enchyma = das Eingeschlossene): Durchlüftungsgewebe
Aggregationsverbände (lat. aggregare = zusammenlagern): Zusammenlagerung zuvor freier Einzelzellen
akzessorische Pigmente (lat. accessus = hinzugefügt): Farbstoffe, die bei der Photosynthese nicht Licht in chemische Energie umwandeln können, sondern als Hilfspigmente fungieren
Allele (gr. allelos = gegenseitig): Gen und Gegengen; d. h. bestimmte Zustandsformen von Genen, die in homologen Chromosomen die gleiche Position besetzen und bei der Reduktionsteilung getrennt werden
Allogamie (gr. allos = fremd + gamos = Hochzeit): Fremdbestäubung zwischen Blüten verschiedener Individuen einer Pflanzenart
Amentiferae (lat. amentum = Riemen, Schleife + ferre = tragend): Kätzchenträger
Amphikarpie (gr. amphi = auf beiden Seiten + karpos = Frucht): Ausbildung unterschiedlicher Fruchtformen auf einer Pflanze
Androeceum (gr. andros = Mann + oikos = Haus): Gesamtheit der Staubblätter einer Blüte
Androgynophor (gr. andros = Mann + gyne = Weib + phorein = tragen): Innerhalb der Blüte verlängerte Blütenachse, wodurch männliche und weibliche Blütenorgane günstiger exponiert werden
Anemochorie (gr. anemos = Wind + chorein = sich verbreiten): Windverbreitung der Samen u. Früchte.
Anemophilie (gr. anemos = Wind + philos = Freund): Windbestäubung
Angiospermae (gr. angeion = Behälter, Gefäß + sperma = Samen): Bedecktsamer; Samenpflanzen, deren Samen immer in einem Gehäuse, dem Fruchtknoten, eingeschlossen sind
annuelle Pflanzen (lat. annuus = einjährig): Einjährige Pflanzen; sie durchlaufen ihren Entwicklungszyklus vom Keimen bis zur Samenreife innerhalb einer Vegetationsperiode
Anthere (gr. antheros = blühend): Staubbeutel
Antheridium (gr. antheros = blühend + eidos = Gestalt): Bei Algen einzelliges, bei Moosen und Farnpflanzen mehrzelliges männliches Gametangium
Anthocyane (gr. anthos = Blüte + kyanos = blauer Farbstoff): Blaue, rote oder violette, zellsaftlösliche Pflanzenfarbstoffe
Anthropochorie (gr. anthropos = Mensch + chorein = verbreiten): Verbreitung von Früchten und Samen durch den Menschen
anthropogen (gr. anthropos = Mensch + genesis = Entstehung): Durch Menschen verursacht

Antipoden (gr. anti = gegenüber + podes = Fuß): Die der Eizelle gegenüberliegenden Zellen (drei oder mehr) am Grunde des Embryosacks in der Samenanlage der Bedecktsamer
Anulus (lat. anulus = Ring): Spezielle Zellreihe mit Einrichtungen für den Öffnungsmechanismus von Farnsporangien bzw. Mooskapseln
apikal (lat. apex = Spitze): An der Spitze befindlich
Apikaldominanz (lat. apex = Spitze + dominare = beherrschen): Wuchsstoffbedingte Hemmung der Seitentriebe einer Pflanze durch den Gipfeltrieb
Apogamie (gr. apo = ab, weg + gamos = Hochzeit): Form der Entstehung von Embryonen aus unbefruchteten, haploiden Zellen. Bei Farnpflanzen aus Prothalliumzellen, bei einigen Samenpflanzen aus einer Zelle des Embryosacks
Apomixis (gr. apo = ab, weg + mixis = Mischung): Embryonenbildung bei Samenpflanzen aus unbefruchteten Zellen der Samenanlage
Arboretum (= lat. Baumpflanzung): Sammlung lebender Gehölze
Archaeophyten (gr. archaios = alt, ursprünglich + phyton = Pflanze): In prä- und frühhistorischer Zeit eingewanderte, eingebürgerte Pflanzen (vor 1500 n. Chr.)
Archegonium (gr. arche = Anfang, Ursprung + gone = Same): Das die Eizelle enthaltende mehrzellige, meist flaschenförmige weibliche Gametangium der Moose, Farnpflanzen und einiger primitiver Samenpflanzen
Archespor (gr. arche = Anfang, Ursprung + sporos = Same): Sporenbildende Zelle, Zellreihe oder Gewebe
Areolen (lat. areola = kleine Fläche): Dornenpolster der Kakteen, in denen die Vegetationspunkte für Verzweigungen vorhanden sind
arid (lat. aridus = trocken, dürr): Bezeichnung für Trockengebiete, in denen die Verdunstmenge die Niederschlagsmenge übersteigt
Assimilation (lat. assimilare = angleichen): Der für alle Lebewesen nötige Aufbau körpereigener Stoffe aus anorganischen bzw. organischen Substanzen
Autochorie (gr. autos = selbst + chorein = verbreiten): Selbstverbreitung von Samen und Früchten durch die Mutterpflanze
Autogamie (gr. autos = selbst + gamos = Hochzeit): Selbstbestäubung einer Blüte durch ihre eigenen Pollen
autonome Bewegung (gr. autonomos = selbständig, unabhängig): Bewegung ohne Einwirkung von außen
Axonem (gr. axon = Achse + nema = Faden): Zentralfaden der Eukaryotengeißeln
Ballisten (lat. ballista = Wurfgeschoß): Pflanzen, die unter Verwendung verschiedener Mechanismen ihre Vermehrungseinheiten wegschleudern bzw. -schießen
bienne Pflanzen (lat. biennis = Zeitraum von 2 Jahren): Zweijährige Pflanzen, die für ihren Entwicklungszyklus vom Keimen bis zur Samenreife zwei Vegetationsperioden benötigen
Bioindikatoren (gr. bios = Leben + lat. indicare = anzeigen): Organismen, die bestimmte Umweltbedingungen anzeigen bzw. auf deren Veränderung sensibel reagieren
Biolumineszenz (gr. bios = Leben + lat. luminare = leuchten): Leuchterscheinung bestimmter Organismen, die auf einer Oxidation bestimmter Leuchtstoffe, der Luziferine, beruht
boreal (lat. borealis = nördlich): Pflanzengeographisch das Vorkommen im nördlichen Eurasien bzw. nördlichen Amerika
Calyptra (gr. kalyptra = Kopfhülle, Haube): Wurzelhaube bei Samenpflanzen, Haube der Sporenkapsel bei Laubmoosen
Cantharophile (gr. kantharos = Käfer + philos = Freund): Vorwiegend von Käfern bestäubte Pflanzen
Carnivoren (lat. carnivorus = fleischfressend): Fleischfressende Pflanzen (und Tiere)
Chamaephyten (gr. chamei = auf der Erde + phyton = Pflanze): Mehrjährige Pflanzen, deren Erneuerungsknospen immer dicht über der Erdoberfläche liegen
Chiropterophilie (gr. chiroptera = Fledermäuse, »Handflügler« + philos = Freund): Bestäubung durch Fledermäuse
Chlorophyll (gr. chloros = grün + phyllon = Blatt): Blattgrün, wichtigster Pflanzenfarbstoff für das Leben auf der Erde
Chloroplasten (gr. chloros = grün + plastos = geformt): Blattgrün enthaltende, verschieden geformte Plastiden der eukaryotischen Pflanzen
Chromatophoren (gr. chroma = Farbe + phoros = tragend): Farbstoffträger; Farbstoffe enthaltende Plastiden
Chromoplasten (gr. chroma = Farbe + plastos = geformt): Gelbe bis rote Plastiden ohne Blattgrün
Cilien (lat. cilium = Wimper): Fadenförmige Zellfortsätze bei Eukaryotenzellen
circadiane Rhythmik (lat. circa = um, herum + dies = Tag): Rhythmisch sich wiederholende Prozesse mit einer Periodenlänge von etwa 24 Stunden
Cryptochrom (gr. kryptos = verborgen + chroma = Farbe): Pigmente, die als Photorezeptoren dienen
Diaspore (gr. diaspora = das Ausstreuen): Verbreitungsbiologisch wirksame Einheit der Pflanzen, vorwiegend Sporen, Samen, Früchte, z. T. auch ganze Pflanzen
Dichogamie (gr. dichos = zweifach, doppelt + gamos = Hochzeit): Zeitlich getrenntes Reifwerden der männlichen und weiblichen Teile innerhalb einer Blüte, um die Selbstbestäubung zu verhindern
diözisch (gr. di = zwei + oikos = Haus): Zweihäusig; Pflanzen nur mit männlichen oder weiblichen Blüten bzw. Gametangien auf einem Individuum

diploide Zellen (gr. diploos = zweifach, doppelt): Eukaryotenzellen mit objektspezifischem doppeltem Chromosomensatz

Disjunktion (lat. disiunctus = getrennt): Verbreitung von Pflanzensippen in zwei oder mehr getrennten Teilgebieten ohne möglichen fortpflanzungsbiologischen Austausch

Dissimilation (lat. dissimilare = unähnlich machen): Abbau organischer Stoffe im Körper der Organismen zur Freisetzung von Energie

Donator (lat. donare = schenken, spenden): Z.B. Elektronendonatoren sind Verbindungen, die bei der Photosynthese Elektronen abgeben

Dorsiventralität (lat. dorsum = Rücken + venter = Bauch): Begriff aus der Symmetrie; als dorsiventral werden Blüten, Blätter, Organe usw. bezeichnet, die nur durch eine Symmetrieebene in zwei spiegelbildlich gleiche Hälften geteilt werden können, da ihre Rücken- und Bauchseiten verschieden sind

Edaphon (gr. edaphos = Boden): Bezeichnung für die Gesamtheit aller frei im Boden lebenden Organismen

Elaiophoren (gr. elaion = Öl + phoros = tragend): Öldrüsen

Elaiosomen (gr. elaion = Öl + soma = Körper): Öl- und eiweißreiche Gebilde an Samen und Früchten als Nahrungsangebot für die sie verbreitenden Ameisen

Elateren (lat. elater = Treiber, Schleuderer): Der Ausschleuderung von Sporen dienende hygroskopische Fäden in den Kapseln der Lebermoose

Emergenzen (lat. emergere = zum Vorschein kommen): Mehrzellige Auswüchse auf Pflanzenoberflächen, an denen die Epidermis und subepidermale Schichten beteiligt sind, z.B. Stacheln, Brennhaare, Schuppenhaare

Endemiten (gr. endemos = einheimisch): Pflanzensippen, die in einem relativ eng begrenzten Gebiet einheimisch sind und nur dort vorkommen

endogen (gr. endon = innen + genea = Abstammung): Im Inneren von Zellen oder des Organismus entstanden

Endosperm (gr. endon = innen + sperma = Same): Nährgewebe des Samens

Endozoochorie (gr. endon = innen + zoon = Tier + chorein = verbreiten): Samenverbreitung über den Verdauungstrakt von Tieren

Entomophile (gr. entomon = Insekt + philos = Freund): Von Insekten bestäubte Pflanzen

Epiphylle (gr. epi = auf, über + phyllon = Blatt): Organismen – meist Algen, Moose, Flechten oder Pilze – die gewöhnlich auf lebenden Blättern angesiedelt sind

Epiphyten (gr. epi = auf, über + phyton = Pflanze): Pflanzen, die ohne zu parasitieren auf anderen Pflanzen wachsen

Epizoochorie (gr. epi = auf, über + zoon = Tier + chorein = verbreiten): Samenverbreitung durch das Anheften an das Äußere von Tieren

Euanthium (gr. eu = echt + anthos = Blüte): Echte Blüte

Eucyte (gr. eu = echt + kytos = Zelle): Zelle der Eukaryoten

Eukaryoten (gr. eu = echt + karyon = Kern): Lebewesen mit echtem Zellkern

eusporangiate Farnpflanzen (gr. eu = echt + spora = Same + aggeion = Behälter): Diejenigen Farne, deren Sporangien eine dicke, mehrschichtige Wand besitzen

Evaporation (lat. vaporare = dampfen, verdunsten): Verdunstung

Exine (lat. exin = von hier aus sich anreihend): Äußere Wand der Sporen von Moosen und Farnen bzw. der Pollenkörner von Samenpflanzen

fertil (lat. fertilis = fruchtbar): Fruchtbar, d.h. in der Lage, Keimzellen oder Sporen zu bilden

Filament (lat. filamentum = Faden): Stiel des Staubblattes, die Staubbeutel tragend

Gametangien (gr. gametes = Gatte + aggeion = Behälter): Behälterartige Zellstrukturen, in denen die Gameten gebildet werden

Gametophyt (gr. gametes = Gatte + phyton = Pflanze): Haploide, gametenbildende Generation der Pflanzen mit Generationswechsel

Genom (gr. genea = Abstammung): Gesamtheit der Gene

Geophyten (gr. ge = Erde + phyton = Pflanze): Erdpflanzen; ausdauernde Pflanzen mit unterirdischen Überdauerungsorganen wie Knollen, Zwiebeln, Rhizome oder Rüben

Geotropismus (gr. ge = Erde + tropos = Richtung, Wendung): sh. Gravitropismus

Gerontoplasten (gr. geron = Greis + plastos = geformt): Aus Chloroplasten durch Abbau von Thylakoiden und Chlorophyll entstandene funktionslose Plastiden

Grana (lat. granum = Korn): In Chloroplasten vorhandene, lichtmikroskopisch sichtbare Körnchen aus Thylakoidstapeln, welche die Photosynthesepigmente enthalten

Gravitropismus (lat. gravis = schwer + gr. tropos = Richtung, Wendung): Wachstumskrümmung von Pflanzenorganen unter dem Einfluß der Schwerkraft, entweder positiv – zur Erde hin (Wurzel), oder negativ – von der Erde weg (Sproßachse)

Guttation (lat. gutta = Tropfen): Abgabe von Wassertropfen über die Wasserspalten der Blätter bei hoher Luftfeuchtigkeit

Gynoeceum (gr. gyne = Frau + oikos = Haus): Gesamtheit aller weiblichen Blütenteile

Halophyten (gr. halos = Salz + phyton = Pflanze): Salzpflanzen

hapaxanthe Pflanzen (gr. hapax = einmal + anthos = Blüte): Pflanzen, die nach einmaligem Blühen und Fruchten absterben

haploide Zellen (gr. haploos = einfach): Eukaryotenzellen mit einfachem Chromosomensatz

Hapteren (gr. haptein = haften): Zu hygroskopischen Bewegungen fähige Bänder an den Sporen der Schachtelhalme
Helophyten (gr. helos = Sumpf + phyton = Pflanze): Pflanzen sumpfiger Standorte
Herbizide (lat. herba = Kraut + caedere = vernichten): Chemische Unkrautbekämpfungsmittel
Herkogamie (gr. herkos = Zaun + gamos = Hochzeit): Bezeichnung für eine Einrichtung in bestimmten Blüten durch räumlich getrennte Anordnung der Staubbeutel und Narben eine Selbstbestäubung zu verhindern
Heterostylie (gr. heteros = verschieden + stylus = Griffel): Unterschiedliche Griffellänge und damit Narbenstellung bei Blüten einer Art zur Förderung der Fremdbestäubung
homoiohydre Pflanzen (gr.homoios = gleichartig + hydor = Wasser): »Eigenfeuchte« Pflanzen; sie sind in der Lage ihre Wasserbilanz selbst zu regulieren
humid (lat. humidus = feucht, naß): Bezeichnung für Gebiete, in denen die Niederschlagsmenge die Verdunstungsmenge übersteigt
Hydathoden (gr. hydor = Wasser + hodos = Weg, Zugang): Wasserspalten oder Wasserdrüsen an den Blättern von Pflanzen, die eine Ausscheidung wäßriger Lösungen auch bei hoher Luftfeuchtigkeit ermöglichen (Guttation)
Hydrochorie (gr. hydor = Wasser + chorein = verbreiten): Verbreitung von Früchten und Samen mittels Wasser
Hydrogamie (gr. hydor = Wasser + gamos = Hochzeit): Beförderung des Pollens zur Bestäubung der Blüten mittels Wasser
Hydrophyten (gr. hydor = Wasser + phyton = Pflanze): Ausdauernde Wasserpflanzen, deren Überdauerungsorgane außerhalb der Vegetationsperiode im Wasser verbleiben
Hygrophyten (gr. hygros = feucht + phyton = Pflanze): Pflanzen feuchter Standorte
Infloreszenzen (lat. inflorescere = erblü-hen): Blütenstände
Integument (lat. integumentum = Hülle, Decke): Ein- oder zweischichtige Hülle um den Nucellus der Samenanlage, die sich später zur Samenschale entwickelt
Interfaszikularkambium (lat. inter = zwischen + fasciculus = kleines Bündel + cambio = Tausch): Bezeichnung für das teilungsfähige Gewebe der zweikeimblättrigen Pflanzen, das sich zwischen den Leitbündeln in den Markstrahlen befindet
interkalares Wachstum (lat. intercalarius = eingeschaltet, zwischengeschaltet): Bezeichnung für Wachstum mittels eines Bildungsgewebes innerhalb von Dauergewebe
Interzellularen (lat. inter = dazwischen + cellula = Zelle): Zwischen den Zellen gelegene luftgefüllte Räume, die in Verbindung mit Spaltöffnungen oder Lentizellen dem Gasaustausch der Pflanzen dienen
Intine (lat. intus = innen): Innere Wandschicht der Sporen von Moosen und Farnen bzw. der Pollenkörner von Samenpflanzen
Känophytikum (gr. kainos = neu + phyton = Pflanze): Neuzeit der Florengeschichte ab Unterkreide
Kambium (lat. cambio = Tausch): Bildungsgewebe bei Nacktsamern und zweikeimblättrigen Bedecktsamern, bewirkt das sekundäre Dickenwachstum
Karpelle (gr. karpos = Frucht): Fruchtblätter; sie tragen bei den Nacktsamern offen die Samenanlagen, bei den Bedecktsamern bilden sie den Fruchtknoten, in dem die Samenanlagen eingeschlossen sind
Karyokinese (gr. karyon = Kern + kinesis = Bewegung): Andere Bezeichnung für Mitose
Kauliflorie (gr. kaulos = Stengel, Stamm + flos, floris = Blüte): Stammblütigkeit, Bildung von Blüten an verholzten Pflanzenteilen
Kladodien (gr. kladion = kleiner Zweig): Blattartig verbreiterte Seitensprosse, die die Funktion der Blätter übernehmen
Kleistogamie (gr. kleistos = verschlossen + gamos = Hochzeit): Selbstbestäubung in geschlossen bleibenden Blüten
Kohäsion (lat. cohaerere = zusammenhängen): Binde- und Anziehungskraft zwischen gleichartigen Molekülen
Konvergenz (lat. convergere = sich hinneigen): Äußere Ähnlichkeit ursprünglich verschieden gestalteter Organe oder Organismen durch entwicklungsgeschichtlich bedingte Anpassung an gleichartige Umweltbedingungen
Kopulation (lat. copulatio = Verbindung): Verschmelzung zweier geschlechtlich unterschiedlicher Keimzellen
Kormophyten (gr. kormos = Stamm, Sproß + phyton = Pflanze): Pflanzen, deren Vegetationskörper in Sproß und Wurzel gegliedert ist; Farn- und Samenpflanzen
Kormus (gr. kormos = Stamm, Sproß): Der in Sproß und Wurzel gegliederte Vegetationskörper der Kormophyten
Korrelation (lat. con = zusammen, mit + relatio = Verhältnis): In der Botanik die Beeinflussung von Wachstum und Entwicklung eines Pflanzenteils durch einen anderen
Kosmopoliten (gr. kosmos = Welt + polites = Bürger): Pflanzen mit weltweitem Verbreitungsareal, »Weltbürger«
Kryptophyten (gr. kryptos = verborgen + phyton = Pflanze): Synonym für Geophyten – s. dort
Kutikula (lat. cuticula = Häutchen): Von den Epidermiszellen oberirdischer Pflanzenorgane nach außen abgeschiedene, mehr oder weniger wasserundurchlässige Schicht (Hauptbestandteil Kutin und häufig mit Wachsauflagerungen), die als Verdunstungsschutz dient

Lepidopterophile (gr. lepidoptera = Schmetterling + philos = Freund): Vorwiegend von Schmetterlingen bestäubte Pflanzen
Ligula (lat. ligula = kleine Zunge): Blatthäutchen; bei Gräsern an der Übergangsstelle zwischen Blattspreite und -scheide, bei fossilen Farnpflanzen am Blattgrund
Malakophylle (gr. malakos = weich + phyllos = Blatt): Weiche, in der Regel stark behaarte Blätter von Xerophyten, einen Schutz gegen unerwünschte Verdunstung bildend
Melittophile (gr. melitta = Biene + philos = Freund): Vorwiegend von Bienen und anderen Hautflüglern bestäubte Pflanzen
Meristeme (gr. meristos = geteilt): Bildungsgewebe, embryonales Gewebe, dessen Zellen sich fortlaufend mitotisch teilen können
Mesokarp (gr. mesos = in der Mitte + karpos = Frucht): Mittlere Schicht der Fruchtwand
Mesophyten (gr. mesos = in der Mitte + phyton = Pflanze): An weder zu feuchte noch zu trockene Standorte angepaßte Pflanzen. Mittelstellung zwischen Pflanzen extrem feuchter (Hygro- und Hydrophyten) und extrem trockener Wuchsorte (Xerophyten) einnehmend
Mesophytikum (gr. mesos = in der Mitte + phyton = Pflanze): Mittlerer Abschnitt in der Florengeschichte, etwa vom Oberperm bis zur Unterkreide
Mikropyle (gr. mikros = klein + pyle = Tor, Tür): Von den Integumenten gebildete Öffnung zum Eindringen des Pollenschlauches in die Samenanlage
Mitochondrien (gr. mitos = Faden + chondros = Körnchen): Wichtige Enzyme enthaltende, von einer Doppelmembran umgebene Organelle eukaryotischer Zellen
Mitose (gr. mitos = Faden): Kernteilungsvorgang, meist mit einer Zellteilung verbunden
monophyletisch (gr. monophylus = aus einem Stamm): Von gemeinsamer Urform abstammend
monopodiale Verzweigung (gr. monopodius = einfüßig): Verzweigungssystem mit durchgehender, stark entwickelter Hauptachse (z.B. Stamm) und schwächer entwickelten Seitensprossen (z.B. Äste bei Nadelhölzern)
Myoglobin (gr. mys, myos = Maus, Muskel + lat. globus = Kugel): Roter Farbstoff in Muskeln von Tier und Mensch
Myophile (gr. myia = Fliege + philos = Freund): Pflanzen, die vorwiegend von Fliegen und anderen Zweiflüglern bestäubt werden
Myrmekochorie (gr. myrmex = Ameise + chorein = verbreiten): Verbreitung von Samen und Früchten durch Ameisen
Nastien (gr. nastos = festgedrückt, gedreht): Reversible, von außen induzierte Bewegungsform von Organen festgewachsener Pflanzen, die unabhängig von der Reizrichtung nur durch den Bau des jeweiligen Pflanzenorgans bedingt wird
Neophyten (gr. neos = neu + phyton = Pflanze): In historischer Zeit (etwa seit 1500 n.Chr.) eingewanderte und eingebürgerte Pflanzen
Neophytikum (gr. neos = neu + phyton = Pflanze): s. Känophytikum
Nucellus (lat. nucula = Nüßchen, Kern): Innerer Teil der Samenanlage mit dem Embryosack
Nutationsbewegung (lat. nutatio = Schwankung): Durch unterschiedlich starkes Wachstum von Organseiten einzelner Pflanzenteile hervorgerufene Bewegung
oligotroph (gr. oligotrophos = wenig nährend): Nährstoffarm
Ornithophile (gr. ornithos = Vogel + philos = Freund): Von Vögeln bestäubte Pflanzen
Ovar (lat. ovum = Ei): Fruchtknoten
Paläophytikum (gr. palaios = alt + phyton = Pflanze): Altertums-Abschnitt in der Florengeschichte, etwa beginnend im Oberen Silur und endend im Mittleren Perm
Panaschierung (franz. panacher = bunt machen): Durch unterbleibende Chlorophyllbildung hervorgerufene helle Streifen- oder Fleckenbildung von Blättern
Parthenogenese (gr. parthenos = Jungfrau + genesis = Erzeugung): Jungfernzeugung; Entwicklung von Individuen aus unbefruchteten Zellen
Parthenokarpie (gr. parthenos = Jungfrau + karpos = Frucht): Ausbildung samenloser Früchte aus unbefruchteten Eizellen
Pedologie (gr. pedos = Boden + logos = Lehre): Bodenkunde
perennierende Pflanzen (lat. per = hindurch + annuus = Jahr): Ausdauernde Pflanzen, die mehrere bis viele Jahre Blüten und Früchte bilden können
Perianth (gr. peri = herum + anthos = Blüte): Blütenhülle, Gesamtheit aller Kelch- und Kronblätter bei Samenpflanzen
Perigon (gr. peri = herum + gone = Same): Einheitliche Blütenhülle mit gleichartigen Blütenblättern, z.B. Tulpe
Perikarp (gr. peri = herum + karpos = Frucht): Fruchtwand, entwickelt sich zumeist aus der Wand des Fruchtknotens
Peristom (gr. peri = herum + stoma = Mund, Öffnung): Der die Kapselmündung umgebende Zahnkranz bei Laubmoosen
Perzeption (lat. perceptio = Wahrnehmung): Aufnahme von Reizen durch ein jeweils dafür bestimmtes System in den Zellen
Petalen (gr. petalon = Blatt): Kronblätter
Petrophyten (gr. petros = Stein, Fels + phyton = Pflanze): Fels- oder Gesteinspflanzen
Phanerophyten (gr. phaneros = sichtbar, auffallend + phyton = Pflanze): Bäume und Sträucher, deren Überdauerungsknospen sich in mehr als 30 cm Höhe über dem Boden befinden
Phlobaphene (gr. phloidos = Rinde + baphe

= Farbe): Pigmente, die als Oxidationsprodukte der Gerbstoffe in den Borken vieler Bäume vorhanden sind und die die braune Färbung der absterbenden Blätter verursachen

Photomorphogenese (gr. phos, photos = Licht + morphos = Gestalt + genesis = Erzeugung): Durch Licht gesteuerter Entwicklungsprozeß, der unabhängig von der Photosynthese zu Formveränderungen führt

Photonen (gr. phos, photos = Licht): Lichtquanten, Lichtenergieteilchen

Photoperiodismus (gr. phos, photos = Licht + periodos = regelmäßige Wiederkehr): Steuerung von Wachstums- und Entwicklungsprozessen bei Organismen durch die tägliche Beleuchtungs- bzw. Dunkelphase und deren rhythmischer Wechsel

photophil (gr. phos, photos = Licht + philos = Freund): Lichtliebend

Photosynthese (gr. phos, photos = Licht + synthesis = Aufbau): Wichtigster biochemischer Prozeß auf der Erde, in dessen Verlauf mit Hilfe des Chlorophylls pflanzlicher Organismen und der Strahlungsenergie aus anorganischen Stoffen (Kohlendioxid und Wasser) organische Stoffe (Kohlenhydrate) aufgebaut werden

Phyllodien (gr. phyllon = Blatt): Blätter mit meist zurückgebildeter Blattspreite und dafür flächig vergrößerten Blattstielen als Photosyntheseorgane

Phylloide (gr. phyllon = Blatt + eidos = Aussehen, Gestalt): Blattartig geformter Thallus bei Rot-, Braun- und Grünalgen

Phyllokladien (gr. phyllon = Blatt + klados = Zweig): Grüne, blattartig verbreiterte Flachsprosse, die bei Reduktion der Blätter als Photosyntheseorgane dienen

Phytochrom (gr. phyton = Pflanze + chroma = Farbe): Pflanzliches Pigmentsystem, das als Photorezeptor bei verschiedenen Prozessen dient

Pigment (lat. pigmentum = Farbe): Farbstoff

plagiotrop (gr. plagios = schief, quer + tropos = Wende): Schief bis waagerecht wachsend

Plastiden (gr. plastos = geformt): Zellorganelle in eukaryotischen Pflanzenteilen; entweder Farbstoffe enthaltend (Chloroplasten, Chromoplasten) oder ungefärbt (Leukoplasten)

plurienne Pflanzen (lat. pluries = mehrfach + annuus = Jahr): Mehrjährige Pflanzen, die aber nur einmal blühen und fruchten und dann absterben, z.B. Agaven, s. auch Hapaxanthe

poikilohydre Pflanzen (gr. poikilos = wechselhaft + hydor = Wasser): Wechselfeuchte Pflanzen, wie Luftalgen oder Moose, die eine zeitweise Austrocknung vertragen ohne abzusterben

pollakanthe Pflanzen (gr. pollos = viel + anthos = Blüte): Ausdauernde Pflanzen, die mehrmals bis vielmals blühen und fruchten können, wie Stauden, Halbsträucher, Sträucher und Bäume

Pollination (lat. pollen = Staub): Übertragung des Pollens, Bestäubung

polyphyletisch (gr. polyphylos = vielstämmig): Abstammung einer Sippe von mehreren Stammformen

Polysaccharide (gr. polys = viel + saccharon = Zucker): Kohlenhydrate, die aus 10 und mehr, zu langen Ketten verknüpften Monosaccharid-Einheiten gebildet werden, z.B. Stärke oder Zellulose

Potenz (lat. potentia = Fähigkeit, Kraft): In der Botanik genetisch bedingtes Entwicklungs- oder Differenzierungsvermögen einer Zelle

Procyte (gr. pro = vor + kytos = Zelle): Zelle der Prokaryoten

Prokaryoten (gr. pro = vor + karyotos = kernhaltig): Organismen ohne echten, von einer Hülle umgebenen Zellkern, sondern nur mit meist diffus in der Zelle verteilten Kernäquivalenten

Proteine (gr. proteios = erstrangig): Eiweiße, wichtigste, aus Aminosäuren aufgebaute Baustoffe aller Organismen

Proterandrie (gr. proteros = der erste + aner, andros = Mann): Vormännigkeit; Einrichtung zur Verhinderung von Selbstbestäubung in den Blüten, da in diesen die Staubblätter vor den weiblichen Blütenteilen reifen

Proterogynie (gr. proteros = der erste + gyne = Frau): Vorweibigkeit; Einrichtung zur Verhinderung der Selbstbestäubung, die weiblichen Blütenteile sind vor den männlichen voll entwickelt

Prothallium (gr. pro = vor + thallos = Lager): Meist einfach gestalteter Gametophyt der Farnpflanzen, auf dem die Archegonien und Antheridien gebildet werden

Protonema (gr. protos = erster + nema = Faden): Faden- bis bandförmiges grünes Vorstadium der eigentlichen Moospflanze, die bei Ausbildung von Scheitelzellen daraus hervorgeht

Pseudanthium (gr. pseudos = falsch + anthos = Blüte): Scheinblüte; Blütenstand, der durch die Anordnung der Einzelblüten wie eine einzige Blüte erscheint, z.B. bei den Korbblütengewächsen

Pyrenoide (gr. pyrenoides = kernartig): Stellen der Stärkeanreicherung in Chloroplasten von Algen und Moosen (Hornmoose)

Regeneration (lat. regeneratio = Wiedergeburt): Fähigkeit der Organismen, verlorene Organe, Organteile oder Zellen durch Neubildung oder Wiederherstellung zu ersetzen

Respiration (lat. respiratio = Atemholen): Atmung der Organismen, d.h. Aufnahme von Sauerstoff und Abgabe von Kohlendioxid

Rezeptor (lat. receptor = Empfänger): Substanzen oder Strukturen in Zellen, die zur Aufnahme bestimmter Reize oder Signale dienen, z.B. Photorezeptoren vermitteln die Lichtwirkung auf Pflanzen

Rhizoide (gr. rhiza = Wurzel + eidos = Aussehen, Gestalt): Ein- bis mehrzellige fädige Haftorgane bei Algen, Moosen und Farnprothallien, die auch zur Wasser- und Nährstoffaufnahme dienen können

Rhizom (gr. rhiza = Wurzel): Unterirdische, meist

unbegrenzt wachsende, verdickte Sproßachse, oft mit Speicherfunktion
Seismonastie (gr. seismos = (Erd)Beben + nastos = unbestimmt gerichtet): Pflanzliche Bewegung, die durch Erschütterungen ausgelöst wird
Seneszenz (lat. senescere = alt werden): Altersphase
Sepalen (lat. separare = trennen): Kelchblätter
Sklerophylle (gr. skleros = hart + phyllon = Blatt): Meist kleine, steife, ledrige Blätter immergrüner Gewächse trockener Gebiete (Hartlaubpflanzen)
skotophil (gr. skotos = Dunkelheit, Schatten + philos = Freund): Schatten liebend
Spermatozoid (gr. sperma = Same + zoid = tierähnlich): Frei bewegliche männliche Geschlechtszellen der Algen, Moose, Farnpflanzen und einiger primitiver Samenpflanzen
Sporophylle (gr. sporos = Keim + phyllon = Blatt): Sporangientragende Blätter oder blattartige Gebilde der Farnpflanzen, die, zu Sporophyllständen gruppiert, auch als Blüten bezeichnet werden können
Sporophyt (gr. spora = Same + phyton = Pflanze): Diploide, sporenbildende Generation bei Pflanzen mit Generationswechsel
Stamina (lat. stamen = Faden): Staubblätter
Staminodien (lat. stamen = Faden): Sterile Staubblätter
Statolithenstärke (gr. statos = stehend + lithos = Stein): Stärkekörner, die innerhalb bestimmter Zellen durch Einwirkung der Schwerkraft leicht ihre Lage verändern und sich immer in der unteren Hälfte dieser Zellen anhäufen
Stigma (gr. stigma = Punkt, Zeichen): Augenfleck oder Narbe
Stomata (gr. stoma = Mund, Öffnung): Spaltöffnungen
Stroma (gr. stroma = Lager, Bett): Grundsubstanz der Plastiden
Stylus (gr. stylos = Säule, Stiel): Griffel
Symbiose (gr. syn = zusammen, gemeinschaftlich + bios = Leben): Lebens- oder Ernährungsgemeinschaft zweier artverschiedener Organismen zu beiderseitigem Nutzen
Synergiden (gr. synergein = helfen, beistehen): Die auch als »Gehilfinnen« bezeichneten zwei Nachbarzellen der befruchtungsfähigen Eizelle in der Samenanlage der Samenpflanzen
Taxien (gr. taxis = Stellung): Bei freibeweglichen Organismen Orientierungsreaktionen auf einen gerichtet wirkenden Reiz, z. B. auf eine Lichtquelle hin oder von ihr weg
Telom (gr. telos = Ende): Aus gleichwertigen Gabelästen bestehender Vegetationskörper fossiler Urlandpflanzen, der als Grundorgan für die Entwicklung des Kormus der Farn- und Samenpflanzen angesehen wird
Tepalen (gr. petalon = Blatt): Die gleichartigen Blütenblätter einer nicht in Kelch und Krone gegliederten Blütenhülle
Thallophyten (gr. thallos = Lager, ungegliederter Pflanzenkörper + phyton = Pflanze): Pflanzen, deren Vegetationskörper nicht in Sproß und Wurzel gegliedert ist; Algen, Moose
Thallus (gr. thallos = Lager, ungegliederter Pflanzenkörper): Nicht in Sproß und Wurzel gegliederter Vegetationskörper der Algen, Moose und Gametophyten der Farnpflanzen
Therophyten (gr. theros = warme Jahreszeit + phyton = Pflanze): Einjährige Pflanzen, die die ungünstige Jahreszeit entweder als Samen im Boden oder als dem Boden aufliegende Rosette überdauern
Thylakoide (gr. thylakos = Sack): Sackähnliche, photosynthetisch aktive Doppelmembranen; bei eukaryotischen Pflanzen in den Chloroplasten, bei Prokaryoten einzeln im Cytoplasma angeordnet
Tonoplast (gr. tonos = Spannung + plastos = geformt): Eine dem Stoffaustausch dienende Membran um die Zentralvakuole pflanzlicher Zellen
Totipotenz (lat. totum = alles + potentia = Fähigkeit, Kraft): Genetisch bedingte Fähigkeit von Zellen, sich für den Aufbau aller Pflanzenteile zu differenzieren
Transpiration (lat. transpirare = ausatmen): Abgabe von dampfförmigem Wasser durch Pflanzenteile, vorwiegend über die Spaltöffnungen der Blätter)
Trophophylle (gr. trophe = Ernährung + phyllon = Blatt): Bei Farnpflanzen die nicht sporangientragenden, nur der Photosynthese dienenden Blätter
Tropismus (gr. tropos = Drehung, Wendung): Krümmungsbewegung von Pflanzenteilen, die durch gerichtete Reize hervorgerufen und beeinflußt wird
Turgor (lat. turgere = anschwellen): Osmotisch bedingter Druck des Zellinhalts auf die Zellwand
Vakuolen (lat. vacuus = leer): Von einer Membran umgebene Zellsafträume pflanzlicher Zellen unterschiedlicher Funktion
Vernalisation (lat. vernalis = Frühlings-): Auslösung der Blütenbildung durch Kältebehandlung
vikariierende Arten (lat. vicarius = stellvertretend): Nahe verwandte, aber ökologisch unterschiedliche Arten, die sich in verschiedenen geographischen Gebieten gegenseitig vertreten
Xerophyten (gr. xeros = trocken + phyton = Pflanze): Pflanzen mit Anpassungen an trockene Standorte
zentrifugal (lat. centrum = Mitte + fugare = fliehen): Von innen nach außen hin
zentripetal (lat. centrum = Mitte + petere = streben): Von außen nach innen zu
Zoochorie (gr. zoon = Tier + chorein = verbreiten): Verbreitung von Früchten und Samen durch Tiere
Zoophilie (gr. zoon = Tier + philos = Freund): Durch Tiere vorgenommene Bestäubung
Zygote (gr. zygotos = verbunden): Durch Verschmelzung männlicher und weiblicher Gameten entstandene diploide Zelle, aus der ein neues Individuum hervorgeht

Register

Bildnachweis

T. Angermayer (Archiv H. Lange) S. 217
Archiv Botanischer Garten Jena S. 196
Archiv Botanisches Institut Leipzig (H.-Chr. Friedrich) S. 30, 33 oben u. unten, 80, 197 oben, 213, 216, 220 oben, 221, 223, 249, 282, 283 oben, 284 links u. rechts, 286 oben u. unten, 294
Archiv Botanisches Institut Leipzig S. 122 links, 161, 197 unten, 252
M. Barthel (Sammlg. Gimm) S. 268
G. Müller S. 10, 19, 24, 26, 28 oben u. unten, 32, 35, 37, 38, 52, 54 oben u. unten, 56, 60 unten, 63 oben u. unten, 74, 75, 79 oben u. unten, 86 oben, 88, 101, 106, 122 rechts, 125, 131, 139, 178, 187 oben u. unten, 189, 191, 207, 214 rechts, 215 unten, 218, 219, 255, 257, 272, 278, 283 unten, 291, 310
H. Lange S. 2/3, 8, 31, 34, 36, 55, 69, 81, 86 unten, 108, 133, 135, 145, 160, 173, 177 oben u. unten, 192, 208, 209, 212, 220 unten, 231, 238, 241, 275, 285, 289, 293, 300
W. Rauh S. 87, 96, 182, 215 oben, 240
H. Reinhard (Archiv H. Lange) S. 97, 117, 136, 140, 194, 248
H.-J. Rocynek S. 190, 214 links, 288
W. Steiner S. 270
P. Otto S. 60 oben